KB143668

교 감 역 주
순암집
2

순암번역총서 02

교감역주 순암집 2

1판 1쇄 인쇄 2016년 10월 24일
1판 1쇄 발행 2016년 10월 28일

지은이 | 안정복
역 주 | 이상하
편집인 | 순암 안정복 선생 기념사업회

펴낸곳 | 성균관대학교 출판부
등 록 | 1975년 5월 21일 제1975-9호
주 소 | 03063 서울특별시 종로구 성균관로 25-2
전 화 | 02)760-1252~4 팩스 | 02)762-7452
홈페이지 | http://press.skku.edu

ISBN 979-11-5550-195-5 94150
      979-11-5550-193-3 (세트)

값 30,000원

잘못된 책은 구입한 곳에서 교환해 드립니다.

순암번역총서-2

교감 역주

순암집 2

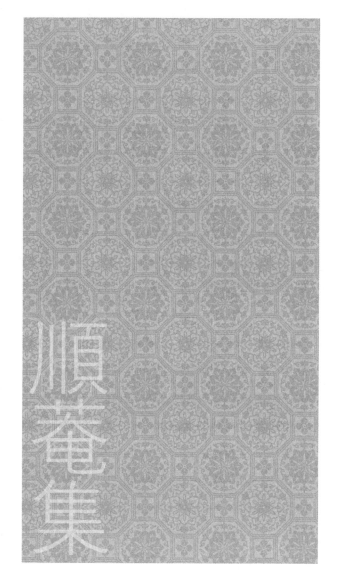

順菴集

안정복 지음
이상하 역주

성균관대학교
출판부 순암 안정복 선생 기념사업회

순암 안정복 선생은 조선 후기 최대의 역사서인 『동사강목(東史綱目)』의 저자로 널리 알려져 있다. 순암 선생은 역사학을 정점으로 경학과 예학, 목민행정과 서학 등에 정예한 식견을 드러낸 바 있다. 특히 성호 이익의 수제자로 성호학파의 전승에도 결정적인 역할을 했다. '순암 안정복선생 탄신 300주년 기념사업회'는 그의 찬란한 학덕을 기리기 위해 지난 2011년 발족했다. 그의 학문적 업적이 오늘날에도 여전히 큰 의미를 지니고 있다는 것에 동감한 학계와 문화계, 지역 인사들이 합심하여 뜻을 받아 추진한 결과였다.

　300주년이 되던 2012년에 기념사업회는 학술총서를 출간하여 학계에 순암 연구의 활력을 다시 불러일으켰고, 다양한 순암 선생 관련 학회와 백일장 등 지역의 문화행사도 꾸준히 지원했다. 국립중앙도서관, 실학박물관과는 순암의 방대한 초서롱(抄書籠), 저서롱(著書籠)의 저작을 바탕으로 전시회를 개최했으며, 국사편찬위원회에서는 순암 선생의 문집초본인 『순암부부고(順菴覆瓿藁)』를 사료총서의 하나로 발간했다. 국립중앙도서관에 소장된 순암의 100종이 넘는 책들은 정갈하게 해제되어 학계에 제공되기도 했다. 이러한 학술사업의 성과들은 7권의 순암연구총서에 묶여 이미 학계에 상재된 바 있다.

　2013년부터는 '순암 안정복 선생 기념사업회'로 전환하여 순암 안정복 연구의 근간을 다지는 작업에 집중하고 있다. 이미 진행된 순암연구총서와 진행을 앞둔 순암자료총서, 순암번역총서의 간행이 그것이다.

순암 집안의 4대에 걸친 생활사의 성격을 띤 『안정복일기(安鼎福日記)』는 탈초와 번역을 마치고 정리되어 곧 단행본의 형태로 출간될 예정이다. 순암 선생의 친필본 『잡동산이(雜同散異)』에 대해서도 문헌정리와 그 의미에 대한 연구가 진행되고 있다. 이들은 모두 순암자료총서의 하나로 학계에 제공될 것이다.

이번에 출간되는 『교감역주(校勘譯註) 순암집(順菴集)』 1, 2는 순암번역총서의 제1집이다. 전체 7권 분량으로 내년 초까지 순차적으로 완간될 예정이다. 『교감역주 순암집』은 2011년 3월부터 2015년 12월까지 장장 5년간에 걸쳐, 학계의 중망을 받고 있는 이상하 교수에 의해 치밀한 학술번역으로 진행되었다. 『순암집』은 일찍이 지난 1990년대 중반에 한국고전번역원에서 번역된 바 있다. 그러나 서책의 형태로는 널리 일반 대중에 전파되지 못했을 뿐 아니라 방대한 분량을 여러 필자들이 나누어 번역하였기 때문에 초래된 소소한 문제도 없지 않았다. 이번 새번역은 이러한 점들은 물론, 적지 않은 원문상의 교감을 통해 오자를 바로잡았으며, 집안 내의 인물에 대한 고증과 주석 역시 일신한 명실상부한 교감역주본이다. 학술적 치밀성을 담보한 권위 있는 번역 정본이 될 것으로 기대된다. 긴 시간 동안 열의를 보여준 번역자의 노고에 심심한 사의를 표한다. 이 『교감역주 순암집』이 순암 선생을 연구하는 지남이 될 것임을 믿어 의심하지 않는다.

『열조통기』를 비롯하여 아직 번역되지 않은 순암 선생의 저작이 적지 않다. '순암번역총서'는 이러한 국학의 중요한 저작들을 엄선하여 진중한 번역을 통해 학계에 제공하려는 기획이다. 많은 관심을 기대한다.

순암번역총서의 출간에 물심양면으로 지원을 아끼지 않은 광주안씨 광양군파 종중에 다시 한번 깊은 감사의 뜻을 전한다. 출판을 맡아준 성균관대출판부와 담당해 주신 신철호 선생께도 고마운 마음을 전하며 완간될 때까지 세심하게 살펴주시기를 부탁드린다. 함영대 박사는 묵묵히 이 일을 맡아 진행하고 있다. 그 앞날에도 행운을 기원한다.

2016년 10월 12일
성균관대 명예교수, 순암 안정복 선생 기념사업회장
송재소

일러두기

1 이 책은 국립중앙도서관(國立中央圖書館) 소장 『순암집(順菴集)』을 대본으로 삼았다.

2 원문은 현대문 문장부호로 표점하고, 역문의 아래에 두었다.

3 주석은 원문에 각주로 달고 한글을 병기하지 않았으며, 오자로 판단된 글자는 교감하여 각주로 밝혔다.

4 인명과 같은 짧은 주석은 역문에 간주로 달았다.

5 운문은 원문을 병기하였다.

6 이 책에 사용한 부호는 아래와 같다.

( ) : 번역문과 음이 같은 한자를 묶는다.

〔 〕 : 번역문과 뜻은 같으나 음이 다른 한자를 묶는다.

" " : 대화 등의 인용문을 묶는다.

' ' : 재인용이나 강조 어구를 묶는다.

『 』 : 각주에서 출전을 밝힌다.

차례

순암집 5권

서 書

순암집 6권

서 書

순암집 7권

서書

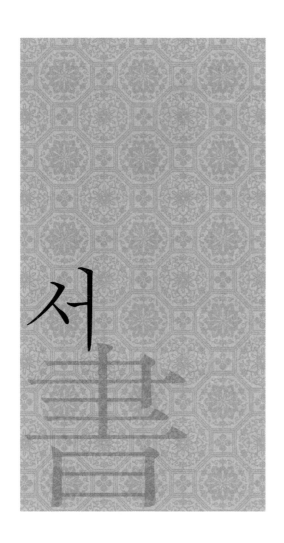

서
書

1. 정산(貞山) 이경협(李景協)-병휴(秉休)-에게 보낸 편지

與貞山李景協[1]-秉休-書 신미년(1751, 40세)

가을비가 막 개고 아침 햇살이 들창에 가득하여 몹시 그립던 차에
뜻밖에 긴 편지를 받고 진덕수업(進德修業)의 공부가 훨씬 높은 경
지에 들어갔으리라고 생각하니 너무나 기쁘고 위안이 됩니다. 돌아
보건대 어리석고 게으른 내가 어떻게 감히 심오한 성리(性理) 문제
를 논할 수 있겠습니까. 그런데도 비루하게 여기지 않고 물어주셨
으니, 끝내 입을 다물고 있을 수만은 없습니다.

 대저 하늘이 명한 것을 성(性)이라고 하는데, 성은 두 가지가 있으
니 천명(天命)의 바름으로부터 온 것을 본연지성(本然之性)이라고
하고, 품수(稟受)의 차이 쪽에서 말하는 것을 기질지성(氣質之性)이
라고 합니다. 성이 움직이는 것이 정(情)인데, 정도 두 가지가 있으니
성을 근본으로 발출한 것을 사단(四端)이라고 하고, 형기(形氣) 쪽에
서 발출한 것을 칠정(七情)이라고 합니다. 마음은 성과 정을 통괄하
는데, 역시 두 갈래로 발출하니 성명(性命)의 바름에 근원하는 것을
도심(道心)이라 하고, 형기(形氣)의 사사로움에 근원하는 것을 인심
(人心)이라 합니다. 총괄하여 말하면 사단과 도심은 그 근원이 천명
의 본성에서 나와 선하지 않음이 없어 성인(聖人)이냐 광인(狂人)이

----

1 貞山 李景協 : 李秉休(1711~1777)의 자가 景協이고, 호가 貞山이며, 관향은
 驪州이다. 성호 이익의 조카이다.

냐에 따라 차이가 없으니, 이것이 이른바 리일(理一)입니다. 칠정과 인심은 그 근본이 기질지성에서 나와 혹은 선하고 혹은 악하여 어진 자와 어리석은 자의 차이가 있으니, 이것이 이른바 분수(分殊)입니다. 이 리일분수(理一分殊)의 이치를 미루어 보면 이발(理發)과 기발(氣發)의 이치는 그 안에 있습니다.

지금 노형(老兄)께서 사단칠정(四端七情)이라는 큰 공안(公案) 외에 성인의 공정한 희노(喜怒)를 끄집어내어 이발(理發)이라 하였으니, 그야말로 고인이 발명하지 못한 뜻을 발명했다고 할 수 있으며, 또한 학문의 고명(高明)하고 자득(自得)한 경지를 알 만합니다. 그러나 나의 어리석은 소견으로는 아무래도 납득하기 어려운 점이 있습니다. 만약 희노가 바른 것을 이발이라 한다면 사단이 바르지 못한 것-예컨대 측은(惻隱)해서는 안 되는데 측은하거나 수오(羞惡)해서는 안 되는데 수오하는 경우이다.-을 기발이라 하겠습니까? 성인의 희노는 발하여 자연히 절도에 맞는 것이고, 군자의 희노는 발하여 절도에 맞게 하려고 하는 것이고, 일반 사람들의 희노는 발하여 절도에 맞지 않은 것입니다. 따라서 비록 맞고 맞지 않음의 차이는 있을지라도 그것이 형기(形氣)에서 나온다는 점은 다를 바 없으니, 기발임은 의심할 나위 없습니다. 사단으로 말하자면, 어진 이나 어리석은 이를 말할 것 없이 감촉하는 바에 따라 발출하여, 사사로이 계교(計巧)하기를 기다리지 않고 우리 마음에 갖춰진 본성인 인의예지(仁義禮智)에서 곧바로 나오니, 이것이 이른바 '리가 발함[理之發]'인 것입니다.

윤장(尹丈)이 하신 확충(擴充)이란 말은 참으로 꼭 맞습니다. 리(理)는 확충할 수 있지만 기(氣)는 확충할 수 없는 것입니다. 측은과 수오는 이발(理發)이기 때문에 확충하면 인(仁)과 의(義)가 지극한 경지에 이를 수가 있지만, 희노 같은 경우는 비록 어진 이와 어리석은 이의 차이는 있을지라도 결국 기(氣)에서 발하는 것입니다. 그런데 이를 확충한다면 그 폐단이 어떠하겠습니까. 다시 회답 주시기 바랍니다.

그리고 윤장의 서찰 말미에 네 가지의 치우침, 즉 사벽(四辟)을 리와 기로 나누어 말한 곳이 있는데, 이것이 무슨 말인지 알지 못하겠습니다. 혹 노형께서 『대학(大學)』의 네 가지 치우친 것을 기발이라고 하고, 치우치지 않은 것을 이발이라고 하신 것은 아닙니까? 나는 이 네 가지의 치우침·치우치지 않음이 칠정이 절도에 맞음·절도에 맞지 않음과 같은 점이 있다고 생각합니다. 어떻게 생각하시는지요? 원 편지에서 논하신 것을 보여 주시면 고맙겠습니다.

직중(直中)에 참고할 만한 서적이 없어 평소 어렴풋이 알고 있는 말만을 가지고 대략 적어 올리니, 노형께서 틀림없이 웃으실 것입니다. 끝으로 학업에 더욱 노력 정진하여 사우들의 여망에 부응하시기를 빕니다. 이만 줄입니다.

秋雨初霽, 朝旭滿窓, 嚮仰方深, 忽承長牘. 伏惟進修[2]工夫, 益超上達, 欣慰不任區區. 顧余昏惛, 何敢與論於性理之奧? 而不鄙夷而下問, 則有不容泯默者矣. 夫天所命爲性, 性有二, 從天命之正而來者, 謂之本然之性, 從稟

---

2 進修 : 進德修業의 준말로 『周易』 「乾卦 文言」에 "군자는 덕을 진취시키고 학업을 닦나니, 충과 신이 덕을 진취시키는 것이요, 말을 함에 있어서 그 성실함을 세움이 학업을 保有하는 것이다.〔君子進德修業: 忠信, 所以進德也; 修辭立其誠, 所以居業也.〕" 한 데서 온 말이다.

受之差而言者, 謂之氣質之性; 性之動爲情, 情亦有二, 從性本所發, 謂之
四端, 從形氣所發, 謂之七情. 心統性情, 而其發亦有二焉, 原於性命之正者
道心也; 原於形氣之私者人心也. 總而言之, 四端也道心也, 其原出於天命
之本性而無不善, 不以聖狂而有間, 此所謂理一也; 七情也人心也, 其本出
於氣質之性, 而或善或惡, 有賢愚之不同, 此所謂分殊也. 推理一分殊[3]之
義, 則理發氣發, 在其中矣. 今老兄就四七大公案外, 別出聖人之公喜怒, 謂
之理發, 則誠可謂發前人之所未發, 而學問之高明自得, 亦可以覰得矣. 然
而愚昧之見, 有迷而難悟者. 若以喜怒之得正者, 謂之理發, 則其將以四端
之不得其正者, -如不當惻隱而惻隱, 不當羞惡而羞惡之類.- 謂之氣發乎? 聖人之
喜怒, 發而自中者也; 君子之喜怒, 發而求中者也; 衆人之喜怒, 發而失中
者也. 雖有中不中之不同, 而其發於形氣則無異; 其爲氣之發, 無疑矣. 至
於四端, 則不論賢愚, 隨感而發, 不待私意之較計而油然直出乎仁義禮智所
具之本性, 此所謂理之發也. 尹丈擴充之語[4], 誠爲的當; 理則固可擴而充

---

3 理一分殊 : 우주의 근원인 理는 하나이지만 이것이 나뉘어 각각 다른 만물을
이룬다는 뜻이다. 원래는 程伊川이 張横渠의 「西銘」을 두고 "「西銘」은 理一分
殊의 이치를 밝힌 것이다."한 데서 온 말이다. 『近思錄 2권 爲學』

4 尹丈擴充之語 : 尹丈은 조선시대 正祖 때의 학자인 尹東奎(1695~1773)를 가
리킨다. 그의 자는 幼章이고, 호는 邵南이며, 星湖 李瀷의 문인이다. 그는
벼슬에 뜻을 버리고, 象緯·曆法·천문·지리·의약 등 실용적 학문의 수립
을 주장하여 실학파의 대가로 손꼽는다. 저서에 우리나라 네 강에 대해 고증한
『四水辨』이 있다. 그는 四端과 七情의 관계를 말하면서 "사단을 확충해 나가
면 칠정을 절제하는 공부가 그 가운데 있으니, 희노가 절도에 맞는 것과 사단
을 확충하는 것이 절로 서로 도움이 될 것이다. 성인의 희노는 자연히 절도에
맞으니 이발이라고 해도 된다.〔四端擴充, 而節情之功, 在其中矣; 喜怒之中
節·擴充之功, 自在相資. 聖人之喜怒, 自然中節; 謂之理發, 可也.〕"하였다.

之, 氣則不可擴而充之. 惻隱羞惡, 是發於理者, 故擴而充之, 則至于仁之盡

義之至之境矣; 若喜怒則雖有賢愚之不同, 而終是發於氣者也, 將擴而充之,

則弊將如何? 伏乞更賜回敎. 又見尹丈書尾, 有四辟[5]分理氣之語; 未知此爲

何等說也? 老兄豈非以『大學』四者之辟焉者爲氣發, 不辟者爲理發邪? 愚竊

以爲四者之辟不辟, 有若七情之中不中, 未審如何? 原幅所論, 亦爲俯示,

幸甚. 直中無書可檢, 只以平日依俙說得者, 草草仰告; 老兄亦必一笑之矣.

餘只伏祝勉勵大業, 以副士友之望. 不宣.

이를 미루어 보면, 윤동규는 사단은 확충할 수 있는 것이고 칠정은 확충할
대상은 아니라 했음을 알 수 있다. 『順菴集』3권 「소남 윤장에게 보낸 편지〔與
邵南尹丈書〕」-정해년(1767, 56세)- 참조.

5 四辟 :『大學章句』傳 8章의 "사람들이 친애하는 바에 편벽되며, 천히 여기고
미워하는 바에 편벽되며, 두려워하고 존경하는 바에 편벽되며, 가엽게 여기고
불쌍히 여기는 바에 편벽되며, 거만하고 태만히 하는 바에 편벽된다.〔人之其
所親愛而辟焉, 之其所賤惡而辟焉, 之其所畏敬而辟焉, 之其所哀矜而辟焉, 之
其所敖惰而辟焉.〕"하여 다섯 가지 치우침, 즉 五辟을 말했는데 여기서 그
중 四辟을 말하였다.

2. 이경협에게 답한 편지

答李景協書 계유년(1753, 42세)

가인괘(家人卦)의 괘 이름을 붙인 뜻에 대해 말씀하신 것에 대해서는, 홀로 터득하신 높은 견해에 참으로 흠앙하였습니다. 그렇지만 몽매하고 비루한 나는 고인이 이미 정해놓은 설을 벗어나지 못합니다. 그래서 형이 하신 말씀에 대해 아무래도 의문이 없을 수 없습니다.

대저 육십사괘(六十四卦)의 괘 이름은 서로 반대로 놓고 미루어 보면 서로 쓰임이 됨이 분명합니다. 예컨대 손(損䷨)과 익(益䷩), 비(否䷋)와 태(泰䷊), 진(晉䷢)과 명이(明夷䷣), 박(剝䷖)과 복(復䷗) 같은 경우에서 알 수 있습니다. 그렇다면 규(睽䷥)는 두 여인이 서로 뜻이 같지 않음을 나타내는 괘이고 가인(家人䷤)은 두 여인의 뜻이 서로 같음을 나타내는 괘라는 것은 과연 말씀하신 대로입니다. 그렇지만 내 생각에는 꼭 이렇게 말할 필요는 없지 않을까 합니다. 복희(伏羲)가 괘를 명명(命名)할 때 반드시 상(象)에 이와 같은 뜻이 있음을 보았기 때문에 그에 따라 이름을 붙였던 것입니다.

가인괘를 보면 안[內卦]은 문명(文明)하고 밖[外卦]은 손순(巽順)한 것은 마치 사람의 가정이 화목한 것과 같으며, 불[火]은 위로 타오르고 바람[風]은 아래로 부는 것은 마치 사람의 집안 일이 화합하는 것과 같으며, 이효(二爻)와 오효(五爻)가 제 자리를 지키면서 서로 호응하고 있는 것은 마치 사람의 집안 법도가 올바른 것과 같습니다. 『주역』의 괘들 중에서 오직 이 괘만이 과연 가인(家人)의 상이 있고 다른 괘들은 아무래도 이 괘처럼 가인의 상에 가깝고 뜻이 분명히 드러나지 못합니다. 그래서 이 괘를 가인이라고 명명한 것인데, 문왕(文王)의 사(辭)와 공자(孔子)의 전(傳) 모두 이와 같은 취지를 말하고 있습니다.

존형께서 이효와 오효가 제 자리를 지키면서 서로 호응하고 있는 괘들을 열거하면서, 그 모두가 남녀(男女)가 제 자리를 지키고 있는 괘 아님이 없다고 하셨는데, 그렇다면 그 여러 괘들의 성정(性情)과 체재(體才)가 과연 모두 가인괘처럼 절실하게 부합하는 것입니까? 두 여인이 같이 거처하고 그 뜻도 같다는 것으로 이 괘를 명명한 뜻을 삼는다면 다른 괘도 이와 비슷한 것들이 많은데 왜 유독 상괘(上卦)는 바람이고 하괘(下卦)는 불인 이 괘만을 가인이라 명명했겠습니까?

그리고 인용하신 『시경(詩經)』의 가인(家人)의 뜻에도 의문이 있습니다. "이 아가씨 시집감이여 그 집안사람들을 마땅하게 하겠네〔之子于歸 宜其家人〕"의 그 지자는 시집가는 여자를 말한 것이고, 가인은 그 집안 식구들의 상하 존비(尊卑)를 통틀어 말한 것입니다. "그 가인을 마땅하게 하겠네."란 것은 그 여자가 시집가서 위로 부모를 섬기고 아래로 자식을 기르는 일들이 다 마땅하지 않음이 없으리라는 것입니다. 그리고 『대학(大學)』에서 "자기 가인을 마땅하게 한 뒤에야 나라 사람들을 가르칠 수 있다." 한 것은 그 뜻이 더욱 명백한데, 이를 가리켜 처첩(妻妾)의 증거라고 하면 안 되지 않겠습니까.

俯教「家人」命卦之義, 欽仰獨得之見. 第此蒙陋不能超脫於古人已定之論, 故未免有疑於兄敎. 夫六十四卦卦名, 以反對推之, 其自相爲用也明矣; 觀於「損」·「益」·「否」·「泰」·「晉」·「明夷」·「剝」·「復」之類, 可以知之. 然則「睽」爲二女不同志之卦, 而「家人」爲二女同志之卦, 果如尊兄所論. 愚謂不必如此說. 伏羲名卦之時, 必觀其象有如此之義, 故隨而名之. 竊觀「家人卦」, 內文明而外巽順, 猶人之家政和矣; 火炎上而風下行, 猶人之家事合矣; 二五得位而相應, 猶人之家道正矣. 諸卦中惟此卦, 果有家人之象, 而其他則終不如此卦之切近明著者, 故名之曰家人, 而文王之辭・孔子之傳, 皆是一串貫來矣. 尊兄列擧二五得位相應之卦, 以爲此莫非男女正位之卦云, 則此等諸卦, 其性情體才, 果皆如家人卦之襯切者乎? 以二女同居而其志同爲名卦之義, 則諸卦之此類多矣; 何獨於上風下火之卦而名之曰家人乎哉? 所引『詩經』家人之義, 亦有疑焉; "之子于歸, 宜其家人[6]"之子, 指女子也; 家人統言一家之上下尊卑而言也. 宜其家人, 謂女子之仰事俯育, 莫不得宜; 『大學』所謂"宜其家人而後, 可以敎國人"者, 尤明白矣. 指此爲妻妾之證, 則無乃不可乎?

6 之子……家人 :『詩經』「周南 桃夭」에 보인다.

3. 이경협에게 보낸 편지

與李景協書 갑술년(1754, 43세)

요즘 세상엔 학문하는 이가 거의 없는데 다행히도 노형 같은 이가 번화한 성시(城市)에 살면서도 문을 닫고 칩거하면서 여러 사람이 맛보지 못한 학문의 참맛을 맛보면서 외물의 유혹을 받지 않은 채 안으로 착실한 공부를 쌓고 있으니, 우리들이 손을 씻고서 경건한 마음으로 대성(大成)을 우러러 기다릴 분이 바로 노형이 아니고 누구이겠습니까. 이런 까닭에 노형을 지극히 아낀 나머지 혹시 노형의 견해에 터럭만큼이라도 미진한 점이 있지 않을까 염려했던 것입니다.

지난번 『주역』의 체례(體例)는 감히 노형이 잘못 보셨다는 것이 아니라 그 중에 내가 뜻을 분명히 알지 못한 곳이 있었던 것이니, 이는 식견의 부족함이 30리 정도의 차이일 뿐만이 아니라 그러한 것입니다. 조목조목 내 소견을 올리고 싶었으나 시탕(侍湯)하느라 바쁘다 보니 미처 겨를이 없었으니, 어찌하겠습니까!

생각해 보면 한 사람의 소견이 비록 정밀해도 천하의 이치는 무궁합니다. 그래서 옛 현인들이 말하기를, "후세의 군자를 기다리겠노라." 하고, 혹은 "아마도 이러할 듯하다." 할 뿐 자기 견해가 꼭 옳다고 단정해 말하지는 않았으니, 이는 겸허하게 자신을 낮추는 덕으로서 우뚝이 후인들의 존경을 받는 것입니다. 지금 존형의 편지를 보면, 이치가 정심(精深)하고 견해가 탁월하니, 이 아우같이 용렬하고 고루한 자가 이러쿵저러쿵 논평할 수 있는 바가 아닙니다. 그런데 편지

내용 중에 이 이치를 발견한 것을 두고 "천고의 쾌거(快擧)이니, 감히 혼자만 알고 있을 수가 없다."라 하고, 또 "천하의 지극히 정밀한 이치를 아는 자가 아니고서야 누가 이를 알 수 있겠는가." 하고, 또 "어리석은 사람 앞에 꿈 이야기를 하는 격이다." 하였으니, 이러한 말투들은 자부심이 강한 병통이 있다고 하지 않을 수 없습니다. 그래서 마음에 아무래도 온당치 못하다고 여겨집니다. 이렇게 마음에 의심을 두고서도 입을 다물고 말하지 않는다면 노형의 허여를 받아 마음을 터놓는 붕우로서 크게 기대를 저버리는 짓이 될 터이기에 감히 이렇게 고하는 것입니다. 존형께서 나의 이 같은 경솔한 말을 물리치지 않고 온후하고 관유(寬裕)한 인품을 기르는 측면에 더욱 힘을 기울이고 너무 재주를 드러내는 습성을 끊는다면 독실(篤實) 광휘(光輝)한 큰 덕을 이루는 공부에 있어 날로 더욱 진전이 있을 것입니다.

사랑하지만 도와드릴 능력이 없기에 이렇게 시끄러운 말을 늘어놓았으니, 큰 도량으로 포용하여 혹 양해해 주실런지요? 송구하기 그지없습니다.

今世此學寥寥, 幸有老兄居城市紛華之中, 杜門屛居, 味衆人之所不味, 無外誘之累而有內專之工, 吾儕之洗手仰成, 非老兄而誰? 是以, 相愛之至, 或恐有一毫之未盡. 頃者『易』例, 非敢曰不可, 而間有迷而不悟者; 此見識之不及, 不特三十里[7]而然也. 切欲逐條貢愚, 而侍湯焦遑, 有未暇及, 奈何!

---

7 見識……十里 : 東漢 때 蔡邕이 「曹娥碑」에 "황견유부 외손제구(黃絹幼婦 外孫齏臼)"라고 썼는데, 삼국시대 曹操가 이 대목을 보고 主簿인 楊修에게 "이

竊伏想一人之所見雖精，天下之義理無窮．所以古賢之言曰：“以待後之君子”，或曰：“恐以爲如何”，而不爲質言其可；此謙虛自卑之德，卓然爲後人之望也．今見尊兄書中，義理之精深・見解之超悟，固非庸陋如弟者所能論評，而有曰千古一快，不敢自秘，又曰：“非天下之至精，孰能與於此?”[8]又曰：“癡人前說夢也.”此等句法，未免有自恃之病．於心，終有不安；若心有所疑，而徒緘默不言，則忝在受許之列而所負大矣，敢此冒沒仰告．尊兄或不爲麾斥其妄率，而益用力於溫厚寬裕之上，而絶其發露穎銳之習，則其於篤實光輝之大業，益有日進之德矣．愛莫助之[9]，强聒至此；盛度包容，或有以諒之．恐悚不已.

뜻을 알겠느냐?"하고 물으니, 양수가 "알겠습니다."라 하였다. 조조가 "아직 말하지 말라." 하고 30리 쯤 더 가서야 그 뜻을 알고는 양수에게 "말해 보라."고 하자, 양수가 破字하여 "황견은 색이 있는 실〔色絲〕이므로 絶 자가 되고 幼婦는 소녀〔少女〕이므로 妙 자가 되고 外孫은 딸의 아들〔女子〕이므로 好 자가 되고 齏臼〔절구〕는 매운 것을 받아들이는 것〔受辛〕이므로 辭가 된다. 따라서 絶妙好辭, 즉 절묘한 좋은 글이란 뜻이 된다."고 풀이하니, 조조가 탄식하면서 "내 생각과 꼭 같다. 세상에서 지혜 있고 지혜 없음이 30리 차이가 난다.〔一如朕意 俗云有智無智較三十里.〕"하였다 한다.『世說新語 捷語』朱子는 친구인 南軒 張栻과의 토론을 두고 이 고사를 인용하여 "지혜 있음과 지혜 없음이 어찌 30리 차이일 뿐이리요.〔有智無智, 豈止校三十里也?〕"하였는데, 작자는 이 주자의 말을 인용한 것으로 보인다.『朱子大全 40권 答何叔京』

8 非天……於此:『周易』「繫辭 上」10장에 보이는 말을 인용한 것이다.

9 愛莫助之:『詩經』「大雅 烝民」에 보이는 구절이다. 여기서는 상대방 李秉休를 아끼지만 자신은 학식이 부족하여 도울 수 없다는 뜻의 겸사로 인용하였다.

4. 이경협에게 보낸 편지

與李景協書 병자년(1756, 45세)

우리 같은 사람들은 문을 닫고 칩거하면서 세상에 바라는 것이 없고 다른 사람과 상관하지 않고 사니, 혹시 입 가진 자의 구설에 오르더라도 그저 침묵하면서 자신을 지켜야 할 뿐입니다.

성대곡(成大谷)의 시에,

서로 만나면 산수도 얘기하지 말지니
산과 물을 얘기해도 남의 귀 거슬린다네

相逢不用談山水 談水談山亦忤人

했으니, 이분의 맑은 명성과 곧은 지조가 영구히 사라지지 않는 것은 입을 다물고 침묵했던 효과가 컸습니다. 노형께서는 어떻게 생각하십니까?

면곡(綿谷)은 거듭된 흉년으로 먹을 것, 입을 것이 다 바닥나 알몸에 맨입으로 생계가 말이 아니게 군색합니다. 형은 우거(寓居)하는 곳을 새로 옮겨서 이러한 고생을 면하고 있습니까? 친지들의 서신을 받아 보면 모두가 굶어죽을 수밖에 없다고들 하니, 이 무슨 딱한 정황이란 말입니까.

윤장(尹丈)의 교복(交卜)이 물에 잠겨버렸다니, 걱정이 적지 않습니다. 비록 도와주고 싶지만 피차 오십보백보(五十步百步) 사이라 그저 탄식할 뿐입니다.

　요즘은 무슨 공부를 하고 계십니까? 편지로 보여 주시면 매우 고맙
겠습니다.

吾輩杜門讀書, 無求於外, 不關別人, 或動有口者脣舌, 只當默而自守耳. 成
大谷詩: "相逢不用談山水, 談水談山亦忤人", 此翁之淸名直節, 終古不磨
者, 嘿之功, 與有多焉. 未審老兄以爲如何? 緜谷[10]荐荒, 裘糧都廢, 赤身空
口, 生計窘急. 兄以新寓能免此苦耶? 親知有書, 皆以死自分, 此何等氣象
耶? 尹丈交卜[11]淪沒, 此慮不少. 雖欲相救, 皆在五十步之間, 咄咄歎歎. 近
日有何工夫? 或許相示, 甚太幸也.

---

10 緜谷 : 미상.

11 交卜 : 邵南 尹東奎의 선조인 坡平府院君 尹璠과 파평부원군 尹之任의 분묘를
　　비롯한 여러 代의 선영이 경기도 交河와 瓦洞에 있는 것으로 보아 교하의
　　卜結 또는 卜居를 가리킬 듯하다. 26권 「邵南先生尹公行狀」 참조.

5. 이경협에게 보낸 편지

與李景協書 무인년(1758, 47세)

뜻밖에 첨성촌(瞻星村)에서 보내 주신 답서(答書)를 받아 보니 진심을 피력하여 간절한 말씀이 거의 수백, 천 자에 이르기에 어루만지며 감탄하느라 차마 손에서 놓지를 못했습니다. 나를 지극히 아끼고 돈독히 믿어주시지 않는다면 이렇게까지 하실 수 있겠습니까. "부질없는 득실(得失)은 이미 태허공(太虛空)에 맡겨 버렸다."라고 하신 말씀에서 확고하여 흔들리지 않는 뜻을 더욱 우러러볼 수 있었습니다. 저도 일찍이 벽 위에다 스스로 경책(警策)하는 말을 써 붙이기를,

"온 세상 사람들이 다 헐뜯더라도 두려울 것이 없고 도(道)를 아는 이가 헐뜯는 것이 두려우며, 온 세상 사람들이 다 칭찬해도 기쁠 것이 없고 도를 아는 이가 칭찬하는 것이 기쁘다."

하였습니다. 이제 "뜻이 독실하지 못하고 학문이 드러나지 못했다는 이유로 사우(師友)로부터 내침을 당하는 것이 두렵다." 하신 말씀을 읽고서는 나도 모르게 벌떡 일어서서 흠앙해 마지않았습니다.

서신을 통해 그동안 기거가 평온하셨음을 알았습니다. 그러나 서신이 온 뒤로 시일이 흘러 어느덧 한 해가 저물어 가는데, 진리를 사색하고 덕성을 함양하면서 고요히 지내시는 정황이 여전하신지요? 우리 도는 날이 갈수록 쇠퇴하고 이 학문은 날로 고단(孤單)해지니, 문을 닫고 앉아서 독서에 열중하고 경전 연구에만 몰두하여 명예나 이록(利祿)에 유혹됨이 없이 조용히 자득의 경지를 맛보고 있는 자가

지금 세상에 몇이나 되겠습니까. 지금 세상에서는 높이 추켜올려지기 쉽고 남 헐뜯기만 좋아하니, 자기가 자기 글을 읽는 것이 남의 일과 무슨 상관이기에 그렇게들 떠들어댄단 말입니까. 제 경우만 가지고 말하더라도 5년 동안 괴이한 병에 걸려 이승과 저승을 오락가락하는 지경에 있으면서도 차마 손을 묶어둔 채 가만히 있을 수만은 없어서 혹 저술도 좀 해 보고 혹 소견이 있으면 말하기도 하면서 때로는 남에게 꺼내 보인 적도 있지만, 이는 내 능력을 자랑하고 칭찬을 받기 위해서가 아니라 사실은 많은 사람에게 물어 이익을 구하고자 했던 것이었는데, 이익은 얻지 못하고 도리어 남의 구설만 초래하고 말았습니다. 이 때문에 자기 재능과 학식을 감추라고 한 선현(先賢)의 경계가 우리에게는 바로 정문일침(頂門一鍼)임을 더욱 알게 되었으니, 제 그림자나 짝하면서 자신을 달랠 뿐입니다. 존형께서도 이러한 뜻을 이미 잘 알고 계실 터이기 때문에 제 마음 속에 있는 생각을 말씀드리는 것입니다.

보내온 편지에서 말씀하신 이괘(履卦)의 뜻은 읽고 또 읽어 봄에 참으로 그러합니다. 『역(易)』은 일정한 원칙을 정할 수 없어, 보는 사람에 따라 견해가 다를 수 있습니다. 그러므로 학자들의 해석도 제각각 달라 『논어(論語)』·『맹자(孟子)』의 성리(性理)에 관한 설과는 절로 다른 것입니다. 따라서 이렇게 말하든 저렇게 말하든 이치에 맞고 상점(象占)의 뜻에 틀리지 않으면 될 따름입니다. 저도 일찍이 상수(象數)의 지엽이나마 조금 알았습니다. 그래서 이를 계기로 『주역』을 읽어 1년 동안 상수의 이치를 찾았지만 점점 다른 길로 흘러가기에 그것이 두려워 즉시 공부를 그만두고 이치가 다소 밝아지기를 기다린 후에 다시 공부하고자 했습니다. 그러나 정력이 이미 쇠해

다시 공부할 수 없을 듯합니다. 벗들 중에 노형처럼 지극한 이치를
미루어 밝히는 이가 있다면 실로 큰 다행입니다. 제 마음은 실로 초
(楚)나라 사람이 잃어버린 활을 초나라 사람이 얻는 것과 같으니,
남이 한 것이니 내가 한 것이니 어찌 따지겠습니까.

근래 선생님의 『역해(易解)』를 보고 때로는 혼자 입을 벌리고 웃으
며 좋아해 마지않습니다. 이 동네에 한 학생이 와서 『주역』을 읽다가
구괘(姤卦) 초효(初爻)에 이르러 『정전(程傳)』과 『본의(本義)』가 서
로 맞지 않은 데가 있었습니다. 이에 목전의 일을 예로 들어서 이렇게
말해주었습니다.

"문세(文勢)로 보면, '쇠고동목에 묶인다.〔繫于金柅.〕'라는 것은 시
사(時事)가 소인배의 제재를 받는 것이 마치 수레바퀴가 금니의
제동을 받아 가지 못하는 것과 같음을 말한 듯하다. 따라서 군자가
정도를 지키면 길(吉)하고 일을 하러 가면 흉(凶)한 것이다. 대개
미약한 음(陰)이 아래에 있는 것이 비록 약한 돼지 같지만 그 마음
만은 진실로 날뛰는 데 있어 마침내 양(陽)을 다 없애 버리고야
말 터이니, 그 두려워할 만함이 이와 같은데 경솔하게 나아갈 수
있겠는가. 만약 『정전(程傳)』의 설(說)대로 '쇠고동목에 걸렸다.'
고 한 것을 군자가 소인의 악을 금제(禁制)하는 것으로 본다면 '유
(有)' 자 위에 '사지(使之)' 자를 덧붙여야 글뜻이 통할 수 있다.
또 만약 『본의(本義)』의 설대로 '정(貞)하면 길하고 가는 바가 있
으면 흉하다'는 것을 소인을 경계하는 것으로 보면 '약한 돼지〔羸
豕〕' 이하에 문맥이 이어지지 않으니, 반드시 『본의』의 '연기(然
其)' 아래에 10여 자를 더해야 비로소 글뜻이 통할 터이나 아무래도
껄끄러운 듯하다."

하였습니다. 어떻게 생각하십니까?

『시경(詩經)』은 전일 윤장(尹丈)이 "주자의 『집전(集傳)』은 막혀 뜻을 알기 어려운 곳이 많다." 하시기에 제가 늙은 서생이 늘상 하는 말로 이렇게 답하였습니다.

"주자 이후로 「구서(舊序)」를 버리고 오로지 의리(義理)로만 단정했는데, 의리가 진실로 좋지만 『시경』의 시를 지은 사람의 뜻도 과연 이와 같은 것이겠습니까? 그러나 이와 같이 생각하여 점점 의심을 내어 다른 설을 주장하다 보면 갈등만 많아지고 근본은 어두워질 터이니, 다른 설을 다시 주장해서 시를 지은 사람의 본뜻에 맞는다고 보장할 수 없을 바에는 차라리 기존의 설을 그대로 두고 지당한 의리를 찾아보는 편만 못할 것입니다."

하였습니다.

그 후 윤장께서 가타부타 말씀이 없기에 나도 감히 더 말씀해 달라고 청하지 못했습니다. 이제 지금 노형의 편지에 주장하신 설을 보자 문득 제가 윤장께 했던 말이 생각나서 말씀드리는 것일 뿐이지 『시경』의 시들이 모두 의심할 게 없다는 뜻은 아닙니다.

「주남(周南)」·「소남(召南)」의 주(周)·소(召) 두 글자에 대하여는 저의 소견도 노형과 같지만 제 주장을 세우지 않았을 뿐입니다. 남(南) 자의 뜻은 정대창(程大昌)이 말한 악(樂)의 이름이란 것이 매우 좋습니다. 『시경』 내의 "아(雅)로 하고 남(南)으로 한다.〔以雅以南.〕"라고 한 것으로 증명해 보건대, 만약 남쪽이란 뜻으로 해석할 경우엔 이 당시 문왕(文王)이 이미 천하의 3분의 2를 차지하여 성인의 교화가 천하에 가득 넘쳤으니, 그 교화의 미치는 범위가 어찌 남국(南國)에만 그칠 뿐이었겠습니까.

그리고 열국(列國)의 시를 풍(風)이라 하는데 여기에는 풍자(風刺)의 뜻이 많으니, 「구서(舊序)」의 설이 상당히 일리가 있습니다. 그런데 주자(朱子)는 전부 삭제해 버렸으니, 참으로 알 수 없는 일입니다. 이런 까닭에 진서산(眞西山)은 주자를 사숙(私淑)한 학자인데도 『대학연의(大學衍義)』를 저술하면서 인용한 『시경』의 시들은 모두 「구서」의 견해를 채택했으니, 분명 뜻한 바가 있었을 것입니다.

보여주신 두 편(篇)의 글은 편의 뜻이 매우 좋으며, 내용이 넓고 정밀하고 해박하여 무어라 흠잡을 수 없으니, 윤장(尹丈)이 노형의 글에 대해 "신의(新義)가 경외할 만하다." 한 것이 바로 이 글들을 가리켜 말한 것입니까? 『별록(別錄)』은 소중히 간직하고 오래도록 볼 생각인데 전편을 다 보지 못한 것이 아쉽습니다.

이번 일로 인하여 생각해 보건대, 우리 동방은 중국과는 규모가 다르고 기상이 좁아서 강론을 할 때면 기존의 학설을 그대로 따르기만 할 뿐입니다. 그리하여 만약 구설(舊說)과 위배되는 주장을 하는 자가 있으면 옳고 그름을 따지지 않고 다 같이 들고 일어나 공격을 퍼부어 궁지에 몰아넣고 마니, 이것이 매우 두려운 일입니다.

후생들이 독서하다가 선현들이 하신 말씀에 의심 나는 부분이 있으면 기록해 두는 것은 지하에 계신 선현이 다시 살아날 수 없어 문하에 나아가 배울 수 없기 때문에 자기 혼자 기록해 놓은 것에 불과합니다. 따라서 이는 곧 선현 문하의 재자들이 문목(問目)을 지었던 것과 같으니, 깊이 죄책할 것이 어디 있겠습니까? 그런데 우리나라 학문 풍토가 이와 같으니, 노형은 혹 이 점을 생각해 보셨는지요?

게다가 형의 지금 처지는 다른 사람과는 다르니, 무릇 독서를 하거나 강의를 할 때 오직 구설(舊說)을 그대로 따르고 신의(新義)를 내

세우지 마십시오. 말이 잘못 전해지면 남의 구설을 초래할까 두렵습니다.

『경역(京易)』의 괘기(卦氣)는 『한서(漢書)』 주(註)에 보이지만 그 본문을 보지 못해 감히 무어라 대답할 수 없습니다. "중부괘(中孚卦)에서 시작된다."라는 말은 무슨 뜻인지 알지 못하겠습니다. 사시(四始)・오제(五際)의 설은 『한서(漢書)』 「익봉전(翼奉傳)」에 보일 뿐 다른 곳에서는 보지 못했습니다. 이러한 위서(緯書)들도 강론한 자가 있었을 터이지만 우리 동방에는 전해진 것이 없으니, 어찌하겠습니까! 경전의 위서들은 대부분 운명을 점치는 술수학(術數學)이기 때문에 정도를 지키는 이들은 높이 인정하지 않았습니다. 그러나 비록 대다수 후인들의 위작(僞作)이라고는 하지만, 사마천(司馬遷)이 "『역(易)』의 '털끝만큼 차이가 나면 천리만큼 어긋난다.〔差之毫釐 謬以千里.〕'"라고 한 대목을 주석가들은 『주역』의 위서(緯書)에서 나왔다고 하였으니, 이 위서도 실로 선진(先秦) 시대의 고문(古文)이며, 재이(災異)에 관한 학문도 여기서 나왔고, 한(漢)나라 때의 음양술(陰陽術)도 다 여기에 그 근원이 있는 것입니다. 아마도 이른바 팔색(八索)・구구(九丘), 재신(梓愼)・비조(裨竈)의 학술도 혹 여기에서 나온 것이 아니겠습니까.

또 『전목재집(錢牧齋集)』을 보면 『시경』을 논하면서

"사시(四始)는, 「대명(大明)」은 수(水)의 시작, 「사모(四牡)」는 목(木)의 시작, 「가어(嘉魚)」는 화(火)의 시작, 「홍안(鴻雁)」은 금(金)의 시작이다. 오제(五際)는, 묘(卯)는 「천보(天保)」이고, 유(酉)는 「기보(祈父)」이고, 오(午)는 「채기(采芑)」이고, 해(亥)는 「대명(大明)」이다."

하였으니, 그 분배한 뜻으로 보건대 『시경』 삼백 편의 시들을 오행
(五行)과 십이지(十二支)에 분속(分屬)하여 재상(災祥)을 미루어
궁구했던 것입니까. 알 수 없는 일입니다. 무슨 견해가 있으면 뒤에
인편이 있을 때 자세히 일러 주시면 좋겠습니다.

저는 깊은 산골에 궁벽하게 산 지가 벌써 5년이나 되어가는데 친지
도 드물게 대하고 서적도 너무 적기 때문에 고루하고 들은 것도 적어
서 참으로 이를 것이 없습니다. 서신 말미의 경계하신 말씀을 봄에
감히 명심하지 않겠습니까. 이러한 붕우의 의리가 없어진 지 오래
되었습니다. 소위 붕우라는 것이 혹은 손잡고 팔을 붙들고 의기(意
氣)로 서로를 인정하기도 하고, 혹은 마주 앉아 자잘한 이야기로 은밀
한 정을 나누기도 하고, 혹은 서로 추켜세우면서 기분좋게 아첨을
떨기도 하지만, 옛 분들이 교제하던 의리라고는 하나도 없는 것입니
다. 저는 평소에 통한하여 말하기를,

"사람이 이 세상을 살아가자면 허물이 없을 수 없으니, 붕우 사이에
서로 붙잡아 주는 데 힘을 입어 옳은 사람이 되는 경우가 많다. 어찌
하여 지금 세상은 모두가 다 그 꼴로 이 지경에 이르렀단 말인가."
하였습니다. 그런데 서로 아끼고 서로 믿는 노형과 같은 벗을 내가
직접 만날 수 있다니 그 얼마나 다행스러운 일입니까.

저는 타고난 바탕이 굳지 못하기 때문에 항상 경박한 병이 있고
기질이 유약하기 때문에 혹 고식적인 생각이 많습니다. 제 병을 제가
알고 있으면서도 구습을 털어버리지 못하고 있는데, 지금 침 아닌
침, 약 아닌 약을 받고 보니 이보다 더 큰 다행이 없습니다. 형이
이렇게 앞 길을 열어주고 인도하여 무엇인가 물을 수 있도록 해 주시
니, 저라고 어떻게 차마 그 지극한 뜻을 저버리겠습니까. 저는 재주가

부족하고 기질이 유약해서 언제나 미달 상태이고, 반대로 형은 재주가 높고 기질이 강하기 때문에 좀 지나친 병폐가 있어 중행(中行)의 길을 가기는 똑같이 어렵지 않을까 생각됩니다. 옛날에 윤장께서, 형이 너무 원대한 꿈만 꾸고 있어 총명이 오히려 누가 된다고 말씀하시기에 제가 답하기를,

"이는 이른바 영기(英氣)가 일에 해가 된다는 것입니다. 세상에 학문이 없어진 지 오래라 지금은 거의 모두가 교칠(膠漆)의 와중에서 분주골몰하고 있는 판인데, 이 벗은 다른 외물에 유혹됨이 없이 국외(局外)의 한산한 곳에 우뚝 서서 초연하게 우리들의 표본이 되고 있는 매우 귀중한 존재입니다. 사소한 병폐야 그도 오랜 세월을 겪었고 보면 반드시 잘 알고 고칠 터이니 크게 염려될 것이야 뭐 있겠습니까."

했는데, 그게 갑술년 겨울에 한 말입니다. 그 후 이미 여러 해가 지났고 형의 조예도 틀림없이 깊은 경지에 이르렀을 것입니다. 구구한 저의 생각은 성음(聲音)을 아끼지만 마시고 수시로 좋은 경계 말씀을 주시어 의리가 무궁하다는 것을 알게 해주시기를 천만 번 바랍니다. 저에게는 다시 더 타산지석(他山之石)이 되어드릴 만한 그 어떤 소견도 없습니다.

忽從星中[12], 得拜下復狀, 披露肝膈, 詞旨懇切, 至于累百千言. 撫玩感嘆, 不忍釋手. 苟非相愛之至·相信之篤, 何以至此? "悠悠得喪, 已付太虛"云

---

12 星中 : 작자의 스승인 星湖 李瀷이 살던 경기도 安山의 瞻星村을 가리킨다.

者, 尤仰其確乎不拔[13]之志矣. 僕嘗書自警語於壁曰: "天下人毁之, 爲不足懼, 而惟知道者毁之, 爲可懼; 天下人譽之, 爲不足喜, 而惟知道者譽之, 爲可喜." 今讀"惟以志不篤學不章見擯於師友者爲懼"之語, 不覺蹶然起立而欽仰不已也. 仍伏審向來起居平善, 而信后駸駸歲將暮矣, 靜居味道玩養有常否? 吾道日喪, 此學日孤; 杜門讀書, 究心經傳, 無聲名利祿之誘, 而有從容自得之味者, 今世有幾人耶? 世情易高[14], 俗習好謗; 自讀己書, 何關人事而反致嘵嘵? 以僕言之, 五歲奇疾, 出入人鬼, 而猶未忍束手塊坐, 或有所述, 或試己見, 未免有時出而示人. 此非爲衒能而求譽也, 實欲廣問而求益也; 未見其益, 而適取饒舌之譏. 以此益知先賢韜晦之戒, 寔爲吾輩頂門之針, 而惟是照影自娛而已. 尊兄亦必已知此義, 故以其所存於中者相告耳. 所示「履卦」義, 讀來讀去, 其意誠然. 『易』不可爲典要, 仁智各有一見.[15] 故

---

13 確乎不拔 : 세상의 변화, 득실에 따라 흔들리지 않는 확고한 지조를 뜻하는 말로 『周易』「乾卦 文言」의 "세상에 따라 변치 않으며 명성을 이루려 하지 않아, 세상에 은둔하되 근심하지 않으며, 남으로부터 인정을 받지 못하여도 근심하지 않아. 태평한 세상이면 道를 행하고 위태한 세상이면 떠나가서, 뜻이 확고하여 뽑을 수 없는 것이 잠겨 있는 龍이다.〔不易乎世, 不成乎名, 遯世无悶, 不見是而无悶, 樂則行之, 憂則違之, 確乎其不可拔, 潛龍也.〕"한 데서 온 말이다.

14 朱子의 「答鄭子明書」에 "荊公이 말한 '말세에서는 높아지기 쉽고 험한 길을 다하기 어렵다.'한 것을 또한 생각해야 할 것이다.〔荊公所謂末俗易高險塗難盡者亦可念.〕"한 데서 온 말이다. 말세에서 높아지기 쉽다는 것은 쇠퇴한 세상에서는 뛰어난 인물이 없어 웬만하면 높은 사람으로 인정받고 자부한다는 뜻이다. 『朱子大全 25권』

15 仁智各有一見 : 『周易』「繫辭 上」5장에 "인자는 보고 인이라 하고 지자는 보고 지라 한다.〔仁者見之, 謂之仁; 知者見之, 謂之知.〕"한 데서 온 말로

諸儒箋解各異, 與『語』·『孟』性理之說, 自有不同; 橫說竪說, 而若當於義理, 不失象占之義, 則斯已可矣. 僕亦嘗稍解象數之枝葉, 故欲因此讀『易』, 求之一年, 漸流異道; 惟是之懼, 卽棄之, 以待義理稍明, 然後更欲下工, 而精力已衰, 恐難復及. 儕友中如有推明至義如老兄者, 則爲幸實多. 其意實同楚人之失弓[16], 人己何論? 近觀丈席『易解』, 時或解頤[17]自怡, 不能止也. 洞里有一學生來讀『易』, 至「姤」初爻, 『傳』·『義』有不合者. 玆以目下之事, 亦爲相告: "以文勢觀之, 則繫金柅者, 似謂時事爲小人所制, 如車輪爲金柅所繫而不行, 故君子守正則吉, 往則凶. 蓋微陰在下, 雖若羸豕, 其心誠在於躑躅, 終必消陽而後已; 其可畏如此, 其輕有所往乎? 若如『程傳』以繫金柅爲君子禁制小人之惡, 則有字上, 必加使之字, 文義可通. 若如『朱義』以貞吉攸往爲戒小人事, 則羸豕以下, 又文不相連; 必加然其以下十餘字, 然後文義亦通, 而終似艱曲." 未知如何? 『詩經』, 前日尹丈謂『集傳』多有窒碍難通處; 僕答以老生常談曰: "朱子以後, 棄「舊序」, 專以義理斷定; 義理固好, 而詩人之志, 果如此否也? 然而如此而漸生疑貳而爲之說, 則葛藤多而本根晦; 與其復作而不可必得詩人之本意, 不如因舊而求其義理之至當也." 是後, 尹丈更無可否, 亦不敢復有所請. 今見兄論, 忽思告尹丈之語以告之, 非

사람들이 각자 보는 견해가 다름을 뜻한다. 성어로 仁智之見이라 한다.

16 楚人之失弓 : 내가 잘하나 남이 잘하나 마찬가지라는 뜻이다. 『孔子家語』「好生」에 "초나라 왕이 활을 잃었는데 초나라 사람이 얻었으니, 또 어디에서 찾으리오.〔楚王失弓, 楚人得之, 又何求之?〕"한 데서 온 말이다.

17 解頤 : 얼굴을 펴고 기뻐서 웃는 것이다. 漢나라 匡衡이란 사람이 『詩經』에 매우 밝았다. 그래서 당시 선비들이 말하기를, "『詩』를 말하지 말라, 광형이 온다. 광형이 『시』를 말하면 모두 입이 벌어질 것이다.〔無說『詩』, 匡鼎來. 匡說『詩』, 解人頤.〕"한 데서 온 말이다. 『漢書 81권 匡衡傳』

謂『詩』全無可疑也. 周召二字, 淺見亦與兄同, 但不立說耳. 南字義, 程大昌[18]所論樂名, 甚好. 以經之"以雅以南"[19]證之, 若以南方之義求之, 是時文王居天下之二, 聖化洋溢; 風敎所及, 豈特南國而已耶! 諸國曰風, 風刺之義居多, 「舊序」所云[20], 斯過半矣.[21] 而朱夫子一切刊去, 誠未敢知也. 是以, 眞西山朱門之私淑也, 其著『大學衍義』, 引『詩』皆用「舊序」, 意亦有在也. 所示二篇, 篇義甚好, 廣博精密, 難容一喙; 尹丈所謂新義可畏者指此耶? 別錄爲藏玩之資, 恨不得見全篇也. 因此而竊嘗思之, 我東與中夏, 規模不同, 氣象窄迫, 凡人講論, 只知依樣畫葫[22], 若有背于舊說者, 則不計當否,

18 정대창(程大昌, 1123~1195) : 南宋 때의 학자로 자가 泰之, 徽州 休寧 사람으로 시호는 文簡이다. 저서로는 『禹貢論』, 『詩論』, 『易原』, 『衍繁露』, 『北邊備對』 등이 있다.

19 以雅以南 : 『시경』 「小雅 鼓鍾」에 보인다. 朱子의 『集傳』에서는 雅는 二雅, 즉 小雅·大雅이고 南은 二南, 즉 周南·召南이라 하였는데, 여기서는 雅는 雅樂이고 南은 南夷의 樂이란 뜻으로 보았다. 『詩經 小雅』

20 舊序所云 : 『시경』 대서(大序)에, "윗사람은 風으로 아랫사람을 교화하고, 아랫사람은 풍으로 윗사람을 풍자하되, 비유하는 시를 통하여 완곡하게 規諫하므로, 말하는 이는 죄가 없고, 듣는 이는 경계할 수 있기 때문에 풍이라 한다. 〔上以風化下, 下以風刺上, 主文而譎諫, 言之者無罪, 聞之者足以戒, 故曰風.〕"하였다.

21 斯 : 思의 오자이다. 이 구절은 『周易』 「繫辭」의 "지혜로운 이가 그 단사를 보면 생각이 반을 지나리라.〔知者觀其彖辭, 則思過半矣.〕"한 데서 온 말로 이미 대략을 안 것이라는 뜻으로 쓰인다.

22 畫葫 : 다른 사람의 작품을 그대로 본뜨기만 하고 창의적이지 못함을 뜻한다. 宋나라 太祖가 韓林學士 陶穀을 조롱하기를, "듣건대 한림학사는 制書를 초할 때 옛사람의 작품을 베끼며 조금씩 말만 바꾸었을 뿐이라 하니, 이는 바로 세상 사람들이 말하는 '조롱박 모양을 그대로 본떠서 그린다.〔此乃俗所謂依樣

群起攻之, 至于坑塹, 是甚可畏. 後生讀書, 於先賢所論, 有疑箚錄, 是九原難作, 摳衣請問, 亦不可得, 故不過私記; 便是當日門生問目之例, 顧何深罪? 而東俗如此, 兄或念此耶? 且兄今所居之地, 亦非他比, 凡於讀書講授之際, 惟循舊訓, 勿發新義; 恐傳說之誤, 致費唇舌也. 京易卦氣[23], 見於『漢書』註, 而本文不見, 不敢妄對. 起於「中孚」云者, 未審何義也. 四始·五際之說, 亦見於『漢書』「翼奉傳」而已, 他無所見. 此等緯書, 宜有講論者, 而東方無傳, 奈何! 諸經緯書, 率皆讖術之學, 故守經者不尙, 而雖云多是後人僞作, 司馬遷稱『易』"差之毫釐, 謬以千里"之文, 註家謂出於易緯, 則是固先秦古文, 而災異之學, 盖出於此. 漢儒陰陽之術, 皆原於此, 疑所云八索·九丘[24]之類, 而梓愼·裨竈[25]之學, 或出於是歟! 亦見『錢牧齋集』論詩有曰:

畫葫蘆耳.」'는 것일 뿐이다." 한 데서 온 말이다. 『東軒筆錄 1권』

23 京易卦氣 : 京易은 漢나라 元帝 때의 학자인 京房의 易學을 말한다. 경방은 焦延壽에게 배워『周易』에 조예가 깊어서『周易』의 이치를 부연하여 점치는 방법과 재변의 徵驗을 설명한『易傳』3권을 남겼는데, 이를『京房易傳』이라 한다. 자연의 현상을 보고 미래를 점치는 것으로 元帝의 총애를 받다가 權臣 石顯의 모함을 받아 41세 때 처형되었다.『漢書 75권 京房傳』卦氣는『주역』의 64卦를 氣와 候에 분배하여 길흉을 점치는 방법이다.

24 八索·九丘 : 三墳·五典과 함께 上古 때의 서책이다. 팔색은 八卦의 이치를 풀이한 것이고 구구는 九州의 지리를 설명한 地誌라는 설이 있다.『春秋左傳 昭公 12年 10月』

25 梓愼·裨竈 : 재신은 春秋시대 魯나라 大夫로 술수에 밝았던 사람이고, 비조는 춘추시대 鄭나라 대부로 역시 점술에 능하고 천문학에 정통하였다. 魯나라 昭公 17년 겨울에 혜성이 나타났다. 이에 申須는 제후국에 화재가 날 것이라고 하였고, 재신은 天文에서 火房에 속하는 宋·衛·陳·鄭 네 나라에 5월에 화재가 발생할 것이라고 하였다. 그런데 鄭나라의 비조는 子産에게 말하기를

"四始: 大明爲水始, 四牡爲木始, 嘉魚爲火始, 鴻鴈爲金始. 五際: 卯爲天
保, 酉爲祈父, 午爲采芑, 亥爲大明." 以其分配之義觀之, 則三百篇, 分屬於
五行十二支而推究災祥耶? 是未可知也. 如有所見, 後便詳示, 幸甚! 僕僻
居窮谷, 歲且五周, 親知罕接, 書籍甚少, 固陋寡聞, 誠無足道. 竊見書末警
語, 敢不銘念? 此義之不行久矣. 所謂朋友, 或把手握臂, 意氣相許, 或對床
細話, 情意疑密, 或自相推奬, 諛辭相悅, 而求以古人交際之義, 則并無之.
僕居常痛恨曰: "人居此世, 旣不能無過, 則必賴朋友扶竪之力而至於成立者
盖多; 何今世之滔滔至此耶? 何幸於吾身, 親見愛信之友如老兄者耶?" 僕
稟賦不固, 故恒有浮淺之病, 氣質柔懦, 故或多姑息之意. 渠病渠知, 而舊習
難脫, 今承不針之針不藥之藥, 幸莫大矣. 兄以此開導而有所誘問, 則僕何
忍負此至意哉? 僕才小而氣弱, 故有不及之患, 兄才大而氣高, 故有過逸之
病; 均之恐難入中行之道矣. 昔年尹丈以'兄遊騎太遠[26], 聰明爲累'有言. 僕

"송·위·진·정이 같은 날에 화재가 날 것이다. 그러나 보배인 옥으로 만든
술잔과 술 그릇〔瓘斝玉瓚〕으로 재난을 물리치면 정나라에는 화재가 일어나지
않을 것이다." 하였는데 자산이 그의 말을 듣지 않았다. 『春秋左氏傳 昭公17年』

26 遊騎太遠 : 遊騎는 전쟁에서 선봉대, 또는 돌격대와 같은 것이다. 선봉이 너무
깊이 적진 속으로 들어가면 퇴각할 수 없게 된다. 이는 학문을 할 때에도
자신이 당연히 실천해야 할 도리, 주변의 일에 힘쓰지 않고 格物致知를 하느라
사물의 이치만 연구한다면 本原인 마음이 너무 밖으로 나가서 산만한 지식만
얻을 뿐 덕성을 함양하지 못하는 것을 비유한 것이다. 朱子가 "치지의 요체는
응당 至善이 어디에 있는지, 예컨대 부모는 자애에 그치고 자식은 효성에
그치는 것 같은 것을 알아야 한다. 만약 이것에 힘쓰지 않고 格物致知를 한답
시고 한갓 범범하게 만물의 이치를 관찰하면, 나는 대군의 선발대가 너무
멀리 가서 돌아올 곳이 없는 것과 같을까 염려한다.〔致知之要, 當知至善之所
在, 如父止於慈子止於孝之類; 若不務此, 而徒欲泛然以觀萬物之理, 則吾恐其

答曰："此所謂英氣害事[27]，世無此學久矣．擧皆奔汩於膠漆盆[28]中，而此友無他外誘，能特立於局外靜散之地，超然爲吾輩之赤幟[29]，甚可貴也．些少病痛，渠亦經歷之久，必當揀擇，豈有深慮哉？"此甲戌冬語也．其後亦已累年，兄之造詣，亦必深矣．區區之意，每願無金玉其音，時惠良箴，使知義理之無窮，是千萬顒祝之意．更有何見可爲他山之石耶？

如大軍之遊騎出太遠而無所歸也．）"하였다．『大學或問』

27 英氣害事：伊川 程頤가 "맹자는 조금 英氣가 있으니，영기가 있었다 하면 圭角이 있게 마련이니，영기가 일에 매우 좋지 않다．〔孟子有些英氣，才有英氣便有圭角，英氣甚害事．〕"하였다．『孟子集注 序說』『二程遺書 18권』

28 膠漆盆：아교와 칠을 섞어 넣은 동이로，여기서는 붕우 사이에 바른 의리로깨우쳐주는 것이 아니라 서로를 보살펴주는 우정만 매우 두터움을 뜻한다．後漢 때 陳重과 雷義는 우의가 두텁기로 널리 알려졌다．뇌의가 茂才科에급제하여 그 자격을 진중에게 양보하였는데 刺使가 들어주지 않았다．이에거짓으로 미친 척하여 벼슬을 받지 않으니，고을 사람들이 그들을 두고 "아교와 옻칠이 굳다고 하나 뇌의와 진중만은 못하리．〔膠漆自謂堅 不如雷與陳〕"하였다．『後漢書 卷81 雷義列傳』

29 赤幟：붉은 깃발로 원래 漢나라를 상징하는 것이다．漢나라 명장 韓信이 趙나라와 싸울 때 계략을 써서 조나라 성의 깃발을 뽑고 거기에 한나라의 붉은깃발을 세움으로써 적의 사기를 꺾어 승리한 고사에서 나온 말로，領袖와같은 승리자의 지위를 뜻하는 말로 쓰인다．여기서는 學團의 座長 격임을뜻하는 말로 쓰였다．

6. 이경협에게 답한 편지

答李景協書 신사년(1761, 50세)

보내온 편지에서 말씀하신 수사(修辭)는 참으로 명심하고자 하지만 재주가 부진하고 문장력도 부족하여 스스로 슬퍼하고 한탄할 뿐입니다. 음률(音律)은 미묘하니, 저같이 어리석은 자가 어떻게 알겠습니까. 다만 『서경』의 「우서(虞書)」를 가지고 말하자면, 사람은 천지의 기운을 받고 태어났으니, 그 기운이 발하여 소리가 됨은 자연스러운 이치에서 품부(稟賦)된 것입니다. 성인이 여기에서 오음(五音)을 분변한 것이 더할 나위 없이 지극합니다. 그리고 자음(字音)의 경우로 말하자면 우리나라 사람들이 늘 중국음(中國音)이 바른 음이고 우리 음(音)은 틀린 것이라고 하는데, 저는 납득할 수 없습니다. 우리의 음은 모든 소리가 다 갖추어져 있고 한 글자가 각각 한 음이라 매우 질서정연합니다. 중국의 음은 여러 소리가 잘 통하지 않으니, 가령 침운(侵韻)에 속한 소리는 진(眞)과 같고, 담운(覃韻)에 속한 소리는 한(寒)과 같고, 이(而)와 아(兒) 두 글자는 우리 음으로 하면 을(乙)자가 되고, 또 글자 하나가 두 음을 가지고 있는 것도 많아 매우 질서정연하지 못합니다. 이것을 율려(律呂)에 맞춰서 가사로 노래하면 글자 수에 따라 소리의 장단(長短)이 들쭉날쭉할 염려가 어찌 없겠습니까. 진(晉)나라 이후로 지금까지 오랑캐들이 계속 중국을 어지럽혀 왔으며, 중국 사람들은 문자(文字)가 곧 언어이기 때문에 언어가 바뀌면 글자 음도 따라서 바뀌게 되는 것이 예컨대 방언(方言)이 세월이 오래 가면 자연히 변하는 것과 같으니, 그 형세가 그럴 수밖에 없습니다.

우리나라는 기자〔太師〕이후로 중국 서적을 받아 읽었습니다. 그래서 그 글자 음은 스승과 제자 사이에 줄곧 전수되어 왔기 때문에 필시 바뀐 것은 없을 터이고, 게다가 언어와 문자가 서로 다르고 보면, 문자의 음이 혼동되거나 와전될 염려가 없지 않겠습니까. 따라서 나는 우리 음이 정음에 가깝다고 하는데, 이런 주장은 아마도 남에게 비웃음을 살 것입니다. 지난번 선생님〔성호(星湖) 이익(李瀷)을 가리킴〕의 서찰을 받아보니 바로 제 생각과 같았고, 그 후 『약천집(藥泉集)』을 보았더니 그의 말도 평소 제가 의심했던 바와 같았습니다. 그런 뒤에야 저의 주장이 맹랑하지는 않다고 비로소 자신하였습니다. 다만 음률학(音律學)에 있어서는 원래 깜깜하기 때문에 서로 잘 아는 사이인 우리 형 같은 분과도 강마할 수가 없는 것입니다. 형이 기왕 말을 꺼냈으니 끝까지 토론하여 가르쳐 주시기 바랍니다.

示教修辭[30]之語, 誠欲銘念, 而才退不振, 文詞短劣, 惟自悼歎. 音律微妙, 如僕之顓蒙, 何足以知之? 但以「虞書」言之, 人稟天地之氣以生, 則其發而爲聲, 稟于自然; 聖人卽此而辨五音, 至矣盡矣. 至若字音, 東人恒以漢音爲正, 我音爲非, 愚竊惑之. 我音諸聲無不備, 而一字各爲一音, 甚整齊也; 漢音諸聲難通, 如侵韻如眞, 覃韻如寒, 而兒二字, 爲我音之乙字, 又多有一

---

30 修辭 : 孔子가 "군자는 덕을 진취시키고 학업을 닦나니, 충과 신이 덕을 진취시키는 것이요, 말을 함에 있어서 그 성실함을 세움이 학업을 보유하는 것이다.〔君子進德修業: 忠信, 所以進德也; 修辭立其誠, 所以居業也.〕" 한 데서 온 말이다. 『周易 乾卦 文言』

字而兩音者, 不甚齊整. 以此協之律呂, 歌以詞曲, 豈無字數長短參差之患乎? 晉以後胡羯亂華, 至今不已, 華人以文字爲語, 語之變而字音亦隨而變, 猶今方言之歲久而自變, 其勢然也. 我國自太師以後, 必受中國之書而讀之. 其字音, 次次師傳弟受, 必無所變, 而又況言語與文字異, 則無混淆轉訛之慮耶? 是以, 愚謂我音近正, 此恐取笑於人, 而向承丈席書, 正如鄙意, 後見『藥泉集』, 其言亦如僕平日之所疑, 然後始信己說之不至孟浪, 而但於音律之學, 素昧昧也, 故不得講磨于相知如吾兄. 兄旣發之, 幸望竭論而敎之.

7.   이경협에게 답한 편지

答李景協書 임오년(1762, 51세)

주삭(周朔)과 구변(鉤邊)에 관한 설은 천고의 의안(疑案)이 되어온 것인데, 장님에게 눈을 빌리자는 격으로 저에게 질정을 구하시니, 부끄럽고 송구하기 그지없으며, 또한 묻기 좋아하시는 형의 훌륭한 뜻을 알 수 있었습니다. 주삭(周朔)은 월(月)을 바꾸고 사시(四時)를 바꾸었다는 것은 전해오는 기록들을 보아도 모두 속일 수 없는 사실입니다. 그러나 겨울을 봄으로, 여름을 가을로 바꾸어 사시가 모두 뒤바뀌게 만들었다는 것은 끝내 알 수 없습니다. 왕양명(王陽明)이 이 문제에 대해 변설(辨說)을 쓰면서 그 뜻을 아무리 생각해도 알 수가 없자 이에 말하기를,

"동지(冬至)가 되면 양(陽)이 생겨 봄 기운이 오고, 하지(夏至)가 되면 음(陰)이 생겨 가을 기운이 오니, 봄이라고 하고 가을이라고 해도 무방할 것이다."

하였습니다. 그 본문은 기억하지 못하겠으나 대의는 이와 같았는데, 그 후 왕석작(王錫爵)의 설도 거의 왕양명의 글을 답습한 것이니, 형이 살펴보시면 아실 것입니다. 형이 말씀하신 '『사기(史記)』는 왕실의 정삭(正朔)을 그대로 쓴 것이고, 여항(閭巷)에서는 옛날 부르던 그대로 일컬은 것'이라고 하신 주장은 참으로 옳습니다. 그렇지만 사계절을 바꿔 놓은 것은 성인의 뜻이 과연 어디 있겠습니까.

심의(深衣)는 『예기(禮記)』에서 열두 폭으로 만든다고 했고 보면 그것은 옷 한 벌 전체를 말한 것이지 아랫도리옷만을 가리켜 말한

것은 아닐 것입니다. 열두 폭이라고 한 뜻을 미루어 볼 때 상의가 두 폭, 소매와 깃이 각각 두 폭, 아랫도리가 여섯 폭으로 열두 폭이 딱 맞고, 좌임(左衽)·염임(斂衽)의 설로 뜻을 찾아보면 임(衽)은 곁에 있다는 뜻이니, 옷의 안팎의 임을 말한 것으로 보면 어떻겠습니까? 그렇다면 상복(喪服) 상의 앞에 양쪽으로 드리워져 있다는 것은 모양이 되질 않습니다. 정씨(鄭氏)가 말한 연미(燕尾)라는 옷의 제도는 과연 경문(經文)에 나옵니까? 형은 틀림없이 분명한 근거가 있어서 한 말씀일 터이니, 주삭과 심의 두 설에 대해 아울러 일러 주시면 매우 고맙겠습니다. 『성리대전(性理大全)』의 부주(附註)는 호광(胡廣)같은 이들이 만든 것일 듯한데, 형이 이렇게 물으셨으니 또 다른 사람이 있는 것입니까?

周朔³¹鉤邊³²之說, 爲千古疑案, 而借視於瞽師, 不任愧悚, 亦有以仰兄好問

---

31 周朔 : 周나라의 正朔이다. 고대에는 正朔을 바꾸는 것을 왕조 교체의 상징으로 여겼다. 正은 한 해의 시작을, 朔은 한 달의 시작을 뜻하는 말로 달력을 지칭한다. 제왕이 건국하면 정삭을 고쳐 천하에 반포하면 통치지역 내에서는 모두 그 달력을 사용하였다. 夏나라 때에는 夏正을, 商나라 때에는 商正을, 周나라 때에는 周正을 사용하였다. 주나라의 정월은 子月인 음력 11월이다.

32 鉤邊 : 심의의 아랫도리인 下裳을 만들 때 각 폭을 서로 이어 붙이는 방법을 설명하는 말인데, 이에 대해서는 학자들마다 견해가 달라서 많은 논란이 있었다. 續衽과 함께 쓰이는 말인데, 深衣의 제도에서 '衽'은 위쪽은 좁고 아래는 넓게 재단하여 경사진 옷감인데, 이것을 직각의 폭으로 된 치마폭의 각 사이에 이어댐으로써 심의를 입고 걸어갈 때 그 부분이 접혀졌다 펴졌다 하여 걸음을 용이하게 만들어 준다. '續'은 이어대어 넉넉하게 한다는 뜻이고 '鉤邊'은 옷을 입었을 때 치마의 앞뒤가 서로 접혀지게 한다는 뜻이다. 『禮記 深衣』鄭玄의

之盛意也. 周朔之改月改時, 考諸傳記, 皆不可誣; 其以冬爲春, 以夏爲秋,

四時一切相反, 此終不可知也. 王陽明[33]嘗有辨說, 求其義而不得, 則乃曰:

"冬至陽生而春氣至, 夏至陰生而秋氣至, 則不害於爲春爲秋." 本文不記, 而

大意如此. 其後王錫爵[34]之論, 皆襲陽明文字, 兄取考, 可知矣. 兄言"『史記

』因王室之正朔, 閭巷稱舊俗之所呼"者, 誠爲得當之論. 第四時之反易, 聖人

之意, 果何在耶? 深衣, 本經云:"制十有二幅", 則通一衣之制而言之, 非止

指裳而言也. 嘗以十二幅之義推之, 衣二幅, 袖與衽各二幅, 裳六幅, 恰滿十

二幅之數. 以左衽斂衽之說求之, 衽當旁之義, 亦以衣身內外衽言之, 如何?

然則喪服之衣前兩下雙垂者, 亦不成貌樣. 鄭氏燕尾之制, 果出於經文耶?

兄說必有明據, 周朔深衣二說, 并示之幸甚. 『性理大全』附註, 似是胡廣輩

所爲, 而兄問至此, 抑別有人耶?

注에 의하면 "속임은 下裳 곁에 있는 옷섶[衽]을 서로 연결시켜서 裳의 앞과
뒤가 서로 분리되지 않게 하는 것을 이른다."고 하였고, 구변 역시 정현의
注에 따른 江永의 해설에 "裳의 오른쪽 가에다 별도로 베 한 폭을 사용하여
이를 비스듬히 재단해서 오른쪽 뒤편 옷섶의 위에 꿰매어 앞으로 꺾어 덮도록
하는 것을 이른다."고 하였다. 『深衣考誤』

33 王陽明(1472~1528) : 明나라 때의 대표적인 사상가로, 자는 伯安, 이름은
守仁이고, 호가 陽明이며, 시호는 文成이다. 浙江省 餘姚 사람으로 陽明學을
창시하였다. 저술에 『王文成公全書』가 있다.

34 王錫爵 : 明나라 때 사람으로 禮部尙書‧文淵閣太學士를 겸직하였고, 首相이
되었다. 시호는 文肅이다. 『明史 卷318』

8. 이경협에게 보낸 편지

與李景協書 을유년(1765, 54세)

성복(成服)에 관해서는 저는 본래 식견이 어두우니 어떻게 알겠습니까. 다만 분상례(奔喪禮)에서 "집에 도착한 뒤 4일 만에 성복한다."는 대목과 자최(齊衰) 이하 부분은 위 문장에 연결해야 할 듯합니다. 만약 "집에 와서 성복한다.〔至家成服.〕"는 구절을 길에서 보낸 날짜까지 계산하여 집에 도착한 즉시 성복한다는 뜻으로 본다면 거리가 멀어 4일이 지나서야 도착한 자에게는 혹 이렇게 말할 수도 있겠지만 만약 가까이 있다가 4일 안에 도착했을 경우 2일 혹은 3일밖에 안 되었는데도 과연 곧바로 성복을 하는 것입니까? 이것이 제가 의심하는 까닭이고 또 정한강(鄭寒岡)의 보주(補註)에도 "집에 도착한 4일 후에 성복한다."는 문구가 있기 때문입니다. 다시 가르쳐 주시기 바랍니다.

成服一節, 弟本昧識, 何知? 但奔喪禮, 以到家後第四日成服齊衰以下, 似當蒙上文. 若以至家成服四字, 爲計在道日子至家卽成服之義, 則地遠而過四日後至者, 或可如此說; 若地近而奔在四日之內者, 雖二日三日, 果卽爲成服耶? 此鄙見之所以致疑. 且寒岡[35]補註, 有"至家四日後成服."之文故也.

---

35 寒岡 : 퇴계 이황의 제자인 鄭逑(1543~1620)의 호이다. 그의 자는 道可이고 본관은 淸州이며 시호는 文穆이다. 小學四書諺解校正廳 郎廳, 咸安郡守, 江陵

幸復敎之.

府使, 강원도 관찰사, 經書諺解校正廳 堂上 등을 역임하였다. 『心經發揮』,
『五服沿革圖』 등의 저술이 있다. 『光海君日記 前大司憲鄭逑卒記』

9. 이경협에게 보낸 편지

與李景協書 정해년(1767, 56세)

윤장(尹丈)의 편지에, 공정한 희노(喜怒)는 이발(理發)이라는 뜻을 대략 말했습니다. 이 문제는 지난 신미년에 형께서 편지를 보내 와 상세히 말씀하셨습니다. 그런데 저의 식견이 미치지 못해 서로 토론하지는 못했으나 마음속으로는 잊지 못하고 있다가 그 후 주자(朱子)의 말을 보았더니

"기뻐하고 성내는 것은 인심(人心)이고, 기뻐해야 할 때 기뻐하고 노해야 할 때 노하는 것은 도심(道心)이다."

라고 했습니다. 도리어 도라고 했고 보면 그것이 이발이라는 것은 알 만합니다. 그런데도 선입견이 자리잡고 있어 갑자기 생각을 바꾸기가 어려웠습니다. 희노(喜怒)는 아무래도 형기(形氣) 쪽으로 많이 치우쳤으니, 퇴계(退溪)의 '기(氣)가 리(理)를 따라서 발한다.' 는 설이 다시 고칠 것이 없는 정설일 듯하기에 구견(舊見)을 끝까지 지켜왔습니다. 근래에 그 말이 신 상사(愼上舍)에게서 처음 나왔고 선생님의 인정을 받았으며 노형도 믿고 따라 의심하지 않는다는 것을 알았으니 그 설이 필시 잘못된 곳이 없을 것입니다.

『퇴계집』에 있는 기고봉(奇高峯)의 「후설(後說)」을 보면 공정한 희노는 이발이라는 말을 발췌해내어 퇴계의 '기가 리를 따라서 발한다.'는 설을 공박했는데, 이선생(李先生)은 그에 대해 다시 논변하지 않고 도리어 그것을 인정해 주었습니다. 그 해가 병인년(1566)이었는데 그 후 무진년(1568)에 『성학십도(聖學十圖)』의 「심통성정중도(心

統性情中圖)」를 만들면서 사단(四端)을 칠정(七情) 속에다 포괄시키고는, "선과 악이 나뉘는 곳에서 선 한쪽만 말했다."라고 했으며, 기사년(1569) 이평숙(李平叔)에게 보낸 편지에도 그 뜻을 되풀이했습니다. 이렇게 본다면 이 선생이 늘그막에는 고봉의 견해를 따랐던 것인지요? 자세히 가르쳐 주시기 바랍니다.

　우매한 저의 소견이 꽉 막혀 통하기 어려운 것이 이상과 같습니다. 소위 희(喜)·노(怒)라면 아무래도 형기(形氣) 쪽으로 치우친 것이 많은데, 성인의 칠정은 곧바로 성(性)에서 발하여 정(情)이 되는 것이니 애당초 선 쪽에서 왔기 때문에 이발이라고 해도 될 것입니다. 일반 사람의 경우에도 미쳐서 정신이 없는 자를 제외하면 칠정이 반드시 당연히 발출해야 하여 발출하는 경우가 있으니, 처음 발출됐을 때는 선하지 않음이 없을 터이므로 이발이라고 할 수 있으며, 발하여 절도에 맞지 않은 뒤에야 기발(氣發)이라고 하는 것입니까? 그렇다면 똑같은 하나의 일로 희노가 나타났을 때 처음에는 이발이고, 중간에는 기발이라고 하는 것이 과연 말이 되겠습니까?

尹丈書中, 略道公喜怒理發[36]之義. 此事昔歲辛未, 兄貽書詳論, 而弟之昧識, 未能及此, 雖不得相與講討, 而心不敢忘. 後見朱子之言, 有曰: "喜怒,

---

36 公喜怒理發：퇴계 이황과 四七論辨을 마치면서 奇大升은 자신의 견해를 정리한 「四端七情後說」과 「四端七情總論」을 보내는데 여기서 그는 퇴계의 互發說에는 긍정한다. 그러나 『中庸』에서 온 천하에 공통되는 도, 즉 達道로 규정한 喜怒哀樂과 舜임금, 孔子, 孟子와 같은 성인의 희노애락은 칠정에 속하는 것이지만 사단과 다르지 않은데 이를 氣發이라 할 수 있겠느냐고 반박한다.

人心也；當喜而喜，當怒而怒，道心也."反謂之道，則其理發可知. 而先入之見，卒難回頭. 喜怒終是形氣上分數多；退陶氣順理之說，似無改評，終守舊見. 近來始知此說肇於愼上舍[37]，蒙丈席印可，老兄亦信從無疑，則其說必無謬誤矣. 考『退溪集』高峯「後說」中，剔公喜怒理發之說，以攻退陶氣順理之語；李先生更無所辨，反賜許可，此丙寅歲也. 戊辰年，修『聖學十圖』「心統性情中圖」，包四端於七情之中曰："就善惡幾，言善一邊."己巳年與李平叔書，又申其義；以此言之，則李先生晩來之見，亦從高峯耶？ 願賜詳教. 愚昧之窒而難通者如右，所謂喜怒，終是形氣上分數多，聖人之七情，則直從性發爲情，最初善邊來，則謂之理發可也；以常人言之，非顚妄病風外，其七情必有所當然而出者，其始發未始不善，則亦可謂之理發，而發而不中節而後，謂之氣發乎？ 然則以一事之喜怒，而始以理發言，中以氣發言，其果成說乎？

---

37 愼上舍：愼後聃을 가리킨다. 그가 진사이므로 이렇게 부른 것이다. 그의 字는
耳老이고 호는 遯窩〔돈와〕이다. 그는 성호 이익의 문인으로 道家・佛家・兵
家에 두루 박통했고, 20세에 진사가 된 후에는 벼슬하지 않고 오직 학문에
정진했다. 저서에는 『河濱集』이 있다.

10. 이경협에게 답한 편지

答李景協書 정해년(1767, 56세)

보내온 편지 내용이 명백하고 통쾌해서 조금도 미심쩍은 곳이 없고, 그 중에서도 우물에 빠지려는 어린애를 구제하느냐 밀어 넣느냐에 따라서 기뻐하기도 하고 노여워하기도 한다고 하신 것은 실로 이발(理發)의 방증(傍證)이 되니, 다시 무슨 이론을 제기하겠습니까. 그래도 퇴계가 하신 말씀이 언제나 선입견이 되어 그 속에 얽매여 벗어나기가 어렵습니다. 게다가 윤장까지 구견(舊見)을 고집하고 있기 때문에 어리석은 이 사람으로서는 늘 의심이 가서 둘 다 그대로 믿으면서 후인들이 채택하기를 기다릴 뿐입니다.

다만 퇴계 이후 지금까지 수백 년 동안 퇴계께서 간곡하게 말씀하고 힘써 쟁변하신 것이 도리어 기고봉(奇高峯)과 같은 투의 주장이 되고 말았으니, 이것이 의심스럽습니다. 만약 지하에 있는 퇴계가 다시 살아날 수 있다면 지금 이 상황에서 어떻게 말씀하시겠습니까? 이런 까닭에 저로서는 감히 확정하여 말하지 못할 뿐입니다.

예(禮)의 의심 나는 부분을 물어주신 것은 감사합니다. 형께서 '소렴(小斂) 후에 질(絰)·대(帶)를 착용한다.'는 글을 미루어 '대렴(大斂) 후에는 당연히 성복(成服)을 해야 한다.'는 증거로 삼으셨는데, 형이 생각하신 것이 참으로 정밀하나 저의 생각에는 '초상이 난 지 4일 만에 성복(成服)하는 것'은 위로는 천자로부터 아래로는 서인에 이르기까지 그 뜻이 똑같은 것이 아닌가 합니다. 어떻게 그러한 줄 알 수 있겠습니까. 『예기』「단궁(檀弓)」에 "천자가 붕어(崩御)하고

3일이 되면 대축(祝)이 먼저 복을 입는다."라고 한 대목의 주(註)에,
"아들도 3일이 되면 상장(喪杖)을 짚는다."고 했으며, 「상대기(喪大
記)」에는 "임금 초상에 3일이 되면 아들과 부인이 상장을 짚는다."라
하였고, "대부(大夫) 초상에 3일째 아침에 초빈을 하고 주인(主人)·
주부(主婦)·실로(室老)가 다 상장을 짚는다."라 하였으니, 여기서
말하는 3일은 다 죽은 날을 빼고 한 말이니 실제로는 4일인 셈입니다.
「상대기」에 또 이르기를, "사(士)의 초상에는 2일 만에 초빈하고 3일
째 아침에 주인·주부가 상장을 짚는다." 한 대목의 주(註)에, "이
2일은 죽은 날부터 치면 3일인 것이다."라고 했습니다.

　또 「사상례(士喪禮)」로 증명해 보면, "죽은 날 습(襲)을 하고, 그
다음날 새벽에 소렴(小斂)을 하고, 또 그 다음날 새벽에 대렴(大斂)
을 하고 초빈한다."고 되어 있어 「상대기」 주의 글과 서로 부합됩니
다. 또 「사상례」에 "대렴하고 초빈을 한다."는 대목 아래에 곧바로,
"성복(成服)하고 상장을 짚는다."라고 해야 할 터인데, 지금은 도리어
3일이라고 했으니 「상대기」에 3일 아침이라는 말과 서로 맞지 않습니
까. 이를 통하여 본다면, 천자·제후·대부·사(士)에 적용되는 예
가 비록 번다하거나 간략한 차이는 있어도 4일 만에 성복하는 것은
같지 않음이 없으니, 양씨(楊氏)가 논한 것이 고칠 여지가 없는 정론
일 듯합니다. 더구나 '생여사여(生與死輿)'라는 대목이 「곡례(曲禮)」
에 남아 있음에 있어서이겠습니까.

　사흘이 지나서 대렴을 하는 것은 사계(沙溪)는 또 "그 다음날 성복
하는 것이 예(禮)의 뜻에 맞다."라고 했는데, 이는 너무 지나치게 미
루어 생각한 것일 듯하고 형의 말이 옳을 듯합니다. 「상대기」에 "사흘
이 되는 날 아침에 초빈하고 주인·주부(主婦)가 상장을 짚는다."고

했고 보면 이는 바로 초빈한 뒤에 즉시 성복한다는 증거입니다. 『통전(通典)』에도 "당(唐)나라 원릉(元陵 대종(代宗))의 상사 때 초빈한 뒤에 황제와 백관이 최복(衰服)을 입고 질(絰)을 착용했다."고 했으니, 이 역시 초빈한 뒤에 즉시 성복한다는 증거입니다. 그런데 선생님은 "『의례문해(疑禮問解)』에 '비록 4, 5일 후에 대렴하더라도 상식(上食)이 다소 늦다 하여 금방 성복해서는 안 되고 초빈한 그 다음날 성복해야 한다.'라고 한 것은 사계의 말이 옳다."고 하셨습니다. 살펴보면 이는 근거할 만한 고례(古禮)에 비록 없을지라도 뜻만은 후한 뜻이어서 그대로 따르더라도 무방하지 않겠습니까. 다시 『개원례(開元禮)』에 의거하면, '3일 만에 성복을 하는데 오품(五品) 이상은 죽은 날을 제하고 3일이 되고, 육품(六品) 이하는 죽은 날을 포함하여 3일이 된다.'고 하였으니 이것이 형이 말씀하신 것과 같습니다. 그러나 군이 고례를 버리고 『개원례』를 따를 필요야 있겠습니까.

『의례(儀禮)』「사우례(士虞禮)」에 축(祝)이 주인 왼편에 있다고 한 것은 참으로 형의 말씀과 같습니다. 『서의(書儀)』에 축이 우제(虞祭) 때는 오른쪽에 있고 졸곡(卒哭) 때는 왼쪽에 있다고 한 것은 무슨 뜻이며, 주자가 이를 두고 예의 뜻에 맞다고 한 것은 또한 어디에 근거한 것입니까.

제 생각에는 예는 고금의 차이가 있는데, 『의례(儀禮)』는 옛 것이고 『가례』는 지금 것이니, 고례를 그대로 다 따를 수 없어서 가례가 만들어졌고 보면 『가례』는 실로 그 후의 예가(禮家)들의 유일한 기준입니다. 따라서 그 사이의 소소한 절목들은 비록 고례와 약간 틀린 점이 있더라도 그대로 따라도 무방하지 않겠습니까? 이 두 문제에 관해 다시 회답 주시면 매우 고맙겠습니다. 독축(讀祝)할 때 주인이 부복하는 것은 예가 아니라고 하신 말씀은 삼가 가르침을 따르겠습니다.

示諭明白痛快, 無一毫可疑, 而其中因孺子之援井擠井而爲喜爲怒[38]者, 實是理發之左契, 更復何論? 然陶山之語, 常爲先入之主, 每每纏繞難脫, 而尹丈堅執舊說, 故愚每致疑而欲兩存之, 以待後人之採擇; 但陶山以後至今數百年, 苦口力爭者, 還歸高峯之套, 是可疑也. 若九原可作, 退陶李子將如何云也? 是以, 弟則不敢質言耳. 示諭禮疑下問, 可感. 兄推小斂後加經帶[39]之文, 以證大斂後當成服之據; 兄之考出, 誠爲精細. 而愚意常疑四日成服之節, 自上達下, 其義一也; 何以知其然也? 「檀弓」曰: "天子崩三日, 祝先服."註: "子亦三日而杖." 「喪大記」曰: "君之喪, 三日, 子夫人杖; 大夫

---

38 因孺……爲怒 : 맹자가 "지금 사람들이 갑자기 어린아이가 장차 우물로 들어가려는 것을 보고는 모두 깜짝 놀라고 측은해하는 마음을 가지니, 이것은 어린아이의 부모와 교분을 맺으려고 해서도 아니고, 鄕黨과 朋友들에게 명예를 구해서도 아니며, 잔인하다는 평판을 싫어해서 그러는 것도 아니다. 이로 말미암아 본다면 측은지심이 없으면 사람이 아니며, 수오지심이 없으면 사람이 아니며, 사양지심이 없으면 사람이 아니며, 시비지심이 없으면 사람이 아니다.〔今人乍見孺子將入於井, 皆有怵惕惻隱之心; 非所以內交於孺子之父母也, 非所以要譽於鄕黨朋友也, 非惡其聲而然也. 由是觀之, 無惻隱之心, 非人也; 無羞惡之心, 非人也; 無辭讓之心, 非人也; 無是非之心, 非人也.〕"하였다. 『孟子 公孫丑上』이 말을 인용하여 우물에 빠지려 하는 어린아이를 건져주는 것을 보면 기뻐하고 밀어 넣는 것을 보면 노여워하는 것을 비유로 들어서 칠정도 理發이 될 수 있음을 증명한 것이다.

39 經帶 : 喪服에 착용하는 띠인 首經과 腰帶이다. 수질은 머리에 두르는 띠이고 요대는 腰経이라고도 하는데 허리에 두르는 띠이다.

之喪, 三日之朝, 旣殯, 主人主婦室老皆杖."此所謂三日, 皆除死日, 則實四

日矣.「喪大記」又曰:"士之喪, 二日而殯, 三日之朝, 主人主婦杖."註:"此

二日, 於死日亦三日也."以「士喪禮」證之, 死日襲, 厥明小斂, 又厥明, 大斂

而殯, 與「喪大記」註文相合, 又「士喪禮」大斂殯下, 當直云成服杖, 而今却

云三日, 則與喪大記三日朝之文, 不其相應乎? 由是言之, 則天子諸侯大夫

士, 禮雖有煩簡之不同, 而四日成服之義則無不同矣; 楊氏之論, 恐無改評.

生與死與[40]之文, 況出於「曲禮」乎? 若過三日而大斂者, 沙溪又以其明日成

服, 爲得禮之意, 此恐推之太過, 兄論當矣, 喪大記云"三日之朝旣殯, 主人

主婦杖"云, 則是殯後卽成服之證, 『通典』[41]"唐元陵儀殯後, 皇帝百官服衰

絰."此亦爲殯後卽成服之證, 然而先生曰:"『疑禮問解』[42]'雖四五日而大斂,

不可以上食稍遲而遽成服, 成服斷在殯之明日.'沙溪說是矣."按此雖無古禮

可據, 意亦近厚, 從之何妨? 更據『開元禮』[43], 三日成服, 而五品以上除死

---

40 生與死與 :『禮記』「曲禮」에 "산 사람은 오는 날을 헤아리고, 죽은 이는 지나
간 날을 헤아린다.〔生與來日 死與往日.〕"라 한 대목을 가리킨다. 이는 喪禮에
서 산 사람에 해당하는 成服 따위의 일은 죽은 다음날부터 날수를 헤아려
행하고, 죽은 사람에 해당하는 염습 등의 일은 죽은 그날부터 날수를 헤아려
행한다는 뜻이다. 이는 죽은 사람에 대한 산 사람의 지극한 마음에서 하루라도
날짜를 아끼려는 뜻에서 나온 것이다.

41 『通典』: 唐나라 德宗 · 順宗 · 憲宗 때 재상을 역임한 杜佑가 편찬한 책으로,
上古로부터 당나라 玄宗 때까지 역대의 제도를 食貨 · 選擧 · 職官 · 禮 · 樂
〔악〕· 兵 · 刑 · 州郡 · 邊防의 각 부문으로 나누어 기술하였다. 모두 200권이다.

42 『疑禮問解』: 조선중기의 학자 金長生이 禮에 관한 문답을 엮은 책이다.

43 『開元禮』: 『大唐開元禮』의 약칭이다. 開元은 唐나라 玄宗의 연호이다. 개원
20년(732)에 王嵒의 奏請에 의해 蕭嵩의 지휘 아래 賈登, 張烜 등이 편찬한
책이다. 당나라 太宗과 高宗 때의 五禮를 수정 보완한 것으로 모두 150권이다.

日, 六品以下幷死日爲三日, 此與兄所諭相同, 然而何必捨古禮而從開元耶?「士虞禮」祝在主人之左, 誠如兄言. 『書儀』[44]'祝虞從右, 卒哭從左'者何義? 而朱子謂之得禮意者, 亦何據耶? 竊謂禮有古今之殊; 『儀禮』古也, 『家禮』今也. 古禮旣不可盡從, 而『家禮』作, 則家禮實後來禮家之三尺[45]; 若是小小節目間, 雖與古禮有違, 從之何妨? 此兩端, 更賜示敎, 幸甚. 讀祝主人俯伏之非禮, 謹聞命矣.

『新唐書 11권 藝文志』

44 『書儀』: 宋나라 司馬光이 古今의 禮를 참작하여 만든 책이다. 朱子가 또 이 책에 古禮를 절충하고 당시의 禮法을 참작하여 『家禮』를 만들었다고 한다.

45 三尺: 국가의 법령을 뜻한다. 漢나라 때 세 자 길이의 竹簡에 법령을 기록했던 데서 유래한 말이다.

11. 이경협에게 답한 편지

答李景協書 무자년(1768, 57세)

선사(先師 성호 이익)를 잃은 후로 산림(山林)에는 주인이 없고 사
문(斯文)은 의탁할 곳이 없는데, 다행히도 우리 노형께서 문헌가
(文獻家)의 전통을 이어받고 거기에다 실천이 독실하고 덕행이 빛
나는 학업을 쌓아, 이제 붉은 기를 높이 세우고 우리 학파의 성세
(聲勢)를 크게 떨치고 있으면서도 언제나 겸손한 자세로 독선기신
(獨善其身)만 하고 있으니, 아마도 세상길이 험난하고 의론이 각박
해서 그렇게 하고 계실 터입니다. 밤중에 생각하면 너무도 슬프고
탄식이 나옵니다. 도(道)를 행하기가 이토록 어려우니, 어찌하겠습
니까, 어찌하겠습니까!

　문하에 수업하는 사람이 있느냐 없느냐 물으셨는데, 존형께서 이
런 말씀을 하시다니 참으로 오활합니다. 자기 자신이 남의 스승이
되려면 우선 남을 심복시킬 만한 덕행이 있어야 하고 세상을 놀라게
할 만한 문장력이 있어야 하고 사람을 감동시킬 기백이 있어야만 사
람들이 따르는 법입니다. 저는 그런 것은 하나도 없으니 그저 실행도
적고 문채도 없는 하나의 옹졸하고 어눌하고 용렬한 사람에 불과합니
다. 게다가 이제 나이 들어 기력도 쇠하고 고질병까지 걸렸으니 그야
말로 숨만 붙어 있는 하나의 시체에 불과할 뿐입니다.

　젊은 시절에는 학문에 뜻이 없었던 것은 아니지만 지금 와서 보니
아무 해놓은 것 없이 한 세상을 헛살고 말았으니 다시 어느 때 이
몸을 건지겠습니까. 늘 우울한 마음으로 저 자신을 가련하게 여길

뿐입니다. 이렇게 제 자신을 잘 알기 때문에 감히 남에게 학문을 말하지 못했던 것입니다. 그런데 지난날 선생님으로부터 지나친 인정을 받은 탓에 지금 젊은 사람들이 혹시 무슨 아는 게 있는가 싶어 더러 저를 찾아오지만 한번 보면 내실 없는 거짓인 줄 알게 되기 때문에 진상이 다 탄로가 나 덮어 가릴 수 없습니다. 그런데 진실한 마음으로 저에게 기대할 자가 또 누가 있겠습니까.

기명(旣明)과 사빈(士賓)이 더러 질문하지만 기명은 너무 민첩해서 민첩한 것이 도리어 병이고, 사빈은 지나치게 통달했으니, 통달한 것이 단점입니다. 독실하고 정밀한 사람은 바로 한정운(韓鼎運)이니, 참으로 앞날이 촉망되는데, 장래에 수립(樹立)하는 것이 어떠할지 알지 못하겠습니다. 다만 지혜는 다소 부족하기 때문에 금년 겨울에 여기 와서 글을 읽겠다고 하나, 이곳에도 도움을 줄 만한 자가 없으니 어찌하겠습니까!

지난번에 한정운이 영남에서 나를 찾아와서 연일(延日) 이상정(李象靖)을 만나보았다고 하면서 그의 훌륭한 문장과 행실에 대해 얘기하고, 또 그가 한 말을 전하기를,

"몇 해 전 신이로(愼耳老) 씨가 영남을 지나면서 찾아주어 강론의 즐거움이 있었는데, 그가 말하는 이기(理氣)와 『중용』·『대학』의 설들이 모두 선유(先儒)의 정론에 위배되고 자기 스스로 문호(門戶)를 세운 곳이 많으니, 반평생 독서했다는 것이 과연 모두 헛것이 되어버렸다.……."

라고 하였습니다. 그가 한 말이 십분 다 옳은 것인지는 모르겠으나, 스승의 말을 돈독히 믿고 전일하고 정밀하게 공부하는 뜻은 참으로 훌륭합니다. 존형께서는 이 벗과 서로 알고 지내십니까?

저는 날이 갈수록 정신력이 고갈되어 연구해야 할 경전은 파고들지 못하고 기껏해야 입과 눈에 익숙한 것만 볼 뿐입니다. 시험 삼아『맹자』부터 시작해 보았는데, 그 정미하고 오묘한 뜻은 감히 알 수 없으나 인욕(人慾)을 막고 천리(天理)를 보전하는 대의(大義)만은 눈에 환하여 쉽게 볼 수 있었습니다. 바로 이대로 실천하기만 하면 되니, 꼭 허다한 글을 읽어 늘그막의 부족한 정력을 분산시킬 필요는 없겠습니다.

지난날에『가례』의 주석을 엮어 보았지만 모두 초고 상태로 두었고 더 이상 검토할 길이 없으니 실로 스스로 애석한 마음이 많습니다. 어찌하겠습니까! 보내온 편지에서 예서(禮書)를 편찬하고 계신다고 말씀하셨는데, 알지 못하겠습니다만 그 규모가 어떠합니까? 가르침을 주시기 바랍니다. 진씨(陳氏)의『예기』주석은 내용이 번다하여 긴요한 점이 부족하니 형께서 정력이 더 쇠하기 전에 이 책에 마음을 두어서 한둘 종유하는 친구들의 강습 자료를 삼는 것이 어떻겠습니까? 이는 아는 자와 말할 수 있지 알지 못하는 자와 말해서는 안 될 것입니다.

自失先師, 山林無主, 斯文靡托; 幸吾老兄承家庭文獻之傳, 加篤實光輝之業, 可以竪赤幟[46]而張吾軍[47], 每存謙挹, 獨善其身[48]. 盖世道之危懨, 俗論

---

46 赤幟 : 주 29)‘赤幟’참조.

47 張吾軍 : 원래는『춘추좌씨전』桓公 6년 條에 보이는 말이다. 唐나라 韓愈의 「醉贈張祕書」에 “아매는 글자를 모르지만, 팔분서를 퍽 잘 쓴다. 시가 이루어져 그에게 쓰게 하니, 나의 군대를 자랑할 만하여라.〔阿買不識字 頗知書八分

之澆薄, 有以致之也. 中夜思之, 未嘗不痛悼興唶. 道之難行, 有如是矣, 奈何奈何! 承諭問門下受業人之有無, 迂哉! 尊兄之有是言也. 夫以師道自任者, 必有服人之德行, 驚世之文章, 動人之氣魄而後, 人從之矣. 弟則無一於是, 只是少實行無文彩一拙訥昏庸之物, 而加以年衰疾痼, 便一有息底屍. 少來非無志者, 到此脫空, 虛生一世, 更向何辰度此身耶? 每悒悒自憐而已. 由是自知之明, 不敢向人論說; 第前日過蒙丈席之許與, 故今之少輩, 或意其有聞而歷見者有之, 而一見可知其虛僞, 故眞狀呈露, 不能盖覆, 更有何人可以實心相期耶? 旣明[49] · 士賓, 時有情問, 而明也大敏, 敏處反爲其病, 賓也過通, 通處亦爲其短; 而篤實精緊, 韓鼎運其人也, 儘有前頭, 未知樹立果何如也. 但知解分數不足, 故今冬欲來讀書于此, 此亦無可以相發者, 奈何! 頃者韓自嶺來過, 謂見李延日象靖[50], 道其文行之美, 且傳其言云: "昔年愼耳老氏過嶺時歷訪, 有講討之樂, 而其理氣庸學諸說, 皆背先儒已定

詩成使之寫 亦足張吾軍.〕"하여, 글을 짓고 써서 자기 쪽의 聲勢를 떨친다는 뜻으로 사용하였다. 여기서는 상대방이 학문에 독실하니 이제 우리 학파의 성세를 크게 떨칠 것이라는 뜻으로 말하였다.

48 獨善其身 : 『孟子』「盡心 上」에 "곤궁해지면 자기의 몸 하나만이라도 선하게 하고, 뜻을 펴게 되면 온 천하 사람들을 아울러 선하게 한다.〔窮則獨善其身 達則兼善天下.〕"한 데서 온 말로, 세상에 나가서 벼슬하지 않고 은거하여 학문에 전념함을 뜻한다.

49 旣明 : 순암과 같이 星湖의 제자인 鹿庵 權哲身의 자이다.

50 李延日象靖 : 조선 후기 퇴계학파의 대표적인 학자인 李象靖(1710~1781)을 가리킨다. 그가 延日縣監을 역임했으므로 이렇게 부르는 것이다. 그의 자는 景文이고 호는 大山이며, 관향은 韓山이다. 저서로 『大山集』, 編著로 『退溪書節要』 등이 있다.

之論, 而自立門戶者多; 果然半生讀書, 皆歸虛云云." 其言未知其十分是當,
而篤信師說專精致一之意, 則誠可貴也. 未審尊兄與此友相知否? 弟心力日
短, 不能刻意于經卷硏究之文, 但取其口順目熟者觀之, 試自『孟子』始, 精
義妙旨不敢知, 而遏欲存理之大義, 炳然易見; 行之卽在此, 不必讀許多書,
以分老來精力也. 前日亦編『家禮』註, 皆在暗草, 無由更檢, 實多自惜之意,
奈何! 承諭有編禮之事云, 未知規模爲何耶? 願示教焉, 陳氏禮註, 繁冗沒
緊要; 兄若乘精力之未甚衰, 試留意, 爲一二遊從間講習之資, 如何如何?
此可與知者言, 不可與不知者道也.

12. 이경협에게 답한 편지

答李景協書 기축년(1769, 58세)

보내 주신 서한을 받을 때마다 너무 지나치게 허여(許與)해 주시고 정리(情理)에 가깝지 않게 장려를 아끼지 않으시니, 비록 상대를 인도하여 주는 고인(古人)의 좋은 뜻이라 하더라도 그만한 사람에게 베풀어야지 그만하지 못한 사람에게 마구 베풀어 결과적으로 실언(失言)한 것이 되고 말아서는 안 될 것입니다. 혹시 노형께서 영기(英氣)가 너무 지나치고 문장이 시원스러워 필력이 가는 대로 구사하여 남이 감당할 수 있는지를 헤아리지 않고서 마음 내키는 대로 쓰신 것이 아닌지요? 군자는 마음을 공평 진실한 데 두어야 한다는 이치에 다소 흠이 있는 듯하니, 다시 양찰하시어 저의 잘못을 경계하는 뜻으로 채찍질하고 면려해 주십시오. 제가 비록 몹시 어리석은 사람이지만 좋은 벗의 가르침을 아주 저버리지는 않을 것입니다.

『맹자』는 참으로 새로운 각오로 힘써 읽어보고 싶으나 병중에 정력이 부족하고 또 사색을 하기가 어렵습니다. 그래서 오직 이치가 명백한 곳에서는 나도 모르게 희열을 느낄 뿐이고, 형이 편지에서 보여주신 조목들 및 "뜻을 지키면서도 기운을 함부로 쓰지 말라.〔持志無暴.〕"고 한 말 같은 것은 항상 깊이 생각해도 힘이 미치지 못합니다. 그리고 "천하의 가운데 서서 사해(四海)의 백성을 안정시키는 일을 군자가 좋아하긴 하지만 천성은 거기에 있는 것이 아니다."라고 한 말 같은 것에도 스스로 마음은 격앙하면서도 힘이 미치지 못하니 어찌하겠습니까, 어찌하겠습니까! 언해(諺解)의 토(吐)가 잘못된 곳과 다시 생각해 봐야 할 글뜻과 같은 것들도 제법 많지만 미처 여쭈어 볼 겨를이 없습니다.

선생님께서 세상을 떠나신 이후로 사학(斯學)이 날이 갈수록 고단해지는데, 다행히도 우리 존형이 그 훌륭한 유업을 이어받고 유집(遺集)을 정리 감수하여 선생님 저술의 은미한 뜻을 드러내 밝히고 있으니, 과연 하늘이 뜻이 따로 있는 것 같습니다.

젊은이들 중에도 그만한 인물이 없는 것이 아니고 기명(旣明)과 사홍(士興)은 참으로 당대의 기재(奇才)들이지만, 덕을 성취시키고 큰 사업을 하자면 재주만 가지고는 안 되고 반드시 평실온중(平實穩重)하고 관후정대(寬厚正大)한 기상이 있어야만 큰일을 해낼 수 있는 것이니, 그들을 억양(抑揚)하는 책임을 실로 형이 맡아 주셔야 할 것입니다. 사빈(士賓)은 쉽게 얻을 수 없는 재주를 가졌는데, 제가 지적한 통달한 것이 병이라고 한 그 태도를 갑자기 바꾸기는 어려울 듯합니다. 애석하게도 벼슬길을 서둘러 찾는 것이 예로부터 사람 망치는 길인데, 눈앞에 있는 평탄한 큰 길을 돌아가는 길이라고 여기면서 내버리고 계속 군색한 길을 가고 있습니다. 학문의 자세가 이러한 데 이르렀으니 그 나머지야 말할 것이 있겠습니까. 그렇기 때문에 저는 늘 젊은 친구들에게 말하기를,

"덕행(德行)도 당연히 힘써야 하지만 명절(名節)을 가다듬는 것이 최초에 수립해야 할 기본이니, 여기에서 잘못되어 버리면 나머지는 볼 것이 없다."

라고 강조해 왔는데 이 말을 그대로 듣고 따르는 자가 있는지 모르겠습니다. 이 말에 혹시 공정하지 못한 문제점은 없는지요? 저의 말은 실로 시폐(時弊)를 구제하자는 뜻에서 나온 것이니, 가르쳐 주

시기 바랍니다.

주신 편지에 "선유(先儒)의 말과 다르다는 이유로 일률적으로 배척
하는 것이 어찌 선현들이 후인에게 바라는 바이겠습니까." 하셨으니
이는 진실로 옳은 말씀입니다. 그렇지만 지난날 제가 선생님의 말씀
을 들은 적이 있는데 그 때 말씀하시기를,

"성인이 천하를 다스릴 때 우선 언로(言路)부터 열었다. 도를 밝히
고 학문을 강론하는 것이 그 얼마나 중대한 일인데, 후생들의 말을
막는단 말인가. 그러므로 학문은 자득(自得)이 중요한 것이지 꼭
선배들 말에 얽매일 필요는 없다."

하시기에 제가 일어나서 대답하기를,

"그 말씀이 참으로 옳습니다. 그렇지만 염려스러운 것은 다만 오로
지 자득한 소견으로 먼저 주관을 세워두면 사의가 제멋대로 생겨나
그 유폐가 적지 않을까 염려됩니다. 만약 젊은 후생이 궁리와 격물
〔窮格〕도 제대로 못하고 의지와 사려도 확고하지 못하면서 약간의
소견이 있다고 해서 자기주장만을 내세우며, 옛 분들도 몰랐던 것
이라고 말하는 그러한 습성이 점점 자라게 되면 경박하고 부조(浮
躁)한 기상만 더해 줄 뿐 덕을 쌓아가는 일에 도움이 되지는 않을
것입니다."

라고 했습니다. 선생님께서 웃으시면서, 이 말도 참으로 옳다고 하
셨습니다. 그래서 저는 늘 재기(才氣)가 있고 말만 앞세우는 소년들
을 위해 그 폐단을 바로잡아 줄 뿐이지, 참으로 자득하여 분명한 견
해가 있는 자에 대해서는 어찌 감히 일률적으로 배척하겠습니까!
그러나 참으로 자득한다는 것이 어찌 쉬운 일이겠습니까. 그렇기
때문에 억지로 별다른 뜻을 찾는 것이 차라리 선유들의 말씀을 지

켜 잊지 않는 것만 못할 것입니다.

지난번에 사홍이 편지를 보내왔는데,『중용』첫째 장[首章]의 미발(未發)의 뜻을 설명하면서 너무나도 낭자하게 옛 학설을 일체 엎어 놓았습니다. 이 대목은 바로 이치의 큰 두뇌인데 정자·주자가 어찌 못 보았겠습니까. 이를 믿고 따르지 않는다면 그 폐단이 어떠하겠습니까. 이 편지를 보고 난 후 심기가 불편하여 거의 여러 날 동안 진정되지 않았습니다. 사홍도 말하기를,

"성인은 정(靜)에 관한 공부가 없고, 경(敬)은 선학(禪學)에 가까우며, 주자의 격물치지(格物致知)에 관한 해석은 또 구이지학(口耳之學)의 폐단이 될 뿐이다."

라고 하였으니, 이에 기명이 덩달아 동조했습니다. 이러한 기습(氣習)이 어찌 크게 우려할 만한 일이 아니겠습니까.

예식(禮式)은 등사가 끝난 후 박자중(朴子中)이 빌려갔기 때문에 미처 공부를 못했는데, 형의 편지에 한 마디 말이 없어서는 안 된다는 말씀이 있기에 보고서 나도 모르게 놀라고 두려웠습니다. 문장도 좋지 못하고 식견도 부족한 제가 감히 선생님의 글에다 무슨 말을 하여 부처의 머리에 똥을 얹었다는 핀잔을 받을 수 있겠습니까. 이 일은 응당 잘 생각해야 하니 그런 다음 다시 내려주시는 분부를 받들겠습니다.

보내 주신 예설(禮說)의 조목들은 저도 평소에 선생님께 들었던 것이지만 '담제(禫祭)에 윤달을 따지고, 소상(小祥) 때 갈대(葛帶)를 한다.'는 것은 의문이 아직 풀리지 않고 있습니다만 지면이 부족하여 자세히 쓰지 못하겠습니다. 선생의 유사(遺事)는 선생님께 가르침을 받은 내용을 쓰고자 하나 병으로 아직 쓰지 못했으니, 어찌하겠습니까!

每承俯教, 許與過當, 不近情理, 假借獎勵; 雖古人誘導之至意, 當施于其人, 不當猥加于非其人而爲失言之歸. 豈非老兄英氣太過, 文章快闊, 筆力所到, 不量人之堪否, 而率爾爲之耶? 似有欠于君子存心平實之義, 幸更諒之, 殊以規箴闕失之意策勵之也. 雖甚愚昧, 必不全負良友之教矣. 『鄒書』, 誠欲刻意肆力, 而病中精力不及, 且難用思慮, 惟於義理明白處, 不覺喜悅, 如兄所示諸條及'持志無暴[51]'之語, 常常體念而有不能焉; "中天下而立, 定四海之民, 君子樂之, 所性不存焉", 亦自激昂而有不及焉. 奈何奈何! 至如諺吐之疑誤 · 句義之合商量者, 不爲不多, 而不暇仰禀焉. 樑摧[52]以後, 此學日孤. 幸吾尊兄趾美承業, 整修遺集, 發揮微意; 是果天意有在也. 少友輩不無其人, 而旣明 · 士興, 誠爲當世奇才. 夫成德大業, 不可徒才而止, 必有平實穩重寬厚正大氣象, 然後可以有爲; 抑揚之權, 實有望于兄矣. 士賓才華, 果不易得, 而鄙所謂通處爲病, 似難猝變. 惜乎! 終南捷徑[53], 自古誤

----

51 持志無暴 : 맹자가 "의지는 기운을 부리는 장수이고 기운은 몸에 가득 찬 것이니, 의지가 가장 중요한 것이지만 기운도 그 다음이다. 따라서 의지를 잡되 그 기운도 함부로 굴리지 않아야 한다고 한 것이다.〔夫志, 氣之帥也; 氣, 體之充也. 夫志至焉, 氣次焉. 故曰: '持其志, 無暴其氣.'〕라 하였다. 『孟子 公孫丑上』

52 樑摧 : 孔子가 자신이 별세할 꿈을 꾸고 아침에 일찍 일어나 뒷짐을 지고 지팡이를 짚고 문 앞에서 한가로이 거닐며 노래하기를 "태산이 무너지겠구나. 들보가 부러지겠구나. 철인이 죽게 되겠구나.〔泰山其頹乎! 樑木其壞乎! 哲人其萎乎!〕하였다는 말에서 온 말로 스승이나 큰 학자의 죽음을 의미한다. 『禮記 檀弓上』여기서는 작자의 스승인 星湖 李瀷의 죽음을 뜻한다.

53 終南捷徑 : 唐나라 때 盧藏用이 進士科에 급제한 뒤에 뜻대로 벼슬길이 트이지 않자 벼슬할 마음을 품고서 일부러 도성인 長安 근처의 終南山에 은거하였다. 종남산은 도성 가까이에 있어 그의 소문이 궁중에 쉽게 전해져 召命을받아 벼슬길에 나갈 수 있게 되었다. 이에 道士인 司馬承禎이 "종남산에 은거

人, 捨目前平正坦路, 謂之遲回, 而必欲窘步不已. 立脚至此, 餘外何論! 是以, 愚嘗與少友輩言: "德行固是當務, 而砥礪名節, 爲最初樹立之基本. 於此有闕, 他無足觀." 未知能有聽從者否, 而此言其無偏滯之病耶? 愚言實出於救時之意也, 幸須敎之. 示諭但以異於先儒之言而一例揮斥, 是豈前脩之所望於後人者耶? 是固然矣. 前日愚嘗承聞吾先生語矣, 曰: "聖王之治天下, 首開言路; 明道講學, 是何等大事, 而杜閉後生之言議耶? 是以, 學貴自得, 不必怭滯前人言議." 愚起而對曰: "下敎誠然, 但恐專以自得, 先立主意, 則未免私意橫生, 流弊不少. 若後生少年, 窮格未到, 志慮未定, 略有所見, 卽自執己意曰: '古人之所不知者', 此習漸長, 則徒益其輕浮躁淺之氣, 而無益於進德之業." 先生笑而答曰: "此語誠是." 故愚意每爲少年有才氣徒言說者, 矯其弊而已; 誠於自得處, 有眞的之見者, 何敢一例麾斥? 然此豈易者哉! 是以, 與其强究別意, 不若守先儒之訓而不失之耳. 向來士興有書, 論『中庸』首章未發之義, 太狼藉, 一反舊說. 此義理大頭腦, 程朱豈覰不得耶? 於此不信從, 則其弊當如何? 觀此書以後, 心氣不安, 殆累日未定也. 士興亦云: "聖人無靜工夫, 敬近禪學; 朱子格致之訓, 又爲口耳之弊." 旣明從而和之; 此等氣習, 豈非大可憂憫者乎? 禮式, 謄畢後, 朴友子中借去, 故未及下工. 兄書有不可無一語之敎, 看來, 不覺驚悚. 弟之文章見識魯莽, 敢於先生書, 有所論列, 以取佛頭着糞[54]之譏耶? 此事當商量, 仰承更敎耳.

하는 것이 벼슬길에 나갈 수 있는 지름길이다.〔終南捷徑.〕"라고 하였다. 『新唐書 卷123 盧藏用傳』 여기서는 벼슬에 나가려고 하는 욕심을 뜻한다.

54 佛頭着糞 : 거룩한 부처의 머리에 똥을 얹는다는 말로 좋은 글의 첫머리에 변변찮은 서문을 얹는다는 뜻이다. 자기 글에 대한 겸사로 잘 쓰인다. 宋나라 歐陽脩가 『五代史』를 지었는데, 어떤 사람이 서문을 지어 앞머리에 붙이려

所示禮說諸條, 亦愚昧平日所承聞者也. 但禫計閏, 小祥葛帶, 疑猶未釋, 紙乏不能細稟耳. 先生遺事, 弟亦欲草所承敎者, 而病未構出, 奈何!

하자, 王安石이 말하기를, "부처의 머리 위에 어찌 똥을 얹는단 말인가.〔佛頭着糞.〕"한 데서 온 말이다. 『隱居通議 卷18 作文法度』

13. 이경협에게 보낸 편지

與李景協書 기축년(1769, 58세)

최장방(最長房)의 폐단은 선생님께서 하신 말씀이 고칠 바 없는 정론이지만, 『가례질서(家禮疾書)』 대상장(大祥章)에 주자가 이요경(李堯卿)과 호백량(湖伯量)에게 답한 편지를 인용하면서 그것이 주자의 초년설(初年說)이라고 하셨는데, 이는 상고를 해보지 않고 하신 말씀 같습니다. 주자가 소흥(紹興 송 고종(宋高宗) 연호) 기유년에 장주(漳州) 유수로 있었는데 이요경은 바로 그 고을 사람이고 그의 사위 진순(陳淳)이 처음으로 수업했었으니 요경과의 서신 왕래는 틀림없이 그 때 일일 것이고, 또 호백량에게 답한 편지에는 "앞으로 소손(小孫)이 봉사하게 되더라도 형편이 역시 그럴 수밖에 없을 것이다."고 하였는데, 그 소손은 바로 장손(長孫)인 감(鑑)으로 맏아들 숙(塾)의 아들입니다. 숙은 신해년에 죽었으니 이 편지는 숙이 죽은 뒤에 쓴 것이 틀림없습니다. 따라서 이 두 편지는 모두 만년정론(晩年定論)이니 『질서』의 이 조항은 고치는 것이 어떻겠습니까?

最長房[55]之弊, 先生所論, 無可改評, 而『家禮疾書』[56]大祥章, 引朱子答李堯

---

[55] 最長房 : 4代 이내의 자손 중에 항렬과 나이가 가장 높은 사람을 가리키는 말이다. 최장방이 奉祀孫에게 代數가 다한 신주를 모셔다가 제사를 받든다. 이 최장방이 죽으면 다음 최장방이 모셔 가는데, 자손 중에 4대손이 다 죽은 뒤에는 그 신주를 땅에 묻는다.

卿胡伯量書而以爲初年說, 此恐未考朱子以紹興己酉守漳州, 而堯卿卽其州人, 其壻陳淳[57]始受業, 則堯卿書, 必是是時事. 又答胡書曰: "將來小孫奉祠, 其勢亦當如此." 小孫卽長孫鑑, 而長子塾之子也. 塾之歿, 在辛亥歲, 是書之出於塾死後無疑. 此二書, 俱是晚來定論, 『疾書』此條, 改定如何?

56 『家禮疾書』: 『朱子家禮』에 대한 『疾書』이다. 『질서』는 星湖 李瀷의 저술로 經書에 대한 견해를 서술한 것이다.

57 陳淳(1159~1223): 자는 安卿이고 호는 北溪이며, 시호는 文安이고 漳州 龍溪 사람이다. 주자가 漳州太守로 있을 때 수학하여 黃榦과 함께 高弟가 되었다. 저서에 『北溪字義』 등이 있다.

14. 이경협에게 답한 편지

答李景協書 기축년(1769, 58세)

옛날 젊었을 때는 친구들에게 편지를 보낼 때 공부를 어떻게 하고 있는지, 그 동안 조예는 어느 정도인지를 반드시 묻고 싶었는데, 몇 해 전부터는 이런 생각이 점점 줄어들고 그저 '평안(平安)' 두 글자 소식만 알면 곧 마음이 반갑고 이 밖에는 언급할 겨를이 없으니, 이는 역시 앞으로 살 날이 멀지 않아 지기(志氣)가 꺾이고 줄어서 그런 것일 터이니, 참으로 나 자신이 가련할 뿐입니다.

세도(世道)가 날이 갈수록 쇠퇴하고 우리 학문도 전해지지 못하고 있는 이 때 다행히도 우리 몇 사람이 성분(性分)과 재력(才力)은 비록 다르더라도 외물에 유혹되지 않고 참으로 학문을 좋아하는 마음을 지니고서 적막한 초야에 터를 잡아 살면서 냉담(冷淡)한 경서를 공부하고 있으니, 이러한 시기에 상종할 자가 누가 있겠습니까.

그러나 나이 젊은 몇몇 사람들은 뜻이 범상하지 아니고 기명(旣明)·사흥(士興) 등은 앞으로 사문(斯文)을 떠맡을 가망이 보입니다. 다만 나이가 젊고 기운이 너무 예리한 나머지 말이 경솔하고 식견이 과당(過當)한 점이 있습니다. 사람도 보잘 것 없고 말도 무게가 없는 저로서는 그들을 바로잡아 줄 길은 없으나 혼자 마음속의 걱정만은 깊고도 큽니다. 사흥은 지난번에 편지를 보내 왔는데 자기 말이 과당했던 것을 뉘우치고 있었고 지금 또 만나보니 자기 스스로 깊이 자책하고 있었습니다. 이 사람은 기가 높아 좀처럼 꺾기 어려우리라 생각했었는데 이렇게 빨리 자기를 버리고 마음을 비워 받아들이는 것을 보니 장래에 성취를 이루 헤아릴 수 없을 듯합니다. 그래서 애중(愛重)하는 마음이 더욱 깊고 간절합니다.

최장방에 관한 예(禮)는 『가례(家禮)』의 정문(正文)이고, 『주자대전(朱子大全)』의 이요경(李堯卿)・호백량(胡伯量) 두 사람에게 준 답서는 지난번 편지에서 만년정론임을 고증한 제 소견을 말씀드렸는데, 형이 이미 보셨는지요? 윤장(尹丈)께서는 주자가 장남헌(張南軒)의 『삼가예범(三家禮範)』 발문을 쓴[58] 해가 갑인년(甲寅年 1194)인데 그 발문 속에 '『가례』를 잃어 버렸다.'는 말은 없고 '늙고 병들어 미처 손대지 못했다.'는 글만 있는 것으로 보아 『가례』가 갑인년 이후에 완성된 것이라고 하셨는데, 이는 아마도 그렇지 않을 것이고, 이에 대해서는 구씨(丘氏)가 이미 밝혀놓았습니다. 게다가 『주자어류(朱子語類)』에, 심한(沈僩)이 물었던 것은 무오년 이후의 일이고 선생은 경신년(庚申年 1200)에 세상을 떠났는데, 역책(易簀)할 때 『가례』에 관한 말씀은 없었고 『의례』대로 하라고 했던 것을 보면 『가례』가 만년에 지은 책이 아님이 분명합니다. 윤장의 말씀은 아마도 고증이 부족한 듯합니다. 어떻게 생각합니까?

혼례(婚禮)에 동성끼리 혼인을 하지 않는 것은 주(周)나라 사람들이 만든 법이지만 외척 관계의 나라끼리는 서로 혼인을 했습니다.

---

58 주자가……쓴 : 南軒은 宋나라 張栻의 호이다. 『三家禮範』은 장식이 지은 책으로, 자신과 司馬光・程子의 禮說을 모아 놓은 것이다. 宋나라 紹熙 5년 갑인년(1194), 주자가 65세 때 쓴 『삼가예범』의 발문에서, 司馬光의 『書儀』를 바탕으로 諸家의 학설을 참고해서 책을 만들려고 했는데 몸이 병들어서 다 끝마치지 못하였다고 하였다. 『朱子大全 83권 跋三家禮範』

그 당시에 척속(戚屬)간의 원근을 어떻게 따졌는지 알 수 없으나 중국 사람들이 후세에 내외종 사이에 서로 혼인한 것은 이를 빙자한 것입니다. 고모나 자매의 자식들이 서로 혼인을 한대서야 의리에 어긋나고 인륜을 더럽힌다는 혐의가 어찌 없겠습니까. 정주(程朱)는 후세의 성인이요 예의(禮義)의 종주(宗主)입니다. 그런데도 석연년(席延年)은 이천(伊川)의 자형이 되었고, 그의 아들 언정(彦正)은 또 이천의 사위가 되었으며 그의 딸은 명도(明道)의 며느리가 되었습니다. 이것이 바로 내외종간의 혼인입니다. 이천의 맏딸이 이시(李偲)에게로 시집가 일찍 죽자 둘째 딸이 이시의 계실(繼室)로 들어갔으니, 이것이 과연 혐의가 없겠습니까? 이는 그래도 옛날 얘기입니다. 주자 때에 와서는 예문이 더욱 명명백백해졌는데도 황면재(黃勉齋)의 아들 노(輅)가 주자의 손녀사위가 되었으니 이는 또 어찌 된 일입니까.

우리나라는 외성(外姓)일지라도 족척(族戚)을 따져 혼인하지 않으니, 이는 바로 정당한 도의(道義)로서 고칠 수 없는 정론입니다. 다만 외성은 동성과는 다르고 보면 간격이 없을 수는 없으니, 저의 생각에는 외성(外姓)으로서 동고조(同高祖)의 촌수를 지난 친척이나 이성(異姓)과 여러 대에 혼인을 거치고 동증조(同曾祖)의 촌수를 지난 친척은 서로 혼인을 해도 무방할 듯합니다. 고견이 있으면 아울러 말씀해 주시기 바랍니다.

요즘 무안박씨(務安朴氏)의 족보를 보았더니 존재(存齋) 이휘일(李徽逸)과 그의 아우인 갈암(葛菴) 이현일(李玄逸)이 둘 다 박늑(朴玏)의 사위가 되었습니다. 이렇게 형제간에 동서가 된 것이 혐의로울 것은 없을 듯하지만 이 또한 세상에 드문 일입니다.

昔年少時與朋輩書, 必欲問工夫之勤怠‧造詣之淺深; 自數年來, 此意漸歇,
若知平安二音, 則便覺忻喜, 無暇及他. 此亦餘景不遠, 志氣摧殘而然也, 良
足自憐. 世道交喪, 此學不傳, 幸而吾儕數人, 雖有性分才力之不同, 而無外
誘之累, 有誠好之心, 寂寞之濱, 判開一局, 以做冷淡活計[59]. 當此之時, 有
誰相從? 然有數三少輩志向不凡, 旣明‧士興儘有擔負之望, 但其年少氣
銳, 或言議率易, 見識過當. 顧此人輕言微, 無以救正, 而私心之憂則深且大
矣. 士興前此有書, 悔其說之過當, 今又相對, 深自咎責. 常疑此友氣高難
下, 及見其虛受之量‧捨己之速, 後來成就, 似不可量, 愛重之心, 愈爲深切
也. 最長房禮, 是『家禮』正文, 而『大全』李胡兩答, 向書鄙見, 考其爲晚來定
論, 兄已見之否? 尹丈以朱子跋張南軒三家禮範文在甲寅歲, 其中不言『家
禮』見失之語而有病衰未及之文, 以爲『家禮』之成, 在於甲寅後; 此恐未然,
而丘氏[60]已有辨矣. 且『語類』沈僩之問, 在戊午以後, 而先生卒于庚申, 易

---

59 冷淡活計 : 經書를 읽는 공부를 뜻하는 말이다. 주자가 呂祖謙에게 보낸 편지
에서 경서와 史書를 함께 공부하게 하는 방법에 대해 "먼저 경서에 뜻을 두게
하는 편이 좋을 듯하니, 사서는 鬧熱하고 경서는 冷淡하네. 후생들은 心志가
안정되지 못해 바깥쪽으로만 쏠리지 않을 사람이 드무니, 이 점을 미리 방비해
야 하네.〔恐亦當令先於經書留意爲佳. 盖表書鬧熱經書冷淡, 後生心志未定,
少有不偏向外去者; 此亦當預防也.〕"한 데서 온 말이다.『朱子大全』33권「答
呂伯恭」역사서는 사람이 시끌벅적한 저잣거리와 같아 흥미를 끌기 쉬운데
경서는 그 내용이 냉담하여 맛이 없다는 뜻에서 이렇게 말한 것이다.

60 丘氏 : 明나라 때 학자인 丘濬을 가리킨다. 그는 자가 仲深이고 호가 瓊山이
며, 文淵閣大學士를 지냈다. 주자의 학설에 정통하여『大學衍義補』,『家禮儀
節』,『五倫全備』등을 저술하였다. 그는『가례의절』에서 武林應氏의 설을
반박하였다. 그 설은 대략 "『가례』는 완성되지 않은 책이라고 할 수는 있을지
언정 주자의 저술이 아니라 해서는 안 된다.『가례』의 서문은 주자가 아니면

簀時無『家禮』之語, 而許以『儀禮』從事, 則『家禮』之非晚來書, 信矣. 尹丈之言, 似欠考, 未知如何? 婚禮不娶同姓, 周人立法, 而舅甥之國, 迭相爲婚. 未知當時戚屬遠近之如何, 而中國後世, 中表之婚, 藉此而爲之, 以姑姊妹之子而相與爲婚; 豈無悖義瀆倫之嫌耶? 程朱是後來聖人, 禮義宗主, 而席延年爲伊川姊婿, 其子彦正又爲伊川女婿, 其女爲明道之子婦, 此卽中表婚也. 伊川長女適李偲早死, 次女爲偲繼室, 此果無嫌耶? 此猶古矣, 到朱子時, 禮文愈覺明明白白, 而勉齋子輅爲朱子孫女婿, 是又何也? 我國外姓, 講族不婚, 此義之正, 無可改評. 然與同姓不同, 則亦不無間隔. 妄謂外姓過同高祖之親, 屢轉異姓, 過同曾祖之親, 爲婚似不妨害, 亦并示敎焉. 近觀務安朴氏譜, 李存齋徽逸及其弟葛菴玄逸, 并爲朴玏婿; 兄弟之爲友婿, 似無所嫌, 而亦世所希有也.

───────────

결코 지을 수 없는 것이다. 황면재가 미처 탈고하지 못하였다고 한 것은 『儀禮經傳通解』를 두고 한 말이다. 주자가 『삼가예범』의 발문에서 말한 것도 諸家들의 설을 참고하여 완전한 책을 만들겠다고 한 말이지, 당시에 『가례』가 없었음을 뜻하는 말은 아니다. 주자의 제자들도 『가례』를 주자의 저술이라 했는데 應氏는 훨씬 후대인 元나라 至正 연간에 태어나서 『가례』는 주자가 편찬한 책이 아니라 문인들의 손에서 나온 것이라는 엉터리 주장을 하였다." 는 것이다.

15. 이경협에게 보낸 편지

與李景協書 경인년(1770, 59세)

형의 편지에 행실은 참으로 쌓은 바가 없고, 학업은 마치지 못한 아쉬움이 있다고 말씀하셨는데, 이를 되풀이해 읽으며 생각하노라니 나도 모르게 감개가 일었습니다. 질병에 걸려 의지는 꺾이고 다 늙어 빠진 몰골로 외로이 궁벽한 산골에 살고 있으니, 만나 이야기할 자가 누구이겠습니까. 고인(古人)이 천리 먼 길을 서로 찾았던 것은 그 교분이 실로 어떠했습니까. 정숙자(程叔子)가 70세 고령으로 몇 백리 길을 멀다 않고 한지국(韓持國)을 찾아갔었으니, 요컨대 정이 두터워 보고 싶었던 것이지 반드시 학문을 강마 토론하기 위해 그랬던 것은 아니었습니다. 병든 몸을 억지로라도 끌고 갈 수 있다면 여기서 형이 계시는 곳이 어디 그리 먼 길입니까. 꼭 한번 찾아가 회포를 풀어야 할 것이나 생각만 있고 그렇게 하질 못하고 있으니 존형께서는 저의 뜻을 헤아려 아시는지요.

사단칠정(四端七情)의 공정한 희노(喜怒)에 관한 설은 지난날에는 기(氣)가 리(理)를 따라서 발한다는 퇴계의 설만 굳게 지키고 있었기 때문에 형이 전후로 저의 어리석음을 깨우쳐 주신 것이 한두 번이 아니었는데도 끝내 석연하지 못했습니다. 일전에 『퇴계집(退溪集)』을 다시 살펴보았더니 기고봉 후설(後說)이 있은 후에 선생이 답하기를, "내가 한 말이 과연 온당하지 못한 데가 있는 것 같다."고 하였고 그 후로 다시 그에 관한 말을 하지 않았고 보면 선생의 뜻을 알 만했습니다. 병이 심해져 저의 생사를 알지 못하겠으니, 이후로 편지를 몇

번이나 더 왕래할 수 있을지 모를 일이라, 편지를 쓰노라니 서글픈
심정만 더할 뿐입니다.

兄書有云: "行無眞積之效, 業有未了之歎." 三復[61]莊念, 不覺繼之以感慨
也. 疾病絆牽, 志業摧頹, 形骸朽落, 孤守窮山, 誰與寤語! 古人千里命駕,
是何等交際! 程叔子[62]七十之年, 不憚數百里之遠, 往見韓持國[63]; 要是情
厚欲相見, 非爲講討而然也. 賤疾若强, 此去兄所, 豈遙遠哉! 必當一造敍
懷而有意莫遂, 尊兄亦諒此意否? 四七公喜怒之說, 前日固守退陶氣順理之
言, 兄前後牖蒙非一, 而終不釋然矣. 日前更考本集, 高峯後說後先生答曰:
"鄙說果似有未安云", 而其後更不提說, 則先生之意, 亦可知矣. 疾病更添,
吉凶未可知; 此後書信, 亦未知幾度往來也. 臨紙益增悵黯.

---

61 三復: 『논어』「先進」에 "南容이 白圭 시를 하루에 세 번씩 반복해 외우니,
孔子가 자기 형님의 딸을 그에게 시집보내셨다.〔南容三復白圭, 孔子以其兄之
子妻之.〕" 한 데서 온 말로 그 글을 좋아하여 반복해 읽음을 뜻한다.

62 程叔子: 伊川 程頤를 일컫는 말이다. 그가 明道 程顥의 아우이므로 정호를
程伯子, 정이를 정숙자라 부르는 것이다.

63 韓持國: 宋나라 韓維의 자가 持國이고, 호는 南陽이다. 학문을 좋아하여 초야
에 은거하고 있다가 재상의 천거로 관직에 나아가 翰林學士, 學士承旨, 門下
侍郎 등의 관직에 있었다. 元祐黨人으로 몰려 均州로 귀양갔다가 그 곳에서
죽었다. 저서로는 『南陽集』이 있다. 伊川 程頤의 墓誌를 지었다. 『宋史 卷235
韓維傳』程頤가 元豊 연간에 해마다 洛中으로부터 潁昌에 있는 한지국을 방문
했다고 한다. 『臥遊錄』

16. 별지(別紙)

우제(虞祭) 뒤에 변제(變制)할 때는 갈대(葛帶)를 쓰니, 그렇다면 칡〔葛〕이 삼〔麻〕보다는 경(輕)하다는 뜻입니다. 예전에 선생님께 여쭈어 보았더니 피갈(皮葛 칡껍질)이라고 하시기에 의심은 품고서도 감히 다시 여쭈어보지는 못하였습니다. 그러나 가만히 생각해 보니 피갈은 삼보다도 더 거친데 어찌 점점 상(喪)을 감쇄해간다는 뜻이 될 수 있겠습니까! 게다가 정현(鄭玄)의 주(註)를 보면, "칡이 없는 고장에는 경(檾)으로 대신한다."고 했습니다. 경은 바로 경(䔛)이니, 시속(時俗)에서는 백마(白麻)라고 합니다. 우리나라 사람들은 '어저귀'라고도 하는데 누르스름하고 윤기가 있으며 매끄러운 것이 삼에 비할 바가 아닌데 이를 칡 대신으로 쓴다고 했으니, 그렇다면 갈대(葛帶)라는 것은 아마도 껍질을 벗긴 칡으로, 요즘 세상에서 말하는 '청홀치'입니다.

『禮記』에 "한 달을 건너뛰어 담제를 지낸다.〔中月而禫.〕"라고 했으니, 담제〔禫〕는 달수로 따지는 것입니다. 『가례』에는 비록 "초상(初喪) 때부터 이때까지는 27개월이며, 윤달은 따지지 않는다."라고 한 글이 있지만, 이는 아마도 위 글에 붙어야 할 것 같습니다.

일전에 기명(旣明)이 와서, 악수(握手)는 한 손을 쓰는 것이 옳다고 말했는데, 예(禮)에 기록으로 밝혀 놓은 곳이 없기 때문에 그 설이 구구합니다. 구씨(丘氏)의 『가례의절(家禮義節)』과 우리나라의 『국조오례의(國朝五禮儀)』에는 두 손을 쓰는 것으로 되어 있으니, 중국과 우리나라에서는 악수를 하는 데 두 손을 쓴 지가 오래되었습니다. 그 후 우리나라에서는 다시 한 손만을 썼기 때문에 퇴계(退溪)와 고봉(高峯)이 모두 그 잘못을 밝히고 두 손을 쓰는 것으로 확정하였으므로 지금까지 고칠 수가 없었습니다.

언젠가 사계(沙溪)의 설을 보았더니,

"악수(握手)는 한 손을 쓰는 것이 옳으며, 연람(連攬 잇대어 붙잡아 묶는 것)은 연결시켜 밀려 나지 못하게 하는 것으로 신에 고리를 연결하는 것이나 악수에서 잇대어 붙잡는 것이 같은 뜻이다."

라고 했습니다. 기명의 말은 아마 여기에서 나온 것일 듯한데, 이 설이 과연 어떠합니까? 설파하여 주시기 바랍니다.

虞後變制用葛帶, 則是葛輕于麻也. 前日禀于先生, 謂是皮葛; 雖抱疑而不敢更禀. 竊思之, 皮葛麤於麻, 豈漸殺之道耶? 且鄭註云: "無葛之鄕, 代以穎." 穎卽蒯也, 俗稱白麻, 東人稱어자귀. 此物之黃潤滑澤, 非麻之比, 而爲代葛之物, 則所謂葛帶, 似是葛之去皮者, 今俗所謂청홀치也. 『禮』云: "中月而禫." 則禫是以月計者也. 『家禮』雖有'自喪至此二十七月不計閏'之文, 恐是蒙上文也. 日前, 旣明來言握手當用一; 盖禮無明文, 故其說不一. 『丘氏儀節』[64]及本朝『五禮儀』[65]用二, 則中國與我東握手之用二, 其來久矣. 其

64 『丘氏儀節』: 丘氏는 明나라 때 학자인 丘濬이다. 그의 저술인 『家禮儀節』을 가리킨다.

65 『五禮儀』: 成宗 5년(1474)에 申叔舟 등이 완성한 국가의 의식 절차에 관한 책인 『國朝五禮儀』를 가리킨다. 이 책은 『經國大典』 등과 함께 儀禮의 기본

後東俗又用一, 故退溪・高峯皆辨其誤, 定以爲二, 至今不可改也. 嘗見沙溪說, "握手用一可也, 連擘爲結其繫而使之勿辟也; 屨之連絇, 握之連擘, 其義一也." 旣明之言, 盖出於此. 其說果如何? 幸示破焉.

禮典으로 중시되었다. 이 책을 이어서 『國朝續五禮儀』와 『國朝續五禮儀補』 등이 계속 편찬되었다.

17. 이경협에게 답한 편지

答李景協書 계사년(1773, 62세)

지금 형의 편지를 받아봄에 후진들을 지도하라고 말씀하셨으니, 형은 참으로 오활하십니다. 제가 어떤 사람이길래 감히 강석(講席)의 책임을 맡을 것이며, 또 설령 맡고 싶어도 누가 믿고 따르겠습니까! 조롱과 수모만 살 뿐입니다.

사람이 특출한 선비가 아니고는 반드시 진작(振作)하는 사람이 있어야 학문을 이룰 수 있는데, 진작하는 일을 맡으려면 남들을 감동시킬 만한 권위와 덕행이 있어야 가능합니다. 우리들이 한갓 경서의 냉담한 글귀 몇 마디로 사사로이 도(道)를 전한다면 상대에게 깊이 먹혀들겠습니까. 전일에 자신을 헤아려 보지도 않고 망령되게 한두 사람과 약속하여 학문을 강론하는 일을 하다가 필경 내실이 없고 말았던 것을 형도 혹 들어 아실 것입니다. 아! 이 학문을 강론하는 일은 문장이나 말재주만 가지고 되는 것이 아니고 반드시 진실한 심지(心地)와 각고(刻苦)의 공부가 있어야 되는 것입니다. 형이 보실 때 근세 누가 능히 이 일을 해낼 수 있겠습니까?

보내온 편지에 "후생들 중에 박실(樸實)하게 공부하는 이가 드물다."고 하셨는데, 걸출한 인물이 나지 않는 것이 오로지 이 때문입니다.

기명(旣明)이 과거 공부를 끊어버린 것은 그 용감함이 가상하며, 사흥(士興)의 문장과 학식은 재기(才氣)가 두려워할 만합니다. 그러나 둘 다 함양하는 진밀(縝密)한 공부가 부족합니다. 지난번 서로 만났을 때 늘 이 얘기를 해 주었지만 믿고 듣지 않았는데 더구나 다른 사람들이겠습니까!

귀문(貴門)에는 훌륭한 재사(才士)들이 많으니, 윤군(胤君 상대방의 큰 아들)과 원양(元陽)은 보아서 알고 길보(吉甫)와 정조(庭藻)는 들어서 압니다. 모두 타고난 재질이 있고 가정교훈까지 겸하였으니, 이 나라 문헌의 전수가 존형(尊兄) 집안을 벗어나지 않을 것입니다. 박실(朴實)하게 공부하는 것에 대해서는 존형의 집안의 평소 가르침이 있으니 이대로 노력하여 마지않는다면 그 얼마나 다행한 일이겠습니까!

今奉兄書, 有誘導後進之諭; 有是哉! 子之迂也.⁶⁶ 渠是何人, 敢當皐比⁶⁷之責? 雖欲當之, 有誰信從? 徒取譏侮而已. 自非豪傑之士⁶⁸, 必待振作而成, 振作之道, 有權位德行可以動人而後能之. 我輩若徒以冷淡數句言語⁶⁹ 私相傳道, 其能入人深乎! 前日不自量, 妄與一二人約爲此事, 畢竟無實, 兄或聞之矣. 嘻噫! 此事不可徒以文章辭辯爲之, 必有眞實心地刻苦工夫而後可.

---

66 有是……迂也 : 명분을 바로잡는 것을 중시하는 孔子에게 子路가 "이러한 점이 있도다! 선생님의 오활하심이여. 어떻게 바로잡을 수 있겠습니까?〔有是哉! 子之迂也. 奚其正?〕"라고 한 말을 따온 것이다. 『論語 子路』

67 皐比 : 虎皮로 講席을 뜻한다. 宋나라 때 橫渠 張載가 虎皮를 깔고 앉아 『周易』을 강의했던 데서 유래한 말이다.

68 豪傑之士 : 남의 영향을 받지 않고 스스로 학문하여 들어서서 일가를 이루는 뛰어난 선비를 가리키는 말이다. 孟子가 "문왕이 나와야 흥기하는 자는 일반 백성이니, 호걸지사 같은 경우에는 문왕이 없어도 흥기한다.〔待文王而後興者, 凡民也. 若夫豪傑之士, 雖無文王, 猶興.〕" 하였다. 『孟子 盡心上』

69 冷淡數句言語 : 經書의 구절을 뜻한다. 주 59) '冷淡活計' 참조.

兄觀近世何人可能辦此？ 來書云：“後生中樸實做工者少”，才傑之不出，專由於此. 旣明之斷棄擧業，勇敢可尙; 士興之文章學識，才氣可畏，然俱欠涵養縝密之工. 前者相逢，每以此告語而不能信聽，況他人乎! 德門才彦甚多，胤君[70]與元陽[71]，見而知之[72]，吉甫與庭藻，聞而知之[73]，有本禀之才而兼家庭之訓; 吾東文獻之傳，不出於尊兄門內. 其於樸實做工，尊兄家訓有素; 勉勉不已，何幸何幸!

---

70 胤君：상대방의 큰 아들을 가리키는 말이다.

71 元陽：성호 李瀷의 손자이고 李孟休의 아들인 李九煥의 자이다.『星湖全集』附錄에 실려 있는 星湖의 조카 李秉休의 아들인 李森煥이 쓴 제문의 注에 보인다.

72 見而知之：孟子가 “堯舜으로부터 탕왕에 이르기까지가 5백여 년이니, 우왕과 고요는 직접 보고서 알았고, 탕왕은 들어서 아셨다.〔由堯舜至於湯, 五百有餘歲; 若禹皋陶則見而知之, 若湯則聞而知之.〕”한 데서 온 말로 星湖 李瀷을 직접 뵙고 가르침을 받았다는 뜻이다.

73 聞而知之：주 72)‘見而知之’참조. 성호 이익을 직접 뵙지 못하고 그 가르침을 전해 들었다는 뜻이다.

18. 이경협에게 보낸 편지

與李景協書 계사년(1773, 62세)

윤장(尹丈 소남 윤동규)이 서거하신 뒤로 더욱 슬픔으로 마음을 가눌 수 없던 차에 지금 형의 편지를 받고 보니 나도 모르게 눈물을 흘리며 소리죽여 흐느낍니다. 저는 원래 우매해서 이 어른의 학문에 대한 조예가 어느 정도인지는 알지 못합니다. 다만 사도(斯道)를 자임하고 용감히 매진하여 나태하지 않으셨던 뜻은 고인(古人)들에게서 찾아봐도 실로 그리 많지 않을 것입니다. 게다가 또 남의 잘못을 잘 경계하여 꼭 대도(大道)로 함께 나아가고자 했으니, 남이 선(善)을 하도록 도와주시는 뜻을 참으로 잊을 수 없습니다. 노형께서 항상 후진들을 지도하라고 권하시는데, 지금 이 세도(世道)가 무너진 때에 누구 하나 그 책임을 맡을 만한 사람이 없기 때문에 잊지 못해 하시는 말씀이겠지만 저는 실로 그만한 사람이 못됩니다. 남을 믿게 할 만한 정성도 없고, 남을 감동시킬 만한 지식도 없습니다. 그렇기 때문에 후진들로서도 사실은 종주(宗主)로 삼을만한 자가 없는 것입니다. 어찌하겠습니까, 어찌하겠습니까! 그러나 과연 형의 편지에서 말씀하신대로 박실(樸實)하게 공부하는 사람이 없다면, 젊을 때 재기(才氣)는 비록 남보다 뛰어나더라도 필경 덕을 이루기는 어려울 듯하니, 이것이 매우 걱정되는 일입니다.

지난 무인년(1758년)에 형이 편지를 보내 나를 깨우치기를,

"학문의 도(道)에 있어 얻은 바가 확실하지 못하여 자기의 소유로

만들지 못하고 있다."고 하셨는데, 이는 참으로 정문일침(頂門一鍼)
이요 뼈를 찌르는 말씀입니다. 제가 지금까지 이 말을 외며 잊지 않았
지만 수십 년이 지난 지금까지 전혀 나아지지 못해 여전히 그때 그
사람이니, 어찌 남에게 영향을 끼칠 만한 능력이 있겠습니까. 선생님
(성호 이익)께서 저술하신 「홍범설(洪範說)」은 실로 우리 동방의 대문
장(大文章)이니 이 글을 『동사강목(東史綱目)』 첫머리에 넣고 싶지만
그 문장이 서문 체제가 아닙니다. 감히 노형에게 청하오니 그 아래에
발문(跋文) 몇 줄을 붙여 선생님의 본의를 드러내 밝혀 주시기를 지극
히 바랍니다.

尹丈逝後, 尤無以爲懷; 今見兄書, 不覺掩泣呑聲. 弟本愚昧, 不識此丈造
詣至於何境, 而但其以斯道自任勇往不懈之意, 求之古人, 實不多得, 且能
善規箴, 必欲偕至大道; 其與人爲善[74]之意, 誠不可忘. 老兄常以誘導後進
相勸, 當此世道交喪之際, 無一介有擔負之望, 故眷眷之意如是. 而弟實非
其人, 無誠感可以孚人, 知識可以動人. 是以, 後進輩實無可以宗主者, 奈何
奈何! 然而果如兄書所云無樸實做工者; 少小才氣, 雖或有過人, 畢竟似難
成德, 是甚悶事. 往在戊寅歲, 兄寄書警我云: "其於學問之道, 所得不固而
不得爲己有." 此誠頂針刺骨之語. 弟至今誦言不忘, 而數十年來, 猶夫人也,
則有何可以及人者哉! 先生所著「洪範說」,[75] 實是東方一大文字; 欲編於『東

---

74 與人爲善 : 맹자가 舜임금에 대해 말하면서 "남에게서 취하여 선을 행함은,
이는 남이 선을 하도록 도와주는 것이다. 그러므로 군자는 남이 선을 하도록
도와 주는 것보다 더 훌륭함이 없는 것이다.〔取諸人以爲善, 是與人爲善者也.
故君子莫大乎與人爲善.〕"한 데서 온 말이다. 『孟子 公孫丑上』

史』首張, 而文非序體. 敢請老兄爲數行小跋于下, 發揮先生本意, 至望.

---

75 「洪範說」:『書經』「洪範」에 관한 星湖 李瀷의 저술로『星湖全集』41권「雜著」
에 실려 있다.

19. 이경협에게 보낸 편지

與李景協書 갑오년(1774, 63세)

정월 보름날에 보내신 편지는 얼마나 위안이 되었는지 모르겠습니다. 그 후 세월이 흘러 벌써 늦은 봄이 되었습니다. 삼가 묻건대 요즘 기거가 줄곧 만중(萬重)하신지요? 저는 병이 더욱 심하고 기운도 더욱 쇠하였으니, 세상에 무슨 미련이 있겠습니까. 다만 옛날에 모셨던 세자(世子)를 다시 한 번 모셔보는 것이 간절한 소망이었던 나머지 억지로 병을 참고 나가 숙배하고 누차 서연(書筵)에도 올랐더니, 저하께서 융숭한 사랑을 내리시고 감당하기 어려운 칭찬도 하시면서 말씀하시기를,

"지금은 날씨가 화창해서 연전(年前)의 한창 더웠을 때와 다르니 애써 머물러 있으면서 자주 입직하여 부족한 점을 돕도록 하라."

하시는 것이었습니다. 이것이 어찌 하찮은 소신(小臣)이 감당할 수 있는 일이겠습니까. 저의 헛된 명성이 올라가서 결국 이렇게 되었으니, 황송한 마음 어찌 끝이 있겠습니까. 그러나 직책이 시위(侍衛)라 강료(講僚)들과는 다르니, 가끔 소회(所懷)가 있어도 말할 기회가 없습니다. 탄식한들 어찌하겠습니까!

형의 편지에서 『효경(孝經)』에 관해 하신 말씀은 실로 제 생각과 같으니, 또한 기이한 일입니다. 형의 편지를 받기 며칠 전에 「계사(繫辭)」의, "언행은 군자가 천지를 감동시키는 것이다.〔言行, 君子動天地.〕"라는 대목을 강의하면서 이어 효(孝)가 백행(百行)의 근원임을 미루어 말하고, 『중용』에 나오는 대순(大舜)과 문왕(文王)·무왕(武

王)의 대효(大孝)에 대해 대략 말씀드리고, 이어 아뢰기를,

"지금 성상께서 연세가 매우 높으시니 온갖 방법으로 애일(愛日)의 효성을 다하고 계실 줄 알지만, 옛 분들이 효도를 말할 때 무엇보다도 양지(養志)를 강조하면서 심지어는 '소리 없는 데서 듣고 형체 없는 데서 보라.'고까지 하였습니다. 덕기(德器)를 성취시키기 위해서는 서연(書筵)도 물론 중요하지만 지금 당장의 급무로 말하자면 서연은 오히려 둘째입니다."

했더니, 동궁(東宮)께서 얼굴빛을 고치면서 들어주셨습니다. 그 후 성상께서 미령(未寧)하셨을 때 당직 중에 있으면서 들어보았더니 동궁께서 밤낮 곁을 떠나지 않으시고 심지어 타기(唾器)나 요강까지도 반드시 직접 가져다 드리며 허리띠를 풀지 않으신 지가 여러 날 되었다고 하였습니다. 동궁의 효성이 이와 같이 남다르니 어찌 우리 백성들의 다행이 아니겠습니까.

그 후 노형의 편지를 받아보았더니 역시 이러한 뜻으로 말씀하셨기에 저의 실정에 어두운 말이 맹랑한 것만은 아니었다는 것을 비로소 알고 도리어 자위를 했습니다. 머물러 있으면서 공직(供職)을 하고 싶어도 스스로 생각하기에 알 수 없는 병이 있는 몸으로 늙어 곧 죽게 된 이때 목숨을 버리고 직무를 보기란 매우 어려운 일이라 여겨졌습니다. 게다가 세상길은 험한데 타고난 성품은 소활하여 본래 남과 나의 구별을 따질 줄 모릅니다. 그래서 이렇게 가다가는 결국 수모만 당하고 말겠기에, 지금 탈 것만 있으면 돌아가려고 하는데 아직 말을 빌리지 못했고, 또 강물이 크게 불었다고 하기에 병든 몸으로 겁이 나 아직 머뭇거리고 있습니다. 그런데 세상에 기근으로 굶주리는 사람이 매우 많은 터라 집사람이 저의 계획을 듣고서는 매우 걱정하고

있습니다. 고인이 말하기를 "벼슬을 그만두는 문제는 처자식과 상의하지 말라."고 한 것이 과연 빈말이 아니니, 웃을 일입니다. 여사(旅舍)에 누워 있으며 잠시 틈을 내어 이렇게 되는 대로 적어봅니다. 이만 줄이겠습니다.

上元日賜緘, 何等慰沃! 信后駸駸, 倏已晩春. 謹問玆際起居, 一向萬重? 弟病益鈍氣益衰, 有何世念之可言? 而但桂坊[76]宿跰, 望切延頸, 强疾出肅, 屢次登筵, 前後睿眷隆重, 褒獎過當, 諭以"卽今日氣和暖, 不似年前隆熱之時. 强留數直, 以補不逮." 此豈塵芒小臣所可堪當? 而虛名上達, 至于如是, 悚惶何已! 然職是侍衛, 與講僚有異, 有時有懷而莫陳, 雖歎奈何! 盛諭『孝經』一部之語, 實與鄙意相合, 是亦異事. 見兄書前數日, 講「繫辭」'言行君子動天地'章, 因推言孝爲百行之源, 略陳『中庸』大舜文武之大孝, 因奏曰: "當今聖籌日高; 伏想愛日之誠, 宜無所不至. 古人言孝, 備言養志之義; 而及其至也, 曰: '聽於無聲, 視於無形', 德之成就, 雖責於書筵, 今日急務, 此猶爲第二件事." 東宮改容聽納. 其後上候未寧, 在直中聞日夜侍側, 至於唾器溺缸之屬, 必親將以進, 衣不解帶者屢日云. 大抵睿孝之出常如是矣, 豈不爲東民之幸哉! 後接老兄書, 亦以此意相勉, 始知弟空疎之言, 不爲孟浪, 還以自慰, 欲留滯供職; 而自念持此奇疾, 當此垂老將死之時, 決難捨命奔走, 且世路危巘而賦性疎濶, 本無物我之嫌, 終必取侮而已; 方欲圖騎歸去, 而尙未得借馬, 又聞江水大漲, 病情多怯, 姑爲否且. 而荐饑餓甚; 家人聞之, 深以爲恨. 古人言"休官不與妻孥謀."者, 果非虛語. 好笑. 僵臥旅舍, 暫此胡草. 不宣.

---

76 桂坊: 조선시대 世子侍講院 또는 世子翊衛司의 별칭이다.

20. 이경협에게 답한 편지

答李景協書 을미년(1775, 64세)

지난번 편지에서 『서경(書經)』의 「역상수시도(曆象授時圖)」에 대해 말씀하신 것은 고증하신 견해가 진실로 타당합니다. 명(明)나라 학자가 이렇게 허술하다니, 가소롭습니다. 「율려도(律呂圖)」는 『한서(漢書)』 「율려지(律呂志)」에 의하면 틀리지 않았으나 제가 성률(聲律)에 있어서는 더욱 알지 못합니다. 언젠가 『율려신서(律呂新書)』를 보았으나 등한하게 한 번 훑어보고 말았습니다. 보내온 편지에 "유빈(蕤賓)은 위로 대려(大呂)를 낳고, 대려는 아래로 이칙(夷則)을 낳는다."라고 하시고, 또 "대려는 비록 음려(陰呂)에 속하지만 도리어 위로 낳고, 이칙은 비록 양률(陽律)에 속하지만 도리어 아래로 낳는다."라고 하셨는데, 이 뜻은 아직 연구해 본 적이 없습니다. 자세히 가르쳐 주시면 매우 고맙겠습니다. 사수(四獸)의 현무(玄武)에 관한 설은 고인(古人)이 밝히지 못한 것을 밝히셨으니, 너무나 기특하고 다행스러운 일입니다. 다만 옛날부터 거북과 뱀 두 가지로써 현무에 해당시켰던 것은 아마도 일리가 있는 것 같습니다. 원형이정(元亨利貞)에서 정(貞)은 정(貞)과 고(固)의 두 뜻이 있고, 사단(四端)에서 지(智)는 시(是)와 비(非)의 두 뜻이 있고, 사물(四勿)에서 동(動)에는 심(心)과 신(身)의 두 뜻이 있습니다. 사람 몸으로 비유하면 신장[腎]은 두 쪽이 있습니다. 곡식종자와 과일열매로 비유하면 종자와 열매의 인(仁)은 모두 두 쪽이 있으니, 혹시 그러한 뜻이 있어 그런 것입니까? 지난번에 서연(書筵)에

서 이러한 얘기들이 있었는데, 일찍이 형의 말씀을 들어 한 마디 하
지 못한 것이 아쉽습니다.

기해년 예론(禮論) 때 송씨(宋氏 우암 송시열)가 말하기를,

"차장자[次長]는 서자(庶子)가 아니라는 명문(明文)을 지금 꼭 찾
아내야지만 허모(許某 미수 허목)의 말을 따를 수 있다."

했었는데, 근래 『주자어류(朱子語類)』를 보았더니,

"적자(適子)가 없으면 서자를 세우고, 만약 세자(世子)가 죽었으면
세자의 친아우를 세우니, 이 또한 차적자(次適子)이다."

라는 기록이 있었습니다. 이 말이 그때 꼭 필요했을 말인데, 송씨가
주자(朱子)의 저서에 박통하기 짝이 없었는데도 이 말이 있는 줄을
모르고 있었고 또 이 말을 상대를 공격하는 말로도 쓰지 않았습니
다. 형은 평소에 이 말을 알고 계셨습니까?

『요전(堯典)』 주(註)를 보면,

"여기에는 동지(冬至)에 해는 허성[虛]쪽에 있고 황혼 때의 중성
(中星)은 묘(昴)라고 했는데, 지금은 동지 때 해가 두성(斗星)쪽에
있고 황혼 때의 중성은 벽성(壁星)이다. 이렇게 중성이 같지 않은
것은 하늘은 항상 수평으로 운행하면서 펴지고 해는 항상 안에서
운행하면서 줄어들어서, 하늘은 점점 서쪽으로 가고 해는 점점 동
쪽으로 이동하기 때문이다."

했는데, 이를 보면 경성(經星)은 원래 하늘을 따라 운행하면서 서쪽
으로 지나가는 것입니다. 요(堯)임금 때 동지에 황혼 때의 중성이
묘성이었는데, 점점 서쪽으로 옮겨졌고 보면 후세에는 황혼 때의
중성이 당연히 묘성 앞의 필성(畢星)·자성(觜星)·삼성(參星) 등
이 되어야 할 것인데도 지금 보면 뒤로 물러나 묘성 뒤에 있는 위성

(胃星)・누성(婁星)・규성(奎星) 등이 되고 있는 것은 어째서입니까? 어찌 경성 역시 점점 동으로 이동하기 때문에 그러한 것 아니겠습니까? 여기에 대해서는 말해놓은 바가 없으니, 가르쳐 주시기 바랍니다.

제가 찬술한 『동사(東史)』는 이미 선생님으로부터 편찬하라는 분부를 받은 것입니다. 그래서 다소의 심력을 소비하여 책을 완성하기까지 거의 20년 세월이 걸렸습니다. 그러나 책을 묶을 종이를 마련하기 어려워 아직까지 손을 놓고 있습니다. 정력은 날로 쇠해가고 게다가 조력해 줄 후생들도 없으니, 천고의 한을 남길까 염려됩니다. 지난번에 동궁이 들으시고 이 책을 꼭 한번 보고 싶다고 전후 몇 번이고 분부를 내리셨으나 사가(私家)에서 만든 개인적인 저서에 불과한 것을 가지고 동궁께 보여드릴 만한 것이 못 되기에 우선 '사가의 저서를 동궁께 올리면 뒷 폐단을 남길 우려가 있다.'고 아뢰었습니다. 그러나 그 후로도 적잖게 동료들과 빈객(賓客)들을 향해 이에 관한 하교를 하셨으니, 하찮은 소신으로서는 실로 너무도 황공하고 감격할 따름입니다.

前書所諭書經曆象授時圖, 考見信然. 明儒之歇後如是, 可笑也.「律呂圖」則依『漢志』不錯. 弟於聲律, 尤昧昧, 嘗觀『律呂新書』, 而只是等閑看過矣. 來書云:"蕤賓當上生大呂, 大呂當下生夷則." 又云:"大呂雖陰呂而反上生, 夷則雖陽律而反下生." 此義未曾窮究, 詳爲俯敎, 幸甚. 四獸玄武之說, 亦發前人之未發, 不勝奇幸. 但自昔皆以龜蛇二物當之, 似有其義. 元亨利貞, 貞有貞固二義; 四端, 智有是非二義; 四勿, 動有心身二義. 以人身比之, 腎有二片; 以穀種果實比之, 種實之仁, 皆有二瓣; 或有其義而然耶? 向者書筵, 有此等議論, 恨不早聞兄言以備一說也. 己亥禮論時, 宋氏曰: "今必得次長不爲庶子之明文, 然後許某之說, 可從也." 近得『語類』, 有云: "無適子則立庶子, 若世子死則立世子之親弟, 亦是次適也." 是爲當日準備語也. 宋氏於朱書, 爛熟無餘, 而不知有此說, 又不以此說爲對攻之語; 兄或平日看破否? 「堯典」註曰: "此冬至日在虛, 昏中昴, 今冬至日在斗, 昏中壁, 中星不同者, 天道常平運而舒, 日道常內轉而縮, 天漸差而西, 歲漸差而東." 觀此, 則經星本隨天而行, 過于西矣. 堯時冬至昏中昴漸差而西, 則後世昏中當在昴前畢觜參等星; 而如今推之, 却在昴後胃婁奎等星者, 何也? 豈非經星亦漸差而東而然耶? 此無所言, 願乞示敎. 鄙撰『東史』, 旣已受敎于師門, 略費多少心力, 成書幾二十年, 而以紙物之難備, 尙此閣手, 精力日衰, 後生輩亦無助力者, 恐成千古之恨. 向來東宮聞之, 前後下令非一, 必欲一見; 而以私家所撰, 不過爲巾衍之物, 不足仰塵睿覽, 且以'私書之進御有後弊.' 仰達. 然而此後多向僚員賓客有所敎; 塵芒小臣, 實不勝惶感.

21. 이경협에게 보낸 편지

與李景協書 을미년(1775, 64세)

기명(旣明)과 사흥(士興)은 그 재주들이 당세뿐만 아니라 고인(古人)에게서 찾아봐도 짝할 이가 드물 정도입니다. 다만 재기(才氣)가 너무 많고 공부를 독실히 하지 않아 자기들의 일시의 소견을 가지고 앞 사람들을 누르려고 하니, 이런 습관이 자라게 되면 폐단이 장차 어떠하겠습니까. 걱정스러운 것은 정주(程朱)가 "희노애락이 아직 발하지 않았을 때 공부해야 한다.〔未發用工.〕"라고 한 말을 선(禪)에 가깝다고 하고, 『중용』의 계구(戒懼)는 고요한 가운데 존양(存養)하는〔靜存〕 공부가 아니라고 하는 것입니다. 만약 이러한 주장대로라면 염락(濂洛) 이후의 경(敬)과 정(靜)에 관해 논한 글들은 다 없애 버려야 마땅할 것입니다. 그들이 한 말을 보면, 오직 동(動) 중에서만 공부를 하고 정(靜) 중의 공부는 전혀 빼버리고 있으니, 이 어찌 말이 되겠습니까.

천하의 이치는 무궁하니, 후배들의 소견도 실로 채택할 만한 것이 있습니다. 그러나 이러한 주장에 대하여도 줄곧 인정하고 칭찬한다면 아마도 그 폐단을 이루 다 말할 수 없을 것입니다. 이들과 상종한 지가 이미 오래이지만 종내 침잠(沉潛)하고 근후한 용모는 없고 경박하고 부조(浮躁)한 태도만 늘 보여 결코 독서한 사람의 모양이 없으니, 이 점이 탄식할 만합니다. 존형께서 어찌 그들을 꾸짖고 억누르지 않으십니까. 계속 이렇게 나가다가는 남에게 비웃음을 당하고 자기들 마음에도 부끄러움을 느낄 일이 많을 것입니다.

旣明・士興, 非惟當世之才, 求之古人, 亦罕其倫, 但其才氣勝而工夫不篤, 欲以一時所見, 求壓前人; 此習若長, 弊將如何? 其所可悶者, 以程朱未發用工之語, 謂之涉禪, 而以『中庸』戒懼之意, 謂非靜存之工; 若如其說, 則濂洛以後論敬論靜文字, 皆當毁之矣. 觀渠所論, 只在動上用工而闕一靜字, 是豈可成說乎? 天下之義理無窮, 少輩之所見, 實有可採, 而於此等工夫, 一向許奬, 則恐其弊不可勝言. 此友輩相從已久, 而終無沉潛謹厚之容, 而浮躁淺薄之態, 自不可掩, 不曾有讀書人貌樣, 是可歎也. 尊兄何不呵抑之耶? 若此不已, 則其取笑於人而愧於自心者多矣.

22. 이경협에게 보낸 편지

與李景協書 병신년(1776, 65세)

선생님의 유고(遺稿)가 이미 정리되었고 예설(禮說)도 가닥이 잡혀 가고 있다는데, 병든 저는 아직도 그것을 보지 못하고 아쉬운 탄식만 하고 있습니다. 제 생각에는 연보(年譜)도 지금 이때에 해야 하리라고 봅니다. 이 일은 노형 아니면 원양(元陽)이나 할 수 있을 것입니다. 선생님께서는 곤궁한 일개 선비로 사셨고 기록할 만한 관직생활과 정치실적이 없으니 실로 연보에서 년(年)마다 조항을 따로 세워 말할 만한 것은 없으나 평소 남기신 그 많은 저술들이 모두 어느 해 어느 달에 쓴 것임을 알 수 있고 보면 그 줄거리를 대략 주석으로 써서 하나의 통일된 체제를 만드는 것이 어찌 사문(斯文)과 우리들의 다행이 아니겠습니까. 소홀히 여기지 말기를 바랍니다.

율려학(律呂學)은 평소 잘 모르는데 지난번 형의 편지로 인하여 『서경(書經)』의 「율려도(律呂圖)」를 점검해 보았더니, 그 그림은 『한서(漢書)』「율려지(律呂志)」에서 본뜬 것이었습니다. 율관(律管)은 제일 긴 것이 황종(黃鍾) 9촌(寸)을 지나지 않고, 제일 짧은 것이 응종(應鍾) 4촌 6푼을 지나지 않는데, 『한지』에는 양률(陽律)은 모두 아래에서 생기고 음려(陰呂)는 모두 위에서 생기는 것으로 되어 있으니, 이는 양은 나아가고 음은 물러나며 양은 가득 차고 음은 줄어든다는 뜻에서 나온 것입니다. 율(律)이 여(呂)를 낳을 때는 그 수가 물러나 줄어들기 때문에 아래에서 생긴다고 하였고, 여가 율을 낳을 때는 그 수가 나아가 가득 차기 때문에 위에서 생긴다고 하였으니,

이는 변동할 수 없는 것입니다.

지금 그 법칙으로 미루어 보면 유빈(蕤賓)은 아래에서 대려(大呂)를 낳아 4촌 1푼이 되고, 대려는 위에서 이칙(夷則)을 낳아 5촌 5푼이 되며, 이칙은 아래에서 협종(夾鍾)을 낳아 3촌 6푼이 되고, 협종은 위에서 무역(無射)을 낳아 4촌 9푼이 되며, 무역은 아래에서 중려(仲呂)를 낳아 3촌 2푼이 됩니다. 그렇고 보면 대려·협종·중려의 길이가 도리어 응종에 미치지 못하니 응종이 가장 짧다는 뜻이 어디에 있습니까?『주자어류』에 유빈 이하의 '위에서 낳고 아래에서 낳는 것'이 모두『한서』「율려지」와 상반되니, 이는 또 두씨(杜氏)의『통전(通典)』에서 본 뜬 것입니다. 그 법은 유빈은 위에서 대려를 낳아서 8촌 3푼이 되고, 대려는 아래에서 이칙을 낳아 5촌 5푼이 되며, 이칙은 위에서 협종을 낳아 7촌 4푼이 되고, 협종은 아래에서 무역을 낳아 4촌 9푼이 되며, 무역은 위에서 중려를 낳아 6촌 5푼이 되는 것입니다. 이와 같아야만 율과 여가 조화하는데, 양률은 아래에서 낳고 음려는 위에서 낳는다는 뜻과 맞지 않으니, 이 점이 매우 의심스럽습니다. 그리고 또 한(漢)나라 시대는 율려의 장단이 진실로 위에 말한 것과 같습니까? 회답 주시기 바랍니다.

사흥(士興)이 살 곳을 잃고 식솔을 옮겨 남의 집에서 더부살이하고 있으니, 보기에 매우 민망합니다. 이러한 사람이 우리 선비들 중에 태어난 것은 실로 우연한 일이 아닌데, 근래 그의 언론과 기습(氣習)을 보면 그 전과는 점점 달라가고 있습니다. 존형께서 이 사람을 교도(敎導)하신 것이 혹 이런 이유가 있어 그러했던 것입니까? 예로부터 진정한 대영웅(大英雄)은 모두 전전긍긍하며 매우 신중한 자세를 잃지 않는 데에서 나오는 법입니다. 그런데 이 사람은 그러한 쪽의 공부는 소홀히 여겨 하려 들지 않기에 제가 퍽 경계도 했지만, 물로 바위치기와 다름이 없었으니, 혹시 선유(先儒)들 정설 이외에 따로 성립이 될 만한 별다른 이치가 있는 것입니까? 이것이 형의 가르침과 다른데 어찌 그에게 정문일침(頂門一鍼)을 놓지 않으십니까? 알고 싶으니 회답 주시기 바랍니다.

先生遺稿, 已至釐正, 禮說亦就緒云; 而顧此病伏, 尙未奉玩, 徒切歎歎. 鄙意則年譜一款, 亦當及此爲之; 此事非老兄則元陽可以當之. 先生窮爲匹士, 無仕宦政績之可書, 則實無分年立條之可言, 而平日著述之富, 皆有年月之可考, 則略註其槩, 以成一統之書, 豈不爲斯文吾輩之幸耶? 幸勿泛忽也. 律呂之學, 素所蒙昧. 向者因兄書, 點檢『書經』「律呂圖」; 此圖本於『漢志』矣. 律管長不過黃鍾之九寸, 短不過應鍾之四寸六分零, 而『漢志』陽律皆下生, 陰呂皆上生, 此出於陽進陰退陽盈陰縮之義; 律生呂則其數退而縮, 故曰下生, 呂生律則其數進而盈, 故曰上生, 此不可以變動者矣. 今以其法推之, 則蕤賓下生大呂, 爲四寸一分零, 大呂上生夷則, 爲五寸五分零, 夷則下生夾鍾, 爲三寸六分零, 夾鍾上生無射, 爲四寸九分零, 無射下生仲呂, 爲三寸二分零矣. 然則大呂夾鍾仲呂之度, 反不及於應鍾, 應鍾最短之義安在哉? 『朱子語類』蕤賓以下上生下生, 皆與『漢志』相反, 此又本於杜氏『通典』矣. 其法蕤賓上生大呂, 爲八寸三分零, 大呂下生夷則, 爲五寸五分零, 夷則上生夾鍾, 爲七寸四分零, 夾鍾下生無射, 爲四寸九分零, 無射上生仲呂, 爲六寸五分零; 如此而後, 律呂調和, 而與陽律下生陰呂上生之義不叶, 此甚可疑. 且漢時制律, 其長短, 固如上所云耶? 幸乞回敎. 士興失所, 搬移寄寓他人, 看甚悶. 然此人之生於吾黨, 實非偶然, 而近來觀其言論氣習, 漸異於前; 未知尊兄之敎導, 或有所由而然耶? 從古眞正大英雄, 皆從戰兢臨履[77]

中出來. 此友於此邊分數, 忽略而不屑爲之, 頗以拙語規警, 而無異以水投石; 豈非更有別種義理, 出於先儒已定之外而可以成立者耶? 此與兄之法門不同, 則何不施以頂針耶? 願欲聞知, 幸賜俯示.

77 戰兢臨履 : 항상 두려워하는 자세로 조심함을 뜻한다. 『시경』「小雅 小旻」에 "두려워하고 조심하여 깊은 못 가에 선 듯, 얇은 얼음을 밟는 듯이 한다.〔戰戰兢兢 如臨深淵 如履薄冰〕"한 데서 온 말이다.

23. 외삼촌에게 올린 편지

上內舅書 정축년(1757, 46세)

불초 생질은 병석에서 삼가 두 번 절하고 상중(喪中)에 계신 외삼촌께 글을 올립니다. 삼가 생각건대 사람이 사람인 것은 인륜(人倫)이 있기 때문인데, 인륜 중에는 자기를 낳아 준 부모에 대한 인륜보다 중한 것이 없습니다. 사람은 부모가 아니면 태어날 수가 없고, 부모도 또 자기 부모가 아니었으면 어떻게 이 세상에 있겠습니까. 예(禮)로는 내외(內外)의 복제(服制)가 비록 경중의 차이가 있으나 자기를 낳아주신 은혜를 따진다면 털끝만큼도 다름이 없을 것입니다.

이 생질이 어린 시절 외가에서 자라면서 외조모의 과분한 사랑과 외숙의 깊은 훈육을 받아온 것이 지금에 어언 40년이 되었습니다. 그런데 불행히도 외조모께서 세상을 버리셔서 외숙이 상중에 계시는데도 4년 전부터 병마와 싸우면서 죽음을 이웃하고 있는 탓에 아직 달려가 곡 한번 못했으니, 은혜를 저버린 죄 더 말할 나위가 없습니다. 이게 무슨 사람 도리이며 무슨 인정이요 무슨 예(禮)란 말입니까. 오직 스스로 옛날을 회상하며 흐느껴 울 뿐입니다.

그런데 이번에 돌아온 종을 통하여 장사(葬事)도 아직 기일을 정하지 못하고 치상(治喪)의 제반 일들도 별로 준비된 바가 없다는 말을 듣고 보니, 더욱 비통할 뿐입니다. 언서(諺書)를 보았더니 외숙께서 상(喪)이 났을 때부터 지금까지 미음만을 드신 나머지 원기가 소진하여 지팡이를 짚고도 일어나지 못하시고 영전(靈前)에 조석의 전배(奠

拜)도 제대로 하지 못하신다고 하니, 이 말을 듣고 너무나도 놀랐습니다. 생각건대 외숙께서는 식견이 명달(明達)하시니 필시 과중한 일이 있지는 않으실 터인데 지금 이 소식을 듣고는 망연자실하여 무슨 말을 올려야 할지 모르겠습니다.

어버이 상(喪)을 당하면 애통해하는 것이 바로 자식의 정이기 때문에 아주 완둔하고 전혀 무식한 사람이 아니고서는 누구나 다 자기 도리를 다하고 싶어 하지 않는 사람이 없습니다. 그러나 효사(孝思)가 매우 돈독한 사람은 생명을 잃을 우려가 늘 있습니다. 그래서 성인(聖人)이 이를 위해 알맞은 제도를 만들어서 굳이 강조하시기를, "50세에는 극도로 슬퍼하여 몸을 크게 훼손해서는 안 되고, 60세에는 슬퍼하는 마음을 조금 더 완화하여 몸을 훼손하지 않게 해야 하고, 70세에는 몸에 최마(衰麻)만 걸친다." 하고, 또 "상(喪)을 마치지 못하고 죽으면 불효에 비유된다."고 하고, 또 "병이 있으면 술을 마시고 고기를 먹어도 된다."고 하였습니다. 이러한 성현의 말씀이 책 속에 실려 있어 낱낱이 열거할 수 없을 정도이니, 죽은 사람 때문에 산 사람을 해치게 되는 일을 없게 하고자 하는 정성스러운 뜻이 지극합니다.

증자(曾子)는 자신이 어버이 상중에 7일 동안 아무것도 먹지 않았으면서도 일찍이 이르기를, "상중이라도 병이 있으면 술을 마시고 고기를 먹되 초목의 자미(滋味)를 곁들인다."고 하였고, 사마공(司馬公)은 이르기를 "만약 병이 있으면 잠시 고기를 먹고 술을 마시다가 병이 나으면 다시 원상을 회복한다." 하고, 또 "야위고 병이 난 자는 육즙(肉汁)을 써서 입맛을 도와야 한다." 하고, 또 "나이 50이 넘으면 혈기가 쇠하기 때문에 반드시 술과 고기로 영양을 도와야 한다." 했는데, 이러한 말들을 주자(朱子)가 모두 『소학(小學)』에 실어 놓았습니다. 대현(大賢)이 이러한 말씀들을 하신 것이 어찌 후인에게 불효의 단서를 열기 위해서이겠습니까. 예법으로 보아서나 인정으로 보아서나 반드시 이와 같이 해야만 되는 것입니다.

어버이가 처음 운명했을 때는 물 한 모금도 입에 안 넣어도 되고, 염(斂)을 마치고는 미음도 안 먹어도 되고, 장례를 마치고는 소사(疏食)도 안 먹어도 됩니다. 그러나 효자가 애통한 마음을 참고 억눌러 감히 자기 마음대로 하지 못하는 것은 어찌 자기 몸을 아껴서이겠습니까. 시신은 염을 하지 않을 수 없고, 널은 장사지내지 않을 수 없고, 상은 끝마치지 않을 수 없기 때문입니다. 중요한 점이 여기에 있으니, 자기 몸을 온전히 지키는 것이 바로 효를 다하는 길이기 때문입니다. 이 몸은 바로 부모에게서 받은 것인데, 만약 슬픔으로 몸을 손상하다가 병이라도 생겨 끝내 일어나지 못하게 되면 아무리 유명(幽明)을 달리했다고 하더라도 부모의 마음이 어떻겠습니까.

우리 이조(李朝)의 김모재(金慕齋)가 50이 넘어서 상을 당했는데, 겨우 성복(成服)을 지내고는 암탉을 삶아 먹고 그 후 다시 행소(行素)를 하다가 1년이 지나지 않아 병이 났습니다. 명의였던 안찬(安瓚)이 진맥하고 말하기를, "이 병은 치유할 수 없습니다."라고 하였습니다. 공이 그 전에 닭을 먹었던 일을 말하자, 안찬이 "그러면 치유할 수 있겠습니다." 하고는 마침내 약을 써서 소생할 수 있었습니다. 장여헌(張旅軒)이 상중에 병이 생겼는데, 정한강(鄭寒岡)이 편지를 보내 권도(權道)를 쓰도록 하니 그대로 따랐습니다. 이 두 선생이야말로 독실한 군자들이었는데 그렇게 했던 것을 보면 어찌 불의를 행한 것이겠습니까. 삼가 바라건대 외숙께서는 슬픔을 절제하고 변천에 순응하여 스스로 대처하는 방도를 힘써 다하시길 엎드려 빕니다.

사람의 타고난 기운의 강약은 풍기(風氣)에 달려있으니, 요즘 세상 사람들이 모두 타고난 기질이 허약하다는 것은 열병(熱病)에 뜨거운 고기를 써도 무해하다는 것을 보면 알 수 있습니다. 요즘 세상인들 어찌 모두 불효한 사람이리요만은 3년 동안 행소(行素)하지 못하는 것은 타고난 기운의 강약이 고금에 따라 다르기 때문입니다. 불효한 이 생질도 원래 파리해지는 병이 있던 몸으로 갑술년에 변상(變喪)을 당하여 피를 토하고 숨이 끊어질 듯하기에 성복(成服)할 즈음에 권도(權道)를 쓴 일이 있습니다. 이 생질이 비록 형편없는 위인이지만 어찌 예법이 무서움을 알지 못했겠습니까. 그렇지만 이 몸이 한번 쓰러지면 앞에 남은 큰일을 누가 맡아 하겠습니까. 이 때문에 지금까지 참고 모진 목숨을 이어오고 있으나 병은 낫지 않으니, 모두 제가 불효했기 때문일 것입니다. 지금도 병이 발작하여 베개 위에 엎드려 신음하고 있던 중에 걱정되는 마음을 견디지 못하고 병든 몸을 애써 일으켜 남을 시켜 글을 쓰다 보니, 글이 조리를 이루지 못합니다. 그렇지만 오직 저의 지극한 정에서 나온 말이오니, 외숙께서 양찰(諒察)하시고 효(孝)를 마치는 것을 중대하게 여겨 주시면 더없는 다행이겠습니다.

不肖姪某病頓中, 謹再拜上書于內舅氏苫次[78]. 伏念人之爲人, 以其有人倫

---

78 苫次 : 喪中임을 뜻한다. 옛날에 상중에는 寢苫枕塊라 하여 거적자리를 깔고 흙덩이로 베개를 삼았던 데서 온 말이다. 『儀禮 喪服』

也; 人倫之重, 莫過於所生. 人無父母不生, 父母又非其父母, 亦何有焉? 禮雖有內外服制之輕重, 而推其所生之恩, 則無毫髮之異矣. 姪幼長于外家, 受祖母慈恤之過・叔氏教導之深, 四十年于玆矣. 不幸祖母棄世, 叔氏纍然在苫凷之中, 而一疾四載, 與死爲鄰, 尙未奔哭; 孤恩負罪, 至此大矣. 此何人理, 此何情禮! 惟自撫時隕泣而已. 玆因奴回, 伏聞山事尙無定期, 襄奉諸節, 茫無所措云, 尤切悲痛耳. 伏見諺書, 叔氏自喪至今, 惟食粥飮, 元氣漸敗, 杖而不起, 朝夕奠拜, 亦不得行云; 聞來不勝驚惶. 竊念叔氏達識明見, 必不至有過中之擧矣; 今承此報, 茫然失圖, 不知所以仰白也. 親喪哀痛之發, 乃是至情, 故自非頑愚無識之人, 無不欲自致, 而篤于孝思者, 常患過於滅性. 故聖人爲之中制, 必曰: "五十不致毀, 六十不毀, 七十惟衰麻在身." 又曰: "不勝喪, 譬之不孝." 又曰: "有病則飮酒食肉可也."[79] 聖賢之訓, 布在方冊, 不可枚擧, 而惓惓欲無以死傷生者, 至矣. 曾子執親之喪, 七日不食[80], 而亦嘗曰: "喪有疾, 飮酒食肉, 必有草木之滋[81]焉." 司馬公[82]曰: "若

---

79 五十……可也 : 인용문은 모두 『禮記』 「曲禮上」에 보인다.

80 曾子……不食 : 『禮記集說』 125권 '子曰道之不行也我知之矣'로 시작되는 章의 注에서 藍田呂氏의 설에 "증자는 親喪을 당했을 때 음료도 입에 넣지 않은 것이 7일이었다.〔曾子執親之喪, 水漿不入口者七日.〕"하였다.

81 草木之滋 : 喪中에 먹는 고기를 뜻한다. 『禮記』 「檀弓上」에 "曾子가 '상중에 질병이 있으면 고기를 먹고 술을 마시되 반드시 초목지자를 쓴다.' 하였으니, 생강과 계피 같은 것을 말한다.〔曾子曰: '喪有疾, 食肉飮酒, 必有草木之滋焉', 以爲薑桂之謂也.〕"하였다.

82 司馬公 : 宋나라 司馬光(1019~1086)을 가리킨다. 그의 자는 君實, 호는 迂夫또는 迂叟이고, 시호는 文正이다. 涑水先生이라 불리며, 사후에 溫國公에 봉해졌으므로 司馬溫公이라고도 한다. 저술에 『資治通鑑』, 『涑水紀聞』, 『司馬

有疾, 暫須食飮, 疾止復初." 又曰: "羸憊成疾者, 可以肉汁助其滋味." 又曰: "五十以上, 血氣旣衰, 必資酒肉扶養." 此語朱子皆載于『小學書』中; 大賢立言, 豈爲後人啓不孝之端耶? 求之禮律人情, 必如此而後可也. 親之始死, 勻水可以不入口; 旣斂, 饘粥可以不食; 旣葬, 疏食可以不進. 而孝子之忍痛抑哀不敢徑情者, 夫豈自愛其身哉? 諒以尸不可不斂, 柩不可不葬, 喪不可不終, 所重在焉; 全其身, 乃所以盡其孝也. 惟此一身, 卽所受於父母者也. 若因毁成疾, 終至不救, 則幽明無間, 父母之心, 將何如哉? 我朝金慕齋[83]五十後遭艱, 成服纔過, 卽烹雌鷄而食, 後復行素未幾而疾發, 名醫安瓚診之曰: "疾不可爲矣." 公道食鷄之由, 瓚曰: "然則可矣." 遂用藥而得蘇; 張旅軒[84]居喪有疾, 鄭寒岡貽書用權而從焉. 此兩先生, 篤性君子, 其事如此, 則豈以不義而行之哉? 伏乞叔氏節哀順變, 務盡自處之道焉. 夫人之氣禀强弱, 係於風氣. 今世之人, 盖皆虛薄; 觀於熱病用熱肉而無害者, 可知矣. 故今俗豈皆不孝, 不能三年行素者, 禀氣之强弱, 古今不同也. 姪之不孝, 素抱羸疾, 當甲戌遭變之時, 嘔血奄奄, 用權於成服之際; 姪雖無狀, 豈

文正公集』 등이 있다. 이 사마광의 말은 『小學』 「嘉言」에 보인다.

83 金慕齋: 慕齋는 金安國(1478～1543)의 호이다. 그의 자는 國卿이고, 시호는 文敬이며, 본관은 義城이다. 寒暄堂 金宏弼의 제자이다. 己卯士禍가 일어나자 利川으로 물러나 살면서 조그마한 서재를 지어 놓고 恩逸이라는 편액을 내걸고, 그곳에서 날마다 학도들과 학문을 강론하였다.

84 張旅軒: 조선시대 학자 張顯光(1554～1637)의 호가 旅軒이다. 그의 자는 德晦, 호는 旅軒이고, 본관은 仁同이며, 시호는 文康이다. 누차 조정의 부름을 받았으나 줄곧 사양하고 산림에서 학문에 정진하였다. 경상북도 仁同의 同洛書院, 영천의 臨皐書院 등에 제향되었다. 저서에 『여헌집』, 『龍蛇日記』 등이 있다.

不知禮法之可畏? 若此身一蹶, 則前頭大事, 誰當任之耶? 是以, 頑忍至今, 病亦不愈, 莫非不孝之所致也. 今方病發, 伏枕叫死之中, 不任憂慮之忱, 强疾呼倩, 文不成理, 而亶出於至情. 伏乞叔氏諒此, 以終孝爲大, 千萬幸甚.

24. 남지암(南止菴)-유로(維老)-에게 답한 편지

答南止菴-維老-書 무진년(1748, 37세)

관례(冠禮)에서 첫 번째 관을 씌우는 초가(初加)에 건(巾)을 쓰지
않은 것은 남다르게 하려고 해서가 아니라 건이 원래 옛 복장이 아
니고 게다가 친지들 중에 건을 착용하는 이가 드물어 갑작스레 장
만하기가 어려우므로 우선 없어도 무방하기 때문입니다. 심의(深
衣) 역시 아무 집에나 있는 옷이 아니어서 빌리기가 어려우니, 이것
이 도포(道袍)의 염색의 짙고 옅은 정도를 가지고서 문채를 점차 드
러내었던 까닭입니다. 일찍이 이러한 의견을 말씀드렸더니, 성호선
생(星湖先生)께서 말씀하시기를,

"사람이 비록 가난해도 가난 때문에 예(禮)를 갖추지 않아서는 안
되니, 심의는 꼭 있어야 한다. 그렇지만 만약 갑작스레 심의를 갖추
기 어려우면 도포의 양쪽 겨드랑이를 봉합하면 심의 비슷하고 염색
한 종이로 가선[緣]을 둘러도 될 것이다."

라고 하셨습니다. 이 뜻이 참으로 좋으니, 곤궁한 시골에 살면서 예
(禮)를 좋아하는 사람이 변통해 쓸 수 있는 한 방법이 될 것입니다.
병자가 머리를 동쪽으로 두는 것은 예(禮)이니, 꼭 임금을 뵐 때만
그렇게 하는 것이 아닙니다. 이런 까닭에 생기(生氣)를 받기 위해서
라고 한 말씀에 대해 제가 늘 의심을 두었던 것입니다. 역상(易象)에
대한 설들은 평소에 과연 견강부합(牽强附合)을 한 병통이 있었습니
다. 이는 바로 한때 제 견해가 그랬기 때문에 우연히 써본 것이지
감히 앞사람들이 밝히지 못한 이치를 제가 감히 밝혔다고 여겼던 것

은 아닙니다. 괘변(卦變)에 대한 설은 매우 의심스러웠는데, 접때 마침 환괘(渙卦) 단사(彖辭)에서 "유(柔)가 밖에서 지위를 얻어 위와 함께한다."고 한 것이 주자(朱子)의 『본의(本義)』의 예(例)와 맞지 않음을 보았기 때문에 감히 "강유(剛柔)는 음양(陰陽)의 괘를 가리켜 말한 것이고, 왕래(往來)는 안에 있는 것을 내(來), 밖에 있는 것을 왕(往)이라 하는 것이지, 별도로 어느 괘 어느 효가 이리로 오고 어느 괘 어느 효가 저리로 간다는 뜻은 없다."고 했던 것입니다. 어떻게 생각하십니까? 이번에 자세히 말씀 올리려고 했으나 중현(仲賢)이 급하게 떠나는 바람에 미처 제대로 써 올릴 틈이 없지만 대의(大義)는 이와 같으니 가르쳐 주시기 바랍니다.

初加[85]之不用巾, 非欲立異也; 巾非古服, 且親知間, 鮮有服此者, 旣難猝辦, 姑除無妨. 深衣亦非人家恒有之服, 則難於借用; 此所以用道袍染色之深淺爲漸文之序也. 嘗以此擧似, 星丈以爲'人雖貧窶, 不可緣貧而廢禮; 深衣之制, 必不可闕. 而若難猝備, 則道袍兩腋合縫, 正類深衣, 且染紙爲緣亦可'云. 此意儘好, 正爲窮居鄕曲而好禮者通變之一術也. 病者之東首, 禮也, 不必於見君之際而爲之, 故此常有疑於乘生氣之訓也. 易象諸說, 平日果有牽合之病. 此乃一時見解如此, 故偶爾筆之, 非敢謂得前人之未發者也. 卦變之說, 常日甚疑. 向者適見渙彖柔得位乎外而上同之說, 與朱子本例不合,

85 初加 : 冠禮에서 첫 번째 冠을 머리에 씌우는 것이다. 관례에는 세 차례 관을 씌우는 三加의 의식이 있는데, 첫 번째는 緇布冠을, 두 번째는 皮弁을, 세 번째는 爵弁을 씌운다.

敢謂剛柔者, 指陰陽之卦而言也; 往來者, 指居于內者曰來, 外者曰往, 別無某卦某爻來于此某卦某爻進于彼之意, 未審如何? 今欲詳說仰白, 而仲賢之行急發, 未暇錄上, 而大義如是; 仰冀砭示耳.

25. 남지암에게 보낸 편지

與南止菴書 기사년(1749, 38세)

산천에 가로막혀 소식이 끊겼기에 호운(湖雲)을 바라보며 날로 그리워하고 있답니다. 무더위가 잠시 물러가고 시원한 기운이 생동하려고 한 이때 도미(道味)와 기거가 계절 따라 다 좋으시리라 생각됩니다. 정복(鼎福)은 우환을 거듭 겪은 나머지 정신과 기력이 깎이고 약해져서 힘들여 독서하지 못하고 있는 실정입니다. 실리(實理)는 일상생활의 인륜에서 벗어나지 않는 것이고 독서는 이 실리를 밝히는 것인데 이 한 가지 일도 뜻대로 되지 않으니 통탄한들 어찌하겠습니까! 그러나 다행히도 성호(星湖) 선생의 가르침을 받을 수 있고 편지 왕복으로도 일깨워 주신 바 적지 않아 이에 선을 따르는[從善] 희망이 있기를 혹시라도 바랄 뿐입니다.

윤장 동규 유장(尹丈東奎幼章)은 을해생으로 일찍이 성호 선생의 문하에서 수업하였고, 지조가 굳고 학식이 고명하기가 지금 세상에 그만한 이가 드뭅니다. 근래에 강의 토론한 글이 있는데 내용이 평이하면서도 절실하여 근거 없이 짜맞추거나 갑작스레 변통한 말들이 아닙니다. 마음속에 실제로 체득한 경지가 있어야 이와 같을 수 있으니, 참으로 삼가 탄복합니다. 지금 세상에는 학술이 여러 갈래가 되어 자질이 낮은 자는 아무것도 아닌 것을 겉만 싸발라 번지르르하게 꾸미려고만 하니 이는 실로 말할 가치가 없거니와, 이른바 수준이 높다는 자들도 글자 뜻풀이에나 빠져 진씨(陳氏)·요씨(饒氏)의 기본 틀을 벗어나지 못하거나 아니면 본원(本原)을 힘쓴다고 하면서 육씨(陸

氏)·왕씨(王氏)의 입심을 그대로 이어받고 있는 실정입니다. 존장께서는 그 폐단을 일찍이 깨닫고 박문약례(博文約禮)에 아울러 주력하시니 앞으로도 그 큰 학문에 더욱 노력하여, 저처럼 비루하고 나약한 사람으로 하여금 가르침을 받을 수 있도록 해 주시기를 엎드려 빕니다.

隔以山河, 音徽間阻, 瞻望湖雲, 戀德日深. 伏惟潦熱乍退, 新凉欲生, 道味起居, 與時俱重. 鼎福積憂之餘, 神氣削弱, 不能自强於讀書之業, 實理不出於日用彝倫, 而讀書, 所以明此理; 此一事, 亦不如意, 痛歎奈何! 然而幸得承敎于星翁, 手札往復, 警誨不少; 此或冀有從善之望爾. 尹丈東奎幼章乙亥生, 早受業于星門, 操履堅貞, 學識高明, 今世罕有其儔. 近有講討文字, 平易切實, 非杜撰應猝之語; 中有實得然後可以如此, 誠爲欽歎. 今世學術多歧, 卑者茅纏紙裹, 以塗澤爲務, 此不足言; 所謂高者, 溺於訓釋, 不出陳饒[86]之脚板, 否則謂務本原, 仰承陸王[87]之喉氣. 尊丈早悟此弊, 兼致博約. 伏乞益懋大業, 使卑弱如某者, 得蒙恩提, 幸幸甚甚.

---

86 陳饒 : 南宋의 성리학자인 陳淳(1159~1223)과 饒魯를 가리킨다. 진순은 자는 安卿이고 호는 北溪이며, 시호는 文安이다. 漳州 龍溪 사람으로 주자가 漳州太守로 있을 때 수학하여 黃榦과 함께 高弟가 되었다. 저서에 『北溪字義』 등이 있다. 요로는 자는 伯興 또는 仲元이고 호는 雙峯이며, 시호는 文元이다. 江西省 饒州 餘干 사람으로 朱子의 문인 黃榦과 李燔을 사사하였으며, 朋來館과 石洞書院을 세워 후학을 양성하였다. 저서에 『饒雙峯講義』가 있다. 모두 주석을 많이 낸 학자이다.

87 陸王 : 송나라 학자 陸九淵과 명나라 학자 王守仁을 가리킨다. 모두 心學을 했다 하여 주자학자들에게 배척을 받았다.

26. 남지암에게 답한 편지

答南止菴書 기사년(1749, 38세)

재상께서 저를 칭찬을 하다니 참으로 우습고도 민망한 일입니다. 실속 없이 명성만 있는 자가 세상에는 혹 있다고 하지만 그렇다고 어찌 이처럼 심한 경우야 있겠습니까? 고기가 썩으면 벌레가 생기고 식초가 시게 되면 초파리가 모여드는 것이니, 스스로 처신이 근신하지 못해 이렇게 된 것입니다. 어찌하겠습니까!

자질구레한 여러 가지 재주들은 예전에는 더러 관심을 가져 익힌 적이 있었지만 근래에는 아주 끊어 버렸기에 스스로 학문에 순수하다고 여겼습니다. 그러나 타고난 성품이 소략한 탓에 입조심이 부족해서 친지 중에 혹 묻는 자가 있으면 말해주고 했던 것이, 입에서 입으로 전파되어 기정사실이 되고 말아서 오늘 같은 헛소문이 나게 된 것입니다. 이제 와서 파탄이 생긴 곳을 막고 싶어도 때때로 되지 않으니, 존장께서 "되도록이면 재주를 감추고 실질에 힘쓰라."고 가르쳐 주셨던 말씀을 생각할 때마다 두려운 생각이 나서 탄식하지 않은 적이 없습니다.

그러나 와룡(臥龍)을 위해 한번 변무(辨誣)하고 싶었던 것은 어째서이겠습니까. 그의 문로(門路)와 연원(淵源)은 비록 우리 유가(儒家)의 정통에 들지는 못하지만 또한 백세(百世)에 사표가 될 만한 인물이 어찌 아니겠습니까. 다만 세상에서 그를 논하는 이들이 대개 지말을 좇고 근본을 버리며 괴이한 것을 믿고 평상한 것을 소홀히 여겨 그의 정대광명(正大光明)한 사업을 마침내 풍운을 일으키고 팔

진도(八陣圖)를 펴는 것에 가려지게 하고 말았으니, 참으로 통탄할 일입니다. 그의 「계자서(戒子書)」한 편과 「출사표(出師表)」두 편만 보더라도 그의 심학(心學)의 올바름과 조수(操守)의 신밀(愼密)함, 그리고 충직한 절의와 식견의 고상함이 과연 어떠합니까! 노재(魯齋)가 공명(孔明)의 초려장소(草廬長嘯)는 칭찬했는데 담박(澹泊) 과 영정(寧靜)의 가르침은 버리고 도리어 이것을 취한 것은 무슨 까닭입니까?

揆席之稱道, 誠足笑悶. 世或有無其實而有其名者, 豈有若此之甚乎? 肉腐 而生蟲, 醋酸而蚊聚, 是由於自處之不愼而然也. 奈何! 小道傍藝, 不無前 日染跡, 而年來棄之, 自謂淳如, 賦性疎迂, 謹縅不足, 親知中或有隨問而說 道者; 人口相傳, 質以爲實, 致有今日之虛聲, 雖欲補綻塞漏而有不可得者. 常念尊丈韜晦務實之誨, 未嘗不惕然興嘆也. 然嘗欲爲臥龍[88]一番辨誣者, 何也? 其門路淵源, 雖未入於吾儒道統之傳, 而亦豈非百世可師之人乎? 但 世之論者, 多逐末而遺本, 信怪而忽常, 至使正大光明之業, 終爲風雲八 陣[89]之所掩, 良可痛恨. 戒子一書[90], 出師二表[91], 心學之正·操守之密·忠

---

88 臥龍 : 삼국시대 蜀漢의 승상 諸葛亮이 세상에 나오기 이전의 별호이다. 제갈 량이 南陽의 隆中 땅에 은거하고 있을 적에 그의 친구 徐庶가 劉備에게 그를 천거하면서, "제갈량은 바로 사람 가운데 누워 있는 용[臥龍]이니, 그를 만나 보시기 바랍니다."라고 했던 데서 유래한 말이다.

89 風雲八陣 : 諸葛亮이 적벽대전 때 동남풍을 불러일으키고, 八陣圖를 쳤다고 하는 『三國志演義』의 얘기를 말한다.

90 戒子一書 : 諸葛亮이 그의 아들을 경계한 글이다. 그 글에서 "군자의 행실은 고요함으로써 몸을 닦고 검소함으로써 덕을 기른다. 담박함이 아니면 뜻을

直之節·見識之高, 爲如何哉! 魯齋⁹²之稱長嘯, 乃遺澹泊寧靜之訓, 而反有取於此者, 何也?

밝힐 수 없고 영정함이 아니면 원대한 일을 이룰 수 없다. 대저 학문을 하려면 모름지기 성품이 고요해야 하고 재주가 있어도 모름지기 학문을 해야 하니, 학문이 아니면 재주를 넓힐 수 없고 고요함이 아니면 학문을 이룰 수 없다. 태만하면 정밀히 연구하지 못하고 험조하면 성품을 다스릴 수 없다. 나이는 때와 함께 달리며 뜻은 해와 함께 가버려서 마침내 늙게 되면 궁색한 오두막에서 슬피 한탄한들 장차 다시 어찌 미칠 수 있겠는가?〔君子之行, 靜以修身, 儉以養德; 非澹泊, 無以明志. 非寧靜, 無以致遠. 夫學須靜也, 才須學也; 非學, 無以廣才, 非靜, 無以成學. 怠慢, 則不能硏精, 險躁, 則不能理性. 年如時馳, 意與歲去; 遂成枯落, 悲歎窮廬, 將復何及也?〕" 하였다. 『小學 嘉言』

91 出師二表: 제갈량의 「出師表」·「後出師表」 두 편의 글을 가리킨다.

92 魯齋: 宋末元初의 학자 許衡(1209~1281)의 호이다. 그는 자는 仲平이고, 시호는 文正이며, 河內 사람이다. 과거에 뜻을 두지 않고 학문에 전념하여 여러 차례 불러 벼슬을 내렸으나 나아가지 않았다. 원나라 세조가 그의 제자 王梓, 劉季偉, 韓思永 등 12인을 불러 國子監의 齋長으로 삼았다. 蘇門山에 은거하고 있던 趙復의 문인 姚樞에게 정주학을 배운 뒤로 송대 성리학에 전념하여 북방에 정주학을 일으켰다. 주자의 四書集註가 科試에 채택되게 하는 데 크게 공헌하였다. 저술에 『讀易私言』, 『魯齋心法』, 『許魯齋集』이 있다.

27. 유수(留守) 이(李)-기진(箕鎭)-에게 답한 편지

答李留守-箕鎭-書 계유년(1753, 42세)

보내온 편지에서 물으신 일은, 고인(古人)들의 말을 들어보면 한재(旱災)를 부르는 원인은 여러 가지이지만 그 중에서 토목(土木)·수선(修繕)과 같은 역사(役事)가 나쁜 재앙의 빌미가 되는 경우가 가장 많습니다. 이런 까닭에 옛날에는 집을 짓거나 성곽을 쌓는 일은 반드시 농한기에 했으니, 이것은 농사철을 중요하게 여겼을 뿐만 아니라 음양(陰陽)의 이치도 때에 따라서는 혹 한 쪽이 너무 치우쳐 다른 쪽을 이기는 경우가 있기 때문에 그러했던 것입니다. 지금의 가뭄은 하늘이 하신 일일 터이나 한양과 남한(南漢)에 성 쌓는 역사를 일시에 일으켰으니, 꼭 빌미가 되지 않았다는 보장도 없습니다.

재해를 만났을 때 대처하는 방도는 반드시 자신의 몸가짐을 닦고 반성하는 것이 중요하니, 벌이고 있는 모든 일들을 일체 중지하고 오직 하늘을 감동시키고 백성을 돌보는 일에만 전념해야 재해가 멎을 가망이 있을 것입니다.

천성(天星)이 하늘을 일주(一周)하는 동안 기후가 합치하는 경우가 많으니, 예로부터 흉년을 말할 때 반드시 경(庚)과 신(辛), 을(乙)과 병(丙)의 해를 말해왔습니다. 그래서인지 경과 신이 일주하는 동안인 지난 신해년(辛亥年)과 임자년(壬子年)에 흉년이 있었으니, 그렇다면 을과 병이 앞으로 일주할 때에도 흉년이 있을 것입니다. 이는 방술가(方術家)들이 추측으로 하는 말 같지만 백성을 다스리는 책임자들로서는 하나의 참고로 삼을 만한 것입니다. 어떻게 생각하십니까?

동리(洞里)에서 설치하는 것은 민간의 사계(私契)이나 향약(鄕約)이 점차 실시될 조짐이라고 할 만합니다. 그러나 근래 관가(官家)에서 전정(田政)과 군정(軍政), 적곡(糴糶)의 책임을 반드시 이들에게 맡기기 때문에 사부(士夫)들이 이러한 사계를 기피하고 동헌(洞憲)도 해이해지고 있으니, 이 또한 깊이 생각해 볼 문제입니다. 관가에는 본래 허다한 면임(面任)들이 있어 행하도록 명령하고 못하도록 금지할 방도가 얼마든지 있는데, 어찌하여 굳이 집강(執綱)에게 무거운 책임을 맡겨 소요만 일으키는 것입니까?

파사성(婆娑城)이 한 쪽에 치우쳐 있고 성곽도 얕다는 것은 과연 말씀하신 대로입니다. 그러나 임진년의 변란 때 이 성을 수축해서 방어에 이용했는데, 이는 아마 남한산성(南漢山城) 밖을 호위하는 역할을 할 수 있기 때문에 그랬을 것입니다. 지금 쌓고 있는 남격대(南格臺)는 예전의 규모를 바꾸어 성을 둘로 나누어 서로 의각지세(犄角之勢)를 이루도록 하니, 예전보다 나은 것 같습니다. 다만 본성(本城)과 거리가 너무 멀어서 성원(聲援)하기가 어려울 터이니, 용도(甬道)를 수축하여 서로 연결을 시키는 편이 좋을 터이나 공사가 너무 커서 착수하기 어려울 것입니다. 그렇다면 난리를 만났을 때 임시로 목책(木柵)을 세워도 안 될 것은 없습니다. 그러나 목책을 세우는 것도 자주 보수해야 하는 폐단이 있으니, 아예 나무를 심어 목책을 삼아 만전을 기하는 편이 나을 듯합니다.

그 방법은 다음과 같습니다. 상수리 열매를 일정한 간격으로 심어 두면 몇 해 안 가서 울창하게 숲이 될 것입니다. 나무가 자랄 때까지 조금 기다렸다가 한 길 남짓 자라면 마치 울타리 모양으로 서로 얽히도록 두고 자라도록 내버려 둡니다. 나무가 너무 자라면 위로 솟아오른 가지만 쳐주면, 세월이 오래 지난 뒤에는 나무들의 몸통이 커지고 단단해서 적군이 와도 어찌할 수 없을 것입니다.

옛날 당(唐)나라 선종(宣宗) 때 왕식(王式)이 교지(交趾) 지방에 가서 늑목(芳木)으로 목책을 만들었는데, 늑목은 중국의 굴참나무 같은 것이고 굴참나무가 바로 상수리나무 종류입니다. 고인도 그렇게 한 이가 있었으니 한번 시험해 보는 것이 어떻겠습니까? 어찌 이곳만 그러하리요. 무릇 성을 쌓아둔 곳 및 성 밖의 참호(塹濠) 위에도 모두 이렇게 할 수 있을 것입니다.

이는 모두 편지의 질문에 제 소견을 대략 올린 것인데, 부유(腐儒)의 졸렬한 소견 아님이 없습니다. 어찌 채택할 게 있겠습니까. 그저 우스울 뿐입니다.

성문에 이름이 있은 지는 역사상 오래되었습니다. 남한산성에는 행궁(行宮)이 있고 게다가 국가가 위급할 때 의지할 중요한 거점이니, 그 중요성이 또한 큽니다. 남한산성의 사방 문에 모두 이름이 걸려있지 않은 것은 역시 아쉬운 일이니, 각각 편액을 걸어서 부지(府志)에 편입할 수 있게 하는 것이 어떻겠습니까? 이만 줄입니다.

俯詢事, 竊聞古人之言, 致旱之由多端, 而土木修繕之役, 厥咎最多. 是以, 古者營宮室築城郭, 必在于農隙之後, 不惟民時爲重, 陰陽之理, 亦或有偏勝制化之由而然也. 今兹之旱, 維天所爲, 而京都・南漢之城役, 一時並起, 未必不爲其祟也. 遇災之道, 必以修省爲貴; 凡在張皇設施之事, 一切廢閣, 惟以格天軫民爲事, 然後可以有庶幾之望矣. 天星[93]一周, 氣候多合; 昔之

言凶歲者, 必曰庚辛乙丙, 故庚辛一周而曩有辛亥壬子之凶. 然則乙丙將周
而亦當凶矣. 此似方術家推測之言, 而有民社之責者, 亦足爲考驗之一端也.
未審如何? 洞里之設, 民間私契, 而亦可爲推行鄕約之漸, 近來官家必責以
田政軍政督糴之任. 是以, 士夫厭避, 而洞憲解弛, 此亦軫念處也. 官自有許
多面任, 令行禁止, 不患無其術; 而何必藉重于執綱[94]徒致騷擾乎? 婆娑
城[95]之偏淺, 果如下敎; 但壬辰變, 修築此城, 爲防禦之所, 則亦或爲南漢外
護故云然也. 今所築南格臺[96], 變前規而分爲二城, 以相犄角, 似與前勝, 而
但去元城絶遠, 聲援難及, 或築甬道以相屬爲宜, 而役重難施, 則臨難之際,
或爲木柵, 亦無不可. 木柵之制, 又有頻頻修補之弊, 似不若種樹成柵之萬
全矣. 其法取橡實, 量定地步而種之, 不數年, 菀然成林; 稍待其長過丈餘,
使之自相糾結, 如笆子樣, 任其長大, 太長則畧剪上竦之枝, 年久後, 體大堅
實, 雖賊至, 無奈何矣. 昔唐宣宗時, 王式至交趾, 以芳木爲柵, 芳木似中國
之櫟, 櫟卽橡類也. 古人亦有行之者, 試之如何? 不特此處爲然也, 凡於有
城處及城外濠塹上, 皆可爲之矣. 此皆因俯問, 畧貢愚見, 無非腐儒拙見, 何
足採擇? 只自伏笑耳. 城門之有號, 古矣. 南漢有行宮, 而爲緩急晉陽之所,

93 天星 : 日·月과 水·火·金·木·土, 五星을 가리킨다.

94 執綱 : 조선시대 때 面이나 洞의 일을 맡아보던 직임으로, 지금의 면장이나
이장에 해당한다. 여기서는 洞里의 洞長, 里長을 가리킨다.

95 婆娑城 : 경기도 驪州에서 서북쪽으로 40리쯤 거리의 강 가에 있는 성이다.
임진왜란 때 僧長 義嚴이 수축했다.

96 南格臺 : 新南城이라고도 한다. 검단산 정상에 위치하고 남한산성의 元城과
마주하는 까닭에 對峯 이라고도 부른다. 이곳에서는 원성 남벽의 대부분 지역
과 수어장대가 한눈에 조망된다. 영조 28년(1752)에 신남성 돈대를 쌓았다.

則事體亦大矣. 四門皆無揭號者, 亦一欠事, 各扁一號, 以爲編入府志之地

如何？ 不宣.

28. 윤승선(尹承宣)-광의(光毅)-에게 보낸 별지
與尹承宣-光毅-別紙 무진년(1748, 37세)

이괘(頤卦) 육사효(六四爻)의 전이(顚頤)의 전(顚)자는 전도(顚倒)의 전(顚)자와 같습니다. 사효(四爻)가 위에 있으면서 아래 초구(初九)의 양육을 바라기 때문에 전이(顚頤)라 한 것입니다. 길(吉)하다고 한 것은 육사가 음유(陰柔)의 자질로 임금과 가까운 자리에 있으면서 재주와 덕망이 큰일을 하기에 부족한데, 초구가 양강(陽剛)한 자질로 아랫자리에 있으면서 정응(正應)이 되기 때문에 길하다고 한 것입니다. 호(虎)라고 한 것은 간(艮)의 상(象)이고, 시(視)라고 한 것은 이(離)로 변해 눈이 있는 상(象)이니, 이 모두가 중효(中爻)를 가지고 말한 것입니다. 탐탐(耽耽)은 범이 아래로 바라보는 모양입니다. 범이라는 짐승은 높은 데서 내려다보기를 좋아하니, 이는 육사(六四)가 위에 있으면서 초구(初九)를 바라보는 것입니다. 그리고 탐탐은 또 주목하여 눈길을 옮기지 않는다는 뜻이니 육사가 자기의 정응인 초구를 보면서 마음속으로 좋아하여 눈길을 옮기지 않는 것과 같습니다.

 '그 하고자 하는 마음이 쫓고 쫓아 계속된다.〔其欲逐逐.〕'는 것은 서로 힘을 합하여 일을 하고자 하는 뜻이 혹시라도 간단이 없는 것이 마치 앞생각이 지나가고 뒷생각이 또 일어나 생각이 뒤를 쫓고 쫓아서 초효에 대한 관심이 끊이지 않는다는 뜻입니다. '허물이 없다.〔無咎.〕'는 무릇 사람 마음이 한쪽에 매인 데가 있으면 모두 후회가 있기 마련인데, 만약 대신(大臣)의 자리에 있으면서 하위에 있는 현자를 따르기를 좋아한다면 이는 매우 좋아하는 마음이 있더라도 나쁠 것이 없기 때문에 허물이 없다고 한 것입니다.

평소 『주역』을 읽으면서 『정전(程傳)』과 『본의(本義)』에만 의지하여 추측한 것이 이와 같은 데 불과할 따름이니, 이 밖에 별다른 뜻이 이면에 또 숨어 있는지는 모르겠습니다.

전일에 주신 편지에서 '범이 본다〔虎視〕'고 한 구절을 상구(上九)가 육사(六四)를 보는 것으로 말씀하셨는데, 그렇다면 그 전(顚)이라는 글자를 내씨역(來氏易)에 정(頂)자로 되어 있는 것과 같이 보는 것입니까? 내씨역도 좋지 않은 것은 아니지만 이러한 곳에서는 굳이 전배(前輩)들과 다른 견해를 찾으려는 습성이 있는 듯합니다. 그래서 그의 설이 전도된 것입니다.

무릇 역의 도는 음양(陰陽)을 벗어나지 못해 음은 늘 양을 찾고 양은 늘 음을 찾는 법이니, 따라서 육사(六四)의 음은 양을 찾는 것입니다. 초구(初九)의 양이 이미 육사의 정응이 되는데 어찌하여 도리어 정응을 버리고 상구(上九)의 양에게 자신을 길러주기를 구하는 것입니까? 그리고 상사(象辭)로 보면 상시광(上施光)이라는 것은 육사(六四)가 위에 있으면서 변동하면 이명(離明)의 상이 있어 그 빛이 초구에게 베풀어지는 것입니다. 만약 상구(上九)를 가지고 논한다면 오효(五爻)의 음암(陰暗)이 중간을 가로 막고 있으니 어찌 빛이 초효까지 비칠 수 있겠습니까? 내씨역에서 전(顚)을 정(頂)으로 새겼기 때문에 상(上)을 상구(上九)로 보았는데 타당한지는 모르겠습니다.

대축괘(大畜卦)의 소와 돼지는 모두 초효(初爻)·이효(二爻)를 가리킨 것이라 소뿔에 가로목을 묶는다는 곡(牿)과 돼지를 거세한다는 분(豶)이 사효(四爻)와 오효(五爻)에 있으니, 『정전(程傳)』과 『본의

(本義)』의 해석이 명백한 것 같습니다. 만약 곡(牿)과 분(豶)이 초효·이효를 말한 것이고 소와 돼지가 본효(本爻)가 된다면 양(陽)을 기른다는 뜻에 부족한 점이 있지 않겠습니까? 어떻게 생각하십니까?

보내온 편지에 말·소·돼지는 큰 가축이기 때문에 이것으로 괘의 이름을 삼았다고 하셨는데, 이는 그렇지 않은 점이 있습니다. 만약 이와 같다고 한다면 소축괘(小畜卦)는 응당 닭·돼지 등을 말해야 했을 터인데 그런 것이 보이지 않는 것은 무슨 까닭입니까.

음효 하나가 처음으로 아래에서 생겨 손(巽)이 되니, 손은 음괘(陰卦)이고 음은 작은 것이기 때문에 손이 위에 있고 건(乾)이 아래 있어 소축괘가 됩니다. 음효 둘이 아래서 생겨 간(艮)이 되니, 간은 양괘(陽卦)이고 양은 큰 것이기 때문에 간이 위에 있고 건이 아래 있어 대축괘가 됩니다. 괘의 이름이 붙여진 까닭은 아마도 이 때문일 것입니다. 또 건(乾)은 양효만 셋이니, 양효가 셋이면 너무 성한데 만약 그치게 하지 않으면 너무 지나치게 항진(亢進)할 염려가 있기 때문에 양을 그치게 하되 또한 반드시 음으로써 합니다. 음은 양이 좋아하는 것입니다. 그러므로-양효가 넷이면 대장괘(大壯卦)가 되고, 양효가 다섯이면 쾌괘(夬卦)가 되고, 양효가 여섯이면 항룡(亢龍)이 되니, 양은 너무 항진해서는 안 된다.- 외괘(外卦)가 다 음이면 지천태(地天泰)가 되는 것입니다.

이 세 괘의 대상(大象)을 가지고 말하면 소축괘의 대상에서는 문덕(文德)이라고 했으니 그것은 덕 중에서 작은 것이며, 대축괘 대상에는 축덕(畜德)이라고 했으니 그것은 덕 중에서 큰 것이며, 태괘〔泰〕의 대상에는 재성보상(財成輔相)을 말했으니 이는 덕 중에서 더할 나위 없이 큰 것입니다.

이는 모두 저의 허황한 억측에서 나온 것이니, 과연 맞는지 알지 못하겠습니다. 가르침을 주시기 바랍니다.

頤之六四顚頤, 是顚倒之顚; 四居上而求初下之養, 故謂之顚頤. 曰吉者,
四以陰柔之質, 居近君之位, 才德不足有爲; 而初以陽剛之才, 居下位而爲
正應, 故謂之吉. 曰虎者, 艮象也, 曰視者, 變離有目之象也; 皆以中爻而
言. 耽耽, 虎下視貌. 虎之爲物, 好居高而視下, 猶四居上而視初也. 耽耽,
又注目不移之意, 猶四視正應之初, 其心好之, 不移其目也. 其欲逐逐者, 相
與共濟之意, 無或間斷, 如前念已過, 後念又起, 逐逐不已於向初之心也. 无
咎者, 凡人之心, 有所偏係, 則皆爲有悔; 而如居大臣之位, 樂從在下之賢,
雖有甚好之意而不爲害, 故曰无咎. 平日讀『易』, 不過依倣傳義推度如此,
而不知更有別般意思藏在裏面矣. 前日承敎, 以虎視句, 指爲上九之視六四;
然則顚字如來易作頂字看耶? 來易[97]非不好矣, 而若此等處, 似有求異前輩
之習, 故覺其說之顚倒也. 凡易之道, 不出陰陽, 而陰常求乎陽, 陽常求乎
陰. 六四之陰, 求乎陽者也, 初九之陽, 旣爲四應, 則何乃捨正應而求養乎上
九之陽乎? 且以象辭觀之, 上施光也者, 言四居上而變動, 則有離明之象,
施光于初也. 若以上九論之, 五爻之陰暗, 隔在中間, 何光之能施乎? 來易

---

97 來易 : 明나라 때의 학자인 來知德의 易說을 가리킨다. 내지덕의 자는 矣鮮이
고 호는 瞿塘인데 평생 학문을 연구하고 벼슬하지 않았으며 특히 『周易』에
조예가 깊어 29년의 노력 끝에 『周易集註』 16권을 지었다. 역설은 바로 이
책을 가리킨다. 그의 易學은 오로지 「繫辭」의 "錯綜其數"라는 말을 가지고
易象을 설명하는 것이다. 그는 漢代 이후 象數學의 집대성자로 일컬어진다.
그의 저술로는 이 밖에도 『理學辨疑』, 『心學晦明解』 등이 있다. 『四庫全書總
目提要 卷5 經部5 易類5』『明史 283권 來知德』

以顋訓頂, 故以上爲上九, 未知其妥當也. 大畜之牛豕, 皆指初二, 而牿豶在于四五, 『傳』・『義』之訓, 似當明白. 若以牿豶謂初二, 而牛豕爲本爻, 則有欠於畜陽之義, 未審如何? 承諭以馬牛豕爲家之大畜, 故卦之名以此也. 此有不然者; 若謂如此, 則小畜當言雞豚之屬, 而無所槩見, 何也? 一陰始生于下而爲巽; 巽爲陰卦而陰小, 故巽上乾下爲小畜. 二陰生于下而爲艮; 艮爲陽卦而陽大, 故艮上乾下爲大畜. 卦之名, 盖或以此也. 又乾爲三陽; 三陽太盛, 而若不畜止, 則恐有亢進太過之患, 故畜止其陽, 亦必以陰. 陰者, 陽之所好也, 故-四陽爲大壯, 五陽爲夬, 六陽爲亢龍, 則陽亦不可太進.- 外卦皆陰, 則天地爲泰矣. 以三卦大象言之, 小畜曰文德, 德之小者也; 大畜曰畜德, 德之大者也; 泰言財成輔相[98]之事, 德之盡其大者也. 此皆出於臆料懸度, 未審果合否? 幸乞指敎.

98 財成輔相 : 財成은 헤아려서 성취시킨다는 뜻이고 輔相은 돕는다는 뜻이다. 『周易』「泰卦」象辭에 "천지가 교합하는 것이 태이니, 임금이 이것을 인하여 천지의 도를 헤아려 이루고, 천지의 적합한 공효를 도와서 백성들을 다스리느니라.〔天地交泰; 后以, 財成天地之道, 輔相天地之宜, 以左右民.〕"고 하였다.

29. 정영년(鄭永年)-수연(壽延)-에게 보낸 편지

與鄭永年-壽延-書 병인년(1746, 35세)

이 해도 저물어 가는데 요즘 섣달 추위에 조용히 지내시며 학문하시는 정황이 여전하신지요?『강목(綱目)』공부는 어느 연대에 이르렀습니까? 내 평소에 이 책을 가장 좋아했기 때문에 읽으라고 권했던 것입니다. 생각건대 선유(先儒)들이 꼭 경서를 중시하고 사서(史書)는 부차적으로 여겼던 까닭은 사서는 요열(鬧熱)하니 우선 성인의 말씀에 치력(致力)하면서 체험해야 하기 때문입니다. 그렇게 하면 나에게 있는 저울과 자가 정확해져서 복잡한 일들을 다 절충할 수 있어 절로 혼란스러워 현혹될 우려가 없게 되는 것입니다. 형이 사서(四書) 공부에 혹시라도 융회관통(融會貫通)하지 못한 데가 있다면, 치란(治亂)의 근원에 대해서도 그 요령을 모를 것이 있을 것입니다. 형은 어떻게 생각하십니까? 저는 근년 이래로 병 때문에 정력이 더욱 줄어 젊었을 때와는 아주 딴판입니다. 그래서 글을 읽고 짓는 공부도 하다 말다 일정치 않고 심지(心地)도 따라서 어두워졌으니, 지금 세모를 만나 나이는 많아지고 학업은 후퇴한다는 근심을 이길 수 없습니다. 이만 줄입니다.

歲將暮矣, 不審比日臘沍, 靜居學履有常?『綱目』之工, 至于何代? 平生最喜此書, 故用以相勸. 而竊念先儒之言, 必內經而外史者, 蓋史書鬧熱[99], 須致力於聖人之語而體驗, 則在我之權度精切, 而事務之紛如者, 有所折衷, 自無糾紛眩惑之患矣. 兄於四書之工, 或有未融會處, 其於理亂之源, 有未得其要領者, 兄以爲如何? 弟年來精力, 緣病益耗, 殆非盛年貌像, 紙面之業, 作輟無常, 心地亦隨而茅塞; 今當歲暮, 亦不勝年進業退之憂耳. 不宣.

99　史書鬧熱 : 주 59) ‘冷淡活計’ 참조.

30. 정영년에게 보낸 편지

與鄭永年書 을해년(1755, 44세)

상우(尙友)는 나이와 상관없으니, 뜻이 같으면 우(友)이며, 도(道)가 같으면 붕(朋)이라고 한 고인의 말씀이 있은 지가 오래입니다. 그런데 한 시대에 태어나서 나이도 서로 같고 뜻과 도(道)도 다르지 않다면 그 사귐이야말로 어떠하겠습니까! 부족한 이 사람이 형과 서로 안 지가 어언 18년이 되었습니다. 그렇지만 서로 남북으로 멀리 떨어져 고작 1년에 한번 편지나 받고 3년에 한번 얼굴을 볼 뿐, 늘 속무에 분주하고 골몰하느라 얼굴에는 피곤한 기색뿐입니다. 그래서 공부의 심천(深淺)과 경사(經史)의 의문점에 대해서는 징험하고 토론할 겨를도 없지만 오직 그리워하는 생각만은 어느 날인들 잊은 적이 있었겠습니까.

서리가 얼음으로 변하여 9월에서 11월로 바뀌어 가는 이 즈음, 집에 돌아오신 후로 기거가 진중하시고 진덕수업(進德修業)의 공부도 날로 잘 되어가고 있습니까? 세도(世道)가 무너져가니 우리 학문도 지리멸렬한 지 오래입니다. 그렇지만 나의 구구한 마음만은 한 가지 선(善)만으로 이름나는 것을 마음으로 기대하는 벗에게 바라고 싶지 않습니다. 여름철에 듣건대 형께서 추천을 받아 계방(桂坊)에 들어갔다고 하던데, 사실입니까? 우리의 분수는 빈천이 제격이고 성품도 산야(山野)에 가깝지만 그렇다고 하여 차마 줄곧 아무렇게 살아갈 수만은 없어 문을 닫고 들어앉아 공부나 하고 있다가 더러는 남의 유혹에 끌려 세상에 나가기도 하니, 이 어찌 처음부터 생각했던 일이겠습니까. 동궁을 모시는 벼슬길은 다른 벼슬과 달라 제목(除目)이 한번 내려왔다 하면 수많은 사람들이 눈을 치뜨고 보며, 나가서 그 벼슬을 맡았다 하면 또 최고의 인물일 것으로 기대합니다. 따라서 이 길을 갔던 이들은 명성에 부응하는 이가 드물었습니다. 이는 말세 습속이 경박해서 그런 것이지 옛날 성대(聖代)에야 틀림없이 그렇지 않았을 것으로 생각됩니다.

이런 까닭에 오늘날 얘기하는 자들은 반드시 말하기를 "아무개는 유자(儒者)이니, 틀림없이 나오지 않을 것이다."고 하면서 안 나오는 것을 고상하게 여기고, 당사자 자신도 말하기를 "어진 이를 등용해야 할 자리이지 내가 맡을 자리는 아니다."고 하면서 역시 나가지 않기로 작정합니다. 그래서 이 길이 곧 하나의 큰 철한(鐵限)이 되어 이를 넘어가는 자가 아무도 없으므로 국가에서 관직을 둔 뜻이 허울좋은 형식이 되어 버리고 유자들도 쓰일 때가 없게 되는 것입니다. 세상에 이런 이치가 어디 있겠습니까.

출처(出處)는 물을 마시는 것과 같아서 그 물이 찬지 더운지는 마시는 자가 스스로 아는 법이라 비록 남이 말할 바는 아니지만 붕우 사이에야 무슨 말을 못하겠습니까. 어려서 배우는 목적은 장성해서 그대로 행하기 위함이니, 만약 지금 세상 사람들의 말처럼 우물쭈물 하다가 말 뿐이면, 이는 자기 몸 하나 깨끗하게 하기 위해 임금을 섬기는 인륜(人倫)을 어지럽히는 자들이나 하는 짓이지, 우리 유가 (儒家)의 중정(中正)한 도리는 아닙니다. 그러나 세상인심은 험하니 신중히 생각해서 결정해야 할 것입니다.

지금 세자께서 동궁에서 덕(德)을 길러 좋은 평판이 날로 알려지고 있으니, 당세의 뜻을 가지고 있는 사군자(士君子)라면 이때를 놓치지 않아야 할 것입니다. 지난번 전해 듣기로 진무경(陳茂卿)의 「숙흥야매잠(夙興夜寐箴)」을 진강할 때 세자의 강론이 정밀하고 깊이가 있어 남이 생각 못하고 있는 말을 많이 하시더라고 하기에, 너무도 기쁜 나머지 몸에 깊은 병이 있는 줄도 문득 잊었으니, 군신의 의리상 절로 기쁨을 금할 길이 없어서 그러했던 것입니다.

향인(鄕人)들의 비방은 요즘 어떠합니까? 이는 비록 치지도외(置之度外)하고 굳이 따질 것도 없지만 그래도 돌이켜보고 스스로 반성하여 나의 진덕(進德)의 발판으로 삼지 않으면 안 될 것입니다.

몇 해 전에 제가 형과 작별할 때 좋은 말을 해달라고 했더니 형이 '장중(莊重)' 두 글자를 말씀하시기에 늘 마음에 새겨 두고는 있으나 천성이 간솔(簡率)하고 오활한 탓에 10여 년이 지난 지금까지 조금도 나아지지 않고 예전 그대로라 늘 부끄러움을 느끼고 있습니다. 그때 형도 한 마디 해달라고 하시기에 제가 '공(恭)'한 자를 올리고 덧붙여 풀이하기를,

"『시경』에 '따스하고 공손한 사람은 덕의 터전이다〔溫溫恭人 惟德之基〕' 하였고, 또 요순(堯舜) 같은 성인의 덕도 진실로 공손함〔允恭〕과 온화하고 공손함〔溫恭〕에 지나지 않습니다. 그렇지만 이것이 지극한 데 이르면 공손을 돈독히 함에 천하가 태평해지니, 공(恭) 자의 뜻이 큽니다. 이것으로 작별의 말을 삼으려고 합니다."
했더니 형도 고개를 끄덕이셨는데, 지금도 기억하고 계십니까?

말세가 비록 험하기는 해도 남의 구설이 오는 것은 자기가 한 일이 자기 도리를 십분 다하지 못함으로 말미암아 그렇게 되지 않았다고 보장할 수 없을 것입니다. 남을 헐뜯기를 좋아하는, 이런 자들이 무서운 까닭은 다름이 아니라 일이 없는 때에 일을 꾸며 내고 허물이 없는

중에서 허물을 찾아내어 거짓을 사실로 만들고 없는 것을 있는 것으로 꾸며서 작은 것이 크게 되고 얕았던 것이 깊어져, 결국에 가서는 어떻게 된 일인지 영문도 알지 못한 채 불측(不測)한 함정에 빠지게 만들기 때문이니, 매우 두려운 일입니다.

지난날 월천(月川)의 계책이 옳다고 했던 것이 이 때문이었습니다. 이 계책에 대해 과연 가부간에 결정을 하셨는지요? 형은 비록 생계를 꾸리기 위한 것이라고 혐의롭게 여기시지만 이는 소절(小節)일 뿐입니다. 옛날의 현자도 이렇게 할 수밖에 없었던 적이 있었으니, 형이 어찌 알지 못하겠습니까.

형께서 근년 들어 형편이 너무 군색하시다고 들었는데, 필경(筆耕)만 근면하고 몸소 밭가는 일에는 등한하며, 책만 열심히 보고 농사 보살피는 일에는 소홀해서 그런 것이 아니겠습니까. 백묘(百畝)가 경작되지 않은 것은 농부가 걱정할 일입니다. 옛날에는 사민(四民)이 각기 일정한 직업이 있어 자기가 할 일만 하면 되었지만 지금 선비들은 농사 아니면 살아갈 길이 없습니다. 우리들의 운명이 너무나 기박(奇薄)해서 집안 식구들 구복(口腹) 걱정 때문에 마음이 괴롭고 어지러워 좋아하는 학문에 전념하지 못하고 있으니, 이 얼마나 탄식할 일입니까.

저의 형편으로 말하면, 근래 해마다 수해(水害)와 한재(旱災)가 겹친 터에 식구는 늘어나고 농토는 줄어들어 선영 아래에 몇 이랑 논밭에 평년의 수확이 40섬[斛] 미만이고, 흉년을 당하면 그나마 절반으로 줄어듭니다. 그런데 먹는 식구는 스물두 식구나 되는 데다 조세 납부며, 의복 비용이며, 제수(祭需) 장만이며, 손님 접대를 모두 이것에 의지할 수밖에 없습니다. 저는 상(喪)을 당한 이후로 병세가 위독하여 숨만 겨우 붙어 있는 상황에서도 지출을 자칫 한번이라도 잘못했다가는 반드시 굶어죽는 식구가 생길 우려가 있을 터라 늘 염려하고 있습니다.

죄가 있어 죽는 것이야 슬플 것이 없지만 죄 없이 굶어 죽게 된다면 이 어찌 사람이 할 일이겠습니까. 그래서 자식을 시켜 집안일을 번갈아 보게 하되, 고인이 수입을 헤아려 지출했던 방식을 따라 한 해를 열두 달로 쪼개고, 한 달을 30일로 쪼개어 지출하되 늘 조금씩 곡식을 남길 것을 염두에 두고 다음 달 쓸 것을 미리 당겨쓰는 일은 없도록 했습니다. 그리하여 온 식구가 죽은 근근이 먹고 있지만 앞으로는 겨까지 먹어야 할 형편입니다. 그래서 집사람이 매우 괴로워하고 나도 매우 민망하지만 이렇게 하지 않으면 부지할 도리가 없습니다.

가난한 형편에 살아가자면 우선 위아래 없이 한 집안의 모든 사람들의 뜻이 통해야만 가능한데, 비복(婢僕)들도 사람인지라 그런 형편을 눈으로 보고서 감히 배부르게 먹을 생각도 하지 않고 원망도 하지 않습니다. 이른바 '살리기 위해서 사람을 죽이면 죽어도 원망하지 않는다.'고 한 것이 바로 이런 경우일 것입니다. 그러나 장구히 이렇게 할 수 있을지는 알지 못하겠습니다.

옛날에 소동파(蘇東坡)가 가운로(賈耘老)의 가난을 위로할 방법을 썼고, 유서애(柳西厓)도 그 방법을 썼다고 하는데, 형도 이미 알고 계실 것입니다. 한번 시험해 보셨습니까? 우리들이 편지를 교환할 때면 당연히 경서나 예설(禮說)을 물어야 할 것인데 이렇게 자질구레하고 쓸데없는 말만 썼으니 도리어 민망합니다. 노형께서도 또 한바탕 웃으실 것입니다.

尚友忘年, 同志爲友, 同道爲朋, 古人之論, 尙矣; 若生並一時, 年相若而志道不異, 則其爲交尤當如何哉! 不侫之與兄相知, 十八年于玆矣. 但參商南北, 一年一得書, 三年一見面, 而每在紛汩之中, 貌相勞苦而已; 至於工夫之淺深・經史之疑難, 將無以驗而討之矣. 惟存耿耿, 何嘗夙宵已也? 伏問此際霜氷相遞, 剝復交互[100], 還駕後起居珍重, 而進修[101]工業, 日就有緖否? 世道交喪, 此學之蔑裂久矣; 區區之心, 不欲以一善之名有待於心期之友耳. 夏間聞兄薦入桂坊云, 其信然否? 第吾輩分甘貧賤, 性近山野, 而又不忍一向放倒, 杜門讀書, 自求其志, 往往爲人所釣去, 是豈始慮所及哉? 宮官一路, 與常調有異, 除目一下, 萬瞻俱聳, 及其出也, 又以第一等人責之, 由是路者, 鮮副其名. 此盖末俗澆漓之習; 竊想古昔盛時, 必不如此也. 是以, 今之人論此者, 必曰: "某人儒者, 必不出." 以不出爲高; 己亦曰: "進賢之路, 非吾所當." 亦以不出爲期. 是路也, 便作一大鐵限, 無有能踰越者, 國家設官之意, 徒爲虛套, 而儒者終無進用之時矣; 豈有此理乎? 出處如飮水, 冷暖已自知之; 雖非人所言, 而朋友講論, 亦何所不到耶? 幼而學之, 壯而欲行之也; 若一向逡巡, 如今世之論, 則所謂潔身亂倫者之所爲, 非吾儒中正之道矣. 然而世情危巇, 亦合商量矣. 方今小朝[102]毓德春宮[103], 令聞日

---

100 剝復交互: 『周易』에서 剝卦는 上九를 제외한 나머지가 모두 陰爻인데 음력 9월에 해당하고, 復卦는 初九를 제외한 나머지가 모두 陽爻인데 음력 11월에 해당한다. 즉 이 구절은 9월에서 11월로 바뀌어가는 때를 말하는 것이다.

101 進修: 주 2) '進修' 참조.

102 小朝: 세자를 가리키는 말이다. 작은 조정이란 뜻으로 전란으로 임금이 피란하였을 때 임금이 임시로 거처하는 行在所 외에 따로 설치한, 세자를 모시는 곳을 일컫는 말이다. 행재소를 元朝 또는 大朝라 부르는 데 상대한 말이다. 임진왜란 때 광해군이 있던 곳을 가리키는 말에서 유래했다고 한다.

彰；士君子有當世之志者，亦當及此時矣．曩聞傳言，進講陳茂卿「夙興夜寐箴」[104]，講討精深，多出意表云．草土賤命，亦覺喜悅，頓忘沉痾之在身；義之所在，自不容已而然也．鄉人之謗，近復如何？此雖置之度外，不足爲校，而亦不可不却顧自省，爲吾進德之所矣．昔年弟與兄臨別，求以贈言之義；兄以莊重二字相勉，心常銘刻，而性本簡率踈迂，今十許年而猶夫人也，恒用愧咎．其時兄亦求一言，弟以恭之一字爲獻，而爲之解曰：“詩云：‘溫溫恭人，惟德之基[105]’，又堯舜之聖，亦不過曰允恭[106]溫恭[107]，而及其至也，篤恭

---

103 春宮：東宮의 이칭이다．五行에서 동쪽[東]은 靑色 또는 봄[春]을 의미하므로 동궁을 靑宮 또는 춘궁이라고도 한다．

104 夙興夜寐箴：宋나라 陳柏이 四言으로 지은 글이다．진백의 자가 茂卿이고 南塘선생으로 일컬어졌다．魯齋 王氏로 잘 알려진 王柏이 이 글을 읽고 감명을 받아 上蔡의 書院에서 이 글로 학생들을 가르치는 한편 자신의 좌우명으로 삼으면서 세상에 널리 알려졌다．조선의 성리학자들 역시 이 잠을 중시하였는데，특히 盧守愼이 李滉, 金麟厚와 이 글에 대해 서신으로 토론한 일이 잘 알려져 있다．

105 溫溫……之基：『詩經』「大雅 抑」에 보인다．

106 允恭：진실로 공손하다는 말로，『書經』「虞書 堯典」에 “옛날 堯임금을 상고하건대 放勳이시니，공경하고 밝고 문채롭고 생각함이 편안하고 편안하시며 진실로 공손하고 능히 겸양하시어 광채가 사해를 두루 덮으며 상하에 이르셨다．〔曰若稽古帝堯，曰放勳；欽明文思安安，允恭克讓，光被四表，格于上下.〕”한 데서 온 말이다．

107 溫恭：온화하고 공손하다는 말로，『書經』「舜典」에 舜임금의 덕을 일컫기를 “깊고 지혜롭고 문채 나고 밝으며 온화하고 공손하고 성실하고 독실하여 그윽한 덕이 위로 올라가 알려지니，요 임금이 마침내 직위를 명하였다．〔曰若稽古帝舜，曰重華協于帝；濬哲文明，溫恭允塞，玄德升聞，乃命以位.〕”하였다．

而天下平[108], 恭之義大矣. 欲以此爲別." 兄亦頷之. 未審兄能記憶否? 末俗
雖險, 人言之來, 亦未必不由於自己所處有未盡十分底道理而然矣. 是類之
所可畏者無他, 只是生事於無事之時, 求過於無過之中, 造虛成實, 捏無爲
有, 從小而至大, 由淺而至深, 及其至也, 使不能尋其端緒而陷之於不測之
穽, 甚可懼也. 是以, 昔日以月川之計爲得者此也. 此計果無進退否? 兄雖
以就食爲嫌, 是卽其小節也. 古之賢者, 亦嘗未免於此, 兄豈不知耶? 聞兄
年來窘束殊甚, 豈非筆耕勤而躬耕懶, 看書篤而看野踈而然耶? 百畝之不
治, 農夫之憂也.[109] 古者四民各有定業, 不易其事, 今之士舍農則無以爲生
矣. 吾輩分命甚薄, 家累口腹之憂, 惱亂心思, 不能專意於所樂, 可勝歎哉!
以弟言之, 近來頻歲水旱之餘, 人口內廣, 土地外縮, 墍下數頃之田, 平歲所
入, 不滿四十斛, 而當此儉歲, 又減其半, 食之者多至二十二口, 且稅糴之
應・裘葛之費・烝嘗之供・賓客之需, 皆仰于此矣. 遭喪以後, 危疾相纏,
一息僅存, 而常念用度一失其宜, 則必有塡溝之患矣. 有罪而死, 雖不足悲,
無罪而自致溝壑, 是豈人情之所爲哉? 分付兒曹, 替看家務, 用古人量入爲
出[110]之規, 歲排十二朔, 朔排三十日, 每以存贏爲念, 不使侵犯後朔. 擧家

---

108 篤恭而天下平: 『中庸章句』33장에 "이런 까닭으로 군자는 공손함을 돈독히
하매 천하가 평화로워지는 것이다.〔是故, 君子篤恭而天下平.〕"라 하였다.

109 百畝……憂也: 맹자가 "堯는 舜을 얻지 못함을 자기의 근심으로 삼으셨고,
순은 禹와 皋陶를 얻지 못함을 자기의 근심으로 삼으셨으니, 백묘의 농토가
다스려지지 못함을 자기의 근심으로 삼는 자는 농부이다.〔堯以不得舜爲己
憂, 舜以不得禹皋陶爲己憂; 夫以百畝之不易爲己憂者, 農夫也.〕"라 한 데서
온 말이다. 『孟子 滕文公上』

110 古人量入爲出: 고인은 송나라 司馬光을 가리킨다. 그의 「司馬氏居家雜儀」
에 가장이 집안을 다스리는 도리를 말하면서 "재용을 절제하여 수입을 헤아

食粥不已, 必將及於糠粃, 家人甚苦, 余亦甚悶; 盖不如是, 不能保矣. 處貧之道, 先使一家上下情志相通, 然後可以有爲. 婢僕輩亦人也, 目睹其然, 不敢生飽煖之計, 亦不生怨詈之言; 所謂生道殺人[111], 抑猶是也. 然而未知能永久遵行否也. 昔東坡用賈耘老術[112], 而西厓亦行之矣, 兄亦已知之矣. 未審一試之否? 吾儕有書, 當有經禮之問, 而如此細瑣陳冗之語, 還覺一悶. 老兄又當一笑矣.

려 지출하되 집안의 형편에 맞게 하여 윗사람 아랫사람의 의복과 식량 및 길사와 흉사의 비용을 지급하되 모두 品節이 있어 균일하지 않음이 없게 하며, 불필요한 비용을 절감하고 사치를 금지하여 늘 잉여 자금을 다소 남겨 두어 예기치 못한 일에 대비하게 한다.〔制財用之節, 量入以爲出, 稱家之有無, 以給上下之衣食及吉凶之費, 皆有品節, 而莫不均壹; 裁省冗費, 禁止奢華, 常須稍存贏餘 以備不虞.〕"하였다. 『家禮 卷1』

111 生道殺人 : 맹자가 "편안하게 해주는 방법으로 백성을 부리면 비록 수고롭더라도 백성들이 원망하지 않으며, 살려주는 방법으로 백성을 죽이면 비록 죽더라도 죽이는 자를 원망하지 않는다.〔以佚道使民, 雖勞不怨; 以生道殺民, 雖死, 不怨殺者.〕"하였다. 『孟子 盡心上』

112 東坡……老術 : 宋나라 賈收의 자가 耘老인데, 시에 능하고 술을 좋아했으나 집이 몹시 가난하였다. 東坡 蘇軾과 친했는데, 소식이 그의 가난을 딱하게 여기면서도 자신이 도와줄 것이 없어 古木과 怪石을 그리고 그 후면에다 글을 써서 주면서, 배가 고플 때면 한 번씩 펴보라고 했다는 고사가 있다. 『貧士傳』

31. 정영년에게 보낸 편지

與鄭永年書 기묘년(1759, 48세)

형이 벼슬길에 나가신 뒤로 비방하는 말들이 많이 들리는데, 말세 사람들이 남을 헐뜯기 좋아하는 말 따위야 입에 올릴 가치도 없습니다. 그러나 일상에 쓰는 기물을 반드시 좋은 것으로 장만하고, 출입할 때에는 반드시 좋은 말을 빌려 탄다고 하는 따위의 소문은, 형을 잘 아는 저로서도 의심을 두지 않을 수 없으니 다른 사람들이야 말해 무엇하겠습니까. 신분이 천했다가 귀해지고, 가난했다가 부유해지고, 곤궁했다가 현달해지고, 낮았다가 높아질 경우, 이 천함과 가난함, 곤궁함과 낮음은 다 사람의 기본이요 발판이라 잠시도 잊어서는 안 되는 것입니다. 그 밖의 구구한 외물들에 어찌 내 마음을 빼앗길 수 있겠습니까. "집이 몇 길 높이로 크고, 진수성찬을 사방으로 한 길 너비로 차리고, 시첩(侍妾)이 수백 명이나 되는 것을 내가 뜻을 이루어 높은 벼슬에 오를지라도 하지 않겠다."고 한 맹자의 말이 바로 우리 후인들이 자신을 격려하는 교훈으로 삼아야 할 것입니다.

일상의 모든 완호(玩好)가 다 나의 덕성(德性)을 해치는 것들이고, 사심을 가지면 천리(天理)를 어지럽히게 되는 법입니다. 좋은 기물, 좋은 말과 같은 것은 비록 미세해 무방할 듯하지만 원대한 기상에 해를 끼치는 것은 적지 않습니다. 형은 늘 이 점을 염두에 두시기 바랍니다. 편지 말미에 새 부채를 보낸다고 말씀하셨는데 형이 그러한 지위에 있지도 않으면서 어떻게 이 물건을 구해 줄 수 있었습니까?

지난번에도 월력(月曆)을 여러 번 보내 주신 일이 있는데 이 물건 역시 마음을 써서 구한 것일 터라 받자니 마음이 몹시 불안하고 물리치자니 또한 불공(不恭)한 일이라 하는 수 없이 받아 두고 있습니다. 우리들의 교분이 물건에 있지 않다는 것을 형이 어찌 알지 못하십니까?

自兄出世以後, 謗議流聞; 末俗齮齕, 誠不足道, 而其中有云什物必致其精, 出入必借駿乘之類, 以弟之知兄, 亦不能無疑, 他尙何說! 由賤而至貴, 由貧而至富, 由窮而至達, 由卑而至尊, 是賤貧窮卑, 皆人之基址, 不可少須臾忘焉者也. 區區外物, 曷足以嬰我心哉? "堂高數仞·食前方丈·侍妾數百人, 我得志不爲[113]", 此誠後人激昻自勵處. 凡百玩好, 皆害德性, 有心之私, 汩我天理; 此等之屬, 雖微細若無妨者, 其有害於遠大氣象則不少矣. 願兄常以此入思議也. 書末新筳[114]之喩, 兄不在其位, 何以及此耶? 前日屢有曆日之惠, 此物亦必費心而得, 受之誠甚不安, 却之亦不恭, 故未免留之. 我輩之交, 不在於物, 兄豈不知耶?

---

113 堂高……不爲 : 『孟子』「盡心下」에 보인다.

114 新筳 : 옛날에 단오 때 임금이 신하들에게 부채와 술을 하사해 주는 풍습이 있었다. 이어서 "형이 그러한 지위에 있지도 않으면서 어떻게 이 물건을 구해 줄 수 있었습니까?"한 것으로 보아, 궁중에서 하사하는 부채 한 자루를 구해서 보내주었기 때문에 이 말을 한 듯하다.

서

書

1. 이휘원(李輝遠)-기(曁)-의 문목에 답한 편지

答李輝遠-曁-問目 을해년(1755, 44세)

문(問)

『예기집설(禮記集說)』을 쓴 진호(陳澔)는 어떤 사람입니까? 원(元) 나라 조정에 벼슬하지는 않았습니까?

問: 『禮記集說』, 陳澔是何人? 能不染迹於元耶?

답(答)

진호는 자가 가대(可大)이고, 송(宋)의 남강군 도창현(南康郡都昌 縣) 사람이며, 그의 아버지가 요쌍봉(饒雙峯)에게서 수업했는데 쌍 봉은 바로 황면재(黃勉齋)의 문인입니다. 이로써 가학(家學)이 있 는데, 원나라 초기에 징소(徵召)를 받았는지 여부는 모르겠으나 『여지비고(輿地備考)』에 송나라 인물로 기록되었으니 그렇다면 원 나라에서 벼슬하지는 않은 듯합니다.

答: 陳澔字可大, 宋南康郡之都昌縣人, 其父受業于饒雙峯[115], 雙峯卽勉齋

---

[115] 饒雙峯: 宋末元初의 학자인 饒魯를 가리킨다. 그의 자는 伯輿 또는 仲元이 고 시호는 文元이다. 江西省 饒州 餘干 사람으로 朱子의 문인 黃榦과 李燔을 사사하였으며, 朋來館과 石洞書院을 세워 후학을 양성하였다. 저서에 『饒雙 峯講義』가 있다.

門人. 以此有家庭之學, 元初被徵與否, 未可知. 『輿地備考』, 人物係之宋;
然則不仕元矣.

문(問)

『예기(禮記)』「곡례(曲禮)」의 "제사에 시동[尸]이 되지 않는다."라
는 대목의 주(註)에, "반드시 주인(主人)의 아들로 시동을 삼고 보
면 그 아버지가 북면(北面)하여 절하는 것은 어쩔 수 없는 형세이
다."고 했는데, 지금 시동이 되지 않는다고 했으니, 그러면 누가 시
동이 되는 것입니까? 시동이 될 자가 시동이 되지 않아야 하는 이
치를 알 정도면 이는 인사를 조금 알고 아주 어린애는 아닐 것입니
다. 그렇다면 고제(古制)에 나이 몇 살 이상을 시동으로 썼습니까?

問: 『曲禮』'祭祀不爲尸'註: "必用主人之子, 則其父北面事之, 勢所不已."
而今云: "不爲尸." 則何人爲尸乎? 爲尸者能知不爲尸之義, 則是稍知人事
而非幼穉之童矣. 然則古制尸用幾歲以上耶?

답(答)

시동은 신(神)을 상징한 것입니다. 고례(古禮)에는 축문을 읽고 신
에게 음식을 올린 후 시동을 맞는 절차가 있었습니다. 귀신은 형체
가 없으니, 시동을 통해서 신이 음식을 얼마나 드셨는가 적절히 조
절하는 것이 효자의 마음입니다. 그리고 시동은 반드시 손자를 썼
으니, 이는 손자는 조부의 사당에 부묘(祔廟)한다는 이치에 따른 것
입니다. 손자가 어리면 남을 시켜 안게 하고, 손자가 없을 경우는
같은 성씨의 손자 항렬(行列)의 사람을 썼습니다. 이런 까닭에 주석

에 "주인의 아들 항렬에서 골라 쓴다."고 했으니, 이는 주인의 아들을 쓴다는 것은 아닙니다. 한(漢)나라 정현(鄭玄)은 "시동은 아버지가 없는 자를 점을 쳐서 고른다."고 했는데, 이는 아버지를 피하기 위한 것입니다.

시동이라고 꼭 동자만을 쓴 것은 아니었는데, 굳이 시동(尸童)이라고 호칭한 것은 생각건대 그 신의 손자 항렬을 시동으로 써서 필시 성년이 되지 못한 사람이 많았기 때문일 것입니다.

옛날에 천자(天子)는 경(卿)을 시동으로 삼았고, 제후(諸侯)는 대부(大夫)를 시동으로 삼았습니다. 주공(周公)이 태산에 제사할 때 소공(召公)을 시동으로 삼았고, 『주례(周禮)』에 "멸망한 나라의 사직에 제사할 때는 사사(士師)를 시동으로 삼고, 대상(大喪) 때 후토(后土)에 고할 때는 총인(冢人)으로 시동을 삼는다."고 했으니 고례의 시동을 쓰는 제도를 알 만합니다. 아마 나이 제한은 없었던 것 같습니다.

答: 尸, 神象也. 古禮讀祝饗神後, 有迎尸之節. 盖鬼無形, 因尸以節醉飽, 孝子之心也. 尸必以孫, 孫祔祖之義也. 孫幼則使人抱之, 無孫則用同姓之孫行, 故註云: "取主人之子行." 非謂取主人之子也. 鄭康成云: "尸卜筮無父者." 盖避父也. 用尸不必以童, 而必稱尸童者, 意者尸用孫行, 必多未成之人故也. 古者天子以卿爲尸, 諸侯以大夫爲尸. 周公祭泰山, 以召公爲尸, 『周禮』"祭亡國之社, 士師爲尸; 大喪告后土, 冢人爲尸." 則古禮用尸之制, 可知矣, 恐無年限.

문(問)

『곡례』에 "선생을 길에서 만나면……종종 걸음으로 물러난다."고
했는데, 길에서 선생을 만났을 때 비록 함께 말하지는 않더라도 아
무런 말씀도 없는데 무단히 종종 걸음으로 물러나는 것은 인정으로
헤아려 볼 때 어찌 소홀한 태도가 아니겠습니까.

問: "遭先生於道 止 趨而退." 遇先生於道, 雖不與言, 旣不有命而無端趨退,
揆以人情, 豈不踈忽耶?

답(答)

길에서 만났으면 피차가 다 길을 가고 있는 것인데, 종종걸음으로
나아가 두 손을 마주잡고 서서 말씀이 있기를 기다렸다가 선생이
만약 아무 말씀도 없이 바로 지나가 버리면 당연히 종종걸음으로
물러나야 하니, 어찌 소홀한 태도가 될 리 있겠습니까.

答: 於道則彼此俱在行路矣. 趨進拱立, 以俟其有言; 而先生若不與之言,
直爲經過, 則亦當趨退, 有何踈忽之義?

문(問)

「곡례」에 "지게문에 들어설 때면 경(扃)을 받든다."고 했는데, 접때
들으니 성호(星湖)선생은 문빗장을 치는 가로목이라고 했습니다.
그렇다면 문을 들어서면서 그것을 받들고 들어오는 것은 아무래도
구차한 듯하니 주(註)의 설이 온당한 듯합니다. 다시 가르침을 주
시기 바랍니다.

問: "入戶奉扃." 向聞星湖謂以扃爲門關橫木; 而入門之際, 奉之以入, 似涉苟且; 註說穩當. 更乞示教.

답(答)

경(扃)은 나무빗장입니다. 밤에는 가로 꽂아서 문이 열리지 않도록 하고, 낮에는 내려놓아서 통행하도록 하는 것이니, 만약 내려놓을 경우에는 반드시 지게문 왼편 또는 오른편에다 엇비슷하게 걸어놓아 사람이 다닐 수 있게 해 놓았을 것입니다. 그래도 문을 들어설 때 잘 살피지 않으면 걸려 넘어질 염려가 있으므로 지게문을 열 때 반드시 손으로 그것을 받들라는 것이니, 조심한다는 뜻입니다. 주(註)의 설은 공영달(孔穎達)의 소(疏)에서 나온 것으로, 두 손을 가슴에 대기를 마치 문의 경을 가로걸치는 것처럼 하라는 것인데, 경문에 아무리 찾아봐도 경을 걸친 것처럼 손을 모아 잡으라는 뜻이 어찌 있겠습니까. 만약 주(註)의 설대로라면 경문은 응당 "지게문에 들어설 때면 경을 받든 듯이 하라."고 했을 것입니다. 그 아래 있는 "자리 받들기를 다리같이 저울같이 하라."고 한 글이 방증이 될 수 있을 것입니다.

고문(古文)이 비록 간략하고 질박하다고는 하지만 어찌 이처럼 껄끄러울 리가 있겠습니까. 우리가 지금 당장 하고 있는 일로만 말하더라도 남의 집에 갔을 때 지게문이 닫혀 있으면 반드시 지게문을 열고 들어가야 하는데, 닫았다가 금방 열고 지게문을 열고는 금방 두 손을 가슴에 닿게 손을 모아 잡는다면 그 모습이 과연 어떠하겠습니까. 성호(星湖)선생께서 언젠가 말씀하시다가 이 설에 대해 말씀하셨는데, 나의 소견이 마침 선생님의 말씀과 맞았습니다. 그래서 우리 형에

게도 내가 말했었는데 지금 내 말이 틀렸다고 변척(辨斥)하니 사람의
소견은 저마다 같지 않아 억지로 맞출 수는 없는 것입니다. 이 어른은
한 평생 근신하고 조심해서 비록 당신이 지은 글 구절 하나라도 만약
남이 칭찬하여 말하면 반드시 섬뜩 놀라 두려워하곤 하시는데, 더구
나 얘기하던 도중에 하신 이 말을 굳이 글로 베껴 남의 구설을 불러일
으킬 필요야 있겠습니까.

答: 扃門關木也. 夜必橫揷以固之, 晝必放下以通行; 若放下則必偃掛在戶
之或左或右, 而令人可行矣. 然而入戶之際, 若不審察, 則當有蹉跌之患, 故
開戶之時, 必以手奉扃, 卽致謹之意也. 註說出於孔疏, 以爲兩手當心, 如扃
之橫云, 求之經文, 何嘗有拱手如扃之意耶? 若如註說, 經文當曰: "入戶如
奉扃." 下文"奉席如橋衡", 可以旁證矣. 古文雖云簡質, 豈若是斷澁乎? 若
以目前所行言之, 到人家, 其戶闔則必開戶而入, 闔而旋開, 開戶而旋作拱
手形, 其貌樣果何如耶? 星丈嘗於語次, 言及此說, 愚見適與之合, 故曾向
吾兄說之. 今見辨斥, 人之所見, 各自不同, 不可强合也. 此丈平生謹愼畏
約, 雖一句文字, 若爲人稱道, 則必惕然而驚懼; 況此行語間說話, 不必謄
諸文字, 惹人脣舌也.

문(問)

「곡례」에 "자리는 어느 쪽으로 깔아야 할지 청하고, 요는 발이 놓이
는 부분은 어느 쪽으로 깔아야 할지 여쭙는다."고 했는데, 무릇 거
실 방향에 따라 거처하는 일정한 곳이 있은즉, 남이 마땅한지, 북이
마땅한지, 위가 마땅한지, 아래가 마땅한지 그 지세에 따라서 결정
해야 하니, 번번이 묻는다면 아무래도 미안할 듯합니다. 어떻게 생

각하시는지요?

問: "請席何向, 請衽何趾." 凡室向背, 居處有常處, 則居處之宜南宜北宜上宜下, 當隨地勢而爲之 ; 每每頻請, 亦涉未安. 如何?

답(答)

위에서 자리를 받든다고 했고 보면, 이는 아마도 자리를 받들고 따르는 자를 두고 말한 것이지 평소에 늘 거처하는 곳을 두고 말한 것은 아닙니다. 그렇다면 어느 쪽으로 자리를 놓을지, 발이 놓이는 부분을 어느 쪽으로 깔아야 할지는 당연히 여쭈어서 결정해야지 어떻게 자기 마음대로 할 수 있겠습니까. 무릇 아랫사람 된 도리는 매사를 다 여쭈어야 하니 만약 자주 묻는 것을 혐의쩍게 생각한다면 그 유폐(流弊)가 실로 많을 것입니다.

答: 上云奉席, 則此似奉席而從之者, 非謂平常恒居之處而言也. 然則其向其趾, 當稟而爲之, 安敢以己意徑行耶? 凡在下之道, 每事當稟 ; 若以煩請爲嫌, 則其流弊實多.

문(問)

「곡례」의 "자리 사이가 1장이 된다.〔席間函丈.〕"에 대해 소(疏)에서, "자리〔席〕크기는 3척 3촌 삼분촌(三分寸)의 1이고, 두 자리와 아울러 중간의 빈 공간이 모두 1장(丈)이다."
고 했습니다. 두 자리의 길이가 합해서 6척 6촌이고, 빈 공간까지 아울러 1장인 것입니까? 만약 두 자리 외에 빈 공간이 1장이라면

다소 거리가 멀어 '남은 자리가 없어야 한다.'는 뜻에 어긋나지 않겠
습니까? 그리고 삼분촌은 어떤 것인지 가르쳐 주시기 바랍니다.

問: "席間函丈[116]", 疏曰: "席制三尺三寸三分寸之一, 兩席幷中間空地, 共
一丈也." 盖兩席共長六尺六寸, 而幷空地爲一丈耶? 若使兩席之外, 空地一
丈, 則豈不稍遠而有違於毋餘席[117]之義耶? 三分寸之說, 亦願示敎.

답(答)

살펴보건대, 함(函)은 용납한다는 뜻입니다. 손님과 주인 둘의 자
리 사이가 넓기가 1장이 되어야 손가락으로 그려 가면서 강수(講
受)할 수도 있고, 주선(周旋)하고 읍양(揖讓)하는 예를 갖출 수 있
을 것입니다. 거실 하나에 자리 둘을 까는데, 자리 넓이가 9척이면
실내 공간이 18척이 되고, 자리 넓이가 3척 3촌 남짓이면 자리 둘을
실내 동벽 서벽 아래에 나누어 깔았을 때 이 두 자리가 차지하는 면
적이 6척 6촌 남짓이고 빈 공간이 11척 3촌 남짓 될 것이니, 함장(函
丈)이라고 한 것은 대수(大數)만 들어 말한 것입니다. 만약 소(疏)

---

116 席間函丈 : 『禮記』「曲禮」에 "만약 음식 대접이나 하려고 청한 손님이 아닐
경우에는 앉는 자리를 펼 때 자리와 자리의 사이에 丈의 거리를 둔다.〔若非飮
食之客, 則布席, 席間函丈.〕"라 하였다.

117 毋餘席 : 『禮記』「曲禮上」에 "존경하는 분을 모시고 앉을 때는 남은 자리가
없게 한다.〔侍坐於所尊敬, 毋餘席.〕" 하였는데, 『禮記大全』의 註에 의하면,
'毋餘席'은 자기의 자리가 존경하는 어른의 자리와 가까우면 자리 끝에서
앉아 자리와 자리 사이에 공간이 남지 않게 하는데 이는 서로 가까이 앉으면
어른의 말씀을 잘 알아들어 응대를 잘 할 수 있기 때문이라고 하였다.

의 설대로라면 중간의 공지가 겨우 3척 3촌 남짓일 것입니다. 옛날의 尺은 매우 짧으니, 3척 3촌 면적은 좁아서 다른 무엇을 용납하기 어려울 것입니다. 그런데 손님과 주인 두 사람이 어떻게 읍양하고 주선하며 서로 부딪치지 않을 수 있겠습니까. 저의 억설(臆說)이 이와 같으니, 다시 가르쳐 주시기 바랍니다. "남은 자리가 없게 한다."는 것은 보통 모시고 앉았을 때를 가리켜 말한 것이지 강론할 때를 두고 한 말은 아닙니다. 삼분촌의 1이라는 것은 1장이 10척인데, 이를 셋으로 나누면 각각 3척 3촌하고 1촌이 남기 때문에 삼분촌(三分寸)의 1이라고 한 것이니, 이는 수학의 분법(分法)입니다.

答: 按函容也. 賓主兩席之間, 其寬容丈也. 然後可以指畫而講受焉, 可以周旋而揖讓焉耳. 凡室二筵, 筵廣九尺, 則室中爲十八尺矣; 席廣三尺三寸餘, 則分布二席於室內東西壁下, 占地六尺六寸餘, 中間空地, 爲十一尺三寸餘; 言函丈者, 擧大數也. 若如疏說, 則中間空地, 纔三尺三寸餘, 古尺甚短, 三尺三寸之地, 隘窄難容, 其何以揖遜回旋, 不至相迫耶? 臆說如此, 更賜教焉. "毋餘席", 指尋常侍坐之時, 非謂講論而言也. 三分寸之一者, 一丈爲十尺, 而分而爲三, 則各得三尺三寸而餘一寸, 故云三分寸之一; 此數書之分法也.

문(問)

「곡례」의 "군자가 하품하고 기지개를 켜면……물러나겠다고 해야 한다."고 한 대목은 사세(事勢)로 말하면 집에 있을 때의 일인 듯하고, 문세(文勢)로 보아서는 남의 집에 갔을 때의 일 같습니다. 만약 집에 있을 때의 일이라면 지팡이와 신발은 실내에 가지고 들어갈 것이 아니고, 남의 집에 갔을 때의 일이라면 모시고 있는 사람이 나가겠다고 하는 것은 전혀 실정에 맞지 않으니, 어떻게 보아야 할지 모르겠습니다.

問: "君子欠伸, 止 請出矣." 此以事勢言之, 似在家之時; 以文勢觀之, 似適人之時. 若使在家, 則杖屨非室中所持, 而若適人之時, 則侍者請出, 不免徑庭; 未知如何看耶?

답(答)

보내온 편지에서 추론하신 말씀이 참 좋은 듯합니다. 그러나 나는 평소에 이 절(節)은 두 단락으로 보아야 하지 않을까 생각했습니다. 군자가 기력이 딸리고 몸이 피곤해서 하품을 하고 기지개를 켜면 물러나겠다고 말하고, 또 군자가 출입할 일이 있는데 손님이 있기 때문에 바로 일어서지는 못하고 지팡이와 신을 챙기고 날이 얼마나 저물었는지를 살피면 그때도 나가겠다고 말하는 것입니다. 이렇게 보는 것이 좋을 듯하나 주(註)와 달라 감히 확정해 말할 수는 없습니다.

答: 來諭推說似好, 然尋常疑此節當作兩段看. 若君子氣乏體疲而欠伸則請出, 又君子如有出入之事, 而以客之在座, 故未卽起而撰杖屨, 視日蚤暮, 則亦請出. 如此看似好, 而與註異, 不敢質言.

문(問)

「곡례」에 "두 사람이 나란히 서 있거나 나란히 앉아 있으면……그 사이로 지나가지 말라."고 했는데, 만약 두 사람이 나란히 서 있거나 앉아 있으면 즉시 몸을 일으켜 물러나야 하는 것입니까? 이미 나란히 서 있다고 했고 보면, 내가 그 사이에 끼어 있는 것이 아님을 알 수 있는데, 또 그 사이로 지나가지 말라고 한 것은 무슨 까닭입니까?

問: "離立離坐 止 不出中間." 若遇離立離坐之時, 則將奉身而退耶? 旣曰離立, 則可以知其非參, 而又曰不出中間, 何耶?

답(答)

두 사람이 나란히 앉고 나란히 선다는 것은 남을 가리켜 한 말이고, 가서 끼어든다는 것은 자기를 가리켜 한 말입니다. 말하자면 어느 두 사람이 나란히 서 있을 때 내가 그 사이로 지나가서는 안 된다는 것입니다. 내가 만약 끼어들어서 그 사이로 지나가게 되면 그 두 사람이 사이가 벌어져서 나란히 설 수 없기 때문입니다.

答: 離坐離立, 指人而言; 往參, 指己而言. 言於人之兩相麗而立者, 己不可出於其間也. 若參而出其間, 則散而不成列故也.

문(問)

「곡례」에 "제모(諸母)는 상(裳)을 세탁하지 못하게 한다."고 했는데, 그 주(註)에 아버지를 존경하는 도리라고 한 것은 무슨 까닭입니까?

問: "諸母不漱裳." 註云敬父之道者, 何耶?

답(答)

상(裳)은 집안에서 입는 속옷 같은 옷이기 때문에 제모로 하여금 세탁하지 않도록 한 것이니, 제모를 공경해서입니다. 제모를 공경하는 것이 바로 아버지를 공경하는 것입니다.

答: 裳卑褻之服, 故不使漱裳, 敬之也. 敬諸母, 所以敬父也.

문(問)

「곡례」에 "세 번 밥을 떠먹고……뼈 붙은 고기를 먹는다."고 했는데, 세 번 밥을 떠먹고 나서야 비로소 산적도 먹고 뼈 붙은 고기도 먹는다면 첫 번째 두 번째 떠먹을 때는 무엇을 먹습니까?

問: "三飯 止 羶飯." 三飯然後始食胾羶骰, 則初飯再飯所食, 何物耶?

답(答)

주(註)에 인용된 소(疏)의 해설이 분명하니 굳이 의심할 필요가 없습니다. 공사(公食)의 예(禮)에 정찬(正饌)이 있고, 가찬(加饌)이 있습니다. 정찬은 바로 김치·젓·쇠고기·양고기·돼지고기·어물 종류 같은 것들이고, 가찬은 여러 가지 반찬에다 고기 산적을 곁들여 내오는 것이 그것입니다. 이를 보면 첫 번째 두 번째 떠먹을 때 먹는 것이 바로 정찬의 음식입니다.

答: 註中所引疏說分明, 不必有疑. 公食之禮[118], 有正饌有加饌. 正饌, 卽葅醢牛羊豕魚之類, 是也; 加饌, 是庶羞而牲肉之臧者兼進之, 是也. 觀此則初飯亞飯時所食, 卽正饌之設也.

문(問)

「곡례」에 "여름 빗물이 빠지고 나면 물고기와 자라를 올리지 않는다."고 했는데, 그 주(註)에 "물이 마르면 물고기와 자라를 잡기가 쉬워 귀할 것이 못 되기 때문에 올리지 않는 것이다." 하여 경문(經文)과 틀리니, 어째서입니까?

問: "水潦降, 不獻魚鼈." 註: "水涸, 魚鼈易得, 不足貴, 故不獻." 與經文相左, 何耶?

답(答)

주(註)에서 물이 마른다고 한 것은 경문의 '강(降)'이라는 글자 뜻을 풀이한 것으로 물이 빠진다는 것과 같습니다. 그러나 「월령(月令)」에 "계하(季夏)에 어부를 명해 거북과 자라를 잡게 한다." 한 것을 보면 빗물이 강한다고 한 것이 혹시 한창 장마 때는 물고기와 자라가 흔하고 또 부패하기 쉽기 때문에 올리지 않는다는 것이며, '강(降)' 자는 "찬 이슬이 이미 내렸다.〔霜露旣降.〕"고 할 때의 강(降)

---

118 公食之禮 : 임금이 大夫들을 불러 식사를 대접하는 예이다. 『儀禮』에 「公食大夫禮」라는 편이 있다.

자 뜻으로 보는 것이 어떻겠습니까?

答: 註說水涸之義, 釋經文降字, 猶云水落也. 然按「月令」"季夏, 命漁師登龜取黿." 或者水潦降者, 潦水方盛之時, 旣賤且易腐敗, 故不以爲獻, 而以降爲霜露旣降之降讀, 如何耶?

문(問)
「곡례」에 "개와 말은 당(堂)에 올라가게 하지 않는다."고 했는데, 말은 애당초 당에 오르내릴 리가 없는데, 여기에서 이렇게 말한 것은 어째서입니까?

問: "犬馬不上於堂." 馬於堂初無上下之理而此云, 何耶?

답(答)
개나 말은 원래 예물〔庭實〕로 바치는 물건들로서 때로는 다른 예물과 함께 당(堂)에 올려 놓는 경우가 있기 때문에 이와 같이 경계한 것이 아니겠습니까? 옛 사람들은 당실(堂室)이 크고 넓어서 일이 있을 때 혹 이와 같이 실례(失禮)하는 경우도 있었던 것이 아니겠습니까.

答: 犬馬本是庭實, 而時或有合幣升堂致之者, 故爲戒如此耶? 古人堂室廣大, 將事之際, 或有如此等失禮耶?

문(問)

「곡례」에 "부인(婦人)을 위해 수레를 몰〔御〕 때는 왼 손을 앞으로 내고 오른 손을 뒤로 물린다."고 했는데, 이는 아마 말고삐를 올리는 예를 말한 것 같습니다. 남녀가 직접 주고 받는 것은 예에서 크게 금하고 있는데, 더구나 주인과 종 사이야 말할 나위 있겠습니까.

問: "僕御 止 右手." 此疑謂進轡之禮; 而男女授受, 禮之大防, 況主僕乎!

답(答)

어(御)는 수레를 몬다는 뜻이지, 말고삐를 올리는 것이 아닙니다. 옛날에는 수레를 모는 이는 말고삐를 잡고 수레 앞에 서고 높은 이는 왼편에 자리했는데, 여기서는 부인(婦人)을 위해 수레를 모는 것이므로 부인이 왼편에 자리하는 것입니다. 수레 모는 이가 먼저 왼손으로 고삐를 잡았다면 부인이 앉아 있는 자리와는 서로 등지게 되니, 소(疏)에서 혐의를 멀리하기 위해서라고 한 것이 이 때문입니다.

答: 御謂御車也, 非進轡之謂也. 古者御者執轡, 立于車前, 尊者在左; 此爲婦人而御, 則婦人在左矣. 御者先以左手執轡, 則與婦人之位正相背也. 疏云遠嫌, 是也.

문(問)

「곡례」에 "동자(童子)가 예물을 바치고 물러간다."고 했는데, 동자가 바치는 예물에 대해서는 말하지 않았으니, 이 예물은 무슨 물건입니까?

問: "童子委贄而退." 童子不言所贄, 此以何物耶?

답(答)

살펴보면 『예기』 「옥조(玉藻)」에 "동자는 선생을 뵐 때는 다른 사람을 따라 들어간다."고 했으니, 예물을 가지고 남을 뵙는 예(禮)는 없었을 듯합니다. 그런데 춘추(春秋)시대에는 임금이 혹 아직 관례(冠禮)를 하지 않은 나이로 상중(喪中)에 있다가 이어 조회(朝會)에 참여하기도 했기 때문에 말세에 그 풍속을 인습하여 동자도 예물을 바치는 예가 있었던 것은 아니겠습니까? 과연 그런 일이 있었다면 아마도 서인(庶人)은 베 한 필을 가지고 가고, 사(士)나 원자(元子)는 꿩을 가지고 가서 저마다 신분에 따라 예물을 바쳤을 듯합니다.

『예기(禮記)』라는 책은 여러 학설이 따로따로 나와서 끝내 합일하기가 어려우니, 삼례(三禮) 중에서 가장 읽기 어려운 책입니다. 주실(周室)이 쇠한 후 천자(天子)가 예(禮)를 잃어 예악(禮樂)과 정벌(征伐)이 제후들로부터 나와 저마다 전례(典禮)가 따로 있었는데, 한(漢)나라의 유학자들이 분서갱유(焚書坑儒)하고 남은 책들을 주워모았으니, 어찌 조리가 어지럽지 않고 정연할 수 있겠습니까. 주소(註疏)를 쓴 이들도 그 뜻을 알 수 없을 때에는 어김없이 "하(夏)와 은(殷)의 이례(異禮)이다."라고만 했으니, 이는 옛날의 선비들도 어쩔수 없었던 것입니다. 비록 경문(經文)이라도 맞지 않은 곳은 독자들이 짐작해서 알아야지 그 하나하나를 꼭 그대로 다 따르려고 하다가는 틀림없이 형식에 집착해서 근본을 모르는 폐단이 있을 것입니다.
어떻게 생각하십니까?

答: 按「玉藻」"童子見先生, 從人而入." 則似無執贄見人之禮; 而春秋之世,
人君或未冠在喪, 因赴於朝會, 故末俗因襲, 而有童子委質之禮耶? 若果有
之, 恐各隨其類, 如庶人執匹, 士元子執雉也. 『戴記』[119]一書, 諸說各出, 終
難合一, 三禮中最爲難讀. 盖周室衰, 天子失禮, 而禮樂征伐, 自諸侯出, 各
有典禮存焉; 漢儒掇拾於焚坑之餘, 其何能整齊不紊耶? 註疏家求其說而不
得焉, 則必曰夏殷之異禮也. 此從古諸儒之所不免也. 雖爲經文, 而其不合
處, 讀者當自斟酌, 必欲一一從之, 則必有泥文之弊, 未審以爲如何?

문(問)

『중용(中庸)』 19장(章) 제6절 소주(小註)에 호운봉(胡雲峯)이 말
한, "위아래를 통한다.〔通上下〕" 운운한 것은 하늘에 제사하고 선조
에 제사하는 일을 말한 것 같은데, 그가 이른바 별다른 또 하나의
뜻이라고 한 것은 '교사(郊社)의 예와 체상(禘嘗)의 뜻을 잘 알면'이
라는 구절에 중점을 두고 한 말입니다. 사람이 자기 마음속에 털끝
만큼도 거짓이 없고 순수한 천리(天理)만 유행(流行)하게 한다면,

---

119 『戴記』: 漢나라 때 戴聖이 註解한 『예기』를 이르는 말이다. 대성은 숙부인
戴德에게 禮를 배웠는데, 대덕은 『儀禮』를 주해하였다. 그래서 대덕을 大戴,
대성을 小戴라 일컫고, 『의례』를 『大戴記』, 『예기』를 『小戴記』라 한다. 『의
례』와 『예기』를 모두 『대기』라고도 일컬었으나 후대에는 주로 『예기』를 지
칭하는 말로 쓰인다.

하늘에 제사하면 하늘 귀신이 와 흠향하고 선조(先祖)에 제사하면
사람 귀신이 와 흠향할 터이니, 이 마음을 미루어 천하를 다스리면
손바닥 뒤집기처럼 쉬운 것입니다.

問: 『中庸』十九章第六節小註'胡雲峯[120]說通上下云云'者, 似是祭天祭先而
言也. 所謂別是一意者, 緊要在於明乎郊社之禮禘嘗之義一句. 盖人苟能使
此心渾然天理, 無一毫人僞, 則祀天天神格, 祀先人鬼享; 推此心以治天下,
如反諸掌.

답(答)

위아래를 통한다고 한 것은 천자와 제후를 두고 말한 것입니다. 교
제(郊祭)는 천자만이 행할 수 있지 제후는 행하지 못하니, 사직에서
만 제사할 수 있습니다. 체제(禘祭)는 왕자(王者)의 대제(大祭)이
므로 제후는 행하지 못하고 다만 사시(四時) 약(禴)・사(祠)・증
(烝)・상(嘗), 네 제사만 행할 수 있습니다. 제사의 예(禮)가 위아
래를 통하는 것은 인(仁)이 지극한 것입니다. 비록 위아래를 통한
다고 해도 아랫사람이 감히 윗사람의 예를 참람스럽게 쓰지 못하여
명분이 분명한 것은 의(義)가 극진한 것입니다. 인이 지극하고 의

---

120 胡雲峯 : 宋末元初의 학자인 胡炳文을 가리킨다. 그는 婺源 사람으로, 자가
　　　仲虎이고 세상에서 雲峯先生이라 일컬었다. 朱子學에 종사하여 주자가 주석
　　　한 『四書集註』를 깊이 연구하였다. 雙峯饒氏의 학설이 주자의 학설과 배치
　　　되었는데, 호병문이 『四書通』을 지어서 그 잘못을 바로잡았다. 저서로는
　　　『易本義通釋』, 『書集傳』, 『五經會議』 등이 있다.

가 극진하면 나라를 다스리는 것은 절로 쉬운 법이니, 호씨의 뜻이 대개 이와 같은 것입니다. 보내온 편지의 "此心" 이하는 본문의 뜻에 그다지 맞지 않은 듯합니다. 다시 생각해 보시기 바랍니다.

答: 通上下云者, 天子與諸侯也. 郊祭, 惟天子得行, 而諸侯不得行, 只祭社而已. 禘是王者大祭, 而諸侯不得行, 只行四時礿祠烝嘗[121]之祭而已. 祭祀之禮, 通乎上下, 仁之至也; 雖通乎上下, 而下不敢僭上, 名分截然, 義之盡也. 仁至義盡, 治國自易, 胡氏之意盖如此. 來示此心以下, 於本文意, 似甚泛然, 幸更思之.

문(問)
『중용(中庸)』구경장(九經章) 제12절의 "수신(修身) · 존현(尊賢) · 친친(親親)."은 『논어(論語)』의 "어진 이를 좋아하기를 여색(女色)을 좋아하듯이 하고, 부모를 섬기되 자기 힘을 다한다."는 뜻과 같은 것일 듯합니다.

問: 九經章第十二節"修身也尊賢也親親也" · 『論語』"賢賢易色事父母能竭其力[122]之意相同.

---

121 천자 내지 제후의 종묘 제사이다. 『禮記』「王制」에 "천자 · 제후의 종묘 제사는 봄에 지내는 것을 礿, 여름에 지내는 것을 禘, 가을에 지내는 것을 嘗, 겨울에 지내는 것을 烝이라 한다." 하였다.
122 賢賢……其力: 『論語』「學而」에 보이는 子夏의 말이다.

답(答)

말한 것이 좋습니다.

答: 說得好.

문(問)

『중용』 제14절의 여섯 '권(勸)'자는 모두 진작(振作)의 뜻입니다. 원인(遠人)과 제후(諸候)는 멀리 있어 권할 수 없기 때문에 각각 '회(懷)'와 '유(柔)'의 글자를 쓴 것입니다.

問: 十四節六勸字, 是振作之意. 遠人·諸侯行勸不得, 故所以下懷柔字.

답(答)

여기에는 내외(內外)·원근(遠近)·완급(緩急)의 구분이 있습니다.

答: 有內外遠近緩急之分.

문(問)

『중용』 제20장 장하주(章下註)의 "비은(費隱)을 포용하고 대소(大小)를 겸한다."는 것은 무슨 뜻입니까?

問: 章下註包費隱[123]兼小大之義.

답(答)

선유(先儒)가 이르기를 겸(兼)은 하나하나를 아울러 들어 둘이 되
는 것이고, 포(包)는 둘을 포용하여 하나로 되는 것인데, 모두 본장
(本章)에 절로 이 두 뜻이 있습니다. 이 장(章)이 달도(達道)와 구
경(九經)을 비록 상세히 말했으나, 그 뜻이 성(誠)이라는 한 글자를
벗어나지 않으니, 성은 포괄하지 않음이 없습니다.

대저 인사(人事)의 당연함을 비(費)라고 하고 천리(天理)의 소이
연(所以然)을 은(隱)이라 하니, 이 모두가 성(誠)이 있는 곳 아님이
없어서 비와 은이 모두 그 가운데 포용됩니다. 그러므로 비와 은을
포용한다고 한 것입니다. '삼근(三近)'에 속하는 것은 작은 것이고
구경(九經)에 속하는 것은 큰 것이며, 학자의 일을 말한 것은 작은
것이고, 성인의 일을 말한 것은 큰 것입니다. 그러므로 크고 작은
것을 겸한다고〔兼小大〕 한 것입니다. 이는 응당 제16장의 "비와 은을
겸하고 대와 소를 포용한다.〔兼費隱〕"는 말과 같은지 다른지 궁구해
야 합니다.

答: 先儒曰: "兼者兼擧爲二, 包者含容爲一, 皆本章自有此二義也. 此章雖
詳言達道[124]九經[125], 而義不越乎誠之一字, 誠無所不包. 凡人事之當然而謂

---

123 費隱:『中庸章句』12장에서 "군자의 도는 널리 유행하면서도 은미하다.〔費
而隱〕" 한 데서 온 말로, 朱子의 주에 의하면 費는 道의 광대한 功用이고,
隱은 도의 隱微한 本體를 형용한 것이다.

124 達道: 子思가 "희노애락이 발하기 이전을 中이라 하고, 발하여 모두 절도에
맞는 것을 和라 하나니, 중은 천하의 大本이요, 화는 천하의 達道이다.〔喜怒

之費, 天理之所以然而謂之隱, 莫非誠之所在, 而費隱皆包于其中, 故曰包
費隱. 三近[126]之屬是小, 九經之屬是大; 言學者事是小, 言聖人事是大, 故
謂之兼小大. 此當與十六章兼費隱包大小之言, 究其異同.

문(問)

귀신장(鬼神章) 주(註)의 '소명(昭明)'이니 '훈호(焄蒿)'니 한 말은
사람 귀신을 두고 한 말 같은데 백물(百物)의 정기라고 했으니 그렇
다면 곤충이나 초목이 죽어도 훈호(焄蒿)하고 처창(悽愴)한 등의
기운이 있는 것입니까?

問: 鬼神章註'昭明‧焄蒿[127]'等說, 似是人鬼上說; 而又曰: "百物之精." 然

哀樂之未發, 謂之中; 發而皆中節, 謂之和. 中也者, 天下之大本也; 和也者,
天下之達道也.〕"한 데서 온 말이다. 『中庸章句 1章』

125 九經 : 『中庸』에서 말한 신하를 다스리는 아홉 가지의 큰 법이니, 곧 몸을
닦는 것〔修身〕, 현자를 높이는 것〔尊賢〕, 가까운 친척을 친애하는 것〔親親〕,
대신을 공경하는 것〔敬大臣〕, 여러 신하들을 體察하는 것〔體群臣〕, 백성을
자식처럼 사랑하는 것〔子庶民〕, 먼 지방 사람을 회유하는 것〔柔遠人〕, 여러
제후국을 무마하는 것〔懷諸侯〕이다. 『中庸章句 20章』

126 三近 : 孔子가 "학문을 좋아함은 智에 가깝고, 힘써 행함은 仁에 가깝고, 부
끄러움을 앎은 勇에 가깝다.〔好學, 近乎知; 力行, 近乎仁; 知恥, 近乎勇.〕"
한 데서 온 말이다. 『中庸長句 20章』

127 昭明‧焄蒿 : 『禮記』「祭義」에 孔子가 제자 宰我가 귀신에 대해 물은 데 답
한 말에서 "그 기운이 위에서 發揚하여 昭明하며 焄蒿하고 悽愴하니 이는
百物의 정기이며 귀신이 드러남이다〔其氣發揚于上, 爲昭明焄蒿悽愴; 此百
物之精‧鬼神之著也.〕"라고 한 데서 온 말이다. 昭明은 환히 빛나는 것이다.

則昆蟲草木之死, 亦有焄蒿悽愴等氣像耶?

답(答)

『예기』「제의(祭義)」 본문에 "모든 생명이 반드시 죽고, 죽으면 반드시 흙으로 돌아가니 이를 일러 귀(鬼)라고 한다. 그 기운이 위로 올라가서……신(神)이 나타나는 것이다."라 했습니다. 위의 한 절(節)은 귀의 뜻을 말하고, 아래 한 절은 신의 뜻을 말한 것인데, 이는 사람과 다른 동물 등 천지간에 살면서 기운을 갖고 있는 것을 두루 가리켜 말한 것이지 유독 사람 귀신만을 두고 말한 것은 아닙니다. 여기서 백물(百物)의 정기라고 한 것은『주역』의 "정기(精氣)가 물(物)이 되고 유혼(遊魂)이 변(變)이 된다."고 한 말과 같은 뜻이니 서로 참조해 보아야 할 것입니다.

정현(鄭玄)은,

"훈(焄)은 향기로운 냄새이고, 호(蒿)는 그 기운이 위로 올라가는 모양이다. 위에서는 뭇생명을 말하고, 여기서는 백물을 말한 것은 백물이 사람과 같으나 사람만큼 귀하지 않음을 밝힌 것이다."

하였고, 당(唐)나라 공씨(孔氏)는,

"백물(百物)의 기운이 향기로운 것도 있고 냄새나는 것도 있는데 위로 올라가면 그 기운이 호연(蒿然)하다. 처창(悽愴)이란 이러한

焄은 냄새이고 蒿는 기운이 蒸出, 즉 위로 올라가는 모습이다. 悽愴은 사람을 숙연하게 하는 것으로, 제사를 올릴 때에 사람들이 절로 공경하는 마음이 드는 것을 말한다.

기운들을 사람이 느꼈을 때 마음에 처창함이 있음을 말한 것이다. 사람의 기운은 위로 올라가 소명(昭明)함이 되고, 백물의 정기는 훈호(焄蒿)하고 처창하니 사람과 백물이 같지만 다만 사람은 백물에 비해 정식(情識)이 많기 때문에 특별히 신(神)이라고 한 것이다. 이것이 인신을 말하고 이어서 백물을 말한 까닭이다."

고 했습니다. 이들 주소(註疏)를 보면 말한 것이 매우 분명합니다. "'기기(其氣)'로부터 '소명(昭明)'까지를 한 구절로 만들어 사람을 말한 것으로 보고, '훈호(焄蒿)'로부터 '정야(精也)'까지를 한 구절로 만들어 백물을 말한 것이다."고 한 소주(小註)의 주자(朱子)의 말이 아마도 여기에서 나왔을 듯합니다. 형께서 만약 이 주소들을 자세히 보시면 곤충 초목도 기(氣)가 있다는 것을 아시게 될 것입니다.

사람과 백물이 비록 귀천(貴賤)과 대소의 차이는 있지만 똑같이 생명을 가진 물건이고 보면 그 이치가 어찌 다를 리 있겠습니까. 『중용장구(中庸章句)』에서 공자(孔子)의 말을 인용하여 신(神)만을 말한 것은 그 아래 인용한 것에 '신지격사(神之格思)'라는 구절만 있고 귀(鬼)는 말하지 않았기 때문입니다.

答: 祭義本文曰:"衆生必死, 死必歸土; 此之謂鬼. 其氣發揚于上 止 神之著也." 上一節, 言鬼之義, 下一節, 言神之義; 皆指人與物, 並生天地間, 有氣者而言, 不獨就人鬼上說出也. 此云百物之精, 與『易』精氣爲物遊魂爲變之意相同, 可以參觀. 鄭氏玄云:"焄謂香臭也, 蒿謂氣蒸出貌. 上言衆生, 此言百物, 明其與人同也, 不如人貴爾." 唐孔氏曰:"百物之氣, 或香或臭, 蒸而上出, 其氣蒿然也. 悽愴者, 謂此等之氣人聞之, 情有悽愴. 人氣揚於上爲昭明, 百物之精氣, 爲焄蒿悽愴; 人與百物共同, 但情識爲多, 故特謂之

神. 此因人神言百物也." 觀此註疏, 所言亦甚分曉. 然則 "自其氣 止 昭明爲
一句而屬之人, 焄蒿 止 精也爲一句而屬之物." 小註朱子之言, 盖亦畧出於
此矣. 兄若熟觀此註疏, 則可以知昆蟲草木之有氣矣. 人與物, 雖有貴賤大
小之分, 同是有生之物, 則其理豈有異哉?『章句』引孔子之言, 只論其神者,
以下文所引有神之格思[128]之文而不言鬼故也.

문(問)

제19장의 '종묘지례(宗廟之禮)'로부터 '변현(辨賢)'까지 그 이상은
제향할 때 위차를 말한 것이고, '여수(旅酬)'로부터 '서치야(序齒也)'
까지 그 이상은 제사를 마치고 나서 음복[受胙]하는 의식을 말한 것
입니까? 여수(旅酬)의 예(禮)라고 한 것은 알 수 없습니다. 또 일
있는 것이 영광이라고 한 말은 무슨 뜻입니까?

問: 十九章宗廟之禮 止 辨賢也此以上, 言祀享之時位次; 而旅酬 止 序齒
也此以上, 言祀享後受胙底儀節耶? 所謂旅酬之禮, 未可知也. 有事爲榮,
亦何義耶?

답(答)

'서소목(序昭穆)'은 소(昭)는 소대로 나열하고, 목(穆)은 목대로 나

----

128 神之格思 : 신이 降臨하는 것이다. 『詩經』「大雅 抑」에, "어두우니까 아무도
나를 보지 않을 것이라고 생각하지 말라. 신령이 오시는 것은 헤아려 알
수 없는데, 더구나 게을리 할 수가 있겠는가.〔無曰不顯, 莫予云覯. 神之格
思, 不可度思, 矧可射思?〕"라 한 데서 온 말이다.

열함을 말한 것이니 제사에 참여한 동성(同姓) 자손들을 두고 말한 것이고, '변귀천(辨貴賤)'은 제사할 때 공(公)·경(卿)·대부(大夫)·사(士)가 저마다 작위(爵位)대로 서서 제사를 돕는 것을 말한 것입니다. 이 두 절(節)은 위차(位次)를 말한 것입니다. 서사(序事)는 제사 때 각기 일 맡는 것을 말한 것이니, 가령 사도(司徒)는 소를 맡고, 사마(司馬)는 양을 맡고, 종백(宗伯)은 닭을 맡는 따위 같은 것입니다. 이는 그 사람 능력을 구분하여 그 일을 해낼 수 있는 자에게 맡기는 것입니다. 이 한 절은 제물 올리는 일을 말한 것으로 위차와는 상관이 없습니다.

여수(旅酬)는 음복(飮福) 이후의 일인데, 여수 때 아랫사람이 윗사람을 위한다고 한 것은 『의례(儀禮)』「특생(特牲)」의 음식 나누어 먹는 예(禮)를 보면 제사 끝에 술을 마실 때 주인(主人)이 술잔을 씻어 장형제(長兄弟)와 중형제(衆兄弟)에게 올리고 나면 여러 내빈 자제들은 서계(西堦)에서, 주인 형제의 자제들은 동계(東堦)에서 각기 자기 어른들에게 잔을 들어 올리는 것입니다. 자제들은 모두 비천한데도 술잔을 들어 올릴 수 있으니, 이것이 바로 종묘에서 일이 있는 것이 영광이 되는 까닭입니다. 여수란 뭇 사람들이 모두 자기 어른에게 잔을 올리면 어른이 인도하여 술을 마시게 함을 말한 것이니, 그러므로 여수라 하는 것입니다. 친밀한 데서부터 소원한 데까지, 높은 이로부터 낮은 이까지 모두가 신(神)이 준 것을 받고 제각기 자기 정례(情禮)를 펴는 것입니다.

答: 序昭穆[129], 謂昭與昭齒, 穆與穆齒, 是同姓子孫之與祭者也. 辨貴賤, 謂祭祀之時, 公卿大夫士, 各以其爵位齒列而助祭也. 此二節, 論其位次也. 序事, 謂所供祭祀之事; 若司徒奉牛, 司馬奉羊, 宗伯供鷄, 是分別賢能, 堪任其官者也. 此一節, 論其薦羞之事, 與位次有異矣. 旅酬, 是受胙以後事, 旅酬下爲上者, 『儀禮』特牲饋食禮, 祭末飮酒之時, 主人洗爵, 獻長兄弟, 獻衆兄弟之後, 衆賓弟子于西墰, 兄弟之子于東墰, 各擧觶於其長也. 弟子等皆是卑賤而得擧觶, 是有事於宗廟之中爲榮也. 旅酬者, 言衆人皆爲其長擧觶而導之使飮, 故曰旅酬也. 盖由親及疎, 自尊達卑, 皆受神之賜而各伸其情禮也.

문(問)

이 절(節)의 주(註)에 '좌소우목(左昭右穆)'이라고 했는데, 그 왼편·오른편이 신주를 가리켜 말한 것입니까? 사람을 가리켜 말한 것입니까?

問: 此節註左昭右穆; 曰左曰右, 指神位而言歟? 指人而言歟?

답(答)

태조묘(太祖廟)가 동향인데, 소묘(昭廟)는 왼편에 위치하여 북에 앉아 남을 향하고 있기 때문에 소(昭)라고 했으니 밝은 쪽을 향한다는 뜻을 취한 것이며, 목묘(穆廟)는 오른편에 위치하여 남에 앉아

---

129 昭穆 : 옛날 宗廟나 사당에 조상들의 神主를 배열할 때 시조는 중앙에 모시고 2세, 4세, 6세는 시조의 왼쪽에 모시는데 이를 昭라 하며, 3세, 5세, 7세는 시조의 오른쪽에 모시는데 이를 穆이라 한다. 「周禮 春官 小宗伯」

북을 향하고 있기 때문에 목(穆)이라고 했으니 어둑하다[陰幽]는 뜻
을 취한 것입니다. 좌우는 태조묘를 기준으로 해서 말한 것입니다.

答: 太祖之廟東向, 而昭廟居左坐北而向南, 故言昭, 取其向明之意; 穆廟
居右坐南而向北, 故言穆, 取其陰幽之義. 左右指太祖之廟而言也.

문(問)

주(註)의 '공경을 편다.[申其敬.]'고 한 말은 여수(旅酬)의 예를 말
한 것 같은데, 소주(小註)에 주자가 "……차례로 올려 옥관(沃盥)에
이르니 이른바 체천(逮賤)이다."라고 했습니다. 여기서 옥관이라고
한 것은 제사가 아니겠습니까? 이와 같이 보면 '공경을 편다.'는 말
의 뜻을 분명히 알 수 있을 것 같습니다.

問: 註中申其敬三字, 似是旅酬之禮. 小註朱子曰: "云云, 以次獻, 至于沃盥,
所謂逮賤也." 其曰沃盥, 無乃祭祀耶? 如此看, 則申其敬之義, 似瞭然矣.

답(答)

종묘에서는 일을 하는 것을 영광으로 여기니, 내빈과 주인 모두가
하는 일이 있지만 그 자제들은 다 비천해서 일이 없는 자들입니다.
제사가 끝나고 술을 마실 때 그 비천한 자들도 모두 술잔을 자기 어
른들에게 들어올려 마시게 함으로써 자신의 공경하는 예를 펴는 것
이니, 이는 제사를 두고 말한 것이 아닙니다. 소주(小註)의 주자(朱
子) 말은 향음주례(鄕飮酒禮)를 인용하여 이 대목의 체천(逮賤)의
뜻을 밝힌 것입니다. 『예기(禮記)』 「향음주의(鄕飮酒義)」에,

"내빈은 주인에게 권하고, 주인은 제사 일 도우는 이에게 권하고,
제사 일 도우는 이는 여러 내빈들에게 권하여 나이 순서대로 서로
권하면서 옥세자(沃洗者)에게서 끝난다."

했는데, 그 옥세자가 바로 옥관으로서 기물 같은 것을 씻는 천한 일
하는 자입니다. 이것을 보면 옥관을 제사로 볼 수는 없습니다.

제20장의 맥락(脈絡)이 서로 연결된 부분은 말씀하신 것이 대략
좋습니다. 이 장(章)은 수신(修身)과 구경(九經)을 강령(綱領)으로
삼고 장 안에서 모두 이를 인용하여 미루어 설명하면서 각각 '그것을
행하는 길은 하나〔行之者一〕'라는 말로 끝맺음을 했는데, 정사가 잘
되고 안 되는 것이 임금이 수신(修身)을 하느냐 않느냐에 달려 있으므
로, "정사하는 것이 사람에게 달렸다.〔爲政在人.〕"는 절(節)로부터
"군자가 수신을 하지 않으면 안 된다.〔君子不可以不修身.〕"는 절(節)
까지는 그 요점이 "수신을 도로써 한다.〔修身以道.〕"는 한 구절을 벗
어나지 않는데 도(道)란 바로 오품(五品)이고 인륜(人倫)입니다. 그
러므로 뒤이어 천하의 달도(達道)라고 말한 것입니다.

지(知)·인(仁)·용(勇) 이 셋은 모두 자기가 닦아서 얻은 것으로
달도(達道)를 행하는 근본이 됩니다. 그러나 성실한 마음이 없이 이
것을 행하면 사욕이 끼어들기 때문에, '그것을 행하는 길은 하나〔行之
者一〕'라는 말로 결론지은 것입니다. 그리고 달덕(達德)은 또 차등이
있는데, 그 차등이 다름을 알아서 수신할 줄을 알기 때문에 '이 세
가지를 알면〔知斯三者〕'으로 시작되는 절(節)은 위에 있는 수신의
뜻을 매듭짓고 이어 아래에 나올 구경(九經)의 단서를 일으킨 것입
니다.

'범위천하(凡爲天下)'로 시작되는 절(節)은 구경(九經)의 조목이

고, '수신즉도립(修身則道立)'으로 시작되는 절은 구경의 효과이며,
'제명성복(齊明盛服)'으로 시작되는 절은 구경의 일입니다. 구경이 이
렇게도 큰데 성실한 마음이 없이 이를 행하면 모두가 헛된 형식이
되어 버리고 말기 때문에 이를 행하는 것은 하나라는 말로 결론지은
것입니다. 그러나 그 성(誠)이라는 것이 갑자기 되는 것이 아니고
반드시 평소부터 공을 쌓아야지만 되는 것이기 때문에 "모든 일은
미리부터 해야 된다.〔凡事豫立.〕"고 하였으니, 먼저 성을 세우고 이어
명선(明善)·성신(誠身)의 공효를 미루어 말하여서 기질을 변화하는
오묘한 경지까지 나아가게 하고자 한 것입니다. 이것이 이 한 장(章)
전체의 뜻입니다.

答: 宗廟之中, 以執事爲榮; 賓主人皆有事, 而其弟子等皆是卑賤無事者也.
祭畢飮酒之時, 亦使卑賤者, 皆擧觶導飮於其長, 以申其敬禮; 此非謂祭祀
而言也. 小註朱子說, 卽引鄕飮酒禮, 以明此節逮賤[130]之義. 『禮記』「鄕飮
酒義」曰: "賓酬主人, 主人酬介, 介酬衆賓, 少長以齒, 終於沃洗者." 沃洗者
卽沃盥者, 滌濯器物, 執賤事者也. 觀於此, 則沃盥不可以祭祀看也. 二十章

....

130 逮賤 : 『中庸章句』 19장에 "종묘의 예는 소목을 차례로 나열하는 것이요,
관작에 따라 서열을 매기는 것은 귀천을 분별하는 것이요, 일을 차례로 맡김
은 어진 이를 구별하는 것이요, 여럿이 술을 권할 때에 아랫사람이 윗사람을
위하여 술잔을 올림은 비천한 이에게까지 미치는 것이요, 잔치할 때에 모발
의 색깔대로 차례를 정하는 것은 나이를 서열지우는 것이다.〔宗廟之禮, 所以
序昭穆; 序爵, 所以辨貴賤也; 序事, 所以辨賢也; 旅酬, 下爲上, 所以逮賤
也; 燕毛, 所以序齒也.〕"한 데서 온 말이다.

脉絡相貫處, 所論檠好. 此章以修身九經二章爲綱領, 章內皆引此而推之, 各以行之者一結之. 爲政在於君身之修不修, 自'爲政在人'節至'君子不可以不修身'節, 其要不外乎修身以道一句; 道者五品人倫也, 故繼言天下之達道. 知仁勇三者, 皆脩之於已而[131]有得者, 所以爲行此達道之本, 然無誠實之心以行之, 則私欲間之, 故以行之者一結之; 而達德又有等分之殊, 能知其等分之殊而知所以修身, 故知斯三者節, 又結上文脩身之意, 以起下文九經之端也. 凡爲天下節, 九經之目也; 脩身則道立節, 九經之效也; 齊明盛服節, 九經之事也. 九經如此之大, 而無誠實之心以行之, 則皆歸虛文, 故以行之者一結之. 然而誠非可以應卒者, 必也有素立之功而後可, 故以凡事豫立言之, 欲其先立乎誠而推言明善誠身之功, 以至變化氣質之妙; 此一章之通旨也.

---

131 而 : 원문에는 없으나 문리로 보아 빠진 글자로 판단되어 보충하였음.

2. 남애(南哀)-미로(眉老)-의 문목에 답한 편지

答南哀-眉老-問目 병자년(1756, 45세)

문(問)

모친상을 당한 뒤 11개월이 되어 연사(練祀)를 지내고 초기(初朞)
가 되는 달에 와서 아직 상사(祥事)를 지내지 못했는데 또 부친상을
당하여 졸곡(卒哭)이 지난 뒤에야 비로소 날을 잡아 '부재모상(父在
母喪)'의 예제(禮制)에 따라 대상(大祥)을 뒤미처 지냈으나 궤연(几
筵)을 임시로 설치하고 아직 부묘(祔廟)하지는 못했습니다. 지금
모친상의 재기(再朞)가 금방 다가오는데 대상은 이미 지냈은즉 그
축문을 『상례비요(喪禮備要)』에 실려 있는 대상 때의 축사대로 써
서는 안 될 것이고, 그렇다고 그냥 상중(喪中)에 모시는 기제(忌祭)
처럼 축문도 없이 지내는 것도 너무 서운한 일입니다. 이 경우 어떻
게 하면 인정에도 맞고 예제(禮制)에도 맞겠습니까?

問: 內艱後十一月而行練祀, 至初朞之月, 未行祥事; 而又遭外艱, 過卒哭
後始擇日, 依父在母喪之制, 追行大祥, 而權設几筵, 未得祔廟矣. 今前喪再
朞隔日, 旣行大祥, 則祝文固不當以『備要』[132]所載大祥祝辭書之; 而若只如

---

132 『備要』: 『喪禮備要』의 약칭이다. 이 책은 본래 조선 중기의 학자로 金長生
과 교유하였던 申義慶이 1권 1책으로 편찬한 것인데, 뒤에 친구인 김장생이
광해군 12년에 여러 대목을 增補하고 아울러 당시 세상에 쓰이는 禮制도
참고하여 이용하기에 편리하도록 만든 다음 서문을 붙였으며, 그 뒤에 다시

喪餘忌祭之無祝設行, 則又甚缺然. 未知何以則合於情禮耶?

답(答)

13개월만의 대상을 이미 지냈으면 재기(再朞) 때 대상 축문을 써서
는 안 되고, 상중(喪中)의 기제(忌祭)처럼 지낸다고 하신 말씀이 옳
습니다. 삼년상이 끝나지 않았으면 사당 제사를 감히 전폐할 수는
없지만, 그렇다고 예(禮)를 제대로 갖출 수 없고 축문도 쓰지 못하
니, 이는 옛날에 삼년상 동안은 제사 모시지 않았던 뜻을 미룬 것으
로 후세의 유자(儒者)들이 이렇게 하였습니다. 이로써 미루어 보면
축문은 없어야 할 듯합니다.

答: 十三月之祥旣行, 則再期不可用大祥祝, 以喪餘忌祭處之云者當矣. 凡
三年之喪未畢, 則家廟之祭, 雖不敢專然廢之, 不可備禮, 不用祝; 卽以古
者喪三年不祭之意推之, 而後儒之所行也. 以此觀之, 則似無祝矣.

문(問)

입묘(入廟)할 때 선묘(先廟)에 고하는 축문은, 제사할 때 효자(孝
子)·효손(孝孫)으로 쓴다는 선유들 말이 있기는 해도 삼년상 동안
은 생시와 같이 모시고 또 신주(神主)를 고쳐 쓰지도 않으니, 축문
에 효증손(孝曾孫)이라고 쓰는 것은 어떨까 싶습니다. 그리고 "대상
이 이미 지나갔으니, 예제(禮制)로 보아 부묘(祔廟)해야겠습니다.

김장생의 아들 金集이 교정하여 仁祖 26년에 2권 1책으로 간행하였다.

운운" 하는 것도 어딘가 구애되는 바가 있을 듯하니, 달리 쓸 적당한 말이 있습니까? 이 일에 관해 근거할 만한 경문(經文)을 찾을 수 없어 이렇게 상의드립니다. 회답해 주시기 바랍니다.

問: 入廟時告先廟祝文, 先儒雖有祭稱孝子孝孫之論, 外喪三年之內, 象生時而旣未改題, 則祝書孝曾孫, 恐似如何, 而大祥已屆, 禮當祔云云, 亦似有碍; 當有別般措語耶? 此事未得可據經文, 故玆用奉議, 幸望回敎.

답(答)

제사에는 효(孝), 상사에는 애(哀)라고 쓰는 것은 『예기(禮記)』 「잡기(雜記)」에 있는 말입니다. 이는 상중(喪中)의 제사를 말하고 있는 것이지 가묘(家廟) 제사를 말하는 것은 아닙니다. 효(孝)라는 글자는 제사를 맡는다는 뜻이 들어 있으니, 신주를 고쳐 쓰기 전에는 그렇게 써서는 안 될 듯합니다. 그러나 지금의 경우는 부묘(祔廟) 의식을 대상 후 궤연(几筵)을 철거하는 날 거행하지 못했으니, 재기(再朞) 날에 대상을 마치고 하는 예와 똑같이 부묘해서는 안 될 듯합니다. 아조(我朝) 선배들이 이 문제에 대해 토로한 편지 내용을 말씀드리겠습니다.

노형운(盧亨運)이 묻기를,

"모친상을 당하여 아버지가 계시기 때문에 부묘를 먼저 할 수 없어 입묘(入廟)하지 못했는데, 그 후 부친상을 당했습니다. 부친상이 끝나기 전이라도 모친의 신주를 먼저 입묘할 수 있습니까?"

하자, 정한강(鄭寒岡)이 답하기를,

"먼저 입묘해서는 안 되고 아버지 생전에 어머니 신주를 모셔 두었던 곳에 그대로 모셔 두었다가 아버지 신주와 함께 입묘해야 된다."
했습니다.

다시 생각해 보니 어머니를 대상 후에 곧바로 예제에 따라 입묘했어야 하는데 이왕 그렇게 하지 못했고, 그렇다고 뒤에 돌아가신 아버지 상까지 다 끝나도록 기다리자면 구애가 있습니다. 그렇다면 축문에 "증손 아무 감소고우〔敢昭告于〕……." 하고 그 뒤에 "선비(先妣) 대상이 이미 지났는데도 아직 부묘(祔廟) 의식을 거행 못했다가 지금 재기(再朞) 날에 현증조비(顯曾祖妣) 사당에 입부(入祔)합니다.……." 하는 것이 어떨지 모르겠습니다.

答: 祭稱孝喪稱哀,「雜記」之文也. 此指喪中之祭, 非謂家廟也. 孝字有主祀之意, 未改題之前, 恐不當稱. 然而今此所遭祔廟之儀, 旣未行於祥祀撤几筵之日, 則似不可以再朞之日依大祥之例而入祔也. 我朝前輩所論書告耳. 盧亨運[133]問: "母喪以父在, 不敢先祔, 而未入廟, 則父喪未畢, 先妣神主, 先入廟乎?" 鄭寒岡答曰: "不可先入廟, 當仍奉於父在時所安之處而偕祔入廟." 更思之, 內艱祥後, 卽當依例入廟, 而旣不如此, 又將因以至於後喪喪畢, 似有拘碍之端. 然則祝文曰: "曾孫某敢昭告于云云, 先妣祥事已過, 未行祔廟之儀, 今於再朞之日, 入祔于顯曾祖妣云云", 未知如何?

----

133 盧亨運 : 자는 時甫이고 호는 素菴이며, 본관은 豊川이다. 鄭寒岡의 제자이다.

3. 남군옥(南君玉)-계(堦)-에게 답한 편지

答南君玉-堦-書 갑신년(1764, 53세)

보내주신 편지에 "귀천을 막론하고 벗의 힘을 빌려 자신을 성취시킨다."고 하신 말씀은 참으로 틀림없는 말입니다. 신(信)이 오행(五行)에서는 토(土)에 속하는데, 토는 또 사계절에 기왕(寄王)합니다. 신 역시 인의예지(仁義禮智) 중에 두루 들어 있으니 인의예지 모두를 성실(誠實)하게 하고자 하는 것입니다. 붕우(朋友)는 신에 속하는데 나머지 사륜(四倫)이 붕우의 강마(講磨)로 인하여 밝아질 수 있는 것이고 보면 그 이치가 진실로 중요하지 않습니까. 그러나 세상 도의가 몰락하여 서로 아는 자라고 해야 기껏 얼굴로 사귀거나 세리(勢利)로 사귀는 정도이고, 마음과 정으로 사귀는 것도 지금 세상에 바라기 어려운데 더구나 도의로 사귀는 일이겠습니까.

지금 세상에는 또 한 가지 폐단이 있으니, 붕우 간에 서로 사귀면서 아양을 떨거나 서로 추켜세울 생각만 하고 상대를 경계하고 바로잡아 주는 의리는 없으며, 또 혹시라도 경계하고 바로잡아주는 말을 하면 곧 자기를 비방한다고 하여 그 친밀했던 사이가 벌어져 다시는 합쳐지지 못하니 어찌 한심한 노릇이 아니겠습니까. 집사(執事)께서 붕우의 도리를 중시하여 먼저 말씀을 하시니 이 얼마나 감사하고 다행한 일입니까. 어진 스승을 잃고 의지할 곳 없는 우리들이 나이는 다 늘그막인데 서로 가르치고 타이르고 하여 아직 사라지지 않은 실오라기만 한 학문을 향한 마음이라도 지켜갈 수 있다면 참으로 큰 다행일 것입니다. 알지 못하겠습니다. 어떻게 생각하십니까?

사단칠정(四端七情)에 대한 논변은 사문(師門)의 『사칠신편(四七新編)』이 나온 후로는 이제 더 밝힐 것이 없습니다. 얼마 전 기명(旣明)이 성중(星中)에서 돌아와 하는 말이, "성인의 공평한 희노(喜怒)는 기(氣)에 속하지 않고 이발(理發)이라고 경협(景協)이 주장하고, 원양(元陽) 역시 그것이 퇴계선생의 만년의 정론(定論)이라고 하자, 이에 윤장(尹丈)이 서신을 띄워 그것이 아님을 강력히 변설했다."고 하는데, 왕복한 편지를 비록 보지는 못했지만 선생이 역책(易簣)하신 지 얼마 되지도 않아서 동문 사이에 주장이 엇갈려 이러한 말들이 나돌고 있으니 역시 탄식해 마지않습니다.

示諭'勿論貴賤, 須友以成'者, 誠不刊之語也. 信於五行屬土, 土寄旺於四時[134], 而信亦通行於仁義禮智之中, 欲其有誠實之工也. 朋友屬信, 而四倫之明, 又待朋友講磨而得, 則其義固不重耶? 然而世道交喪, 所謂相知者, 不過面交勢交而止, 心交情交, 亦難望於斯世, 況於道義之交乎! 今世又有一種俗弊, 朋友相交, 惟以媚悅推獎爲意, 不聞有規箴之義, 一或規箴, 便謂之訕己, 膠漆者解而不復合, 豈不寒心哉! 執事旣以友道爲重, 先爲敎告, 何等感幸! 奄失賢師, 依仰無所, 吾儕年紀, 皆在暮境, 惟當胥敎胥誨, 保守此一縷未泯之心, 誠大幸也. 未諗如何? 四七之辨, 自師門『新編』[135]之出而

---

134 土寄旺於四時 : 五行의 土는 四時에 해당하는 계절이 없어 그 數를 나머지 四行인 金·水·火·木에 각각 分屬시키는 것이다. 즉 五行이 돌아가며 1년에 72일씩을 맡아 왕성한 기운을 펼치는데 이를 旺이라 한다. 그런데 土는 72일을 계속해 왕성하지 못하고 네 계절의 끝에 붙어 18일씩 기운을 펼친다. 그러므로 寄旺이라고 한 것이다.

無遺蘊矣. 頃日旣明自星中[136]還言: "景協以聖人之公喜怒, 謂不涉於氣而
出於理發, 元陽亦謂先生晩來定論云, 故尹丈移書, 力辨其非"云. 雖不見其
往復之書, 而先生之易簀[137]未幾, 同門之議論携貳, 有此一番辭說, 亦爲之
興歎不已也.

135 『新編』: 星湖 李瀷이 지은 四端七情에 대한 해설서인『四七新編』의 약칭이
다. 1권 1책으로 되어 있으며, 내용은 퇴계의 性理說을 주로 지지하는 것이
다.

136 星中: 星湖 李瀷이 살던 경기도 安山의 瞻星里를 가리킨다.

137 易簀: 스승 또는 훌륭한 학자의 죽음을 뜻하는 말이다. 공자의 제자인 曾子
가 임종할 때 魯나라의 실권자인 季孫氏에게 받은 대자리[簀]에 누워 있다가
곁에 있던 동자가 지적하자 자신은 대부가 아니기 때문에 이를 깔 수 없다
하고 다른 자리로 바꾸어 깐 다음 운명했다는 고사에서 유래하였다. 『禮記
檀弓上』

4. 한함지(韓咸之)-덕일(德一)-에게 보낸 편지

與韓咸之-德一-書 기묘년(1759, 48세)

구공(歐公)의 일은 『자경편(自警編)』을 보았더니, 과연 구공이 이릉(夷陵)에 있을 때였습니다. 윗글에 개봉(開封) 때라는 말이 있었기 때문에 기억을 잘못한 것입니다. 이를 보면 총명은 믿을 것이 못 되고 평소 익히 알았던 글들도 틀리기 쉽다는 것을 알게 됩니다. 형은 그동안 여러 고을의 수령을 거쳐 지금은 백성들의 정위(情僞)를 거의 다 알 수 있을 터이니, 눈앞에 온전한 소가 없다고 할 만큼 고을을 다스리는 일은 환히 아실 것입니다. 그러나 손에 익으면 익을수록 일 처리를 너무 쉽게 한 나머지 차질을 부르기도 쉬우니, 혹시 제가 이릉을 개봉으로 잘못 알았던 것처럼 너무 익숙한 글을 입에 오르는 대로 읽어내려 가다가 자칫 틀리게 읽는 것과 같은 경우가 없지 않을 것입니다. 어떻게 생각하십니까?

작일(昨日)에 작별할 때 물으시기에 별 생각하지 않고 독서를 많이 하시라고 답했는데, 이는 수재(秀才)들이 강학하는 것처럼 하라는 뜻이 아닙니다. 수령(守令)이면 민간의 일들이 많아 사실은 독서에 미칠 여력이 없을 것입니다. 그러나 성현의 글을 늘 읽고 외워 의리(義理)가 항상 가슴속에 푹 젖어들도록 하면 무슨 일을 대했을 때 객기(客氣)가 혹 물러나고 무언가 경각할 바가 있을 것입니다. 세상 수령들이야 어찌 일일이 다 그렇기를 바라겠습니까. 형은 이미 자부하시는 바가 가볍지 않고 게다가 물으셨기에 이렇게 한 말씀 올리지 않을 수가 없습니다. 이 역시 늙은이의 늘상 하는 말이니, 우스운 일입니다.

歐公事, 檢『自警編』[138], 果是夷陵時[139]也. 上文有開封時語, 故憶得錯了
也. 以此知聰明之不可恃, 而平日熟習之書, 易至差忽也. 兄累典州郡, 今則
民之情僞, 亦幾盡知; 而可謂目無全牛[140]也. 然手段旣熟, 處事多快, 易至

----

138 『自警編』: 宋나라의 宗室 趙善璙가 宋代의 名臣과 大儒의 훌륭한 말과 행실
   을 기록한 책이다. 조선시대 世宗이 이 책에 매우 감명을 받아『治平要覽』을
   편찬하게 하였고, 成宗 때에는 梁誠之의 상소로 이 책을 간행하였다.『欽定
   四庫全書摠目』『世宗實錄』『成宗實錄』

139 歐公……夷陵時 : 구공은 北宋의 歐陽脩를 가리킨다. 구양수의 일은 어떤
   것인지 알 수 없다. 구양수가 景祐 3년인 1036년에 范仲淹이 呂夷簡에게
   국정의 폐단을 지적하였다가 朋黨으로 지목당해 饒州로 좌천당하였다. 당시
   尹洙 등은 글을 올려 범중엄을 구하려 노력하다가 함께 좌천당하였는데,
   정작 知諫院으로 있던 高若訥만은 간언을 올리지 않았고 도리어 축출해야
   한다고 주장하였다. 이때 구양수가「與高司諫書」란 편지를 보내어 인간의
   염치도 모르는 자라고 꾸짖었다가 夷陵縣令으로 좌천당하였다. 후일에 범중
   엄이 陝西로 나가면서 구양수를 從事官으로 임명하자, 구양수가 웃으면서
   "예전의 일이 어찌 자신의 이익을 도모하기 위해서 한 것이겠는가. 함께 물러
   나는 것은 괜찮아도 함께 진출하지는 말아야 한다."라고 말하며 사양했던
   일이 있다.『宋史 卷319 歐陽脩傳』

140 目無全牛 : 전국시대에 庖丁이란 백정이 文惠君을 위해서 쇠고기를 발라낼
   적에 문혜군이 그 솜씨에 감탄하며 비결을 묻자 포정이 칼을 놓고 대답하기
   를 "신이 좋아하는 것은 도이니, 그것은 기예보다 앞서는 것입니다. 신이
   처음 소를 잡을 때는 눈에 보이는 것이 다 소뿐이었는데, 3년 뒤에는 온전한
   소가 보이지 않았고, 지금은 신이 영감으로만 대할 뿐, 눈으로 보지를 않습니
   다.……지금 신의 칼은 19년 동안이나 썼고 또 잡은 소만도 수천 마리나
   되지만, 칼날은 마치 숫돌에 지금 막 간 것처럼 멀끔합니다. 저 소의 뼈에는

差忽, 或不無如熟習之書, 信口疾讀, 至於失誤, 若弟之誤認夷陵爲開封也.
未知如何? 昨別有問, 率爾奉答以讀書相勸者, 此非如秀才講學也. 爲守令
者, 民社事繁, 實無餘力及此. 然若將聖賢文字, 常常諷誦, 使義理浸灌胸
中, 則臨事之際, 客氣或能退伏而知所警矣. 世間作宰者, 豈可人人而望此
乎? 兄旣自處不草草, 且有所問, 故不得不以一得相浼; 是亦老生之常談,
亦覺一笑也.

틈이 있고 칼날에는 두께가 없는데, 두께가 없는 칼날을 틈이 있는 뼈 사이에
넣으므로, 넓고 넓어서 그 칼날을 휘두르는 데에 반드시 여유가 있게 됩니
다.〔臣之所好者, 道也, 進乎技矣. 始臣之解牛之時, 所見無非牛者, 三年之
後, 未嘗見全牛也. 方今之時, 臣以神遇. 而不以目視.……今臣之刀, 十九年
矣, 所解, 數千牛矣, 而刀刃若新發於硎. 彼節者有間, 而刀刃者無厚; 以無厚
入有間, 恢恢乎其於游刃, 必有餘地矣.〕라고 한 데서 온 말로, 재능 또는
안목이 매우 뛰어남을 비유한 것이다. 『莊子 養生主』

5. 한함지에게 답한 편지

答韓咸之書 경진년(1760, 49세)

궁벽하고 적막한 곳을 왕림하시어 반나절 동안 얘기를 나누면서 참으로 많은 깨우침을 받았으니, 위로되고 다행한 마음 그지 있겠습니까. 지금 또 이렇게 안부를 살펴주시는 편지를 받고 밤사이에 우거(寓居)하시는 정황이 좋으심을 알았으니, 우러러 위안이 됩니다. 음죽현(陰竹縣)의 옥사(獄事)는 다시 생각해 보았더니 매우 그렇지 않은 점이 있습니다.

율관(律官)이 말한 '자기 부모를 고발한 자는 참형에 처한다는 법조문이 있다.'고 한 것은 일반적인 경우를 말한 것입니다. '계모(繼母)가 비록 잘못된 행실을 했더라도 자식이 고발하면 그 자식을 참형(斬刑)에 처한다.' 하는 법조문이 없다면 그 사건을 위에 있는 법조문대로 적용하여 사죄(死罪)로 단정할 수는 없는 일입니다.

계모는 아버지로 말미암아 어머니로 대우하는 사람이니 만약 잘못된 행실을 했다면 잘못된 행실을 한 날부터 이미 아버지와는 관계가 끊어진 셈입니다. 어느 곳에서 다시 모자(母子)의 의리를 찾을 수 있겠습니까. 그러므로 옛날에도 "급(伋)의 처가 백(白)의 어머니이니, 급의 처가 아니면 백의 어머니가 아니다." 하였고, 또 "계모는 어머니와 같다."고 했으니, 어머니와 같다는 뜻은 어머니에 비해 다소 가볍다는 것입니다.

이 사건은 우선 그 계모가 잘못된 행실을 한 일이 있었는지 없었는지를 상세히 조사한 뒤에 아들의 죄를 따져야 할 것입니다. 대뜸 모자

(母子) 사이라는 명분만을 내세워 참형에 처하는 법을 적용한다면, 분명해야 하고 신중을 기해야 하고, 되도록이면 죄수의 입장을 고려해야 하는 형벌의 도리가 아무래도 이와 같지 않을 듯합니다. 저율관이야 그 법조문을 그저 외우고 있을 뿐이지 그 이치를 어찌 알겠습니까.

국가에서 정한 법은 당연히 그대로 지켜야 하지만 풀기 어려운 문제를 만났을 때는 반드시 의리와 경의(經義)를 참작해 보아야만 옳게 판단할 수 있을 것입니다.

대저 세도(世道)는 날로 낮아지고 인심은 간교하고 사악하여 사람들의 말을 다 믿기 어렵습니다. 그 계모가 과연 재산이 많기 때문에 전실(前室) 자식이 그녀를 죽이고 재산을 독차지하려고 이웃 사람들을 꾀어 이해로 속였다면 전실 자식이 그동안 온갖 간교하고 거짓된 짓을 다했을 것입니다. 이른바 '이웃 아낙의 입증(立證)과 간부(間夫)의 자백은 모두 믿을 수 없다.'는 경우이니, 자세히 살펴 처리하지 않으면 안 될 것입니다. 만약 계모가 잘못된 행실을 했는데 자식이 어미를 고발했다 하여 그 죄로 죽인다면 그 아들이 어찌 원통하지 않겠습니까. 만약 계모는 애매한데 이웃 아낙들의 입증과 간부의 자백만 믿고 나쁜 짓을 한 죄로 다스린다면 계모가 어찌 원통하지 않겠습니까. 이 모두가 매우 난처한 일이니 십분 신중을 기해야지 일시적인 생각으로 판결하는 것을 능사로 여겨서는 안 될 것입니다. 이만 줄이겠습니다.

窮寂中, 冠盖臨枉, 半晝淸誨, 開發良多, 慰幸何已! 玆奉俯存, 更審夜回, 寓履珍重, 仰慰. 陰竹[141]獄事, 更思之, 深有不然者. 律官所云'律有告父母者處斬之文'者, 此以大綱說也. 若無'繼母雖失行, 子告處斬'之文, 則不可以此蒙上文而斷以死罪也. 繼母者, 以父而母之也; 若果失行, 則失行之日, 已與父絶, 何處更討母子義看? 故曰:"爲伋也妻者, 爲白也母; 不爲伋也妻者, 不爲白也母.[142]" 又曰:"繼母者如母也.[143]" 如母之義, 比母較輕矣. 此事當詳覈其繼母失行之有無, 然後論其子之罪耳; 遽然徒執母子之重名而施之以處斬之律, 則其於明愼欽恤[144]之道, 恐不如是也. 彼律官徒能誦習律文而已, 烏知其義哉? 三尺之法[145], 雖當敬守勿失, 而至盤錯處, 必以義理經義相參然, 後可以得當矣. 大抵世道日下, 人心巧惡, 有難盡信. 其繼母果饒財産, 其前子欲謀害而幷其財, 招誘鄰里, 啗之以利, 則其間巧僞, 亦無所不有; 所謂鄰婦之立證, 間夫之自稱, 皆不可信也, 亦不可不詳審處之. 若繼母失行, 而罪其子之證母而殺之, 則子豈不寃乎? 若繼母曖昧, 而徒信鄰婦之立證, 間夫之自稱, 而治之以失行之律, 則母豈不寃乎? 此甚難處, 都在十分詳愼, 不可以一時夬斷之爲能也. 餘不宣.

---

141 陰竹 : 경기도 廣州에 속한 縣이다.

142 爲伋……也母 : 伋은 孔子의 손자인 子思의 이름이고 白은 자사의 아들이다. 백이 쫓겨난 어머니〔出母〕가 죽었을 때 喪服을 입지 않은 것에 대해 자사가 "급의 처가 바로 백의 어머니이니, 급의 처가 아닌 사람은 백의 어머니가 아니다." 하였다. 『禮記 檀弓上』

143 繼母者如母也 : 『儀禮』「喪服」에 보이는데, "繼母如母"로 되어 있다.

144 明愼欽恤 : 明愼은 『周易』 旅卦 大象에 "형벌을 쓰기를 밝게 하고 신중하게 하며 옥사를 지체해 두지 아니한다.〔明愼用刑, 而不留獄.〕"한 데서 온 말이고, 欽恤은 『書經』「舜典」에 "공경하고 공경하여 형벌을 신중히 하셨다.〔欽哉欽哉, 惟刑之恤哉.〕"한 데서 온 말이다.

145 三尺之法 : 주 45) '三尺' 참조.

6. 한함지에게 답한 편지

答韓咸之書 계미년(1763, 52세)

지난번 편지에 정사(政事)를 어떻게 하고 계신지를 잘 보여 주셨기에 병중에 읽으면서 자못 위안이 되었습니다. 영남의 민심이 크게 변한 것은 참으로 말씀하신 대로이니, 전부가 어진 수령이 그 원인을 찾아 옳게 다스리는 데 달렸습니다.

대저 근래 와서 윗사람과 아랫사람이 서로 불신한 지가 오래입니다. 이런 까닭에 서로 해치다가 점점 고질로 굳어져 마침내 인심이 나쁜 탓으로 문제를 돌리고 일체를 위세와 힘으로 다스리려 하고 있으니, 이 어찌 민심을 복종시킬 방도이겠습니까. 전국(戰國)시대에는 전쟁을 좋아하고 속임수를 일삼았으니, 당시의 인심은 틀림없이 이루 말할 수 없이 악했을 것입니다. 가령 지금의 성질이 있는 자가 그때를 만났더라면 틀림없이 못된 아랫사람을 쇠뭉치로 단번에 때려죽일 마음이 있었을 터이지만 맹자(孟子)는 제(齊)·양(梁)의 임금들을 설득하면서 반드시 "차마 못하는 어진 정사〔不忍之政〕를 베풀라."고 했습니다. 그렇다면 비록 은혜와 위엄을 함께 쓰고 관용과 용맹이 조화를 이루더라도 요컨대 결국 '애민(愛民)' 두 글자를 벗어나지 않아야 합니다.

영남의 풍속이 아무리 어긋나고 패악하다 해도 전국시대처럼 그렇게 심하지는 않을 터이니, 이는 모두 그동안 방백(方伯)과 수령들이 백성을 잘못 다스려 풍속이 따라서 바르지 못하게 된 것입니다.

前書頗示爲政規度, 病中奉讀, 殊以爲慰. 嶺外民俗之大變, 誠如來諭; 都在賢良究源制治之得宜矣. 大抵邇來上下之不信, 久矣. 是以, 胥殘轉輾沉痼, 遂委以人心之惡, 欲以一切之威力治之; 是豈服民心之道乎? 戰國之世, 尙戰伐, 崇詐僞; 人心之惡, 必有不可勝言者. 使今之有氣性者當之, 必有一椎打殺之心; 而孟子說齊梁之君, 必曰行不忍之政. 然則雖恩威幷行, 寬猛交濟, 而其要不出於愛民二字而已. 嶺俗雖甚乖悖, 未有若戰國之甚; 是都由於前後導帥之失其道, 而俗習隨而不正也.

7. 한함지에게 보낸 편지

與韓咸之書 갑신년(1764, 53세)

근간에 영남으로부터 온 사람이 있기에 형의 정사(政事)가 좋은 평판이 있다는 말을 듣고서 은혜로운 교화가 두루 미치고 있음을 알 수 있었습니다. 지금 형의 편지를 보고서야 그 시말을 상세히 알았으니 그동안 알맞은 조치를 잘 시행하여 그렇게 되었을 것입니다. 너무나 위안이 됩니다.

대체로 정사는 왕도(王道)와 패도(伯道)를 따질 것 없이 백성들의 마음에 순응해야 할 뿐입니다. 근래에 일종의 의론이 나와 주장하기를, "만약 백성들을 따라줄 일이 있으면, 자신의 몸가짐을 닦는 선비는 혹 명예를 구하려고 한다는 말이 나올까 염려해서 일부러 피한다."고 하니, 이는 이른바 "군자가 명예를 피하려고 하면 선(善)을 할 길이 없다."는 것입니다. 어찌하여 이런 혐의를 의식한단 말입니까.

혹자는 말하기를, "말세 사람들은 완악하니, 오직 위력으로 눌러야 한다."고 하면서 인심과 힘써 싸우고자 하는데, 인심을 거슬러서 정사가 잘 될 리가 있겠습니까. 요순(堯舜)이 성군(聖君)인 까닭은 민심에 순응했기 때문이고, 걸주(桀紂)가 포악한 임금이 된 까닭은 민심에 순응하지 못했기 때문입니다. 이런 까닭에 민심이 쏠리는 곳이면 하육(夏育)의 용맹도 소용이 없고, 오획(烏獲)의 힘도 맥을 추지 못하고, 간장(干將)·막야(莫耶) 같은 예리한 칼도 쓸 데가 없습니다. 그리하여 민심의 흐름이 마치 강하(江河)가 터진 것처럼 그침 없어 막을 길이 없는 것입니다. 이를 미루어 말하면, 민심과 싸워서는 안

됨이 분명합니다.

형이 다스리고 있는 지방을 가지고 말하더라도 대가(大家) 우족(右族)들이 대대로 향리의 권세를 틀어잡고 있으니, 이러한 세족(世族)들을 잘 지도하여 교화하면 백성들의 마음이 쏠려 따라오는 것은 실로 파죽지세와 같을 것입니다. 그런데도 그동안 고을을 맡은 수령들이 번번이 색목(色目)이 다르다는 이유로 억압하는 방법만을 써서 우족들로 하여금 원망하는 마음을 품게 만들었고, 따라서 백성들도 다스리기 어려웠던 것입니다. 지금 형이 하신 정사가 이 큰 관건을 해결하였으니, 공자(孔子)께서 이른바 "정사하는 데 무슨 문제가 있겠느냐."고 하신 말씀이 바로 형을 두고 한 말입니다. 이는 모두 늙은 이의 케케묵은 얘기인데도 그동안 몽매한 말을 자주 해드렸던 것은 고인이 벗에게 충고했던 의리를 우리 형에게 하고자 했던 것이었습니다. 그런데 형이 우습게 여기지 않고 내가 한 말을 인정해 주셨으니, 얼마나 감사하고 다행한지요!

관리들이 농간 부리는 짓을 막기 어려운 것은 실로 자기의 총명으로 알 수 없기 때문입니다. 저들이 비록 간사한 짓을 하는 데 능숙하다 하더라도 그들도 사람이니 만약 나라와 백성을 지성껏 위하는 뜻으로 나무라면 될 것입니다. 비록 평소에 아끼고 신임하던 사람이라도 한 번 법을 어기는 일이 있으면 가차 없이 응징하여 나의 공정한 마음을 보여 주어야 할 것입니다. 제갈무후(諸葛武候 제갈공명)가 "내 마음은 저울과 같으니, 누구를 위해서 경중(輕重)을 조작할 수는 없다." 한 것이 바로 이런 경우를 두고 말한 것입니다. 형은 어떻게 생각하십니까? 세금 장부로 농간하는 따위의 짓으로 말하자면 가장 밝히기 어려우나 그때그때 잘 살피면 역시 절로 밝히는 방법이 있을 것입니다.

이만 줄이겠습니다.

間有人自南來者, 聞兄政聲穆然, 可知其惠化之流行矣. 今見兄書, 詳知其
始末, 盖有節度之布置而然也. 不勝溯慰. 大抵爲政無論王伯, 惟在順民心
而已. 近來一種議論, "如有順民之事, 則自脩之士, 或慮有要譽之道而曲避
之." 此所謂'君子避名, 無爲善之路[146]'者也, 奈何有心於其間乎? 或者以爲
末俗頑悍, 惟以威令脅之, 欲與人心力戰; 拂人心而有爲政之理耶? 堯舜之
所以爲聖, 順此民心也; 桀紂之所以爲惡, 不順此民心也. 是以, 民心之所
向, 夏育失其勇, 烏獲失其力[147], 干將莫邪[148]失其利, 沛然若江河之決而莫
之能禦. 推此言之, 則民心之不可與戰, 明矣. 試以兄所莅之地言之, 大家右
族, 世執鄕權; 若能導此世族以爲之敎, 則至於下民之歸化, 實同破竹之勢;
而前後爲官者, 每以色目之異同, 而行扶抑之術, 令右族懷怨懟之心, 而下
民亦從而難治. 今兄之爲政, 能辦[149]此大脊梁, 孔子所謂爲政乎何有[150]之

---

146 君子……之路 : 宋나라 范純仁이 "만약 명예를 좋아한다는 혐의를 피하면
선을 할 길이 없을 것이다.〔若避好名之嫌, 則無爲善之路矣.〕"하였다.『宋史
314권 范純仁傳』

147 夏育……其力 : 夏育은 중국 고대 周나라의 力士이고, 孟賁은 중국 고대 전
국시대 齊나라의 용사이다. 이 두 사람을 병칭하여 賁育이라 한다. 하육은
1000균(鈞), 즉 3만 근의 무게를 들어 올렸고 맹분은 맨손으로 쇠뿔을 뽑았
다고 한다.

148 干將莫耶 :『吳越春秋』「闔閭内傳」에 의하면, 춘추시대 吳나라 대장장이인
간장과 그의 아내 막야 부부가 한 쌍의 천하의 명검을 만들었는데, 부부의
이름을 따서 간장과 막야로 불렀다 한다.

149 辦 : 문집에는 '辨'자로 되어 있는데 문리로 보아 고쳤다.

訓, 寔兄之謂也. 此皆老生陳談, 而前後贅說之仰煩者, 欲以古義有望於吾
兄, 而兄亦不以爲笑, 許其一得之見[151], 何感何幸! 吏寶之難塞, 實非聰明
之可及. 彼雖習於爲奸, 是亦人也; 若以至誠爲國爲民之意責之, 雖素愛任
之人, 一有干犯, 不少饒貸, 以示我公正之心. 武侯曰: "我心如秤, 不能爲
人作輕重"者, 此也. 兄以爲如何? 至若簿書之弄奸, 最爲難卜, 而隨事隨察,
亦自有可辨之道矣. 不宣.

150 爲國乎何有 : 공자가 "능히 禮와 겸양으로써 한다면 나라를 다스림에 무슨
어려움이 있으며, 예와 겸양으로써 나라를 다스리지 못한다면 禮를 어찌하리
오?〔能以禮讓, 爲國乎何有; 不能以禮讓爲國如禮何?〕" 하였다. 『論語 里人』

151 一得之見 : 『晏子春秋』에 "성인도 천 번 생각하다 보면 반드시 한 가지 실수
는 있게 마련이고, 어리석은 사람도 천 번 생각하다 보면 반드시 한 가지
얻는 바가 있다.〔聖人千慮, 必有一失; 愚人千慮, 必有一得.〕"라고 한 데서
온 말로 자기 견해에 대한 겸사로 쓰인다.

8. 번암(樊巖) 채백규(蔡伯規)-제공(濟恭)-에게 보낸 편지

與樊巖蔡伯規-濟恭-書 신축년(1781, 70세)

안부를 묻지 못한 지가 벌써 여러 해 되었습니다. 그리운 생각이야 잠시도 멎을 때가 있었겠습니까. 새해를 맞이하여 체후가 건강하고 만복을 받으시리라 생각되니, 위안이 되고 축하합니다. 정복은 원래 병약한 몸으로 6, 7년 이래 거듭된 상사(喪事)로 더욱더 곤궁하고 외로움이 더욱 심한데 서산에 해가 지듯이 죽을 날이 날로 가까워 오니, 오직 훌쩍 세상을 떠날 때만 기다릴 뿐입니다. 스스로 가련해한들 어찌하겠습니까!

제가 합하(閤下)에 대해서는 명성을 익히 들은 지가 40년이 넘었으나 서로 신분이 현격히 달라 쉽게 만나지 못하다가 신사년 가을 합하께서 순선(巡宣)하시는 여가에 다행히 저의 집에 왕림해 주셨고, 임진년 여름 서연(書筵) 강석에서 다시 풍모를 뵐 수 있었으니 전후로 얼굴을 뵌 것이 오직 이 두 차례뿐이었습니다. 연전(年前)에 서울에 있을 때 실로 한번 찾아뵙고 싶었으나 늙은 몸의 마음과 발길이 어긋나 끝내 한번 뵙지 못하고 말았으니, 고루한 선비의 옹졸한 태도를 합하께서는 틀림없이 이해하고 빙그레 웃으셨을 것입니다. 지금은 합하께서 임금의 은총으로 한가한 몸이 되어 집안에 들어앉아 자정(自靖)하고 계시니, 틈을 타서 찾아뵙고 평생 못다한 회포를 풀어야 할 것입니다. 그러나 늙고 병들어 그렇게 하지 못하니 생전에 뵈올 길이 아무래도 없을 것 같아 멀리서 길게 탄식할 뿐입니다.

끝으로 절서(節序)에 따라 건강을 살피시어 공사(公私)간에 위안을 주시기를 엎드려 빕니다. 이만 줄입니다.

不通起居之問, 已多年矣; 傾慕之懷, 何時暫弛? 伏惟新正, 體元履端, 氣體
康福, 慰賀慰賀. 鼎福本以癃廢之質, 六七年來, 喪威重疊, 窮獨益甚, 而西
暉將迫, 鬼事日近, 唯俟遊魂之一變耳. 自憐奈何! 鄙生之於閣下, 相聞之
熟, 逾四十年, 而雲泥路殊, 奉際未易; 辛巳秋巡宣之暇, 幸蒙枉顧, 壬辰夏
書筵講次, 復瞻威範, 前後惟此二度面奉而已. 年前在京時, 實欲穩候門屛,
而老蔭蹤迹齟齬, 竟失一拜; 拘儒拙態, 閣下想必諒知而莞爾矣. 今則閣下
蒙恩就閑, 杜門自靖; 正宜乘暇進候, 以攄平生未盡之意, 而老病未果; 此
生恐無奉拜之路, 嚮風長歎而已. 餘伏祝若時愼重, 以慰公私. 不宣.

9. 번암에게 보낸 편지

與樊巖書 임인년(1782, 71세)

제가 대감(台監)과는 친분은 비록 소원하지만 일이 옳고 그름이 있을 때는 반드시 제 소견을 들려드리고자 하였습니다. 지난번 대감께서 모함에 빠져 온 조정이 쟁집(爭執)하는 지경에 이르렀는데, 대감께서는 평소 충효(忠孝)의 대절(大節)로 자처하셨고 지구(知舊)들도 모두 이를 인정하였거늘 어떻게 하셨기에 이러한 지경에까지 이르셨는지요? 당시 위로의 편지라도 한 장 올리고 싶었으나 세상 인심이 험해서 남명(南冥)이 말했던 것처럼 큰 당(黨)에서 끄는 자가 있을까 두려워서 그만두었으니, 이 역시 제가 졸장부였기 때문입니다. 우스운 일입니다. 알지 못하겠습니다. 요즘 추운 날씨에 대감께서 평안하신지요?

정복은 30년 동안 병마와 싸워 온 몸이 다시 궁하고 외로워 의지할 데가 없으니, 집안일은 손자와 손부에게 맡겨 버리고 분수대로 그럭저럭 지내고 있습니다. 조석의 끼니도 잇지 못하고 독촉하는 세금도 납부하지 못했지만 일체 모른 체하고 남쪽처마 상수리나무 지붕 아래서 내 마음대로 기거하면서 지금의 삶을 부귀와도 바꾸지 않으리라는 생각을 가지고 있습니다. 이는 그야말로 과대망상에 걸린 야랑왕(夜郎王) 꼴이니, 이 역시 부유(腐儒)의 망상입니다.

강남 땅 만 리에 들꽃이 피었거니
봄바람 부는 어딘들 좋은 산이 없으랴

江南萬里野花發 何處春風無好山

라는 시구를 대감께서도 필시 아실 것입니다. 성상이 위에 계시니
비록 차마 대뜸 떠나지는 못할지라도 언제나 물러날 '퇴(退)'한 글
자를 유념해야 할 것입니다. 그래야 군신의 의리가 둘 다 온전할 수
있을 것입니다. 이 말이 교천언심(交淺言深)에 가깝지만 제가 대감
과는 마음으로 허여하는 사이이니 교분의 깊고 얕음이 무슨 상관이
있겠습니까. 억지로 지껄인 말이 이에 이르렀으니, 이는 오활한 선
비가 사리를 알지 못한 소치입니다. 너그러이 양해해 주시기 바랍
니다. 이만 줄입니다.

鄙人之於台監, 分雖疎矣, 其於事之有是有非, 必欲聞之. 向者落于坑塹, 至
於擧朝爭執之境, 台監平日以忠孝大節自許, 而知舊之所共許也; 未知何修
而至於斯耶? 伊時, 欲以一書候慰, 而世情危巇, 恐有如南冥所謂大黨所引
者而止焉, 此亦淺之爲丈夫也. 好笑. 不審日來寒沍, 台候萬重? 鼎福三十
年積病餘喘, 更以窮獨無依; 家事只憑小孫與其婦, 隨分挨過, 朝晝之饘粥
不繼, 糴稅之徵督難酬, 而一任不知, 但於南簷橡屋下, 隨意臥起, 有富貴不
易之意. 此可謂夜郎王之自大[152], 是亦腐儒之妄想耳. "江南萬里野花發, 何

---

152 夜郎王之自大 : 夜郎王은 漢나라 때 남쪽 야랑국의 왕으로 과대망상증에 걸
린 사람을 뜻하는 말로 쓰인다. 야랑왕은 1개 州의 크기에 불과한 작은 나라
왕으로서 한나라 사신이 갔을 때 한나라와 자기 나라, 어느 쪽이 크냐고
물었는데, 이에 牂柯太守가 야랑왕을 당장 체포하여 죽였다고 한다. 『史記
西南夷傳』

處春風無好山[153]"之句, 台監必知之矣. 聖明在上, 雖不忍便訣, 而當以一退
字爲主, 然後君臣之義, 可以兩全也. 此近於交淺言深[154], 而鄙生之於台監,
以心相許, 豈在于交分之淺深耶? 强聒至此, 此是迂措大不解事之致, 幸在
恕諒. 不宣.

---

153 江南……好山 : 고려의 말엽에 나라의 형세가 위태롭자, 어떤 중이 圃隱 鄭
夢周에게 이 시를 주면서 벼슬을 버리고 떠날 것을 넌지시 권하니, 포은이
눈물을 흘리면서 "슬프다! 이제 늦었다." 하였다고 한다. 『靑莊館全書 33권
淸脾錄2』

154 交淺言深 : 『戰國策』 「越策」에 나오는 말로, 사귄 지 오래지 않아 교분이
얕은데 경솔하게 깊은 내용을 말하는 것이다.

10. 번암에게 보낸 편지

與樊巖書 계묘년(1783, 72세)

눈바람이 차가운 이때 대감의 체후 만중하신지요. 정복은 병든 몸을 이끌고 직소(直所)에 나와 있으니, 이는 성상의 하유(下諭)가 매우 지성스러웠기 때문입니다. 이런 까닭에 하찮은 소신(小臣)으로서는 오직 그 명을 받들어 조금이나마 신하된 분수를 다할 도리밖에는 없었습니다. 혹자는 즉시 결단하여 돌아오지 않은 것을 잘못이라고 하는데, 이는 자신을 깨끗이 지키는 고상한 선비가 하는 일이지 나 같은 자가 할 수 있는 것은 아닙니다. 지금은 이미 넉 달의 임기를 채웠기에 곧 체직을 청하려고 하는데 뜻대로 될는지는 모르겠습니다. 대체로 마음가짐이란 스스로 반성해서 하자가 없으면 그만일 뿐입니다. 남의 말만 듣다가는 화살을 따라 과녁을 세우는 것과 다름없을 터이니, 얼마나 수고롭겠습니까. 소동파(蘇東坡)가 말하기를,

"오직 이 마음 하나가 위로는 옥황상제를 모실 수도 있고, 아래로는 비전원(卑田院)의 비렁뱅이도 부릴 수 있다."

했는데, 생각건대 평소 대감께서 솔직하게 일처리를 하고, 굳세고 강하여 좀처럼 남에게 굽히고 꺾이지 않기 때문에 남들에게 자주 미움을 받았던 것입니다. 그러나 대감의 마음이야 하늘이 아시고, 성주(聖主)가 아시고, 벗들이 알고 있습니다. 닥치는 화환(禍患)은 아무리 문을 닫고 구멍을 막는다 해도 면할 수 있는 것이 아니니, 내 분수를 지키면서 모든 것을 운명에 맡겨야 할 것입니다. 대감께

서는 어떻게 생각하십니까?

아침에 일어나 보니 쌓인 눈은 산에 가득하고 일만 그루 소나무, 전나무가 유독 푸른 빛을 자랑하고 있으니, 이러한 때 대감을 우러러 그리워하는 마음이 맑은 매미 소리를 들으며 벗 여동래(呂東萊)를 그리워했던 주자(朱子)의 마음에 못지않습니다. 돌아갈 날짜는 정해지지 않았고 뵙기는 쉽지 않기에 편지를 쓰노라니 마음만 서글플 뿐입니다.

不審風雪沍寒, 台體萬重？ 鼎福扶疾就直, 盖以聖諭勤摯. 故微末小臣, 惟當承命, 粗修臣分. 或以不卽決歸爲非; 此乃高尙之士所以自潔者, 非鄙人輩所可爲者. 今則已滿四朔, 將欲呈遞, 而未知能如意否也. 大抵處心都以內省不疚而已; 惟人言之是恤, 則無異於隨矢立的, 不其勞乎？ 東坡之言曰："惟此一心, 上可以事玉皇上帝, 下可以使卑田院乞兒.[155]" 竊想台監平日白直做事, 崛剛少曲折, 故屢憎於人. 然上天知之, 聖主知之, 親朋知之. 禍患之來, 非閉門塞竇所可免[156]; 只當守分任命耳. 未審台意如何？ 朝起,

155 東坡……乞兒 : 元나라 陶宗儀의 『輟耕錄』 20권 「天下士」에 보이는데 원문은 다소 다르다. 즉, "소동파가 천하의 선비들을 두루 사랑하여 어진 이 못난 이 없이 두루 좋아하였다. 일찍이 스스로 말하기를 '위로는 옥황상제를 섬길 수 있고 아래로는 비전원의 거렁뱅이를 섬길 수도 있다.' 하였다.〔蘇子瞻泛愛天下士, 無賢不肖懽如也. 嘗自言 : '上可以陪玉皇大帝, 下可以陪卑田院乞兒子.'〕"하였다.

156 若有……可免 : 南宋 韓侂冑가 성리학을 僞學으로 간주하여 많은 학자를 연루시켰다. 당시 西山 蔡元定이 朱熹의 문도라 하여 모함을 받고 가장 먼저 流配刑을 받고 道州로 귀양 가다가 春陵에 이르렀을 때 학자들이 많이 찾아

積雪滿山, 萬株松檜, 挺然獨青; 此際懷仰, 不下於蟬聲之益淸[157]矣. 歸期
未定, 瞻候未易, 臨紙悵惘.

왔다. 위학을 한다는 명목으로 귀양 가는 터에 학자들을 문하에 받아들이는
것은 위험하다고 만류하자 채원정은 배우러 오는 사람을 막을 수 없다고
하면서 "만약 화환이 있다면 문을 닫고 구멍을 막아서 피할 수 있는 것이
아니다.〔若有禍患, 亦非閉門塞竇所能避也.〕"하였다. 『宋史 434권 蔡元定傳』
여기서는 채원정의 이 말만 인용하였다. 『朱子大全 34권 答呂伯恭』

157 蟬聲之益淸 : 朱子가 친구인 東萊 呂祖謙에게 보낸 답서에서 "요 몇 일 동안
매미 소리가 더욱 맑으니, 들을 때마다 그대의 높은 풍모를 그리워하지 않은
적이 없었네.〔數日來, 蟬聲益淸 每聽之, 未嘗不懷高風也.〕"라 했던 고사를
인용하였다.

11. 번암에게 보낸 편지

與樊巖書 병오년(1786, 75세)

지난해에는 영남 선비 황군(黃君) 태희(泰熙)가 와서 저를 두고, "천주학을 배척하는 데 노익장이더라."라고 하신 말씀을 전했고, 올봄에는 또 홍상사(洪上舍) 석주(錫疇)가 "「불쇠헌기(不衰軒記)」를 찾아가라."고 하신 말씀을 전해 주었습니다. '불쇠(不衰)' 두 글자에 대해 대감께서 어떻게 듣고 아셨습니까? 이는 과연 성상(聖上)께서 저를 총애하시고 포양(褒揚)하시는 뜻에서 나온 것이었습니다.

그날 습의(習儀)의 성대한 예(禮)를 막 거행할 즈음 신하들이 직책과 성명을 고하여 알현(謁見)하고 물러나려던 참이었는데, 그때 유독이 천신(賤臣)을 위로해 주시고 또 '불쇠' 두 자를 내려 포양하셨던 것입니다. 물러나오자 동료들이 일제히 축하해 주었고, 정자상(鄭子尙) 대감과 조 성주(曹星州)는 편액으로 써서 보내주기까지 하였습니다. 돌아와 생각하니 이 늙고 병약한 몸이 아무런 능력도 없는데 성상께서 이런 하유를 내리셨으니, 이는 결코 실상에 맞지 않은 일입니다. 이에 한 마디 말을 해야겠다는 생각이 들어 주제넘게 다음과 같은 서툰 시구를 읊었습니다.

근력이 해가 갈수록 줄어 탄식하는데
주상께서 쇠하지 않았다고 말씀하셨네
신의 몸이 쇠하지 않은 것은 아니지만
지기는 늙어도 쇠하지 않도록 하리라

自歎筋力逐年衰 天語丁寧諭不衰

不是臣身能不衰 要令志氣不隨衰

지금 와서 스스로 면려할 것은 오직 지기(志氣)뿐인데 지기마저도 쇠하였으니, 장차 어찌하겠습니까. 그 시를 차운하셔서 저의 초라한 집을 빛나게 해 주시기 바랍니다.

근래 와서 평소 재기(才氣)를 자부하던 우리 쪽 젊은이들이 많이 신학(新學) 쪽으로 가서는 진리가 여기에 있다고 하면서 너도 나도 쏠리고 있으니, 어찌 한심한 노릇이 아니겠습니까. 신학에 거꾸러져 빠져드는 꼴을 차마 눈으로 볼 수 없어 서로 가까운 사이에만 대충 경계를 해 보았으니, 이는 진심에서 한 말이었습니다. 그런데 상대 쪽에서는 도리어 나쁜 마음으로 말하여 심지어는 나와는 감히 절교하지 못할 사이인데 절교하는 자가 있기까지 하니 용감하다면 용감하다 하겠습니다. 역시 한번 세상이 변하여 한 집안 사람끼리의 싸움이 이러한 지경에 이른 것입니다. 당론이 제각기 판을 치고 있는 이때 기회를 노려 돌을 던지는 자가 없으라는 보장이 어디 있겠습니까. 그렇게 가다가는 틀림없이 망하고 말 것입니다.

지금은 모든 것을 되는 대로 맡겨 버리고 벼룻집 표면에다 '마도견(磨兜堅)' 석 자를 써 두고 자신을 경계하고 있습니다.

지난번에 오성도(吳聖道)의 말을 들었더니 대감께서 「불쇠헌기(不衰軒記)」 안에 천주학을 배척한 내용이 있어 젊은 층들에게 지목될까 염려하여 가볍게 내놓지 못한다고 하던데 과연 사실입니까? 아! 이 무슨 말씀입니까. 천주학을 우리 두 사람이 물리치지 않으면 누가 그 일을 하겠습니까? 어른으로서 당연히 통렬히 물리치고 꾸짖어야지 어찌하여 굳이 앞뒤를 돌아보고 두려워 위축되는 태도를 보인단 말입니까. 이 어찌 모진 풍상(風霜)을 겪은 터에 또 하나의 적이 생길까 두려워 그러시는 것입니까. 절대 그럴 리는 없습니다. 절대 그럴 리는 없습니다. 베개에 엎드려 남을 시켜 근근이 씁니다. 이만 줄이겠습니다.

前歲, 嶺儒黃君泰熙來傳斥天學老益壯之敎; 今春, 洪上舍錫疇又傳軒記推去之諭. 不衰二字[158], 台監何以聞知耶? 此果出於聖上之寵褒. 當日盛禮方行, 羣臣職姓名告退之際, 獨於賤臣, 有慰問之諭, 且褒以二字. 同僚齊賀, 鄭台子尙及曹星州書扁額而送之; 歸後思之, 顧此衰癃屢質, 更無餘地, 而聖諭如此, 終非實事. 旋念有可言者, 故妄有拙句曰: "自歎筋力逐年衰, 天語丁寧諭不衰, 不是臣身能不衰, 要令志氣不隨衰." 今之所自勵者, 唯在志氣, 而志氣亦衰, 此將奈何! 幸乞次示, 以生蓽門之光色也. 近來吾黨小子之平日以才氣自許者, 多歸新學, 謂以眞道在是, 靡然而從之, 寧不寒心? 不忍目睹其顚倒陷溺之狀, 畧施規箴於切緊之間, 是出於赤心, 反以禍心言之, 至有不敢絶而敢絶者, 勇則勇矣. 亦一世變, 同室之鬪至此. 當此黨議橫流之時, 安知無傍伺而下石[159]者乎? 其勢必亡而後已. 今則任之, 而硯匣

158 不衰二字 : 1772년 世子翊衛司 翊贊에 제수되어 謝恩하고 習儀를 마쳤을 때 당시 세자였던 正祖가 다른 사람에게는 묻지 않고 유독 순암에게 "쇠하지 않았군요." 하며 안부를 물었고, 이 말에 감격하여 순암이 자기 집에 不衰軒이란 당호를 걸었다. 1권 「八月一日……仍成一絶」 참조.

159 下石 : 곤경에 빠진 사람을 구해주지 않고 오히려 기회로 여겨 해치는 것을 뜻한다. 韓愈의 「柳子厚墓誌銘」에 "어느 날 갑자기 털끝만큼이라도 작은 이

面, 書磨兜堅三字以自警耳. 向聞吳聖道言, 台監以記中有斥天學之語, 恐爲少輩之所指目而不輕出云, 果然否? 噫! 是何言也? 非吾二人斥之, 而有誰爲之耶? 爲長者當痛斥而禁呵之, 何必爲顧瞻畏屈之態耶? 豈非風霜震剝之餘, 恐又生一敵而然歟? 大無是也, 大無是也. 伏枕艱倩. 不宣.

해만 만나면 언제 보았느냐는 듯 눈길을 돌리고는, 함정에 빠졌어도 손을 한 번 내밀어서 구해 주려고 하기는커녕 오히려 뒤로 밀치면서 돌덩이를 던져 넣는다.〔一旦臨小利害, 僅如毛髮比, 反眼若不相識, 落陷穽, 不一引手救, 反擠之, 又下石焉.〕"한 데서 온 말이다.

12. 시암(尸菴) 권맹용(權孟容)-암(巖)-에게 보낸 편지

與尸菴權孟容-巖-書 병신년(1776, 65세)

이경협(李景協)이 죽었다는 소식을 듣고부터는 정신이 꼭 무엇을 잃어버린 듯 멍하고 허전하여 거의 진정하기 어렵습니다. 그 친구의 정력과 원기로 보아 여기에서 끝나고 말 줄 생각이나 했겠습니까. 윤장(尹丈)이 가셨고 이제 그 친구가 또 이렇게 되고 말았으니 이후로는 더욱 무료하여 마음 둘 곳이 없습니다.

저 자신이 생각해 보면 한 평생 소략하고 옹졸한 바탕에 이상한 병까지 걸려 있어, 서로 아는 사람이 거의 없고 서로 알면서 마음이 통하는 사람은 또 자고(子高)와 이헌(而憲)이 있는데 지금은 모두 세상을 떠나고 없으니, 밤낮이 바뀌듯 사생(死生)이 바뀌는 이치는 어쩔 수 없는 것이기는 하지만 사람이 산다는 게 즐거운 날은 별로 없고 괴로움만 많습니다. 앞으로 다시 살아가더라도 얼마를 더 살겠으며, 이 세상에 노닌들 남은 세월이 얼마나 되겠습니까. 그런데 살아 있는 이들마저 서로 떨어져 만나는 기회가 극히 드물고 비록 한 가닥 마음으로야 서로 왕래하고 있다지만 외진 마을에 병들어 누운 채 멀리서 하염없이 그리워할 뿐입니다.

형과 서로 만나서 안부나 묻는 시속의 자질구레한 얘길랑 걷어치우고 온종일 백발끼리 마주 앉아 오늘도 그렇게, 내일도 그렇게 몇 십일이고 그렇게 지내다 그만두었으면 좋겠습니다. 비록 한 마디 말이 없더라도 한번 보는 것만으로 할 말을 다할 수 있을 터이니, 무슨 말이 필요하겠습니까. 만약 탈 것만 있으면 하루 10리를 가고 혹 20리를 갈 수 있을 터이니, 사나흘이면 형이 계신 곳에 당도할 수 있을 것입니다. 그러나 또 한편 생각하면 이상한 병이 있는 몸으로 혹시 낭패라도 당하는 날이면 주객(主客)이 다 입장이 곤란하겠기에 이 점이 염려스러웠습니다. 이 때문에 거의 20년을 두고 머뭇거리기만 하고 끝내 형의 집에 가보지도 못하고 있으니, 이것이 또한 제가 죽기 전 하나의 한입니다.

소년 시절 점을 쳤더니 「고괘(蠱卦)」 상구(上九)가 나왔는데, 그 효사(爻辭)에,

"왕후(王候)를 섬기지 아니하고 자기 하는 일을 고상하게 한다." 했고, 또 소강절(邵康節)의 추명법(推命法)으로 점쳤더니 「대과괘 (大過卦)」가 나왔는데, 그 상사(象辭)에,

"두려움 없이 홀로 우뚝 서 있고, 세상에 숨어살아도 번민함이 없다."

했었습니다. 이 두 괘가 다 이 용렬한 자에게 가당키나 하겠습니까 마는 저의 평생을 생각해보면 또한 이상한 일입니다. 사람의 현우 (賢愚)는 논할 것 없고, 한 평생 마음가짐과 처신이 '겸신간졸(謙愼 簡拙)'이 넉 자에 지나지 않았는데, 뜻하지 않게 헛된 명성이 세상 에 퍼져 벼슬을 얻게 되었고, 중간에 병으로 수십 년 은거했던 것이 또 명예를 부른 매개가 되고 말았습니다. 몇 해 전 무모하게 세상에 나갔던 것은 기실 세상 사람들로 하여금 무능한 나의 실상을 알게 하고자 했던 것이었습니다. 그런데 일이 여의치 않아 또 실권을 가 진 대신(大臣)의 추천을 두 번씩이나 받게 되었으니, 이 역시 추천 한 사람은 공정하다는 이름을 얻는 일이 되겠지만 나에게는 큰 불 행이었습니다.

지금은 이러한 일들을 모두 운명에 맡겨버리고 그저 조물주의 처분만 기다리고 있습니다만 다만 이토록 지루하게 세상에 오래 사는 게 두려울 뿐입니다. 죽는 것이야 아까울 게 없지만 아직 잊지 못하는 생각이 하나 있으니, 약간의 저술 및 가슴속에 간직하고 있는 것을 다 써서 내놓지 못하는 것이 한스러울 뿐입니다. 그러나 이 역시 세상 미련을 떨쳐버리지 못한 것일 뿐이니, 도를 아는 이가 듣는다면 틀림없이 한바탕 웃을 것입니다. 그러나 그 또한 기량이 그렇게 하도록 만든 것이니, 비록 이와 같다고는 하더라도 소멸하는 연기와 안개처럼 헛된 것으로 치부해 버려야 할 것이니, 어찌 관심을 두겠습니까. 형과 나처럼 서로 아는 사이에 불평하는 말을 이와 같이 길게 늘어놓을 까닭이 뭐가 있겠습니까? 그런데도 이러한 말을 그만두지 않았으니, 형 역시 한번 웃으시리라 생각됩니다. 생각나는 대로 그냥 써본 것입니다. 마음으로 미루어 아시기 바라며 이만 줄입니다.

自聞協友之死, 神精忽忽惘惘, 如有所失, 殆難自定. 此友之精力元氣, 豈意止於此而已乎? 尹丈逝矣, 此友又至此, 此後益覺無聊, 無以爲懷. 自念平生踈拙, 且罹奇疾, 相識絶少, 而相識而可以意許者, 又有子高而憲, 而今皆無存, 夜晝之理, 固自難免; 而但人生多苦, 歡樂無日, 雖復生存, 餘景幾何? 遨遊此世, 未知爲幾許歲月? 而生者又復睽離, 會合絶罕, 雖有一脉心線, 徒自往來, 抱病窮巷, 瞻望雲樹[160]而已. 思欲與兄盍簪[161], 擺脫俗間寒

---

160 雲樹 : 멀리 있는 벗을 그리워하는 마음을 뜻한다. 杜甫가 李白을 그리워하여 지은 「春日憶李白」에 "위수 북쪽엔 봄 하늘에 우뚝 선 나무, 강 동쪽엔

暗細瑣說話, 終日白髮相對, 今日如是, 明日如是, 積累十日而罷. 雖無一
言, 所可言者, 可一相視而盡之矣, 何以言爲? 如有所騎, 可日行十里或二
十里, 則三四日而可至兄所. 亦自念之, 奇疾在身, 或値狼狽, 則主客俱妨,
是可慮矣. 以是, 苟且幾二十年, 而終不知兄之門庭, 是亦未死前一恨也. 少
時得著筮命蠱之上九, 其辭曰: "不事王侯, 高尙其事." 又以康節[162]推命法
作卦爲大過, 其象曰: "獨立不懼, 遯世無悶." 此二卦, 豈此眇劣所可當者?
而自念平生, 其亦異矣. 人之賢愚, 不必論也, 平生持心處身, 不過謙愼簡拙
四字; 不意虛名溢世, 釣得一命[163], 中間病廢數十年, 又爲媒名之端. 年前
冒出, 實欲使世人覸破踈訥之狀; 事不如意, 又爲當路大臣所薦者至再, 是
亦自己秉公釣名之一端, 而於我不幸甚矣. 今則此等事, 都付先天, 只待造
化處分, 而但懼生世之支離如是也. 死不足惜, 而唯有一念未歇者, 若干著
述及胸中所存, 皆未寫出, 是可恨也. 然此亦是世念未祛也, 使知道者聞之,
當復一笑; 而渠亦伎倆所使, 雖云如此, 且當付之於烟消霧滅耳, 亦何關心?
兄我相知, 豈可以不平之言如是縷縷? 而自不能已, 則兄亦一笑矣. 意到胡
草, 可以意會. 不宣.

저문 날 구름.〔渭北春天樹 江東日暮雲〕"이라 한 데서 유래하였다.

161 盍簪 : 벗들이 모임을 뜻한다. 『周易』 「豫卦」 「九四爻」에 "말미암아 즐거워
하므로 크게 얻음이 있으리니, 의심하지 않으면 벗들이 모여들리라.〔由豫,
大有得; 勿疑, 朋盍簪.〕"한 데서 온 말이다.

162 康節 : 宋나라 학자 邵雍의 시호이다. 소옹은 易學에 조예가 깊었으며 특히
象數學을 정립한 대가로 『皇極經世書』를 저술하였다.

163 一命 : 처음 관직에 나감을 뜻한다. 周나라 때 一命으로부터 위로 九命까지
의 官階가 있었다.

13. 농와(聾窩) 박자중(朴子中)-사정(思正)-에게 보낸 편지

與聾窩朴子中-思正-書 병오년(1786, 75세)

하늘이 우리나라에 화를 내려 전성(前星 세자(世子)를 상징함)이 빛을 잃음에 신민들이 슬픔에 잠겨 있는데, 더구나 일찍이 서연(書筵)에 참석했던 이 늙어도 죽지 못한 신하야 말할 나위 있겠습니까. 종묘사직의 위태로움이 이 지경에 이르렀으니 이 일을 어찌하겠습니까! 듣기에 조정에서 유신(儒臣)들에게 예(禮)를 묻는다고 하는데 아조(我朝)의 전례로는 참고할 만한 곳이 네 군데가 있습니다. 즉 덕종(德宗)과 순회세자(順懷世子)·소현세자(昭顯世子)·효장세자(孝章世子)이고, 경모궁(景慕宮)은 논외로 쳐야할 것입니다. 예(禮)의 뜻으로 말하자면 『통전(通典)』에 다음과 같은 사례들이 있습니다.

진 혜제(晋惠帝)가 서자(庶子)를 태자로 삼았는데 그가 서거하자 왕감(王堪)이 주장하기를,

"하늘과 땅에 고하고, 조묘(祖廟)에 알현하여 황세자임을 밝혔으니 정체(正體)로 승중(承重)한 것이 이보다 더할 것이 어디 있겠습니까. 당연히 삼년복(三年服)을 입어야 합니다."

라고 했고, 왕접(王接)은 주장하기를

"서자는 비록 전중(傳重)을 했더라도 정체가 아닙니다. 천자·제후는 서자를 위해 복을 입지 않는 법이니 응당 복이 없어야 합니다."

라고 했습니다. 그 후 유울지(庾蔚之)가 주장하였는데, 그 대의는 "비록 서자라고는 하지만 다른 서자들과는 달리 태자로 책봉이 되었

고 보면 당연히 그 본복(本服)인 기년복은 입어야 합니다."고 하여 이상 두 설을 잘못이라고 했습니다.

이러한 주장들을 어떻게 생각하십니까? 제 생각에는 이미 책봉하여 세자로 삼았으면 비록 서자라 하더라도 정체(正體)와 전중(傳重)이 절로 그 가운데 있으니, 이에 이르러서는 적서(嫡庶) 두 글자는 말할 게 못됩니다. 따라서 왕감의 주장이 옳은 것 같습니다. 예전에 『상제보편(喪制補編)』에 '맏아들은 3년을 입는다.'는 기록이 있었다지만 그 책을 보지 못했는데 그 책에 혹시 적자·서자를 따지지 않는다는 말도 있는지 궁금합니다. 선왕(先王 영조) 무신년 효장세자 상(喪)의 복제(服制)에 전하와 왕비는 자최(齊衰) 기년(朞年)을 입었고, 종친(宗親)과 문무백관은 생원·진사 및 생도들과 똑같이 백의(白衣)·백립(白笠)·백대(白帶)를 착용했다가 졸곡(卒哭) 후에는 흑립(黑笠)·백의·백대를 착용하고 기년 후에 벗었으며, 서민들은 백의·백대에 흑립을 착용하고 기년이 지나서 벗었으니, 이번의 예절도 응당 이와 같이 해야 할 것입니다.

11일에 상(喪)이 났고 어제서야 관령(官令)이 비로소 도착했는데 단지 '흥서(薨逝)' 두 글자만 있을 뿐 방민(坊民)들의 거애(擧哀) 절차는 없었으니 아마 담당 관리의 불찰로 그렇게 된 것 같습니다. 지금이 며칠째인데 아직까지 의주(儀注)가 반포되지 않고 있으니 혹시 유신(儒臣)들의 예(禮)에 관한 의논이 미처 제출되지 않아 그러한 것입니까? 상면할 길이 없기에 이렇게 말씀드리니 좋은 가르침을 내려주시기 바랍니다. 이만 줄입니다. 삼가 서찰을 올립니다.

天禍我東, 前星[164]掩曜, 痛纏臣民; 況不死老臣, 曾忝舊僚者乎? 宗社之孤危至此, 此將奈何! 聞朝家有問禮儒臣之擧云. 我朝前例, 有四處可考; 德宗, 順懷, 昭顯, 孝章, 而景慕宮不論耳. 以禮意言之, 『通典』晉惠帝以庶子爲太子, 及其逝也, 王堪議: "告于天地, 謁于祖廟, 明皇儲也. 正體承重[165], 豈復是過? 當服三年." 王接議: "庶子雖傳重而非正體, 天子諸侯不爲庶子服, 當無服." 其後庾蔚之議, 大意: "雖云庶子, 異於衆庶, 而冊爲太子, 則當伸其本服期." 而以右二說爲非; 未知此等議論如何? 鄙意則旣冊爲儲嗣, 雖云庶子, 正體傳重, 自在於是; 到此, 嫡庶二字, 不必論矣. 王堪之議, 似爲當. 然向來『喪制補編』[166]有長子三年之說, 而未見其書; 其中或有無論嫡庶之言耶? 先王戊申, 孝章[167]服制, 殿下及王妃齊衰期年, 宗親文武百官,

164 前星: 『漢書』「五行志」에, "心星 중에 大星은 天子에 해당하고, 그 앞의 별〔前星〕은 태자에 해당하고, 그 뒤의 별〔後星〕은 庶子에 해당한다."고 한 데서 온 말로, 세자를 가리킨다.

165 承重 : 喪祭 또는 宗廟의 중임을 이어받았음을 뜻한다. 『儀禮』「喪服」에 "적손(嫡孫)이다." 하였는데, 唐나라 賈公彦의 疏에 "이는 嫡子가 죽고 嫡孫이 承重한 것을 말한 것이다."라고 하였다. 본인과 그의 아버지가 모두 嫡長인데, 아버지가 먼저 죽고 조부나 조모의 喪을 당하였을 경우에는 承重孫이라 하고, 아버지와 조부가 모두 먼저 죽고 曾祖父母의 상을 당하였을 경우에는 承重曾孫이라 한다.

166 喪制補編 : 『喪禮補編』을 가리키는 듯하다. 조선시대 英祖가 喪制를 古制로 회복시킨 뒤에 『五禮儀』와 다른 부분이 많기에 신하들에게 명하여 다시 편찬하게 한 책이다. 원래 명칭은 『國朝喪禮補編』이다.

167 孝章 : 英祖의 맏아들로 이름은 緈이고, 자는 聖敬이다. 思悼世子의 친형이며 敬義君에 봉해졌고 영조 1년에 왕세자로 책봉되었으나, 영조 4년에 10세로 죽었다. 시호를 孝章이라 하고 正祖가 즉위한 뒤에 眞宗으로 추존되었다. 『璿源系譜』

同生進生徒, 白衣笠帶, 卒哭後黑笠白衣帶, 期年而除, 庶人惟以白衣帶黑笠, 期年而除. 今番禮節, 亦當如此矣. 十一日變出, 而昨日官令始到, 只有薨逝二字而已, 無坊民輩擧哀一節; 似是該吏不察而然也. 于今幾日而儀注尙不頒布, 或者儒臣輩議禮未及出而然耶? 未由面奉, 茲以相告, 用賜至論如何? 不宣. 謹狀.

14. 농와의 대상 의문에 답함

答聾窩代喪[168]疑問

『통전(通典)』에 하순(賀循)이,

"아버지가 죽고 초빈(草殯)하기 전에 조부가 죽으면 조부의 복(服)
을 기년(朞年)으로 하고, 초빈을 마친 후 조부가 죽으면 삼년복을
입는다."

라고 하니, 유울지(庾蔚之)가 말하기를,

"감히 조부를 위해 승중복(承重服)을 입지 못하는 것은 아직 아버
지가 살아 계신다고 여기는 터에 차마 죽었다고 인정할 수 없기
때문이다."

했습니다. 우희(虞喜)가,

"조부의 상(喪)에 기년복만 입는다면 전중(傳重)이 누구에게 있습
니까."

라고 하자, 유울지가 대답하기를,

"아버지가 죽고 아직 초빈하지 않았으면 평시 살아 계실 때와 같이
여겨야 하니, 아버지가 전중의 정주(正主)가 되고 자기는 상주의
일을 대행하는 것이니, 일에 아무 하자가 없다."

---

168 代喪 : 조부가 별세하여 아직 장사 지내지 못한 상태에서 父親喪을 당했을
때 承重한 손자가 아버지를 대신해서 조부상의 복을 입는 것으로, 承重服이
라고 한다.

했습니다. 살펴보건대 정(鄭)·이(李) 두 선생이 이 설을 오로지
주장하여 대신 복을 입는 것은 잘못이라고 한 것은 바로 아버지가
계신 것으로 여긴 상태에서 아버지가 죽었다고 차마 인정할 수 없
는 의리입니다. 『예기(禮記)』「상복소기(喪服小記)」에는,

"대공복(大功服)을 입을 관계의 사람이 와서 상주 노릇을 할 때
만약 죽은 이를 위해 삼년복을 입을 이가 있으면 반드시 그를 위해
재제(再祭)를 지낸다."

고 했으니, 재제는 연제(練祭)와 상제(祥祭)입니다. 대공복을 입을
사람도 오히려 상주 노릇을 하는데 하물며 손자가 조부에 있어서이
겠습니까. 유울지가 말한 '자기가 상주 노릇을 대행하면 일에 잘못
이 없을 것이다.'고 한 것이 혹 옳지 않을까 합니다. 때문에 저는 더
이상 의심하지 않았습니다.

그리고 신주와 축문을 쓸 때는 모두 손자 이름을 쓰고 효(孝) 자는
쓰지 않았으며, 봉사(奉祀)라 하지 않고 섭사(攝祀)라 썼으며, 양쪽
두 궤연(几筵)에 다 고하고 나서 행했던 것입니다. 그리고 아버지
상복은 3년 동안 조부 궤연 앞에 두었다가 조부 기년복을 마친 후
묵최(墨衰) 대신 우리나라 출입복인 심의(深衣)와 방립(方笠) 차림
으로 조부 궤연에 행사를 했습니다.

그 후 이동호(李桐湖)가 윤명재(尹明齋)에게 보낸 서한을 보았더
니 이 문제에 대해 논했는데, 그 중에서 대상(代喪)이 중하다고 한
것은 변석(辨析)이 명쾌합니다. 즉 은혜[恩]로는 아버지가 중하고
의리[義]로는 조부가 중하지만, 은혜가 혹 의리를 덮기도 하고 혹은
의리가 은혜를 이기는 경우도 있으니, 아버지를 차마 죽었다고 인정
하지 못하는 의리는 자기 개인의 사은(私恩)으로 한 말이고, 대복(代

服)하고 전중(傳重)하는 것은 종통(宗統)을 중히 여기는 의리에서
나온 것입니다. 이 경우는 의리가 실로 은혜를 이기기 때문입니다.
그것을 보고 나서는 저도 종전의 소견을 고치려고 했으나 두 선생이
다 "입지 않아야 한다."고 주장했고 친구들도 그대로 따라 하는 이들
이 많으니, 제가 어찌 감히 다시 제 주장을 내세우겠습니까. 전일에
홍자삼(洪子三)이 이 문제에 관해 묻기에 역시 두 선생의 뜻으로 답한
일이 있습니다.

『通典』賀循[169]云: "父死未殯而祖父死, 服祖以周, 旣殯而祖父死, 三年." 庚
蔚之云: "不敢服祖重, 爲不忍變於父在也." 虞喜曰: "服祖但周, 則傳重在
誰?" 庚曰: "父亡未殯, 同之平存, 是父爲傳重正主, 己攝行事, 事無所闕."
按鄭李二先生[170]專主此說, 以代服爲非, 是不忍變在之義也. 「喪服小記」
曰: "大功者, 主人之喪: 有三年者, 則必爲之再祭." 再祭, 練祥也. 大功猶
主, 則況孫之於祖乎? 庚氏所謂'己攝行事, 事無所闕'者, 恐或然也. 以是鄙
意更無所疑. 且於題主及祝文等節, 皆孫名行之而去孝字, 不曰奉祀而書攝
祀, 告于新舊兩筵而行之. 父之喪服, 限三年置于祖筵之前, 期服闋後, 以墨
衰[171]之義, 用東俗深衣方笠出入之服, 將事於祖筵矣. 後見李桐湖[172]與尹明

---

169 賀循 : 東晉 때 학자로 자는 彦光이고 시호는 穆公이다. 秀才로 천거되어
　　　관직에 올라 벼슬이 太子太傅, 太常에 이르렀으며, 禮學에 밝았다. 『晉書
　　　68권 賀循傳』

170 鄭李二先生 : 寒岡 鄭逑와 星湖 李瀷을 가리킨다.

171 墨衰 : 喪禮에서 아버지가 살아 있을 때 죽은 어머니의 禫祭 후, 또는 出系한
　　　사람이 所生 부모의 小祥 후에 입는 상복이다. 다듬은 베로 만든 直領을

齋[173]書, 論此節, 其言'代喪爲重'者, 辨析明快. 盖以恩則父重, 以義則祖重. 然而恩或揜義, 義或奪恩; 不忍死父之義, 以一身之私恩言, 代服傳重, 出於重宗統之義. 到此地頭, 義實奪恩矣. 自此雖欲改前見, 而二先生之論, 皆以不服爲主, 親舊之從而行者亦多, 則鄙何敢更有所論列耶? 前日洪子三問此事, 亦以二先生之意答之矣.

입고 墨笠을 쓰고 墨帶를 띤다.

172 李桐湖 : 동호는 李世弼(1642~1718)의 호이다. 그가 桐江에 살았기 때문에 이렇게 부른 것이다. 그의 자는 君輔이고 또 다른 호는 龜川이며, 시호는 文敬이다. 白沙 李恒福의 증손이고 宋時烈과 朴世采의 제자로 禮學에 밝았다. 저서에『桐湖禮說』,『樂院故事』,『小朱書』,『王朝禮』,『龜川遺稿』등이 있다.

173 尹明齋 : 명재는 尹拯(1629~1714)의 호이다. 그의 자는 子仁이고 또 다른 호는 酉峯이며, 시호는 文成이고 본관은 坡平이다. 충청도 魯城의 尼山에 은거하면서 학문 연구와 후진 양성에 힘썼으며, 禮論에 정통하였다. 저서에『明齋疑禮問答』,『明齋遺稿』가 있다.

15. 홍 참판(洪參判)-명한(名漢)-[174]에게 보낸 편지

與洪參判-名漢-書 경인년(1770, 59세)

편집하는 일은 얼마나 진척이 되었습니까? 그동안 늘 하문(下問)해 주신 뜻에 대해서는 실로 너그러우신 미덕에 흠앙(欽仰)했습니다. 그렇지만 제가 식견이 없고 허술하여 성의를 다해 찾아서 점검하지 못하고 대충 써서 올렸으니, 부끄러움과 아쉬움이 많습니다. 혹시 제 말에 채택할 만한 것이 있었는지요? 한 자리에 만나 의논할 길이 없으니, 서글피 탄식한들 어찌하겠습니까!

우리 동방의 문헌(文獻)이 거의 전해진 것이 없는데 대감이 맡고 있는 경비(經費)에 관한 문헌은 더욱 없는 실정입니다. 경비는 국가 예산에서 나온 것으로 그 증액과 긴축이 당시 임금의 사치와 검소에 달려 있습니다.

신라(新羅) 때 조세는 1결(結)에 벼 30말을 부과했고, 고려에서도 그대로 인습해 오다가 뒤에 와서는 더 증액하여 고려 말기에 와서는 1결에 쌀로 20말을 받고 다른 잡역(雜役)은 없었습니다. 국내 전결(田結)이 60여만 결입니다. 이것을 가지고 미루어 보면 그 당시 한 해 국가의 경비를 대략 알 수 있습니다. 이를 바로잡는 방법은 오직 수입을 계산해서 지출하는 것 뿐이니, 당(唐)나라 이길보(李吉甫)의 국계

---

174 洪參判-名漢- : 洪名漢(1724~1774)은 조선 후기의 문신으로 자는 君平이고 본관은 豊山이다. 관직은 刑曹判書를 거쳐 開城留守를 역임하였다.

부(國計簿)가 참으로 좋습니다. 지금 완성한 책의 내용은 과연 어떻게 되어 있습니까?

編輯之役[175], 至于何境耶? 向來俯問之意, 實仰則裕[176]之美. 但此空疎, 無以盡意搜檢, 畧草仰報, 慙歎則深. 不諗或有可採之語耶? 未由合席商論, 悵歎奈何! 東方文獻, 盖皆無傳, 而台所掌經費之屬, 尤無所傳. 經費出於國計, 盈縮在時君之奢儉. 新羅賦稅, 一結出租三十斗, 麗朝因之, 後來多增定, 而至麗末, 一結出米二十斗, 無他雜役. 域內田結, 六十餘萬結矣; 以此推求, 則當時一歲經用, 畧可知矣. 捄此之術, 專在於量入爲出; 唐李吉甫簿國計[177]之意, 誠得矣. 未知成書果如何耶?

175 編輯之役 : 홍명한이 1770년 『東國文獻備考』의 監印堂上이 되었으니, 『동국 문헌비고』를 편찬하는 일을 가리킨다.

176 則裕 : 『書經』「仲虺之誥」에 "묻기를 좋아하면 여유가 있고, 스스로 지혜를 쓰면 작아진다.〔好問則裕, 自用則小.〕"한 데서 온 말이다.

177 李吉甫簿國計 : 唐나라 憲宗의 元和(806~820) 연간에 李吉甫가 國計簿를 만들어 바쳤는데 이는 국가 경비의 대략을 적은 장부이다. 『類選 4권下 人事 篇 治道門』

16. 홍 참판에게 보낸 편지

與洪參判書 경인년(1770, 59세)

주신 답서를 일전에 받고 대감의 체후가 만중(萬重)하심을 알았으니, 위안되는 마음 어찌 이길 수 있겠습니까. 요즘 무더위가 점점 더 심해져 가는데 기거가 어떠하십니까? 편집 일은 거의 마쳐간다고 들었습니다. 예전에 없던 성대한 일을 하여 우리나라에 장구히 신뢰할 수 있는 문헌을 만드는 큰일을 하면서 몇 달 사이 끝마칠 예정이라니, 천하의 일이 대개 바삐 서두르다가 그르치는 경우가 많습니다. 충분히 좋은 책이 되길 기약할 수는 없다고 하신 탄식은 과연 보내온 편지의 말씀이 옳습니다.

환상(還上) 제도는 그 시초를 따져보면 고구려 고국천왕(故國川王) 때 시작되어 고려 때까지는 빈민 구제를 위해서만 써왔기 때문에 폐단이 있다는 말은 없었고, 또한 단지 진대(賑貸)라고만 하였고 환상이라는 이름은 없었습니다. 환상이라는 이름은 아조(我朝)에 와서 정한 것으로서 칭호가 이미 고상하지 못합니다. 『경국대전(經國大典)』에 이 이름이 없고 『대전속록(大典續錄)』에는,

"환상을 그 수량대로 수납해야 비로소 해유(解由)를 허락하고, 수납하지 못한 자는 파출(罷黜)한다."

하였습니다. 『대전속록』이 반포된 것은 홍치(弘治) 계축년, 성종(成宗)즉위 24년이니 그 환상이라는 이름이 생긴 유래가 이미 오래입니다. 지금은 명칭을 조적(糶糴)이라고 하는데 조적은 본래 상평곡(常平穀)의 출납으로 인하여 한 말로서 호칭을 환상으로 옮겨 쓰

니, 명칭은 같으나 내용이 다른 것입니다.

환상 모곡〔還耗〕을 공용(公用)으로 쓴다는 것은 전일에 찾아보았으나 찾지 못했습니다. 외진 산골에 궁벽하게 사는 터라 서적이 구비되지 못하여 두루 다 열람할 수는 없었으나 여러 집의 문집(文集) 혹은 야승(野乘)을 다 찾아 봐도 모두 보이지 않았으니 유래가 오래지 않을 듯합니다. 혹자는 효종(孝宗)이 북벌(北伐)을 계획할 때 군량미를 보충하기 위해 만든 것이라고 하고, 혹자는 숙종(肅宗) 갑인년 이후에 만든 제도라고 하는데, 다 전해들은 말이어서 비록 믿을 수는 없지만 요컨대 근대의 일임에는 틀림없습니다. 대저 취렴(聚斂)을 일삼는 신하들이 국가의 체모와 백성의 피해는 알지 못하고 오직 주상께 아첨하고 자기 능력을 자랑하려는 생각에서 마침내 고칠 수 없는 법을 만들고 말았으니 참으로 탄식할 일입니다.

모(耗)라는 명칭은 『오대사(五代史)』에 나오는데 옛날 제도에는 1곡(斛)에-10두(斗)가 1곡이다.- 2승(升)을 더 받고 그 이름을 '작서모(雀鼠耗)'라 했습니다. 이는 세곡의 원래 수량이 참새나 쥐가 먹음으로 해서 축날 염려가 있기 때문에 이러한 조처를 했던 것입니다. 왕안석(王安石)과 장돈(章敦)이 정사를 하면서는 그 수를 2두(斗)로 가중하여 받았기 때문에 백성들이 모두 걱정하고 원망했습니다. 주 세종(周世宗)이 1두로 정한 것은 바로 수확의 10분의 1을 세금으로 거둔다는 취지이니 지금의 법과 같습니다. 그러나 주(周)나라 때에는 세미(稅米)를 먼 곳에서 배로 실어오기 때문에 언제나 축나는 곡식이 늘 많아 강리(綱吏)가 그 죄로 죽임을 당했기 때문에 이 법을 만들어 그 폐단을 고쳤던 것입니다. 고려 초기에는 세미 1석(石)에-고려 때는 15두가 1석으로 지금과 같았다.- 모곡 1승을 받았는데 문종(文宗) 때에는

7승으로 수량을 늘렸고, 명종(明宗) 때 와서는 2말에 이르렀습니다. 당시 총신(寵臣)들이 정권을 농락하여 쓸데없는 경비가 부쩍 늘어 그렇게 된 것입니다. 옛날의 모곡은 단지 축난 만큼만 보충할 뿐이었는데 지금의 모곡은 공용으로 쓰고 백성들에게 돌려주지 않으니 이른 바 모곡이라는 것이 단지 축난 수량뿐만 아니라 수량을 더 보태어 몇 해가 안 되어 본곡(本穀)과 맞먹게 되고 또 탐관오리가 거기에서도 더 받아 나머지로 제 주머니를 채우고 있으니, 매우 가증스러운 일입니다.

'모(耗)'라는 이름은 참새와 쥐에서 시작되었으니, 참새와 쥐는 미물 중에서도 가장 천하고 미운 것이라 사람들이 몹시 나쁜 좀도둑을 꾸짖어 '생쥐같은 도둑〔鼠竊〕'이라고 합니다. 어찌 당당한 천승(千乘)의 나라로서 참새와 쥐가 먹는 모곡을 취하여 공용으로 쓴단 말입니까. 이는 참으로 천하 후세에 알려지도록 해서는 안 될 것입니다. 지금의 모곡은 상평창(常平倉)·호조(戶曹) 및 그 고을관아에 쓰이고 있으니 이러한 부서에 혹 상고할 수 있는 것이 있습니까? 몇 해 전에 양창(兩倉)의 등록(謄錄)을 보았더니 볼 만한 것들이 있던데 가져다 살펴보셨는지요?

지금 백성들의 재산이 고갈되는 것이 오로지 '환상(還上)' 때문입니다. 반계(磻溪) 유선생(柳先生)이 그 폐단을 말하면서 송대의 '청묘법(靑苗法)'보다도 더하다고 했습니다. 아! 지난 신미년에 균역(均役)을 논의할 때 주상께서 신민(臣民)들의 의견을 널리 수렴하였습니다. 당시 호남(湖南)의 한 번군(番軍)이 "베 두 필을 납부하는 해는 적고, 환상의 폐해는 많으니 환상 제도를 없애기 바랍니다."고 했습니다. 이에 주상께서 묻기를 "환상은 군국의 비용으로 쓰이는 데 없애면

어떻게 하겠는가?" 하시자 대답하기를,

"경수창(耿壽昌)의 상평법(常平法)을 쓰면 됩니다."

하니, 당시 사람들이 모두 웃었습니다. 그러나 지금 와서 생각해 보면 그 번군의 말이 십분 타당하니, 그가 남다른 재주를 지니고 서천(庶賤) 속에 파묻혀 살던 자일지 어찌 알겠습니까. 우리나라에서는 문벌(門閥)을 중시하기 때문에 비천한 자에게서 나온 말이면 지위 높은 자가 반드시 무시해 버리고 마는데, 저 지위가 높은 자는 운수를 잘 만나서 그렇게 된 것이지 그 재주와 지혜가 반드시 비천한 자보다 나으리라는 법은 없습니다. 이런 까닭에 성인도 꼴 베는 미천한 자에게 물었으니, 이는 항상 자기를 부족하게 여기는 마음이 있었기 때문이니 이를 본받아야 하지 않겠습니까.

문헌은 국가를 소유한 자가 반드시 힘써 갖추어야 하는 것입니다. 옛날에는 사관(史官)이 그 일을 전담하여 천하의 문서가 부본(副本)은 태사(太史)에게로 올려졌으니 그 의의가 대단히 중한 것이었습니다. 당(唐)나라 이후로는 따로 한 책을 만들어 『대당회요(大唐會要)』라 하였고, 이를 이어 후대의 나라에서도 모두 문헌을 정비하였으니 『대명회전(大明會典)』·『대청회전(大淸會典)』 같은 책이 바로 이것입니다. 임금의 현부(賢否)와 신하의 사정(邪正)과 국가의 치란(治亂)은 국사로 기록되지만, 그 밖의 예악(禮樂)·형정(刑政) 같은 모든 나라 다스리는 도구 및 천하의 모든 일들에 이르러서도 분류하여 기재하지 않음이 없습니다. 이것이 중국의 문헌이 상세히 갖추어져 있어 비록 천하의 크나큰 일도 가만히 앉아서 그 이해에 대한 대책을 세울 수 있고, 비록 백세(百世)의 먼 후대 일일지라도 착오 없이 살펴서 알 수 있는 까닭입니다.

지금 이 일이 성상의 판단에서 나왔으니 참으로 세상에 희유한 일입니다. 그렇다면 어찌 대강 미봉하여 과거 공부하는 사람의 대책문(對策文) 꼴이 되게 하고 말아서야 되겠습니까. 우리나라 사람들은 본래 문헌을 숭상하지 않으므로 사가(私家)의 문헌은 고증하기 어렵고 그나마 고증할 만한 것은 『실록(實錄)』보다 나은 것이 없으니, 지금의 이 일이 신민(臣民)이 사사로이 찬술하는 저술이라면 비장되어 있는 국사를 외신(外臣)이 볼 수 있는 것이 아니지만 이미 주상의 교지(敎旨)를 받들어 수찬하는 것이고 보면 어찌 주청(奏請)하여 『실록』을 볼 수 있도록 재가를 받지 않습니까. 지금 수찬하신 것이 혹여 실록과 서로 틀린 곳이 있으면 후인들의 비웃음을 받는 것이 적지 않을 터이고 또 후세에 신빙할 수 있는 저술이 될 수 없을 터이니, 이 어찌 애석한 일이 아니겠습니까. 마침 하찮은 소견이 있어 붓 가는 대로 대략 써 보았습니다. 그렇지만 지금은 때가 늦었을 터이니, 어찌 하겠습니까!

새 책이 인쇄 반포된 뒤에는 비록 전질은 빌려볼 수 없더라도 혹 반질(半帙)이라도 나누어 빌려 주신다면 서둘러 훑어보고 곧바로 사람을 시켜 되돌려드리겠습니다. 다시 양찰해 주시기 바랍니다.

지금 목록(目錄)을 보니 생각해 볼 곳이 참으로 많고 또 내용이 매우 엉성하니, 참으로 개탄스럽습니다. 그러나 이미 이루어진 일이라 말할 필요가 없습니다. 어찌하겠습니까!

日蒙辱覆, 仰審台候萬重, 慰瀉何勝? 比來潦熱轉酷, 起居更復如何? 編輯之役, 聞幾了當. 爲此無前盛擧, 作千百代傳信之書, 而將畢於時月之間; 天下事多因忙後錯了, 未盡善之歎, 果如來諭也. 還上[178]之法, 原其始則出

於句麗之故國川王, 以至勝國, 皆爲賑民之資而無弊之聞, 亦只曰賑貸而無
還上之名. 還上之名, 盖我朝所定, 而稱號已不雅矣. 『大典』無此名, 『續錄』[179]
有云: "還上依數收納, 方許解由, 專不收納者罷黜." 『續錄』之頒, 在弘治癸
丑, 爲我成廟卽位之二十四年, 則還上之名, 其來已久矣. 今稱爲糶糴, 糶糴
本因常平[180]穀出入而言, 移稱還上, 名同而實不同矣. 還耗之爲公用, 前日
考之未得. 僻居窮谷, 書籍未備, 雖不能遍閱, 畧考諸家文集或野乘, 皆無
見, 則其出盖不久矣. 或云: "孝廟議北伐時, 添補軍餉." 或云: "肅廟甲寅後
所定." 此出傳聞, 雖不可信, 要是近代事也. 大抵聚斂之臣, 不識國體與民
弊, 爲媚上衒能之計, 而竟爲不刊之典, 誠可歎也. 耗之名, 見於五代史. 舊
制一斛-十斗爲一斛-加斂二升, 名曰雀鼠耗. 恐稅穀原數, 爲雀鼠所耗, 而有
此擧也. 及王章[181]爲政, 加收二斗, 民皆愁怨. 周世宗量定一斗, 卽十一之

---

178 還上 : 각 고을의 社倉에서 백성들에게 곡식을 꾸어주고 가을에 받아들이는
제도로 還子라고도 한다.

179 『續錄』: 『大典續錄』의 약칭으로, 『經國大典』이 편찬된 이후의 六典에 관한
사실을 편찬한 책이다. 成宗 23년에 李克增이 어명을 받고 편찬하였다.

180 常平 : 常平倉으로, 중국의 漢唐 때부터 유래된 물가 조절을 위한 기관이다.
우리나라에서는 고려 성종 때 처음 설치되었는데, 풍년에 곡가가 떨어지면
시가보다 비싸게 미곡을 사들여 저축했다가 곡가가 오른다면 시가보다 싸게
방출함으로써 곡가를 조절하여 백성들의 생활을 돕는 것이었다. 조선 宣祖
말년에 이름을 宣惠廳으로 바꾸었다.

181 王章 : 北宋의 정치가 王安石과 章惇의 병칭이다. 왕안석(1021~1086)은 자
는 介甫, 호는 臨川 또는 半山이다. 唐宋八大家 중 한 사람이다. 青苗法,
免役法, 市易法 등 신법을 시행하여 당시의 제도를 대대적으로 개혁하였다.
장돈은 宋나라 浦城 사람으로 자는 子厚이다. 왕안석에게 재능을 인정받아
哲宗 때 樞密院事가 되었다가 축출 당한 후 다시 기용되어 尚書僕射 겸 門下

義, 如今法也. 然周法爲稅米遠地漕運, 耗縮常多, 綱吏[182]死, 故爲此法, 以救其弊也. 高麗初, 稅米一石-麗制十五斗爲一石, 如今法.-, 收耗一升；文宗增收七升, 明宗時至二斗. 時, 嬖倖用事, 冗費甚濫而然矣. 古之耗, 直充其所耗而已；今之耗, 爲公用而不歸于民. 所謂耗者, 非耗伊益, 未幾歲而與本穀等, 又墨吏加分取贏, 潤其私橐, 情甚可惡. 耗之名, 始於雀鼠. 雀鼠, 微物之賤惡者, 人罵穿窬之甚者曰鼠竊；豈以堂堂千乘之國而取雀鼠之耗而用之乎？此誠不可使聞於天下後世者也. 今之耗穀, 爲常平倉戶曹及本官[183]之用, 此等署或有可考者耶？昔年見兩倉[184]謄錄, 有可觀者, 其已取考否？當今民産之竭, 專由於還上. 柳磻溪先生[185]嘗論其弊, 以爲甚於靑苗. 憶！昔辛未歲議均役時, 自上廣詢臣民. 時, 有湖南番軍進奏："二疋之害小而還上之弊多, 請罷還上." 上問："還上爲軍國之用, 罷之奈何？" 對曰："當行耿壽昌常平法[186]", 其時人皆笑之. 至今思之, 其說十分是當；安知此非抱才而沉

侍郎이 되어 그의 黨類인 蔡京, 蔡卞 등을 끌어들여 新法을 회복시켰다. 『宋史 471권』『宋元學案 98권』

182 綱吏：輸送員을 결성하여 운반하는 일을 주관하는 관원이다. 綱은 수송원을 모아서 동행하는 것을 말한다.

183 本官：해당 고을을 가리킨다.

184 兩倉：軍資倉과 廣興倉을 가리킨다.

185 柳磻溪先生：조선 후기의 실학자인 柳馨遠(1622～1673)을 가리킨다. 그의 자는 德夫이고 호는 磻溪이며 본관은 文化이다.

186 耿壽昌常平法：耿壽昌은 漢나라 宣帝 때 大司農中丞으로 있으면서 선제에게 건의하여 常平倉을 시행하였다. 그 제도는 邊郡에 모두 창고를 만들어 곡가가 쌀 때는 고가로 사들여서 농사에 이롭게 하고, 곡가가 비쌀 때는 저가로 팔도록 하는 것이었다. 경수창은 이 일로 關內侯로 승진하였다. 『漢

屈庶賤中者耶? 我國尙閟, 故凡言議之出於卑賤者, 位尊者必忽之; 彼位尊者遭運適會而然, 其才智未必過于卑賤者矣. 是以, 聖人詢蕘[187]之意, 恒有不自多之心故也; 可不取以爲法哉? 文獻是有國之所必務, 古者史官專掌文獻, 天下文書, 副上太史, 其義至重. 自唐以後, 別爲一書, 爲『大唐會要』, 繼此而皆有焉; 若『大明會典』・『大淸會典』之類, 是也. 人主之賢否・臣僚之邪正・國事之治亂, 雖書于國史, 而至若禮樂刑政一切爲治之道, 及宇宙內事, 莫不分類記載; 此中國文獻之所以纖悉備具, 雖以天下之大, 而可坐而策其利病, 雖在百世之後, 而亦可以按驗不錯矣. 今者此擧出於聖斷, 爲曠世稀有之事, 則豈可草草緝縫, 爲擧子對策之樣乎? 我人本不尙文獻, 私家文獻難徵, 而其可考者, 莫尙於『實錄』; 此若臣民私撰文字, 則國史秘藏, 有非外臣所可得見, 旣已奉敎修撰, 則何不啓達稟定乎? 今所撰, 或有與『實錄』相左, 則其爲後人之笑侮不鮮, 亦不足爲傳信之書; 此豈非可惜者乎! 適有微見, 信筆漫及; 今則晩矣, 奈何! 新冊印頒後, 雖未得全帙借觀, 或半帙分借, 速速披閱, 卽當專伻奉完, 幸更諒之. 今見目錄, 儘多有商量者, 又甚草率, 誠可慨歎. 然成事勿說[188], 奈何!

書 23권 上 食貨志』

187 詢蕘 :『詩經』「大雅 板」에 "先賢이 말씀하시기를 꼴 베는 사람이나 나무꾼에게도 물으라 하셨다.〔先民有言 詢于芻蕘.〕"한 데서 온 말로, 미천한 사람의 의견도 겸허히 듣는다는 뜻이다.

188 成事勿說 : 哀公이 社의 뜻을 물었는데 子貢이 잘못 대답한 대 대해 孔子가 "이루어진 일이라 말하지 않겠으며 끝난 일이라 말리지 않으며, 이미 지나간 일이라 탓하지 않겠다.〔成事不說, 遂事不諫, 旣往不咎.〕"한 데서 인용하였다. 『論語 八佾』

17. 홍 판서에게 보낸 편지

與洪判書書 경인년(1770, 59세)

가을장마가 문득 그치자 바람과 이슬이 차가운데, 대감의 체후 만
중(萬重)하신지요? 전해 듣기로 자급(資級)이 올라 예조판서(禮曹
判書)에 특진되셨다니, 기쁘고 축하하는 마음 어찌 한량이 있겠습
니까! 그러나 처지는 외로운데 지위는 점차 높아 가고, 시국은 어려
운데 임금의 은총은 너무 융숭하니, 어떻게 견디고 대처하시는지요?

『문헌비고(文獻備考)』는 이미 간행 반포했으리라 생각됩니다. 동
방의 전고(典故)가 이 책 덕분에 후세에 전해지게 되었으니, 참으로
세상에 드문 성대한 일입니다. 망우(亡友) 이순수(李醇叟)가『춘관
고(春官考)』4권을 찬수한 일이 있는데 그 체제가 썩 좋았습니다.
조정에서 이번 찬집한 일을 하면서 그 명칭을 그대로 두어 홍문관의
신하 또는 사관(史官)을 겸대(兼帶)한 관원들로 하여금 안으로는 육
관(六官)의 관아와 밖으로는 각 도의 영진(營鎭)까지 군국에 관계되
는 글은 중국『회전(會典)』의 범례에 따라 해마다 초록하게 하면 당
대에는 참고자료로서 실효가 있을 것이고 후세에는 증빙할 만한 역사
가 될 것이니, 어찌 다행한 일이 아니겠습니까.

편집한 뒤에 또 별도로 지도(地圖)를 만들었다고 하는데, 그 지도
를 본 사람이 와서 말하기를, "국내의 산천(山川)이 털끝만큼도 틀림
이 없고, 관방(關防)의 도로가 한 눈에 훤하니 참으로 기이한 보물이
다."고 하였습니다. 저는 생각건대 우리나라 사람이 보기에는 진실로
기이한 보물이겠지만, 우리나라는 변금(邊禁)이 엄하지 못해 나라

안의 중요한 금비(禁秘) 서적들이 다른 나라로 많이 유출되고 있는 실정입니다. 지금 이 지도도 간교한 무리들이 적에게 아양 떨고 뇌물을 받아먹는 자료로 이용되지 않는다는 보장이 어디 있겠습니까.

옛날 신미년에 「경성도(京城圖)」를 간행했는데, 삼궐(三闕) 밖에 각 아문과 상점들, 그리고 각 동네의 세세한 길까지 모두 손으로 짚어 주듯 알 수 있기에, 당시에 그것을 보고는 나도 모르게 깜짝 놀랐습니다. 왕도(王都)를 일러 '금성(禁城)'이라 하고, 궐내를 일러 '금내(禁內)'라고 하니, '금(禁)'자의 뜻은 금비(禁秘)할 곳이니 외부에 누설해서는 안 된다는 것임을 짐작할 수 있을 것입니다. 근래에 청(淸)나라 사람이 찬술한 『성경지(盛京志)』를 보았는데 요동(遼東) 지역의 지리(地理)는 아주 상세하게 기재했으나 막상 영고탑(寧古塔) 일대는 전혀 수록하지 않아 사람들이 종잡을 수 없게 만들어 놓았으니, 만일의 후환을 염려한 뜻이 깊다 하겠습니다. 우리나라 지도의 잘못된 곳은 당연히 수정하여 수십 본(本)을 베껴서 보관해 두어야 할 것이나 이를 간행하여 유포해서는 안 될 것입니다. 이러한 뜻을 혹 연대(筵對)할 때 품정(稟定)하실 수 있겠습니까? 우연히 생각이 나서 부질없는 말씀을 드리니 주제넘은 말을 한 것이 마음에 걸리고 또 말이 많다고 탓하실 수도 있으실 터인데, 양해해주시면 고맙겠습니다. 이만 줄입니다.

秋霖乍止, 風露凄冷; 台候起居萬重? 傳聞陞資特除宗伯, 曷任慰賀! 然而跡畸而名位漸高, 時艱而君恩太隆, 不審何以堪處? 『文獻書』, 想已刊布. 東方典故, 賴此而傳; 誠曠世盛擧也. 亡友李醇叟[189]嘗撰『春官考』四卷, 規模儘好矣.朝家因此撰輯之役而仍存其名, 令玉署諸臣或史官兼帶, 內而六官諸衙, 外而各道營鎭, 其有關於軍國文字, 每歲抄集錄, 倣中國『會典』之例, 則在當時, 有取考之實效, 在後世, 爲憑據之信史, 豈不幸哉! 聞編輯後又別修地圖, 觀者來傳"域中山川, 分毫不錯, 關防道里, 瞭然在目, 誠爲奇寶"云. 愚竊思之, 自國人觀, 固爲奇寶; 我國邊禁不嚴, 國中禁秘之書, 多流于異國. 今此地圖, 亦安知不爲奸人所資, 爲媚敵受略之計耶? 昔辛未歲, 刊行「京城圖」; 三闕之外, 諸衙列肆, 委巷曲逕, 指點可得; 其時觀之, 不覺驚心. 夫王都謂之禁城, 闕中謂之禁內; 禁字之義, 可以想知其爲禁秘之地, 而不可宣漏於外也. 近觀淸人所撰『盛京志』, 遼界疆理, 十分詳載, 而至若寧古塔[190]所統, 則一不開錄, 使人莫知其端倪; 盖慮患之意深矣. 我國地圖爽實, 固當釐整模出數十本藏之, 不當刊刻流布. 此意或於筵對之際, 不可以稟定乎? 閑思所及, 漫以相告; 不無出位[191]之嫌, 亦犯饒舌之譏. 幸有以諒之. 不宣.

---

189 李醇叟 : 李孟休(1713~1750)의 자가 醇叟이다. 그는 본관은 驪州이고 성호
이익의 아들이다. 벼슬이 禮曹正郎에 이르렀고, 『春官志』를 편찬하였다.

190 寧古塔 : 본래는 滿洲族의 城 이름으로, 지금의 吉林省 寧安縣에 있었다.
이곳이 淸나라 왕실의 발상지로 청나라 시조 여섯 형제가 여기에서 살았다.
寧古는 滿洲語로 여섯이란 뜻이다. 寧古塔貝勒이라고도 한다. 영고탑 · 烏
喇 · 艾滸를 합하여 東三城이라 부른다.

191 出位 : 曾子가 "군자는 생각이 그 지위를 벗어나지 않는다.〔君子思不出其
位.〕"라 한 데서 온 말이다. 이는 본래 『周易』「艮卦」의 象辭인데, 자기 지위
를 벗어난 주제넘은 생각을 하지 않는다는 뜻이다. 『論語 憲問』

18. 홍 판서에게 보낸 편지

與洪判書書 경인년(1770, 59세)

『문헌비고(文獻備考)』를 빌려 주어 한번 볼 수 있게 해 주시니, 큰 은혜를 받은 셈입니다. 그러나 너무 바쁜 와중에 만든 것이라 빠진 것도 많고 틀린 곳도 많았습니다. 온당치 못한 대목에 찌를 붙여 달라는 말씀을 기왕 하셨기에 눈에 띄는 대로 대략 표시해 두었으니, 참고해 보시기 바랍니다.

대저 이 책은 범례(凡例)가 없는 것이 첫 번째 아쉬운 점입니다. 여러 분이 나누어 찬수(撰修)한 것이면 이 책 각 편의 첫머리에 응당 무슨 관직 아무개가 성교(聖敎)를 받들어 찬수한 것이라고 썼어야 하는데, 구분하지 않고 혼칭하고 있는 것이 두 번째 아쉬운 점입니다. 무릇 교정(校正)이란 반드시 고인이 이미 만들어 놓은 것을 후인이 다시 바로잡았을 때 하는 말인데, 지금 '숭정전교정(崇政殿校正)'이라는 다섯 글자를 불쑥 써 내놓아 마치 그 전에 이 책이 있었던 것처럼 되어 있으니, 이것이 세 번째 아쉬운 점입니다.

가장 아쉬운 점은 이 책이 공사(公私)의 기록에서 찾아 뽑고 그것들을 모아 편집한 책이고 보면 반드시 범례에다 그 근거 서적을 밝히고 그 기록 아래에 낱낱이 그 글을 지은 이의 성명·관작·사는 곳을 적어 사실을 밝혀 두었어야 합니다. 이렇게 하면 그 자체가 하나의 문헌이 되고 또 그 저자의 성명을 후세에 전해지게 한다면 선(善)을 기리고 널리 알리는 의의가 얼마나 훌륭하겠습니까. 고인이 삼불후(三不朽)를 중히 여겼으니, 입언(立言)과 저서는 비록 경중과 천심

(淺深)의 차이는 있겠지만 그 사람이 정신과 마음을 써서 후세에 이름을 남기고자 했던 것 아님이 없습니다. 근세에 청도군(淸道郡) 운문사(雲門寺) 승려의 꿈에 고려(高麗) 시대 임춘(林椿)이 나타나 자기 문집이 소장된 곳을 가르쳐 주기에 꿈을 깬 후 찾아보았더니 과연 사실이었다고 합니다. 이는 실제 있었던 사실이니, 이로써 미루어 본다면 저서를 남겨 이름을 전하려고 하는 것이 어찌 고금에 차이가 있겠습니까. 그런데 지금 저자의 이름은 없애고 그가 한 말만 채택한다면 어찌 잘못된 일이 아니겠습니까.

『備考』, 果蒙俯借, 使得一玩, 受賜大矣. 然而忙裏做成, 闕漏多而錯誤繁; 旣有籤付之敎, 故心眼所到, 畧有標識, 考視如何? 大抵是書無凡例, 一恨也. 諸公分撰, 則各考篇首, 當書某官某奉敎撰, 而混稱不分, 二恨也. 凡校正之稱, 必有古人已成之書, 然後後人釐正者, 謂之校正; 今突然書以崇政殿校正五字, 有若先有是書者然, 三恨也. 最可恨者, 是書之編輯, 搜取公私文籍而成之, 則凡例當錄採據書籍, 每書下, 書所撰人姓名爵里而不沒其實, 則是亦一副當文獻, 而使著書者之姓名, 傳於後世, 則其於揚善之義, 爲如何哉! 古人重三不朽[192], 立言著書, 雖有輕重淺深之不同, 而莫非其人精神

---

192 三不朽 : 썩지 않고 후세에 길이 전해지는 세 가지로 立德·立功·立言을 말한다. 춘추시대 魯나라 대부 叔孫豹가 晉나라에 갔을 때 范宣子가 죽어도 썩지 않는 것을 물었다. 숙손표가 대답하기를, "가장 좋은 것으로는 입덕이 있고, 그 다음으로는 입공이 있고, 그 다음으로는 입언이 있다. 비록 오래되어도 없어지지 않으니, 이를 불후라고 한다.〔大上有立德, 其次有立功, 其次有立言, 雖久不廢. 此之謂不朽.〕"하였다. 『春秋左傳 襄公24年』

心術之運而思欲以成名者也. 近世淸道郡雲門寺僧, 夢高麗林椿指示其文集
所藏, 覺而覓之, 信然; 此果實有之事也. 推此言之, 著書傳名之意, 豈有古
今之殊哉? 今皆沒其名而用其言, 則豈不謬哉?

19. 정 보덕(鄭輔德) 효선(孝先)-미조(迷祚)-에게 보낸 편지

與鄭輔德孝先-迷祚-書 을사년(1785, 74세)

이 무더운 장마에 체후가 만중하신지요? 듣건대 형이 동궁(東宮)을 위해 책자 하나를 만들려 하신다고 하는데, 사실인지요? 제가 전일에 계방(桂坊)을 누차 드나들면서 하찮은 충성이나마 바치고 싶은 생각이 없지 않아서 경서와 중국 역사 그리고 우리나라 역사에 있는 말, 및 동궁으로서 본받을 만한 선행(善行)을 했거나 경계해야할 악행을 한 사실들 및 본조(本朝)의 조종(祖宗)들이 동궁 시절에했던 언행(言行)들을 모아 한 권의 책으로 만들어서 바치려고 목록을 만들었습니다. 그러나 다시 생각해 보니 이름을 팔고 높은 관직에 오르려고 한다는 혐의가 있겠기에 그만두었습니다.

형은 맡고 있는 직책이 저와 다르니 이 일이 만약 이루어지고 채납(採納)된다면 종묘사직을 위해 크게 다행한 일일 것입니다. 저희 집에 전해 오는 일록(日錄)에 숙종(肅宗)이 동궁에 계실 때의 언행 몇가지가 기록되어 있는데 이는 틀림없이 국사에도 기록되어 있지 않고야사(野史)에도 실려 있지 않을 것입니다.

여기 별지(別紙)로 적어 보내니 혹시 나아가 뵈올 때 그 사실을 주달하면 상께서 흔연히 채납하실 것이고 또 후왕(後王)들의 본보기도 될 것입니다. 어떻게 생각하십니까? 죽마의 옛 친구 사이라 허물없이 생각하고 이렇게 말하니 형께서도 제 마음을 이해해 주시리라고 생각합니다.

不審潦熱, 令候萬重? 聞兄將欲爲東宮撰一部冊子云, 其信然否? 弟前日屢
入桂坊, 不無獻芹[193]之意, 欲裒集經傳中史東史之語, 及儲位有善可爲法惡
可爲戒者, 及本朝祖宗在儲時言行, 爲一書而獻之, 篇目旣具, 而更思之, 有
絢名媒進之嫌而止焉. 兄則所居之職, 異於弟矣; 此事若成而如有採納之道,
則宗社之幸, 大矣. 弟家傳來日錄, 有肅廟在儲時言行數條; 此必國史之所
不記・野史之所不存. 玆以別紙錄呈, 或於進見之際, 若有所達, 則自上有
欣納之道, 而亦可爲後王之所可法, 未審如何? 葱竹舊交, 意無間隔, 如是
煩告; 兄亦諒弟之心事矣.

별지

숙종(肅宗)은 정미년에 나이가 7세였는데 동궁에 있으면서 마침 병
이 들자 이를 핑계로 서연(書筵)의 강의를 쉬려고 하였다. 보양관
(輔養官) 조복양(趙復陽)이 재삼 권청(勸請)하면서 말하기를 "옛날
에 '하루라도 독서를 하지 않으면 입 속에 가시가 돋는다.〔一日不讀
書口中生荊棘.〕'라는 시구가 있으니, 글은 하루라도 읽지 않아서는
안 됩니다."라고 했지만, 세자는 끝까지 거부하면서 말하기를, "내
가 훗날 오늘 교수(敎授)하지 않은 그 은혜를 후히 갚겠소." 하였다.
이에 복양이 "무슨 일로 갚으시겠습니까?" 하니, 답하기를 "장래 서

---

193 獻芹 : 자신이 바치는 정성이 하찮다는 뜻으로, 겸사이다. 헌근은 미나리를
바친다는 말이다. 옛날에 미나리를 먹고 맛이 좋다고 느낀 가난한 농부가
그 지방 부호에게 미나리를 바쳤다. 그 부호가 맛을 보았는데 입만 쏘고
배만 아팠다고 한다. 『列子 楊朱』

거한 뒤에 수기(壽器)로 보답하겠소." 하기에 복양이 감히 억지로 권하지 못하고 강석을 중지했다. 그 후 신미년 정월 10일 복양이 66세의 나이로 죽었을 때 세자가 현종(顯宗)께 그 사실을 고하여 귀후서(歸厚署)로부터 널빤지 한 벌을 하사하니, 조야(朝野)가 경탄하였다.

肅廟丁未年, 年七歲, 在東宮, 適有疾, 辭以不欲講. 輔養官趙復陽再三勸請曰: "古有'一日不讀書, 口中生荊棘'之文, 文不可一日闕讀也." 世子終始辭之曰: "我當於異時, 重報今日不敎授之恩也." 復陽曰: "以何事報之乎?" 答曰: "將來身逝後, 以壽器[194]報之." 復陽不敢强勸而輟講席矣. 及辛未正月初十日, 復陽卒, 年六十六. 世子告此意于顯廟, 得給歸厚署[195]板一部, 朝野驚歎.

강관(講官) 홍만종(洪萬鍾)의 아들 석철(石鐵)은 신축생(辛丑生)이었다. 세자가 이 사실을 알고는 『사략(史略)』 한 질을 내 주면서 말하기를 "집에 가서 내 동갑인 아들에게 이 책을 주시오." 하였으니, 이 사실에서 세자의 기상을 알 수 있을 것이다.

----

194 壽器 : 관을 만드는 목재를 말한다. 원래는 가래나무[梓]로 만들고 옻칠을 하는데 이는 관이 오래 썩지 않도록 하고자 하는 것이다. 무덤은 壽堂, 壽宮, 壽陵과 같은 뜻이다.

195 歸厚署 : 棺槨의 제조와 和賣, 및 禮葬에 필요한 모든 것을 공급하는 일을 관장하는 從6品의 衙門이다. 조선조 태종 6년에 설치되어 정조 원년에 혁파되고 그 업무가 繕工監으로 이관되었다.

講官洪萬鍾之子石鐵., 亦辛丑生也. 世子知之, 出給『史畧』一帙曰: "歸給予
同庚之子"云, 其氣像可見矣.

현종(顯宗) 기유년 정월 15일, 상이 종묘를 배알할 때 세자가 수행
했는데, 묘문(廟門)을 지나고 나서 강관이 수레를 타라고 청했으나
듣지 않고 묘문을 훨씬 지나서야 수레에 올랐다.

顯廟己酉正月十五日, 上謁宗廟. 世子隨行, 過廟門後, 講官請乘輿, 不從,
過廟門稍遠後始乘之.

숙종이 세자 시절에 메추라기를 기르다가 죽게 되자 묻어 주라고
했다. 송준길(宋浚吉)이 "메추라기를 묻어 주라고 했다는데 사실입
니까?"라고 묻자, 그런 사실이 있다고 대답했다. 준길이 말하기를
"이는 실로 인덕(仁德)이지만 장차 사냥에 빠지는 조짐이 열릴까 염
려됩니다." 하자, 세자가 "경계하겠노라."고 했다.

肅廟爲世子時, 養鶴鶉致斃, 命埋之. 宋浚吉曰: "聞有埋鶉之語, 誠然否?"
曰: "有之." 浚吉曰: "此實仁德, 恐啓禽荒之漸." 世子曰: "當戒念矣."

하루는 대전(大殿)을 배알하고 돌아와 보니 환관(宦官) 한 사람이
세자 자리에서 쿨쿨 자고 있었다. 세자가 내시에게 말하기를 "이 자
리를 걷어라."하고 이어 그 환관을 제하(除下)하여 그 소속에 들지
못하게 하도록 했다. 환관 수장(首長)이 와서 죄줄 것을 청하자 세
자가 "이 사람은 꾸짖어서 될 사람이 아닌데 무엇하러 굳이 죄를 주

겠는가."라고 했다.

一日謁大殿而還, 宦者一人, 牢睡於世子席上. 世子謂內侍曰："此席撤去."
因令除下[196]其宦, 不令入屬[197]. 首窟請其罪, 世子曰："此非可責之人, 何必
罪之."

세자가 서연을 열 때에 주상이 혹 문 밖에 와서 가만히 엿듣곤 했
다. 세자가 그 사실을 알고는 내시를 시켜 그곳에다 사중석(四重席)
을 깔아 두라고 했다. 주상이 까닭을 물어 그 사실을 알고는 얼굴에
기쁜 빛이 가득했다.

世子開筵時, 上或潛聽於門外. 世子知之, 令宦者設四重席[198]於其處；上問
而知之, 喜動顏色.

현종 무신년에 세자의 나이 8세였는데 총명한 자질과 신명(神明)한
슬기가 보통 사람과 달랐다. 하루는 송아지 우는 소리를 듣고, "이
게 무슨 소리냐."라고 하니 환관이 "우유를 짜서 타락(酪)을 만들려

---

196 除下：除名과 같은 뜻이다.

197 入屬：들어와 소속된다는 뜻이다.

198 四重席：임금의 자리라 존중하여 네 겹으로 깐 것이라 생각된다. 『의례(儀
禮)』 「향음주례(鄉飲酒禮)」에 "빈객의 동쪽에 자리를 까는데 공(公)은 자리
가 세 겹이고 대부는 자리가 두 겹이다.〔席于賓東, 公三重, 大夫再重.〕"이라
하였다.

고 하는데 그 새끼가 따라와서 우는 것입니다."라고 했다. 세자가
"내가 아직 소를 못 봤으니 끌고 오라."고 하였다. 주인(廚人)이 소
를 끌고 왔는데 송아지 입에 망이 쳐져 있었다. 세자가 그 까닭을
묻자 환관들이 대답하기를 "송아지가 어미젖을 빨까 염려해서 그 입
을 막은 것입니다."고 하였다. 세자가 말하기를 "이것을 보니 차마
타락죽을 먹을 수가 없다. 이 후로는 동궁에 타락죽을 올리지 말도
록 하라." 하였다. 찬선(贊善) 송준길(宋浚吉)이 이 말을 듣고는 『맹
자』「곡속장(穀觫章)」을 인용하여 세자께 말하였다.

顯廟戊申, 世子年八歲矣. 岐嶷之資·神明之智, 異於凡人. 一日聞犢聲曰:
"此何聲耶?" 宦者曰: "將取牛乳爲酡酪, 故其雛隨來矣." 世子曰: "予不見牛
形, 牽來, 可也." 廚人牽入, 則小犢口結網. 世子問其故, 諸宦對曰: "恐犢嚥
乳, 故防其口也." 世子曰: "見此, 不忍喫酪粥. 此後東宮勿令進之." 贊善宋
浚吉聞之, 引穀觫章[199]告之云.

환관이 소현세자(昭顯世子) 둘째 아들의 곤궁한 형편을 이야기하는
것을 세자가 듣고는 측은해 하면서 말하기를, "내가 사재(私財)는
없으니, 내 수라상에 오르는 반찬 며칠 치를 모으면 그를 도와줄 수

---

199 穀觫章 : 전국시대 齊나라 宣王이 새로 주조한 종에 소의 피를 칠하기 위해
   사람이 소를 끌고가는 것을 보고 불쌍히 여겨서 "그 소를 놓아주어라. 내가
   그것이 벌벌 떨면서 죄 없이 죽을 땅으로 나아가는 것을 차마 보지 못하겠노
   라.〔舍之. 吾不忍其穀觫若無罪而就死地.〕"라고 한 章을 가리킨다. 『孟子 梁
   惠王 上』

있겠는가?"라고 하였다. 이에 "5일이면 됩니다."라고 하니 즉시 그렇게 하도록 명하여 5일 치를 모은 후 실어 보내려는데 싣고 갈 말이 없었다. 그래서 태복시(太僕寺)의 말을 쓰라고 명하고는 즉시 내전에 들어가 죄를 청하기를 "신이 태복시의 말을 마음대로 썼습니다."라고 하니, 주상이 뜰에 내려와 손을 잡아주고 등을 어루만지면서 용안에 기쁜 빛이 가득했다.

世子聞諸宦私語昭顯世子第二子窮困之語, 世子惻然曰: "予無私財, 儲我幾日水剌物膳, 則可以助給乎?" 對曰: "五日可矣." 卽命儲置五日後駄送, 而無馬可載, 命用太僕馬, 卽入內請罪曰: "臣任用太僕馬矣."上下庭執其手, 撫背而喜動玉色.

20. 대산(大山) 이경문(李景文)-상정(象靖)-에게 답한 편지

答大山李景文-象靖[200]-書 무자년(1768, 57세)

사우(師友)의 의리가 무너지고 우리 학문이 날로 외로워져 가는데 조령(鳥嶺) 이북은 더욱더 말이 아닙니다. 게다가 당의(黨議)가 제멋대로 횡행하고 이록(利祿)의 거센 물결이 휩쓰는 통에 인심(人心)이 너무나 물욕에 빠져 버렸습니다. 듣건대 집사(執事)께서 이름과 재능을 감추고 외진 곳에 물러나 살며 강학하신 지 오래라고 하니 하늘이 혹시 집사의 힘을 빌려 사문(斯文)의 한 가닥 남은 맥을 떨어뜨리지 않으시려는 것이 아니겠습니까. 정복도 학문에 마음이 없었던 사람은 아니었으나 지업(志業)을 성취하지 못하고 이어 병으로 공부를 하지 못하여 지금은 안으로는 정신이 거의 소진하고, 겉으로 치아와 머리털도 다 옛 모양이 아니라, 자신을 되돌아보며 탄식만 하고 있을 뿐입니다. 우리 학문을 위하여 대업(大業)에 더욱 힘써 주시기 바랍니다.

지금 문하에 와서 배우는 선비들은 몇 사람이며, 우리 학문을 떠맡을 가망이 있습니까? 모진 목숨만 남은 상인(喪人)으로서 당돌하게 서신을 교환하는 일이 매우 불안하니 헤아려 이해해 주시기 바랍니다.

서로 만나서 고상한 가르침을 받을 길은 없으니, 혹 좋은 말씀을

---

200 大山李景文-象靖 : 주 50) '李延日象靖' 참조.

내려 이 어리석은 자를 깨우쳐 주시기 바랍니다. 거리가 너무 멀어 소식을 보낼 길이 없으니, 그저 사모하는 마음만 간절할 뿐입니다.

師友道喪, 此學日孤, 自嶺以北, 尤無可言. 加以黨議橫流, 利祿奔波, 人心之陷溺, 甚矣. 竊聞執事潛光屛處, 講授有年; 天其或者使斯文一脈賴而不墜耶? 鼎福初非全然無心者, 志業未就, 因以病廢, 今則精神內爍, 齒髮外變, 徒自撫躬興歎耳. 惟乞益懋大業, 以幸吾道. 門下從遊之士, 亦復幾人, 而有擔道之望耶? 苫塊殘喘, 唐突書候, 深爲不安, 幸乞諒恕. 無由面承雅誨, 或賜良箴, 以警昏愚. 道里脩遠, 憑信無堦, 不勝哀慕之至.

21. 이경문에게 보낸 편지

與李景文書 경인년(1770, 59세)

2월에 주신 답서는 너무도 감사하고 위안이 되었습니다. 긴 말씀으로 가르침을 내려주시어 깨우침과 타이름이 모두 지극하니, 비루하고 용렬한 제가 감당할 수 있는 것이 전혀 아니었습니다. 되풀이하여 소리 내 읽어보면서 옛날의 우도(友道)를 오늘 다시 볼 수 있다는 생각에 더욱 감탄했습니다. 같은 하늘 땅 사이에 살면서 아직 한 번도 상면하지 못했으니 자나깨나 그리운 생각 가실 날이 있겠습니까. 제가 구구하게 늘 마음이 쏠려 마지 않는 것은 공연히 그러한 것이 아닙니다. 지난 무진년에 강좌(江左) 권장(權丈)이 찾아오셔서 집사(執事)에 대한 말씀을 많이 하셨고, 이어 남경중(南敬仲)과 종유하면서는 그때 듣지 못했던 것을 더 많이 들었습니다. 그리고 그 후 또 이 목천장(李木川丈)께서도 "우리 고장에 이 아무개·김 아무개-낙행(樂行)-가 있는데 사문(斯文)의 맥락이 그들 덕분에 유지되고 있다."고 하셨습니다. 그리고 밀성(密城)의 안정진(安正進)은 매우 단아한 선비인데, 집사를 얼마나 존경하고 흠모하는지 곁의 사람이 감동받을 정도입니다. 우리 도(道)가 무너지고 학문이 끊어지는 때 집사의 고풍(高風)을 익히 들었으니 흥감(興感)하는 마음이 어찌 없겠습니까. 그래서 어리석고 졸렬한 자신을 헤아리지 못하고 망녕되이 한두 번 서찰을 올려 미천한 정성을 드러내 보였는데, 글이 뜻을 전달하지 못하여 집사께서는 오히려 제가 병중에 공부를 하지 못했다는 사실을 지나치게 자기를 낮춘 것으로 착각하시고, 참으로 그리워하고 있다는 그 사실도 쓸데없이 지나간 말로 한 것으로 오인하셔서 마치 시속 사람들이 겉치레와 말만 꾸미는 그러한 사람으로 인정하신 것 같아 그 글을 읽고 저도 모르게 얼굴이 붉어져 어찌할 바를 몰랐습니다.

집사께서 상면한 적이 없기 때문에 저의 병색이 이러하고 또 용렬함이 이와 같은 줄을 알지 못하시고 전번의 서신에서는 평소에 쌓은 학문이 있다고 하시고, 이번 서신에서는 또 곧고 신실하고 아는 것이 많다고 하셨으니, 이는 사실 실정에 안 맞는 칭찬이라 감히 해명하지 않겠습니다. 집사께서 이러한 실정을 자세히 알지 못하셨으니 이렇게 과중한 말씀을 하신 것은 어쩌면 당연한 일일 터이니 계면쩍고 부끄러워한들 어찌하겠습니까, 어찌하겠습니까!

주신 서찰에 귀중한 한 마디 말로 혼타(昏惰)한 나를 깨우쳐 달라고 하셨으니, 묻기 좋아하시는 그 뜻은 매우 훌륭하십니다. 한편 생각해 보면 붕우 사이에 서로 격려하고 권면하는 것은 반드시 언행과 한 일에서 말할 만한 잘잘못이 있어야 할 수 있는 것입니다. 이런 까닭에 "술이 거나하자 호기를 부리고 비장한 노래를 하며 강개했다." 한 것은 주자(朱子)가 혹 그러한 잘못이 있었기에 장남헌(張南軒)이 규계를 했던 것이고, "입으로는 천리(天理)를 말하면서 이름을 훔쳐 세상을 속인다." 한 것은 남명(南冥)의 말이 과중했기에 퇴계(退溪)가 변론을 한 것입니다. 지금 제가 집사에 대해서는 한갓 성기(聲氣)로 서로 느끼는 바 있어 사랑하고 흠모하고 있을 뿐 강토(講討)하는 자리에서 말 한 마디 들어 본 일도 없고, 서로 한번 만나 본 일조차도 없으니 무슨 말씀을 잘했고, 무슨 일을 잘못했는지 알지도 못하면서 쓸데없이 실속 없는 경계를 할 것입니까. 이것이 어리석은 제가 타산

지석(他山之石)이 되고 싶어도 될 수 없는 까닭입니다.

성리(性理)의 이치와 같은 경우는 원래 어렴풋하게나마 들은 말이 있어 사칠(四七)·이발(理發)·기발(氣發)의 설에 관해 오직 노선생(老先生)의 정론을 따라야 한다고만 알고 있을 뿐 다른 말이 또 있는지는 알지 못했습니다. 그런데 근래 이쪽에는 '공정한 희노(喜怒)는 이발(理發)이다.'는 주장이 있습니다. 그들은 말하기를,

"어린애가 우물에 빠지려는 것을 보고 측은한 마음이 있는 것은 이미 이발이라는 것이다. 어린애를 우물 밖으로 끌어 올리는 것을 보면 틀림없이 기쁜 마음이 있을 것이고, 만약 누가 밀어서 우물에 빠뜨리는 것을 보면 틀림없이 분노하는 마음이 있을 터이니 이 기쁨과 이 분노는 그 소종래(所從來)를 살펴본다면 측은지심과 어찌 다르겠는가. 그 소종래가 진실로 의리에서 나왔다면 비록 기쁨이 지나치고 분노가 지나쳐서 혈기(血氣)가 움직인다 하더라도 이발이 되는 데는 아무런 문제가 없을 것이다."

하니, 이는 기고봉(奇高峯)의 논리와 비슷합니다.-고봉은 칠정(七情) 중에서 절도에 맞는 것까지도 모두 이발(理發)로 보았으니 이 주장과는 조금 다르다.- 기고봉의 후론(後論) 끝 부분에 한 말에 대해 퇴계가 "나의 설이 온당치 못하니, 감히 다시 생각하지 않겠습니까?"라고 하였고, 그 후 「심통성정중도(心通性情中圖)」 및 이평숙(李平叔)에게 답한 서신에 모두 기고봉의 선일변(善一邊)이란 주장을 따랐기에 늘 의심을 품고서도 질문할 곳이 없었습니다. 그런데 영남(嶺南)은 퇴계선생께서 공부하시던 곳이어서 연원(淵源)을 주고받는 과정에 문자(文字) 이외에 들으신 것이 틀림없이 있으실 것입니다. 지난날 여쭈어 보았던 것은 지극히 공정한 말씀을 듣고 싶었기 때문입니

다. 지금 답서를 받고 보니 실로 제 견해와 맞으니 얼마나 다행이고 얼마나 위안이 되었는지 모릅니다. 그리고 공정한 희노는 이발이라는 것이 맞느냐 안 맞느냐에 대해서도 분명한 가르침을 주셨으니 매우 감사합니다.

그렇지만 경기와 영남이 멀리 떨어져 있어 오가는 인편이 드무니 한탄스러운 마음 형언할 수 있겠습니까. 붕우의 의리는 서로 기대하고 서로 면려하는 데 있을 뿐이고, 옳은 도리를 찾고 실제 일을 하는 것은 오로지 자기 손에 달려 있으니 다른 사람의 한두 마디 냉담한 말이 영향을 줄 수 있는 것이 아닙니다. 스스로 생각하기에 이제 나이는 많아지고 지기(志氣)는 꺾였습니다. 고인이 말한 '만절(晩節)을 지키기 어렵다.'는 경계를 늘 잊지 않고 있습니다. 그래서 감히 집사께 이 말씀을 올려, 물어주신 훌륭한 뜻에 부응해 보려 합니다만 참람한 짓임을 느끼고 있습니다. 천리 먼 거리에서 편지를 쓰면서 자리를 함께 할 기약이 없으니 서글픈 마음을 억누를 길이 없습니다.

퇴계·서애(西厓) 두 선생 모두 문집의 별집(別集)이 있다고 들었는데, 어디서 간행한 것이며 각각 몇 권씩이나 됩니까? 서애·한강(寒岡)·여헌(旅軒) 세 선생은 모두 간행된 연보(年譜)가 있습니까? 또 들기로 조 사문 선적 장(曺斯文善迪丈)이 자기 선조 지산공(芝山公)과 퇴계와의 왕복 서찰을 부록으로 간행하여 속집(續集)을 만들었다고 하는데 과연 사실입니까? 이게 다 사문(斯文)에 관계되는 일인데도 궁벽하게 살아 듣지 못하고 있으니 탄식한들 어찌하겠습니까. 나머지는 절서에 따라 더욱 보중하시기 바랄 뿐입니다. 이만 줄입니다.

二月下答, 不勝感慰. 縷縷垂諭, 警誘俱至, 殊非陋劣所堪承當. 三復莊玩, 益歎古義友道之復見於今日也. 同在旋磨[201], 尙阻一面, 寤寐興懷, 能不依依? 僕之所以區區傾漆之不已者, 非徒然也. 昔歲戊辰, 江左權丈[202]歷訪, 道執事娓娓不倦, 續與南敬仲[203]遊, 益聞其所不聞, 後又聞於李木川丈, 謂言吾鄕有李某・金某-樂行-[204]者, 斯文一脉, 賴以不墜. 密城安正進, 雅士

201 旋磨 : 하늘과 땅을 뜻한다. 『晉書』「天文志 上」에 "하늘이 땅의 주위를 도는 것이 마치 맷돌을 밀어 왼쪽으로 가고 해와 달은 오른쪽으로 가서 하늘을 따라 왼쪽으로 돈다. 그러므로 해와 달은 실제로는 동쪽으로 가는데 하늘이 이끌어 서쪽으로 진다. 비유하자면 개미가 맷돌 위를 갈 때 맷돌은 왼쪽으로 돌고 개미는 오른쪽으로 가서 맷돌은 빨리 가고 개미는 더디게 가는 것과 같다. 그러므로 맷돌을 따라서 왼쪽으로 가지 않을 수 없는 것과 같다.〔天旁轉如推磨而左行, 日月右行, 隨天左轉, 故日月實東行, 而天牽之以西沒. 譬之於蟻行磨石之上, 磨左旋而蟻右去, 磨疾而蟻遲, 故不得不隨磨以左迴焉.〕"라고 한 데서 온 말이다.

202 江左權丈 : 權萬(1688~1749)의 자는 一甫이고, 호가 江左이며, 관향은 安東이고 權斗紘의 아들로 1721년 司馬試에 합격하였고, 1725년 증광문과에 丙科로 급제하였다. 1728년 李麟佐의 난에 의병장이 되어 이를 진압하였다. 1746년 문과 重試에 乙科로 급제하고 兵曹正郎이 되었다. 저서로 『江左集』 10권 5책이 있다.

203 南敬仲 : 南相天(1702~1776)의 자가 敬中이다. 본관은 英陽이며 號는 浴川이다. 南昌年의 아들이고 南煌의 현손이다. 英祖 20년(1744) 문과에 급제하여 縣監을 역임했는데 在任 중에 청렴하고 검소하여 去思碑가 세워졌다. 遺稿가 있다.

204 樂行 : 金樂行(1708~1766)은 자는 艮夫, 호는 九思堂이고, 초명은 晉行, 초자는 退甫이며, 본관은 義城이다. 李栽의 문하에서 『近思錄』, 『心經』 등을 배웠다. 1735년 향시에 합격하였다. 1737년에 홍문관 교리로 있던 아버지가 무고를 당한 이재를 변호하다가 제주도에 유배되자 아버지를 따라가 효성을

也. 尊慕執事, 義足動人. 當此道喪學絶之日, 稔聞高風, 豈無興感之心乎? 是以, 不揆愚拙, 妄以書素一再干冒, 聊暴微忱, 辭不達意; 執事錯認以病廢之實事, 委之於過自貶損, 以嚮慕之實情, 歸之於遊辭費說, 有若末俗脩邊幅餙辭令者然, 讀來不覺枵然失圖也. 執事不與相面, 故不知僕病狀之如是·駑下之如是, 而前書曰充積有素, 今書曰直諒多聞[205]; 此實過情之襃, 而不敢有所分解者. 旣不詳悉, 則辭語之過中, 勢所固然, 雖自歉愧, 奈何奈何! 奉讀來敎, 諭以一言之重以警昏惰, 好問[206]之意, 甚盛甚盛. 竊念朋友切偲[207]之道, 必於言行事爲上, 得失有可言者, 然後施之耳. 是以, 酒酣氣張, 悲歌慷慨, 朱子之失或然, 而南軒規之[208]; 口談天理, 盜名欺世, 南冥

다하여 모시며 학문을 같이 강론하였다. 1738년 아버지가 光陽으로 移配되어 유배생활 10년만인 1747년에 아버지가 광양에서 죽으니 고향에 돌아가 朱子의 『家禮』를 遵行하였다. 號는 본래 없었는데 그의 圖署 중 '구사당' 석 자가 있었으므로 士林이 구사당이라 불렀다.

205 直諒多聞 : 공자가 도움이 되는 벗의 세 유형을 거론하며 "벗이 정직하고 벗이 진실하고 벗이 식견이 많으면 도움이 되는 벗이다.〔友直 友諒 友多聞 益矣.〕"라고 한 데서 온 말이다. 『論語 季氏』

206 好問 : 『中庸』장에 "순은 묻기를 좋아하고 천근한 말도 자세히 살피기를 좋아하였다.〔舜好問而好察邇言.〕"라고 한 데서 온 말이다.

207 切偲 : 切切偲偲의 준말로 벗들 사이에 서로 責善함을 뜻한다. 孔子가 "붕우 간에는 간절하고 자상히 권면하여야 한다.〔朋友切切偲偲.〕"라고 한 데서 온 말이다. 『論語 子路』

208 酒酣……規之 : 南軒은 張栻(1133~1180)의 호이다. 그는 자는 敬夫 또는 欽夫이고 호는 南軒 또는 樂齋이며, 시호는 宣公이다. 胡宏(1106~1161)의 門人이다. 그는 漢州 錦竹 사람으로, 朱熹나 呂祖謙 등과 같은 시대를 살면서 서로 친구였으므로 당시 사람들이 이 세 사람을 東南三賢이라 일컬었다. 저서에 『論語解』, 『孟子解』, 『南軒易說』 등이 있다. 『南軒集』 20권 「答朱元

之言過中, 而退溪辨之.[209] 今僕之於執事, 徒以聲氣之相感[210]而愛慕之而已, 未曾承誨於講討之末, 周旋於應接之際, 則不知何言之爲得何事之爲失, 而謾施無實之箴警乎? 此愚昧之願爲他山之石而不可得者也. 至若性理之義, 素有隔壁之聽, 四七理氣之發, 唯知從老先生定論而已, 不知有他義在. 近來此中有公喜怒理發之說; 其言曰: "見孺子入井, 有惻隱之心者, 旣爲理發矣. 見孺子之攀援出井, 則必有欣喜之心, 若見人擠而落井, 則必有憤怒之心; 是喜是怒, 察其所從來, 則與惻隱何異? 其所從來, 苟發於義理, 則雖

晦秘書」에 "여기 온 사람들이 많이들 '사람들이 모여 술자리를 벌일 때 술에 취하면 기세를 떨치며 비분강개한 노래를 부른다.'고 하였으니, 이러한 모습은 아마도 평소 혈기를 부리는 습성을 다 없애지 못했기 때문이다.〔來者多云 '會聚之間, 酒酣氣張, 悲歌忼慨', 如此等類, 恐是平時血氣之習未能消磨者.〕라고 하였다.

209 口談……辨之 : 退溪 李滉이 "근자에 남명 曹楗仲의 편지를 받았더니 '근래에 보면 학자들이 손으로 灑掃의 예절도 모르면서 입으로 天理를 얘기하여 명성을 훔치고 남을 속이려 하다가 도리어 남의 中傷을 입고 해가 다른 사람에까지 미치니, 어찌 선생 장로가 꾸짖고 금지하지 않았기 때문이 아니겠습니까.'라고 하였습니다. 그 아래에는 스스로 謙辭를 했으나 나로 하여금 십분 억제하고자 하였습니다. 이는 비록 누구를 가리켜 한 말인지는 모르겠으나 그 말이 한쪽에 떨어진 폐단이 있음을 면치 못합니다. 그러나 우리 입장에서 말하면 실로 남을 꾸짖을 겨를이 없고 응당 자신을 꾸짖어야 할 것입니다.〔適得南冥曹楗仲書云: '近見學者, 手不知灑掃之節, 而口談天理, 計欲盜名, 而用以欺人, 反爲人所中傷, 而害及他人. 豈非先生長老無有以訶止之故耶?' 其下自爲謙辭, 而欲令滉十分抑規之. 此雖不知所指爲何人, 而其言未免有墮落一偏之弊. 然而自吾輩言之, 實不暇訶人而當自訶耳.〕라고 하였다. 『退溪集 26권 與鄭子中』

210 聲氣之相感 : 서로 의기가 투합함을 뜻한다. 『周易』 「乾卦 文言」에 "같은 소리끼리는 서로 응하고, 같은 기운끼리는 서로 찾게 마련이다.〔同聲相應, 同氣相求.〕라고 한 데서 온 말이다.

過喜過怒而動了血氣, 不害爲理發." 此與高峯之論畧同矣.-高峯則並與七情之中節者, 並爲理發, 與此少異.- 高峯後論末端所論, 退溪有'鄙說未安, 敢不致思'之語, 後來「性情中圖」及「答李平叔書」, 從高峯善一邊[211]之論, 尋常抱疑, 無從質問. 而嶺南是先生藏脩[212]之所, 淵源授受之際, 必有承聞於文字之外者, 故前日稟問, 欲聞至正之論也. 今承示敎, 實愜淺見, 何幸何慰? 而公喜怒理發之中否, 亦爲砭敎, 受賜多矣. 但畿嶺隔離, 便使稀濶, 悵歎何喩! 朋友之義, 惟在於相期許相勉勵而已, 至若尋箇是處, 做得實事, 專在自家手裏, 有非他人一兩句冷淡言語所能輕重者. 而自念年紀衰邁, 志氣摧頹, 常懷古人晚節之戒; 敢以此獻之左右, 用副俯詢之盛意, 而斯覺僭耳. 千里裁書, 合幷無期, 不覺怆懷難抑. 傳聞退溪·西厓兩先生皆有別集, 何處刊行而凡各幾卷耶? 西厓·寒岡·旅軒三先生, 皆有年譜刊行者耶? 又聞曹斯文善迪丈輯其先祖芝山公[213]與陶山往復, 附刊爲續集, 其果然否? 此係斯文事, 而僻居無聞, 歎如之何? 餘只伏祝若時增重. 不宣.

---

211 後來……善一邊 : 퇴계 이황이 『聖學十圖』 「心統性情圖」에서 고봉 기대승의 견해를 수용하여 四端을 칠정 안에 포함시키고 "선과 악의 기미에 나아가 善한 측면만을 말하였다.〔就善惡幾, 言善一邊.〕"라고 하였고, 『退溪集』 37권 「答李平叔書」에서도 그와 같이 말하였다.

212 『禮記』 「學記」의 "藏焉脩焉"에서 온 말이다. '藏'은 늘 학문에 대한 생각을 품고 있는 것이고, '修'는 방치하지 않고 늘 익힘을 뜻한다. 일반적으로 은거하여 학문에 종사함을 뜻한다.

213 芝山公 : 조선시대 학자인 曺好益(1545~1609)을 가리킨다. 그는 자는 士友이고, 본관은 昌寧이다. 李滉의 문하에서 수학하였고 성리학에 조예가 있었다. 임진왜란과 정유재란 때 의병을 모아 활약하였다. 저서에 『芝山集』, 『心經質疑考證』, 『家禮考證』, 『諸書質疑』, 『易象推說』, 『大學童子問答』 등이 있다.

22. 김영천(金榮川)-백련(百鍊)-에게 답한 편지

答金榮川-百鍊-書 신묘년(1771, 60세)

붕우가 원수라는 구절을 보니 다소 불편한 기미를 띠고 있습니다. 노형께서 기왕 상대와 나를 가르지 않고, 저것과 이것을 합일하여 모든 것을 평등하게 사랑할 생각이 있다면 그런 것쯤이야 만촉(蠻觸)의 싸움과 다를 바 없는 것으로 눈앞에 전개되는 한 마당 장난으로 봐 버릴 것이지 그것을 꼭 마음속에 넣어 두고 시로 표현할 것까지야 있겠습니까. 이는 평소 무언가 잊을 수 없는 것이 있어서 그러한 것이라 여겨집니다. 자신에 있어서는 응당 자기 할 도리를 하고서 세상에서 써 주면 나아가고 써 주지 않으면 물러나기를 오직 때에 맞게 하여 하늘이 내려준 본성을 온전히 지키다 돌아가면 될 것입니다.

일전에 노형이 하신 말씀을 들으니 범위가 너무 크고 넓어 경천동지(驚天動地)할만한 기상이었으나, 세상에 분개하고 사특한 자를 미워하는 마음이 너무 지나치고, 손뼉을 치면서 강개해하는 습성이 다 없어지지 않았으니 중정(中正)한 도로 자신을 다스린다면 아마 이와 같지 않을 듯합니다. 노형께서는 어떻게 생각하시는지요? 사귄 지 얼마 안 된 사이에 깊은 말을 하면 안 된다고 고인이 경계했으나 잠깐 만나고서도 구면같이 친근해지는 경우도 얼마든지 있습니다. 노형께서 이 비루하고 용렬한 사람의 허명(虛名)을 잘못 들으시고 한두 번 왕림해 주셨고 지금 또 이렇게 계속 물어주시니 어찌 감히 소소한 겉치레를 하자고 지나치게 스스로 겸양을 차리고 말겠습니까. 그러나

이 썩은 선비의 구곡(拘曲)된 소견이 여기에 이르러 다 드러났으니 노형이 보시고는 틀림없이 껄껄 웃으실 것입니다.

지난번 만났을 때 하신 황홀하고 놀라운 말씀들은 저로서는 모두 처음 듣는 것인데 노형께서는 말하여 마지 않으셨으니, 그 자신하심 이 깊으실 것입니다. 자신함이 깊고 그 소종래가 분명히 말할 만한 것이 있다면 어찌하여 『박물지(博物志)』를 쓴 장무선(張茂先)이나, 『습유기(拾遺記)』를 쓴 왕자년(王子年)처럼 저서를 하나 내어 후세 호사자(好事者)들에게 남겨주지 않으십니까. 혹자는 말하기를 노형 이 세도(世道)가 각박한 것을 보고 이러한 말들로 해학(諧謔)하여 한 세상을 희롱하고 업신여기니 그 의도가 마치 장 유후(張留侯 전한 (前漢)의 장량(張良))가 적송자(赤松子)를 따라가고, 이 업후(李鄴 候 당(唐)의 이필(李泌))가 마고선(麻姑仙)을 사모하던 것처럼 그러 한 지혜에서 나왔다고 하니 과연 사실입니까? 붓 가는 대로 답을 쓰다 보니 말을 골라 쓰지 못했습니다. 그러나 큰 도량으로 너그러이 포용하시리라 생각되어 이를 믿고 두려움 없이 썼습니다. 지난번 서 신에 말씀하신 '저잔(低屨)' 두 글자는 실로 저에게 잘 어울리는 제목 이니 이제부터 이 말을 받아들여 자호(自號)로 삼겠습니다.

竊覷朋友敵讐之句, 帶些不平之氣. 老兄旣欲混物我合彼此, 有一視同仁[214]

---

214 一視同仁 : 모든 사람들을 평등하게 대하면서 똑같이 사랑한다는 뜻으로, 唐나라 韓愈의 「原人」에 "성인은 하나로 보아 다 같이 사랑한다.〔聖人一視而 同仁.〕"라고 한 데서 온 말이다.

之意, 則此等光景, 無異蠻觸之爭²¹⁵, 只當附之眼前一場戲事, 何必芥滯胸中而至發於吟咏耶? 盖其平日有不能忘之者而然矣. 在我只當自修, 用舍行藏²¹⁶惟其時, 而全此天賦之衷而歸之, 可也. 日前奉承老兄言論, 廣大宏闊, 有驚天動地底氣像, 而憤世嫉邪之心太過, 抵掌慷慨之習未除, 律以中正之道, 恐不如是. 審老兄以爲如何? 交淺言深²¹⁷, 古人所戒, 傾盖如舊²¹⁸, 此義猶存. 老兄誤聞陋劣之虛名, 一再臨訪, 今復垂問不已, 則豈敢以邊幅小節, 過自修餙而已哉? 然而腐儒拘曲之見, 到此呈露, 老兄見之, 又必大噱之矣. 頃者奉晤時, 怡悅儵忽之語, 此皆剙聞, 而老兄言之不已, 則其自信深矣. 自信深, 而其所從來, 有的實可言者, 則何不著爲一書, 如張茂先²¹⁹之

---

215 蠻觸之爭 : 만촉은 蠻과 觸이라는 가설한 작은 나라들이다. 달팽이의 왼쪽 뿔에는 蠻氏의 나라가 있고 오른쪽 뿔에는 觸氏의 나라가 있어, 서로 땅을 차지하려고 싸워서 죽은 시체가 수만이었다는 우화에서 나온 말로 부질없는 다툼을 비유한 것이다. 『莊子 則陽』

216 用舍行藏 : 세상에 쓰일 때는 나가서 자기의 도를 행하고, 버림을 받았을 때는 물러나서 은거하는 것을 말한다. 孔子가 제자 顔回에게 이르기를 "쓰이면 나가서 도를 행하고, 버림을 받으면 물러나 은거하는 것을 오직 나와 네가 그렇게 할 뿐이다.〔用之則行, 舍之則藏, 惟我與爾有是夫.〕"라고 한 데서 온 말이다. 『論語 述而』

217 交淺言深 : 주 154) '交淺言深' 참조.

218 傾盖如舊 : 수레를 멈추고 일산을 기울여 그 아래에서 잠깐 얘기를 나누어도 오랜 친구처럼 느껴진다는 뜻이다. 『史記』「鄒陽列傳」에 "백발이 되도록 오래 사귀어도 처음 사귄 듯하고, 수레를 멈추고 잠깐 만났어도 오래 사귄 듯하다.〔白頭如新 傾盖如故.〕"한 데서 온 말이다.

219 張茂先 : 西晉 때의 학자요 문학가인 張華의 자가 茂先이다. 그는 견문과 학식이 넓기로 유명하였고 『博物志』를 저술하였다. 『晉書 卷36 張華列傳』

『博物志』·王子年[220]之『拾遺記』, 以遺後之好事者耶? 或者以爲老兄見世道迫隘, 戲以此等語, 玩侮一世, 其意出於張留侯赤松子[221]·李鄴侯麻姑仙[222]之餘智云, 其果信否? 信筆奉答, 語不裁擇, 想大度有以容之, 恃此無恐爾. 向諭低屛二字, 實是弟之好題目, 從今受以自號耳.

220 王子年 : 前秦 때 학자 王嘉의 자가 子年이다. 그는 산속에 은거하였는데 제자가 수백 명이었고, 예언하면 모두 맞았다. 前秦의 苻堅이 누차 불렀으나 관직에 나아가지 않았다. 저서로『拾遺記』가 있다. 『晋書 卷95』

221 張留侯赤松子 : 張良이 漢 高祖 劉邦을 도와 천하를 통일하고 留侯에 봉해진 뒤 말하기를, "내가 지금 세 치의 혀로 제왕의 스승이 되어 萬戶에 봉해지고 列侯가 되었으니, 이는 布衣에게 지극한 영광이다. 이제는 인간의 일을 다 버리고 선인 赤松子를 종유하고 싶을 뿐이다."라고 했다 한다.

222 李鄴侯麻姑仙 : 鄴侯는 당나라 肅宗 때 벼슬이 門下平章事에 이르고 鄴縣侯에 봉해진 李泌(722~789)을 가리킨다. 이필은 朱泚의 반란으로 德宗이 奉天으로 몽진했을 때 국난을 수습하여 사직을 안정시켰다. 그는 평소에 신선술을 사모해오다가 玄宗 때에 翰林學士로서 東宮을 보좌하다가 楊國忠의 미움을 받아 潁陽에 가서 은거하였으며, 그 후 肅宗·代宗·德宗 때에도 조정에 나왔다가 다시 은거하였다. 『舊唐書 卷139 李泌傳』이필은 虛誕한 농담을 잘하였다. 하루는 손님에게 오늘밤에 신선인 洪崖先生이 찾아올 것이라고 했다. 이때 좋은 술이 선물로 들어왔는데, 마침 어떤 사람이 오자 이필은 "麻姑가 술을 보내왔으니, 그대와 함께 기울이자." 하였다. 술병을 다 기울이기도 전에 문지기가 와서 "아무 侍郎이 술을 담아온 통을 달라고 합니다." 하였다. 『事文類聚 續集 卷14』

23. 간옹(艮翁) 이 참판(李參判) 몽서(夢瑞)-헌경(獻慶)-에게 답한 편지

答艮翁李參判夢瑞-獻慶-書 기유년(1789, 78세)

『천학문답(天學問答)』은 소리를 가다듬어 거듭 읽어보니 말과 뜻이 엄정(嚴正)하고 문장이 간결하기에 너무도 흠탄하였습니다. 저들이 말한 '그 오묘한 곳을 모른다.'고 한 것은 그 오묘한 곳이 무엇을 가리킵니까. 천당과 지옥 그리고 현세와 후세에 불과할 뿐입니다. 우리 성인(聖人)은 괴력난신(怪力亂神)은 말하지 않으셨으니, 어찌 이러한 말을 한 적이 있었겠으며, 우리 유자의 학문은 광명정대(光明正大)하여 현세에 내가 해야 할 일을 할 뿐이지 황홀하고 놀라운 말을 해서 어리석은 세상 사람들을 속인 적이 있겠습니까.

대저 기수(氣數)가 유행하여 이미 오회(午會)를 지났기에 하늘 땅 사이에는 음기(陰氣)가 점점 왕성해졌으니, 별종의 이단(異端)이 나와서 우리 도를 해치는 것이 진실로 당연합니다. 그러나 애석한 것은 우리 도를 떠맡아야 할 총명과 재학을 갖춘 자들이 대개 그 가운데로 빠져들어 미혹하여 깨닫지 못해 그 견고한 고집을 깨트릴 수 없는 지경에 이른 것입니다. 그리하여 심지어 우리 선생께서도 일찍이 그렇게 말씀하셨다고 하여 사문(師門)까지 무함(誣陷)하고 있으니 어찌 한심한 노릇이 아니겠습니까. 이는 이천(伊川)이 중 영원(靈源)에게서 배웠고 퇴지(退之)가 중 태전(太顚)을 스승으로 모셨다는 말과 어찌 다르겠습니까. 지금은 굳이 저들과 시끄럽게 쟁변할 필요가 없고 우선 치지도외해야 할 것이니, 구공(歐公)이 말했던 것처럼 근본을 닦아 그들을 이기는 것이 가장 좋을 것입니다.

하신 말씀 중에 이 천주학(天主學)을 숭상하는 자는 도(道)를 해치고 의(義)를 해칠 뿐만 아니라 수명을 보호하는 길도 아니라 하셨으니, 이 뜻이 참으로 옳습니다. 늘 허황하고 공허한 곳에 마음을 두고 있어 우리 유자의 조존(操存)공부와 같지 않으니 이른바 넋이 집을 지키고 있지 않다고 할 만한데, 그러고서 수명이 길 수 있겠습니까. 또한 한두 사람이 천주학을 힘써 실행했으나 학문을 채 이루기도 전에 젊은 나이로 세상을 떠나고 말았으니, 형의 말씀이 옳음을 알 수 있습니다.

제가 과연 이 천주학을 배척하는 글을 쓰기는 썼는데 남의 구설에나 올랐지 효과가 하나도 없기에 이내 스스로 글을 썼던 것을 후회했습니다. 그 후 그 글의 정본(正本)은 영남 선비가 빌려갔고 초본(初本)만 여기에 있기에 이제 보내드리니, 그 글의 대략을 알 수 있을 것입니다. 또 주신 서신에 정선생(丁先生)이 성리(性理)를 논하면서 "전체(全體) 속에 유행(流行)이 갖추어져 있다고 하면 되지만, 유행 속에 전체가 갖추어져 있다고 하면 안 된다." 하셨는데, 태형(台兄)께서 그것이 틀리지 않았다고 보시는 점은 저와 견해가 같습니다. 주자가,

"만물이 근원이 하나인 것을 보면 리(理)는 같고 기(氣)는 다르며, 만물이 체(體)가 다름을 보면 기는 서로 비슷해도 리는 절대 같지 않다."

고 했는데, 이 두 구절이 한 마디로 모든 궁금증을 깨 버린 것입니다. 즉 이치는 같다는 것은 사람이나 다른 물건이나 똑같이 하늘에서 생명을 받아 태어난 것을 가리켜 말한 것이며, 기운은 다르다는

것은 청탁(淸濁) · 수박(粹駁) · 편전(偏全)이 같지 않은 것을 가리
켜 말한 것입니다. 기운은 서로 비슷하다는 것은 가령 주림 · 배고
픔 · 추위 · 더위 · 기쁨 · 노여움 · 슬픔 · 즐거움, 이로움에 달려가
고 해로움을 피하며, 삶을 좋아하고 죽음을 싫어하는 것을 가리켜
말한 것이며, 이치는 절대 같지 않다는 것은 사람은 온전한 기운을
타고났기 때문에 오상(五常)의 성품을 갖추었고, 물(物)은 치우친
기운을 받았기 때문에 혹 한 가지 길만 통하는 것을 가리켜 말한 것
입니다.

이로써 말하면 우담(愚潭 정시한(丁時翰)의 호)의 말이 사실에 맞다
고 할 수 있습니다. 그러나 한갓 만물이 각각 하나의 이(理)를 갖추고
있다는 말로 단정하고 말았으니 혼륜(混淪)하여 말함을 면치 못했습
니다. 만물이 비록 각각 하나의 이(理)를 갖추고 있으나 이는 처음에
본성을 받아 태어날 때를 두고 말한 것입니다. 그 이후로는 사람과
다른 물(物)과는 현저히 달라지니, 그것을 나란히 보아 같다고 해선
안 될 듯합니다.

제가 이런 문제에 있어서는 어찌 감히 안다고 할 수 있겠습니까!
그러나 기왕 질문해 주셨기에 뜻을 저버릴 수가 없어서 이렇게 평소
의 몽매한 소견을 말씀드리는 것입니다. 대저 우리 동방의 이기설(理
氣說)은 갑론을박하여 저마다 자기주장을 내세우면서 모르는 것을
수치로 여겨 도리어 뒷날 폐단을 이루고 있는 실정입니다. 저로서는
실로 이 문제에 대해서는 한 마디 말도 간섭하고 싶지 않습니다. 만약
얘기할 만한 후배가 있으면 다만 일상생활의 공부를 오래 하다 보면
자연적으로 상달(上達)이 된다고 말하곤 하는데, 재주 높은 이가 이
말을 들으면 속으로 비웃고 가버릴 것입니다. 과연 어느 쪽이 옳겠습

니까? 우스울 뿐입니다.

俯示『天學問答』[223], 莊玩重複, 辭嚴義正, 文章簡潔, 不任欽賞. 彼所謂不
知其妙處者, 妙處指何事? 不過堂獄現世後世而已. 吾聖人不語怪神[224], 何
嘗有此等說話? 而吾儒之學, 光明正大, 當於現世, 爲所當爲而已, 曷嘗爲
惝怳儵忽之言, 塗蔽愚俗乎? 大抵氣數流行, 已過午會[225], 天壤之間, 陰氣
漸盛, 別種異端之賊吾道, 固其然矣. 所可惜者, 聰明才學有擔負之望者, 率
入其中, 迷而不悟, 牢不可破, 至以爲吾先生亦嘗云爾, 誣及師門, 豈不寒
心? 是何異於伊川學靈源[226] · 退之師太顚[227]之語乎? 今則不必與之呶呶爭

---

223 『天學問答』: 李獻慶의 저술로 안정복의 『天學問答』과 다른 책이다.

224 不語怪神 : 『論語』 「述而」에 "孔子는 괴이한 것과 용력에 관한 것과 悖亂한
것과 귀신에 관한 것을 말하지 않았다.[子不語怪力亂神.]"라고 하였다. 평상
의 이치를 말하고 괴상한 것을 말하지 않는다는 뜻이다.

225 午會 : 宋나라 邵雍이 天地가 순환하는 기간을 數理로 推定한 元會運世에서
온 말이다. 즉 30년을 一世로 보고, 十二世인 360년을 一運으로 삼으며 三十
運인 1만 800년을 一會로 삼고, 十二會인 12만 9600년을 一元으로 삼는다.
일원은 즉 천지가 창조된 시각부터 계속해서 순환하다가 다시 원시상태로
복귀하는 기간, 즉 一期이다. 십이회는 또 十二地支에 대입하여 子會로부터
亥會에 이르기까지 1會마다 1만 800년씩으로 되어 있다. 巳會는 乾卦에 해당
하는 시기로 인류의 문명의 가장 융성하는 기간이고, 午會는 十二會의 한
중앙에 위치하여 陽의 기운이 왕성하면서도 一陰이 처음 생겨 陽이 쇠퇴하기
시작하는 기간으로 『周易』의 卦로는 姤卦에 해당한다.

226 伊川學靈源 : 靈源은 宋나라 때 승려인데 伊川 程頤가 그에게 배웠다는 말이
있었다. 『朱子語類』 126권에 "靈源이 潘子眞에게 보낸 편지를 지금 사람들은
모두 伊川에게 보낸 편지로 간주하여 이천의 학문이 영원에게서 나왔다고들
한다."라고 하였다.

辨, 姑置之度外, 莫若歐公所謂脩其本而勝之²²⁸而已. 盛諭謂右此學者, 非但害道賊義, 又非養壽命之道; 此意誠然. 常常注心於蕩蕩虛空之地, 與吾儒操存之工不同, 可謂魂不守宅²²⁹而壽命能久乎? 亦有一二人力行此學, 學未成而玅年奄忽, 兄言驗矣. 弟有斥此學文字, 徒取人言而無其效, 旋自悔恨. 後來正本嶺儒借去, 初本在此, 故玆以奉呈, 可知其槩矣. 示諭丁先生論性理云: "全體中流行者備焉可, 流行中全體具焉不可." 台兄之不以爲非者, 果與鄙見合. 朱子曰: "觀萬物之一原, 則理同而氣異; 觀萬物之異體, 則氣猶相近而理絶不同." 此二句, 可以一言劈破矣. 所謂理同者, 指人物之生同稟於天而言也; 氣異者, 指淸濁粹駁偏全之不同而言也; 氣猶相同者, 指飢飽寒暑喜怒哀樂趨利避害好生惡死而言也; 絶不相同者, 指人稟全氣, 故具五常之性, 而物得偏氣, 故或通一路. 以此言之, 則愚潭之言, 可謂得其

---

227 退之師太顚:退之는 唐나라 문호 韓愈의 자이다. 한유가 「論佛骨表」를 올렸다가 憲宗의 노여움을 사서 潮州刺史로 좌천되었을 때 그곳에서 禪師 太顚과 교유하였는데, 세상에서는 한유가 태전에게 佛法을 배웠다는 소문이 났다. 『朱文公校昌黎先生文集 17권 與孟尙書書』

228 歐公……勝之:구공은 송나라 歐陽脩를 가리킨다. 이 대목은 불교의 폐단을 극복하는 방법을 말한 것으로 구양수의 「本論 中」에 보인다.

229 魂不守宅:삼국시대 管輅가 何晏과 鄧颺이 패망한 이유에 대해 말하기를 "등양은 걸음을 걸을 때 근육이 뼈를 묶지 못하고 맥이 살을 제어하지 못하며 일어설 때는 몸이 기울어져 마치 손발이 없는 사람 같으니, 이는 鬼躁이다. 何晏의 안부를 살펴보면 혼은 집을 지키지 못하고 혈색은 빛나지 못하고 정신은 들떠 있고 용모는 고목과 같으니, 이는 鬼幽이다. 이 두 가지는 모두 오래 복을 누릴 관상이 아니다.〔鄧之行步, 筋不束骨, 脈不制肉, 起立傾倚, 若無手足, 此爲鬼躁. 何之視候, 則魂不守宅, 血不華色, 精爽烟浮, 容若槁木, 此爲鬼幽. 二者皆非遐福之象也.〕"라고 하였다. 『資治通鑑 75권』

實, 而徒以萬物各具一理之語斷之, 則未免混淪說去. 萬物雖各具一理, 而以其稟生之初而言也. 其後則人物懸殊, 似不可比而同之也. 弟於此等事, 豈敢曰有知? 而旣有盛問, 有不可孤, 故玆以平日迷昧之見仰復耳. 大抵東方理氣之說, 甲是乙非, 各有立說, 以不知爲羞吝, 反成後來之弊. 弟則實不欲一言干涉, 若有後輩之可言者, 則但以下學日用之久, 自能上達爲言; 才高者聞之, 竊笑而去. 果未知何者爲是? 好笑.

24. 해좌(海左) 정법정(丁法正)-범조(範祖)-에게 보낸 편지
與海左丁法正-範祖-書

정복(鼎福)은 머리를 조아리고 말씀드립니다. 지금 세상에 사백(詞伯)이라면 형과 간옹(艮翁) 대감 말고 누가 또 있겠습니까. 좌상(左相)으로 말하자면 지위 높은 분이라서 감히 말할 수 없습니다. 선인의 행장을 써 주신 것은 대단히 감사합니다. 다만 생각건대 인가(人家)에 신후(身後)의 문장은, 행장은 되도록 상세하게 기록하고, 묘지는 그 다음으로 상세히 기록하고, 비갈(碑碣)은 되도록 간략하게 기록하는 법입니다. 지금 써 주신 행장은 비갈문이라면 좋겠으나 행장이라고 하기에는 다소 헐후(歇後)한 점이 있는 듯한데, 문장가의 체격(體格)에 혹 이렇게 쓰는 법도 있는지요? 감히 각 절(節) 아래에 제 소견을 적고 찌를 붙여 보내드리니 다시 한두 마디 말을 덧붙여 주심이 어떻겠습니까?

제가 일찍이 성호(星湖)선생께 들은 말인데, 어느 누가 미옹(眉翁)에게서 묘문(墓文)을 받고서는 부족한 데가 있어 중간 몇 구절을 고쳐 달라고 했더니 미옹이 답하기를,

"문장은 필을 이루어 놓은 베나 명주와 같으니 만약 한두 올이 마음에 들지 않는다고 하여 바꾸면 필 전체를 모두 버리게 된다."

하고 끝내 고쳐 주지 않았으니, 과연 그렇습니까? 문장의 체격(體格)은 제가 모르니, 잘 생각해서 처리해 주시면 고맙겠습니다. 이만 줄이겠습니다.

鼎福頓首白. 今世詞伯, 非令兄與艮台[230], 有誰當之? 至於左相, 則位尊不敢言耳. 俯惠先狀, 感恩大矣. 第念人家身後之文, 狀則務其詳, 誌次之, 碑碣務簡. 今盛撰施之於碑碣則好, 而謂之狀則似涉歇後; 文章家體格, 或有如是者耶? 敢於各節下, 畧存微見, 付標奉呈, 幸望更添一二語, 如何? 弟嘗聞星湖之言曰: "有人受墓文于眉翁[231], 有所不足, 請改中間數句語" 眉翁答曰: "文章如布帛之成疋, 若以一二縷之不如意而改之, 是全疋皆棄." 終不許改, 是果如是耶? 文章體格, 弟所不知, 幸更商量而處之. 餘不宣.

---

230 艮台: 艮翁 李獻慶(1719~1791)을 가리킨다.

231 眉翁: 眉叟 許穆(1595~1682)을 가리킨다.

25. 최종운(崔宗運)에게 답한 편지

答崔宗運書 계사년(1773, 62세)

추상(追喪)의 예(禮)는 예문(禮文)에 말해 놓은 데가 없고, 예부터 유현(儒賢)들도 누구 하나 행한 이가 없습니다. 아마도 그 예는 후세의 효성이 독실한 효자가 예와는 상관없이 자기 마음대로 행하고 예의 뜻을 돌아보지 않은 데에서 나온 것일 듯합니다. 지금 집사의 경우로 말하면 나이 이미 6세가 되었으니 비록 최복을 입고 일반 성인(成人)과 똑같이 거상(居喪)하지는 못했다 하더라도 이미 지각이 있어 슬픈 마음을 품고 3년을 지났고 보면, 전혀 지각이 없는 한두 살짜리 유복자와는 경우가 다릅니다. 더구나 계부인(繼夫人)을 모시고 있다면 최복을 입고 거상한다는 것이 사실 혐의쩍은 일입니다.

보내오신 편지에서 이장할 때 입는 복처럼 그날 제사 때만 최질(衰絰)을 잠시 입었다가 곧 벗으면 된다고 하시고, 또 허위(虛位)를 만들어 두고 두서너 달만 제사를 올려 조금이나마 정례(情禮)를 편다고 하셨습니다. 어버이를 사모하는 집사의 지극한 뜻은 충분히 알겠으나, 상례(喪禮)로 말하자면 당연히 자최(齊衰) 3년을 입어야 하는 것이지 잠시 입었다가 금방 벗는다거나, 두서너 달만 제사를 올리는 것은 예절에 근거가 없을 듯하니, 감히 무어라 말할 수 없습니다. 또 심상(心喪) 3년을 입고 싶다고도 하셨는데 심상의 제도는 아버지가 살아 계실 경우의 어머니 상에 기년복을 벗고 나서 하는 일입니다. 집사는 이미 엄친 시하가 아니고 보면 이 또한 구애되는 바가 있습니다.

대저 어려서 부모를 여의어 부모 얼굴도 모를 경우에 자기 생일을 당하면 한없는 슬픈 마음이 없지는 않겠지만 그렇다고 그로부터 60년이 지난 후에 갑자기 상례를 다시 치른다는 것은 실로 예의 뜻에 맞지 않습니다. 그러므로 고인이 아무도 이렇게 한 이가 없었으니, 그것은 효성이 얕아서 그러했던 것은 아닙니다. 감히 옛 일들을 인용할 것 없이 퇴계선생이 김이정(金而精)에게 답한 서신만 보더라도 그것이 예가 아님을 알 수 있을 것입니다. 그 서신에,

> "주선생(朱先生)이 '뜻은 후한 편이다.〔意亦近厚.〕'-주자가 섭미도(葉味道)에게 답한 편지이다.- 했는데, 그 역근(亦近)이라는 두 글자를 보면 바른 예(禮)가 아닌 것은 분명합니다. 이미 바른 예가 아닌 바에야 법을 새로 만들어 가지고 누구나 행하도록 할 필요가 어디 있겠습니까."

라고 했습니다. 즉 그때는 이미 놓쳤고 그 후 오래도록 길상(吉常)의 생활을 해오다가 하루아침에 느닷없이 곡하고 땅을 치며 상인(喪人) 노릇을 하는 것이 이미 인정에 가까운 일이 아닐 뿐 아니라 절차상으로도 애로가 있어 실행하기 어려운 점이 많습니다. 선생 역시 신유년에 태어나 2세 되던 임술년에 아버지 상을 당했지만 그 후 다시 돌아오는 임술년을 당하여 추상(追喪)의 예를 행하지 않았으니, 선현(先賢)이 처리하신 바가 이와 같았으니 널리 물어서 처리하시기 바랍니다.

追喪[232]之禮, 禮無所言, 從古儒賢無一行之者. 其禮盖出於後世孝子之有篤

---

232 追喪 : 喪期가 지났는데 소급하여 喪을 치르는 것이다.

性者, 徑情直行, 不顧禮意而行之也. 以執事所遭言之, 則年已六歲, 雖不能制衰居喪, 一如成人, 而旣有知識, 含哀抱痛, 以經三年, 則與遺腹子或一二歲, 全無知識者, 有異矣. 況侍繼夫人, 則制衰行喪, 實有所嫌矣. 來諭謂如遷葬之服, 當日祭時, 衰経暫服須脫; 又謂因設虛位, 數三朔設祭, 少伸情禮. 竊仰執事孺慕之至意, 而然而以喪禮而言, 則當爲齊衰三年, 而暫服須脫, 設祭數三朔, 其於禮節, 似無所據, 不敢妄自論列. 且諭以欲心喪[233]三年; 心喪之制, 卽父在母喪朞後之服, 執事旣非嚴侍下, 則此亦有所掣肘矣. 大抵幼失父母, 不識父母之顔面, 則生世之日, 無非痛心罔涯之時, 而六十年後, 猝然以喪禮處之, 實非禮意, 故古人無行之者, 非誠孝薄而然也. 不敢廣引古昔, 但以退溪先生答金而精書觀之, 亦可以知其非禮矣; 其書曰: "朱先生以爲意亦近厚.[234]-朱子答葉味道書.- 觀亦近二字, 其非得禮之正, 明矣. 旣非正禮, 則又豈有立法而使之通行耶?" 盖旣失其時, 而從事吉常, 久矣; 一朝哭擗行喪, 已不近情, 其於節文, 亦多有窒碍難行處. 故先生亦生於辛酉歲, 而二歲壬戌, 遭其先人喪, 後値周甲之壬戌, 不行追喪之禮, 先賢之所處, 盖如是矣. 幸乞博訪而處之.

---

233 心喪 : 옛날에 스승이 죽으면 제자들이 상복은 입지 않고 마음속으로만 슬퍼하였는데, 이를 심상이라고 하였다. 『史記』 「孔子世家」에 "孔子를 魯城 북쪽 泗水 가에 장사지내고 제자들이 모두 3년간 心喪을 마치고 서로 이별하고 떠났다."라고 하였다.

234 意亦近厚 : 『朱子大全』 58권에 보인다.

26. 이사빈(李士賓)-인섭(寅燮)-에게 답한 편지

答李士賓-寅燮-書 신사년(1761, 50세)

봄 이후로 인편이 끊기지 않았으니 어찌 서신 한 통이라도 보내드리고 싶지 않았겠습니까. 그러나 병들고 게으름이 생겨 마음으로 그리워만 하고 있던 차에 뜻밖에 보내 주신 편지를 받으니 종이에 가득한 말뜻에 성의가 가득하고 촌음을 아끼며 학문에 정진하려는 뜻이 말밖에 가득 넘쳤으니 매우 경탄했습니다. 일찍이 듣건대 "군자의 학문은 다른 데 있는 것이 아니라 오직 이 하나의 심지(心地)가 평이명백(平易明白)한 뒤라야 눈앞의 모든 일을 차례로 해 나갈 수 있으니, 이른바 '흰 바탕이 있어야 그림을 그릴 수 있다.〔繪事後素.〕'고 한 것이 이것이다."라고 하였습니다. 이미 이러한 좋은 심지를 갖추고 있고, 훌륭한 문학 또한 따를 이가 없이 출중한 줄 아는데도, 도리어 스스로 자랑하지 않고 이렇게 지성스럽게 물어 주시니 매우 훌륭합니다. 다만 물은 상대가 그만한 사람이 못 되니, 만약 이러한 마음을 가지고 훌륭한 스승을 찾고 사방 학자들과 학문을 강마(講磨)한다면 그 진전을 어찌 한량할 수 있겠습니까.

정복은 기구한 운명에다 괴질(怪疾)에 걸려 두문불출한 지가 이미 8년째입니다. 세월만 허송한 채 나이 이미 50줄에 들어 머리털은 세고 눈은 어둡고 정신이 가물거리니, 젊을 적에 다소 스스로 기약했던 약간의 일들이 지금 와서는 구름과 안개처럼 다 사라져 버리고 말았습니다. 경서 공부는 비록 마음을 다해 연구하고 있지 못하지만 마음을 챙기고 행실을 가다듬어 허물이나 적었으면 하고 바라지만 이 일

도 매우 어려우니 허물과 후회만 날로 쌓이고 있어 오직 이렇게 두려
워하고 있을 뿐입니다.

入春以後, 音便絡繹, 豈不欲一書替申? 而病倦不振, 徒用慕菀; 不意承拜
惠疏, 溢幅辭旨, 誠意款款, 惜陰勤學之志, 藹然辭表, 不任欽歎. 曾聞"君子
之學, 不在他, 惟此一種心地, 平易明白然後, 眼前百事, 次第可做, 所謂繪
事後素²³⁵, 是也." 知旣有此好心地, 文學之美, 亦立幟吾黨, 而顧不以自多,
勤問至此, 甚盛. 但所問非其人, 若以是心求之於有道, 而講磨于四方之學
者, 其進, 何可量也? 鼎福命與仇謀²³⁶, 奇疾纏身, 杜門不出, 今已八年, 虛
送光陰, 已至五十境界, 鬐星眼花, 精魂澌剝, 少來些些自期者, 到此雲銷霧
歇, 經卷工夫, 雖不能盡意硏究, 攝心檢行, 庶有望於寡過, 而此事甚難; 咎
悔日積, 直爲此懍懍耳.

---

235 繪事後素 : 子夏가 "『詩經』에 이르기를 '고운 웃음에 보조개가 예쁘고 아름다
운 눈에 눈동자가 분명함이여! 흰 바탕으로 채색을 삼는다.〔巧笑倩兮 美目盼
兮 素以爲絢兮〕'고 하였으니, 무엇을 말한 것입니까?"라고 하니, 孔子가 "그
림 그리는 일은 흰 비단 바탕보다 뒤에 하는 것이다.〔繪事後素.〕"라고 하였
다. 『論語 八佾』

236 命與仇謀 : 운명이 매우 기구함을 뜻한다. 唐나라 韓愈의 「進學解」에, "앞으
로 가도 넘어지고 뒤로 가도 자빠지며, 걸핏하면 허물에 걸렸다. 잠시 御史가
되었다가 마침내 남쪽 오랑캐 땅으로 유배되고, 삼 년 동안 박사로 있었지만
한 일 없어 치적도 없었다. 운명이 원수와 서로 모의했으니, 실패한 적이
그 얼마이던고.〔跋前躓後 動輒得咎. 暫爲御史 遂竄南夷 三年博士 冗不見治.
命與仇謀 取敗幾時.〕"라고 하였다.

27. 이사빈에게 답한 편지

答李士賓書 신사년(1761, 50세)

『동사(東史)』에 대해 가르쳐 주신 말씀이 정밀하여 심히 다행으로 여기고 있습니다. 그런데 지난번 기명(旣明)이 말하기를 "족하(足下)께서 그 원서(原書)의 지면에 하나하나 지적을 해 놓았는데 참으로 좋은 의견이 많더라."고 하기에 그 말을 듣고는 어서 그것을 보아 이 혼미한 소견을 깨우치고 싶었는데, 지금 보내온 편지를 보니 그것이 도리상 미안한 일이라고 하시면서 하나하나 다 지워버렸으니 족하께서 왜 그리도 앞뒤로 진실과 거짓이 다릅니까? 말 한마디로 서로 뜻이 맞아 기대한 바가 적지 않았으니, 사소한 체면치레 따위는 서로 아끼는 사이에는 써서는 안 되는 것입니다. 바라건대 인편이 있는 대로 다시 가르침을 주셔서 큰 은혜를 끝까지 베푸시기 바랍니다.

나라는 언로(言路)가 열림으로써 다스려지고, 학문은 강마가 익숙함으로써 밝아지니 큰 일이나 작은 일이나 다를 것이 없습니다. 천하의 의리는 무궁한 것인데, 막상 일을 맡은 사람은 어둡고 자기 고집대로만 하는 자는 규모가 작아지는 법이니, 어찌 사사로운 지혜나 소소한 견해를 가지고 천하의 정론(正論)을 막을 수 있겠습니까. 성호선생(星湖先生)의 성대한 덕과 높은 재주, 정미하고 박대한 학문은 고금에 그 짝이 드물 정도입니다. 그러나 그 저술 중에는 혹 의심가는 구절이 있어 그 말이 받아들일 만하면 조금도 미련을 두지 않고 자기 소견을 고치고 남의 지적을 따라 주셨으니, 이것이 평소에 제가 배우고 싶어도 안 되는 점입니다. 족하께서는 유념해 주시기 바랍니다.

성오(省吾)는 여름 석 달 동안 그대가 가르쳐 일깨워 준 덕분에 용모와 언사(言辭)에 실로 많이 진보하였습니다. 이번에 내 집에 들렀을 때 보니 지난번과는 태도가 퍽 달랐으니, 이는 틀림없이 월로풍연(月露風煙)의 문장을 부러워하고 좋아하여 그렇게 된 것으로 생각됩니다. 고인이 말하기를 「유협전(遊俠傳)」을 읽으면 자신의 목숨을 가볍게 여기고 싶은 생각이 들고, 「화식전(貨殖傳)」을 읽으면 재산을 경영하고 싶은 생각이 든다고 했으니, 이런 습성은 참으로 신중하지 않아서는 안 될 것입니다. 그가 너무 바쁘게 돌아가서 미처 타이르질 못했기에 이에 이 말을 해주니, 후에 경계의 하나로 삼고자 할 뿐입니다.

『東史』, 見敎精切, 深以爲幸. 而向者旣明言: "足下於原書紙頭, 逐條論列, 儘多可喜." 聞來亟欲取視, 以警昏謬; 玆見來書, 以謂於道理未安, 一一摘去, 是何足下前後誠僞之不同耶? 一言相契, 期望不少, 則邊幅體面, 不當施於相愛之間矣. 幸望從便示敎, 以卒大惠也. 國以言路之開而治, 學以講磨之熟而明, 大小無異道也. 天下之義理無窮, 當局者迷[237], 自用者小[238],

---

237 當局者迷 : 俗語에 "곁에서 바둑 두는 것을 구경하는 사람은 수를 잘 보고, 직접 바둑을 두는 사람은 수를 잘 보지 못한다.〔傍觀者審 當局者迷.〕"라고 한 데서 온 말이다. 宋나라 馬永卿의 『懶眞子』에 보인다.

238 自用者小 : 『性理大全』 63권 潛室陳氏의 문답에 보인다. 後漢의 명장 馬援이 光武帝가 漢高祖보다 못하다고 한 데 대해 "사람을 쓰는 자는 크고 자기 능력대로만 하는 자는 작은 것인가?〔意者用人者大 自用者小邪?〕"라고 하였

則豈可以私智小見, 而距天下之正論乎? 星湖先生盛德高才, 精微博大之
學, 今古罕比, 然於其所著述, 或有言句之可疑者而稟質焉, 言若可採, 則曾
無吝情, 改舊從新, 是平日所願學而不能者也. 幸足下念之. 省吾[239]三夏蒙
吾友扶竪之力, 容貌辭氣之間, 儘有所進. 今番歷過, 頗異前度, 此必欽艶於
月露風烟[240]之句而然也. 古人言: "讀「遊俠傳」, 便欲輕生; 讀「貨殖傳」, 便
欲營産." 所習信不可不愼矣. 渠歸忙甚, 故未及相規, 玆以相告, 欲爲後來
箴敎之一端耳.

다. 잠실진씨는 南宋의 학자인 陳埴을 가리킨다. 그는 자는 器之이며, 朱子
의 제자이다.

239 省吾 : 權日身(1742~1791)의 자이다. 그는 호는 移菴이고 權哲身의 아우이
다. 李檗의 권유로 천주교에 入敎하여 청나라에서 영세를 받고 돌아온 이승
훈에게 최초로 영세를 받고 교인들끼리 職制를 결정할 때 主敎가 되었다.
辛亥邪獄 때 이승훈과 함께 제주도로 유배 갔다가 천주교에서 탈퇴하였다.

240 月露風烟 : 月露風雲과 같은 말로 吟風弄月하는 화려한 문장을 뜻한다. 『隋
書』 「李諤傳」에 "연이은 많은 편들이 月露의 형상을 벗어나지 않고 가득
쌓인 시문들이 오직 풍운의 형상들뿐이다.〔連篇累牘, 不出月露之形, 積案盈
箱, 唯是風雲之狀.〕"라고 한 데서 온 말이다.

28. 이사빈에게 보낸 편지

與李士賓書 임오년(1762, 51세)

지난번 내려진 제수(除授)는 실로 공론에서 나온 것이니, 친지들에
있어서 누군들 축하하지 않겠습니까. "집이 가난하고 어버이가 늙
었으면 관직을 가려서 벼슬하지 않는다."는 것이 바로 오늘 족하를
두고 한 말이라 하겠습니다. 사은숙배(謝恩肅拜)는 이미 하셨습니
까? "하루 제목(除目)을 보면 삼 년 동안 도심(道心)이 손상된다."
는 이 구절이 고인의 격언이긴 하지만 족하의 의지가 본디 굳다는
것을 내가 익히 아는데 어찌 이를 걱정하겠습니까. 저도 벼슬하는
이 길에 들어가 보았는데 한번 이 길에 들어서면 걸핏하면 세상 사
람과 접하게 되어 실로 난처한 경우가 많으니, 본심을 잃지 않고 그
때 그때 가장 알맞는 방법을 찾으면 될 것입니다. 이 때문에 언젠가
는 세상살이를 잘한다는 핀잔도 받은 적이 있으니 지금 와서 생각
하면 역시 부끄럽고 탄식할 뿐입니다.

向來除命, 寔出公議: 其在親知, 孰不爲賀? "家貧親老, 不擇官而仕[241]", 正
是爲足下今日言也. 未知其已肅命否? "一日看除目, 三年損道心.[242]" 此古

---

241 家貧親老 不擇官而仕 : 『韓詩外傳』 1권에 "짐이 무겁고 갈 길이 먼 사람은
땅을 가려서 쉬지 않으며 집이 가난하고 어버이가 연로한 사람은 관직을
가려서 벼슬하지 않는다.〔任重道遠者, 不擇地而息; 家貧親老者, 不擇官而
仕.〕"라고 하였다.

人格言；熟知足下雅意堅定，豈有是憂也？ 鄙人亦嘗入此路矣．一入此路，
動與俗接，實有多少難處者；都在不失素心而隨事求中之爲可也．是以，嘗
得善涉世之譏，至今思之，亦覺憮歎．

---

242 一日看除目 三年損道心：唐나라 姚合의 詩「武功縣中作」에 보이는 구절이
다. 관직에 임명된 除目을 보면 욕심이 생겨서 도를 닦는 마음이 크게 손상된
다는 뜻이다.

29. 이사빈에게 보낸 편지

與李士賓書 무자년(1768, 57세)

늘 현자의 좋은 자질, 높은 재주를 생각할 때마다 자주 만나고 싶어
도 뜻대로 되지 않는데 관직에 골몰하는 여가에도 강습(講習)의 즐
거움이 있다니 그 얼마나 흠탄할 일입니까. 언젠가 추연(秋淵)일기
를 보았더니 근무 여가로 일과(日課)를 거르지 않았으니, 선배들이
글을 부지런히 읽었던 것이 대개 이와 같았습니다. 유공(柳公)의
『반계수록(磻溪隨錄)』은 저도 한 번 본 적이 있는데, 거기에는 왕도
(王道)의 길을 미루어 밝히고 정주(程朱)의 말을 발휘하였으니 요
컨대 제일의(第一義)를 차지하여 순수하게 바른 천리에서 나왔고,
털끝만큼도 구차하게 미봉하는 뜻은 없었으니, 참으로 우주 안에
드문 훌륭한 글입니다. 이외암(李畏菴)은 "반계(磻溪)는 아조(我朝)
의 통유(通儒)이다."라고 했고, 교관(敎官) 박해(朴瀣)는 말하기를,
   "본조(本朝)에 대유(大儒)가 있으니, 조정암(趙靜菴)은 왕도(王
   道)를 행하고자 하여 조금 시행하였고 유반계(柳磻溪)는 곤궁하여
   하위(下位)에 있으면서 왕도를 논설하여 천고에 고칠 수 없는 저술
   을 했다."
하였으니, 이 두 분의 말이 다 옳습니다. 지금 족하가 말씀하신 "뜻
은 횡거(橫渠) 같으면서 측달(惻怛)하기는 더했고, 재주는 공명(孔
明) 같으면서 순정(醇正)하기는 더했다."고 하신 것을 보니, 역시
후세의 자운(子雲)이라고 할 만합니다.
   『반계수록』이 세상에 간행된 지 이미 오래인데 지금 이렇게 당론이

엇갈려 있는 시기에도 너나 할 것 없이 한입으로 칭찬하여 반계가 초연히 국외(局外)의 완인(完人)이 되었으니 또한 기이하다 하겠습니다. 공이 이 책에 대해서 익히 읽어 그 뜻을 찾으면 대절(大節)은 감히 따르기 어렵다 하더라도 소소한 절목은 실로 그대로 어김없이 거행할 수 있는 것이 많을 것입니다. 어떻게 생각하시는지요?

지난번 사흥(士興)이 편지를 보내왔는데 그 문리(文理)나 식견이 과연 후진들 중 걸출한 자라고 하겠습니다. 다만 언어를 구사할 때 차분하고 중후한 기상이 부족합니다. 이는 물론 나이 젊고 재주가 높은 소치이니 세상 경험이 오래되면 그가 스스로 알맞게 할 줄 알 것입니다. 만나면 서로 격려해서 사문(斯文)이 의탁할 곳이 있게 되면 그 얼마나 큰 다행이겠습니까. 공은 늘 속물로 자처하여, 적당히 미봉하고 남에게 짐을 미루는 말을 하기를 좋아하니, 나로서는 매우 걱정하고 탄식합니다.

每念賢者美質高才, 思欲源源而不可得; 能於卯申[243]奔汩之餘, 有講習之樂, 何等欽歎? 嘗觀秋淵日記, 仕進之暇, 日課不廢; 前輩之勤讀, 盖如是矣. 柳公『隨錄』, 曾所一覽, 推明皇王之道, 發揮洛建之議, 要占得第一義, 粹然出於天理之正, 無分毫苟且彌縫之意; 誠宇宙間有氣數文字也. 李畏菴[244]曰: "磻溪我朝之通儒." 朴教官繙[245]亦曰: "本朝有大儒, 趙静菴欲行王

---

243 卯申 : 卯時는 오전 5시에서 7시 사이이고 申時는 오후 3시에서 5시 사이로 옛날 벼슬아치들의 출퇴근 시간이다. 『光海君日記』 52권 4년 4월 辛巳에 "各司의 관원은 묘시에 出仕하여 酉時에 퇴근하고, 해가 짧을 때에는 辰時에 출사하여 申時에 퇴근하는 것이 令甲에 실려 있다."라고 하였다.

道而少施焉, 柳磻溪窮而在下, 論說王道, 爲千古不刊之典." 斯兩言者, 盖
已得之矣. 今見足下所謂"志似橫渠而惻怛過之, 才似孔明而醇正勝之"云者,
亦可謂後世子雲²⁴⁶矣. 此書之行世旣久, 當此黨議旴貳之際, 無論彼此, 一
口稱善, 超然爲局外之完人, 亦云奇矣. 公於此書, 爛熟而求其意, 則若大節
難於敢遵, 而小小節目, 實多有擧行不錯者矣. 未審如何? 向者士興有書,
文理見識, 果是後來之秀傑者, 但其言語之際, 欠安閑穩重氣像; 是年少才
高之致, 閱歷之久, 渠當自知稱停矣. 相遇時, 自相勉勵, 使斯文有托, 何大
幸也! 公每每流俗自處, 好爲彌縫推委之語, 私切憂歎.

244 李畏菴 : 李栻(1659~1729)의 호가 畏菴이다. 그는 자는 敬叔이고 본관은
延安이다. 四端七情說을 깊이 연구하였고 李滉의 학설을 따랐다. 『四七附說
』을 저술하였으며, 『大明一統志』의 서문을 썼다.

245 朴敎官縡 : 朴縡(1645~1725)는 자는 子新이고, 호는 處仁이며, 본관은 密
陽이다. 1697년(숙종23)에 內侍敎官에 제수되었다. 『星湖全集 64권 徵士朴
公墓誌銘』

246 後世子雲 : 子雲은 前漢 말기의 학자인 揚雄의 자이다. 양웅이 『周易』을 모
방하여 『太玄經』을 지었는데 그 내용이 매우 어려웠다. 사람들이 "이처럼
어려운 글을 누가 읽겠는가."라고 하였는데, 양웅은 "나는 후세의 자운을
기다린다."라고 하였다. 『漢書 87권 揚雄傳』

30. 이사빈에게 보낸 편지

與李士賓書 무자년(1768, 57세)

일전에 성오(省吾)가 와 며칠 묵으면서 말할 적마다 늘 공을 들먹이기에 내가 말하기를, "사빈은 그 바쁜 부서에 오래 머물렀으니, 세도(世道)를 보아 알 수 있었을 것이다."라고 하니, 성오가 말하기를,

"사빈이 어찌 그렇게 하지 않을 수 있었겠습니까. 지금 세상의 벼슬길은 지름길이 다 있어 제 아무리 만기가 되어 옮겨갈 자라도 반드시 그 지름길을 뚫어야만 옮길 수 있습니다. 그런데 사빈은 그것을 자신을 더럽히는 것으로 여겨 하지 않았으니 그가 어찌 다른 부서로 옮겨갈 수 있었겠습니까."

라고 하였습니다. 내가 그 말을 듣고는 나도 모르게 벌떡 일어나 옷깃을 여미고 말하기를,

"이런 일이 있었구나! 집이 가난하고 어버이가 늙었는데도 녹사(祿仕)를 하지 않는 것을 고인은 불효라고 하였다. 그래서 세상 사람들은 그 핑계를 대고 자기 천명(天命)을 모르는 자가 많은데, 사빈은 능히 이렇게 하였으니, 남보다 몇 등급 더 높다."

하였습니다. 그리고 이어 생각해 보니 공의 선대(先代) 장령공(掌令公)이 바로 우리 선조 익헌공(翼憲公)의 손자 사위였고, 영응선생(永膺先生)은 우리 안씨(安氏)의 외손(外孫)이었습니다. 장령공의 충직함이라든지, 영응선생의 학문, 그리고 그의 아들 연봉선생(蓮峯先生)의 지극한 행실 그리고 그 후세의 참지공(參知公)의 항소(抗疏)했던 일은 그 훌륭한 덕과 고상한 행실이 필시 앞으로 백세가 가

도 없어지지 않을 것들입니다. 그리고 공의 할아버지께서는 역시 우리 할아버지에게서 수업을 하셨는데 세대가 점점 멀어져서 척분으로는 비록 소원해졌지만 그러나 공경히 사모하는 정성은 감히 조금도 소홀하지 않았습니다.

그렇기 때문에 공과 만난 것은 비록 늦었지만 말 한 마디에 뜻이 맞아 서로 기대한 것이 얕지 않았습니다. 지금 듣건대 공이 자정하여 자기 분수를 따르고 세상 사람들이 하는 양태를 답습하지 않는다고 하니, 흠모하고 경외하는 마음이 어찌 그지있겠습니까. 지난번 공의 편지에 남의 의심과 비방을 받고 있다고 했는데, 이런 문제에 대처하는 것은 어렵지 않습니다. 고인이 이르기를 "비방을 멎게 하는 방법은 자신의 도리를 닦는 것 만한 것이 없다."고 말했으니 계속 자신의 도리를 오래 닦다보면 자연 얼음 녹듯 없어질 것입니다.

공이 큰 문제에 있어서 확고한 신념이 이와 같으니, 일시적인 의심이나 비방 정도는 두려워할 것이 없고 또한 자잘구레하게 변명할 필요도 없을 것입니다. 내가 보니, 공은 관후(寬厚)한 점은 넉넉한데 강의(剛毅)한 점은 부족하고, 소통(疏通)하는 점은 넉넉한데 근엄(謹嚴)한 점은 부족하니, 사람들의 비방하는 말이 오는 것이 어쩌면 이 때문에 초래한 것일 터입니다. 예부터 성현들이 서로 전수한 심법(心法)이 '중(中)'이라는 한 글자에 불과합니다. 중이란 어느 한 쪽으로 쏠리지도 치우치지도 않고 지나침도 모자람도 없는 것[不偏不倚無過不及]을 말한 것이니, 천하의 대용(大勇)이 아니고서는 그것을 해낼 수가 없을 것입니다. 그러므로 공자께서는 "죽음으로 지켜 도를 선하게 한다.[守死善道.]"고 했고, 증자(曾子)는 "큰 일을 당했을 때 그 지조를 꺾지 못한다."고 했으며, 자사(子思)는 "죽어도 변치 않으니

강하고 굳세다."고 했고, 맹자(孟子)는 "부귀도 그를 음란하게 하지
못하고, 빈천도 그의 뜻을 옮기지 못하고, 위무(威武)도 그의 뜻을
꺾지 못하니, 이를 대장부라 한다."고 했습니다. 그러므로 선비라면
그 기국(器局)과 역량은 비록 크고 작고 깊고 얕음의 차이는 있을지라
도 반드시 이런 뜻을 늘 간직하여 한순간도 잊지 않아야 할 것입니다.
그런 뒤에야 심지가 넓게 트이고 입지가 튼튼해져서 천지 사이에 부
끄러움이 없고, 손발을 움직임에 여유가 있어 국축(局促)한 기상이
없을 것입니다. 후인은 이런 뜻을 알지 못하여 언제나 세상 변화를
보기를 좋아하고 시속을 따라 적당하게 살면서 중(中)이 여기에 있다
고 하니, 이는 이른바 '호광(胡廣)의 중용(中庸)이요, 소미도(蘇味道)
의 모릉(模稜)'이지 군자의 시중(時中)의 도는 아닙니다.

근자에 성오(省吾)와 『대학(大學)』을 읽으면서 새로운 뜻을 하나
발견했는데, 규구(規矩)가 똑같이 자이지만 반드시 혈구(絜矩)라고
하고 규(規)는 말하지 않았습니다. 이유는 규는 원을 그리는 것이고,
구는 네모꼴을 그리는 것인데, 둥근 것은 잘 구르고 모난 것은 제
자리에 있으니, 구르면 틀리기가 쉽고 제 자리에 있으면 안정하기
때문입니다. 하늘은 둥긂으로써 구르기 때문에 운행 정도에 조금씩
오차가 생겨 한서(寒暑)의 기후가 바뀌게 되고, 땅은 모남으로써 그
치기 때문에 도로의 거리에 일정한 한계가 있어 고금에 바뀌지 않으
니 이러한 사실을 보면 처세와 몸가짐의 도리를 알 수 있을 것입니다.
매우 아끼는 나머지 함부로 말한 것이 이에 이르렀으니, 이는 내 자신
이 잘 실행하면서 남에게 해주는 얘기는 아닙니다. 천하에 버릴 만한
사람은 있어도 버릴 만한 말은 없으니, 공이 만약 이를 죄책하지 않고
겸허히 받아들이신다면 옥성(玉成)하는 데 일조가 되지 않는다는 보

장이 없을 것입니다. 공은 어떻게 생각하십니까? 혹 처사(處士)가 혼자 큰 소리만 칠 뿐 시의(時義)를 알지 못하여 그러한 것인가요?

日前省吾來留累日語, 未嘗不及于公. 愚謂: "某之久滯劇司, 亦可以觀世道矣." 省曰: "賓也安得不然? 今世仕宦, 莫不有徑, 雖滿瓜當遷者, 必有鑽徑而後得; 賓也以是爲浼己而不爲, 則渠何以得遷也?" 愚聞之, 不覺起而斂衽曰: "有是哉! 家貧親老, 不爲祿仕[247], 古人謂之不孝, 故世人藉口於此而不知命者多矣. 某能如是, 則其高人數等矣." 因是而念之, 公之先代掌令公, 卽我先祖翼憲公之孫婿, 而永膺先生, 我安之出也. 掌令公之忠直 · 永膺先生之學問 · 胤氏蓮峯先生之至行, 及其後世參知公之抗疏, 懿德高行, 必將百世不磨; 而公王考府君, 亦嘗受業于我祖考, 世代漸遠, 戚屬雖踈, 而其景慕嚮迋之誠, 不敢少忽. 是以, 與公相逢雖晚, 而一言托契, 期許不淺矣. 今聞公能自靖任分, 不襲俗套, 則欽愛之心, 烏可已乎? 向者公書有被人疑謗之諭, 處此不難矣. 古人云: "止謗莫如自修", 自脩之久, 自當渙然氷釋矣. 公於大處, 立定如是, 則一時疑謗不足畏, 而亦不必屑屑分疏爲也. 嘗觀公寬厚有餘而剛毅不足, 疏通有餘而謹嚴不足; 人言之來, 亦或以此而致之也. 從古聖賢相傳心法, 不過一箇中字; 中者, 不偏不倚無過不及之名, 非天下之大勇, 不能辦此矣. 故孔子曰: "守死善道[248]", 曾子曰: "臨大節而不

---

247 祿仕 : 집이 가난하여 단지 녹봉을 얻기 위해 벼슬하는 것이다. 『詩經』 「王風 君子陽陽」에 대한 「毛序」에 "군자가 난리를 만나서 서로 불러 녹사를 하여 몸을 온전히 지키고 해를 멀리한다.〔君子遭亂, 相招爲祿仕, 全身遠害而已.〕"라고 한 데서 온 말이다.

248 守死善道 : 孔子가 "성인을 독실히 믿고 배우기를 좋아하며, 죽기로써 지켜

可奪也." 子思曰: "至死不變, 强哉矯." 孟子曰: "富貴不能淫, 貧賤不能移, 威武不能屈, 此之謂大丈夫.**249**" 故爲士者其器局力量, 雖有小大淺深之不同, 而必也常存此意思, 念念不忘, 然後心地恢廓, 脚跟堅定, 庶可以俯仰無愧, 搖手動足有餘地, 而無局促底氣像矣. 後人不達此義, 每以樂觀時變, 隨俗低昂, 謂中在此; 是所謂胡廣之中庸**250**·蘇味道之摸稜**251**, 非君子時中之道也. 近與省吾讀『大學』, 覺得一義. 規矩, 法度之器, 而必曰挈矩而不言規; 規圓而矩方, 圓者轉而方者止, 轉則易差, 止則有定. 天以圓轉, 故行度有畸贏之差, 而寒暑易候; 地以方止, 故道里有一定之限, 而古今不異. 觀於此, 亦可以知處世持身之道矣. 相愛之深, 亂道至此, 此非自家能行而用而告人也. 天下有可廢之人, 無可廢之言; 公若不以爲罪而虛而受之, 則未

도를 선하게 해야 한다. 위태로운 나라에는 들어가지 말고, 어지러운 나라에는 살지 말아야 한다.〔篤信好學, 守死善道, 危邦不入, 亂邦不居.〕"라 한 데서 온 말이다. 『論語 泰伯』

249 富貴……大丈夫:『孟子』「滕文公 下」에 보인다.

250 胡廣之中庸:後漢 때 재상 胡廣은 자가 伯始이다. 그는 조정에서 벼슬하면서 조정의 制度와 事體에 매우 밝았다. 그러나 여섯 임금을 섬기는 동안 융숭한 예우를 받았으나 임기응변에 능했을 뿐 직언을 하지 않아 세상 사람들이 "만사가 다스려지지 않으면 백시에게 물으라. 천하의 중용인 호광이 있다오.〔萬事不理問伯始 天下中庸有胡廣〕"라고 하였다. 『後漢書 44권 胡廣列傳』

251 蘇味道之摸稜:唐나라 則天武后 때의 재상이었던 蘇味道가 일을 만나면 결단하지 않기에 누가 그 까닭을 물으니 아무 말 없이 걸상의 모서리〔稜〕만 만지고〔摸〕 있었다. 그래서 그를 모릉재상이라 하였다. 스스로 말하기를, "일을 결정할 때는 입장을 명백히 하려 들지 말 것이니, 애매모호하게 양쪽 입장을 다 견지하는 것이 좋다." 하였다. 『新唐書 114권 蘇味道列傳』

必不爲玉成²⁵²之一助矣. 未審如何? 抑或近於處士之大言, 而不知時義而
然歟?

---

252 玉成 : 사람을 옥처럼 완성시켜 준다는 말로 北宋의 학자인 張載의 「西銘」에
"가난과 비천함, 근심과 슬픔은 너를 옥처럼 갈고 다듬어 완성시키는 것이
다.〔貧賤憂戚, 庸玉汝於成也.〕"라 한 데서 유래하였다.

31. 이사빈에게 답한 편지

答李士賓書 신축년(1781, 70세)

지난번 보내온 편지에서 찾아와 배우는 후진(後進)들이 있는지를 물으셨으니, 마치 하찮은 제가 무슨 지식이라도 있는 사람처럼 여기시는 것 같기에 몹시 부끄러웠습니다. 선지(先知)가 후지(後知)를 일깨워 주고 선각(先覺)이 후각(後覺)을 일깨워 주는 것은 자기가 실지 지각(知覺)이 있어야 가능합니다. 비루한 저는 타고난 성품이 용렬하여 남보다 못하니, 글을 읽을 때 단지 고인이 해놓은 전주(傳註)나 학설의 영향을 의지해야 할 뿐이고 남을 놀라게 할 만한 새로운 뜻이나 독창적인 견해가 있는 사람이 아니니, 후생들이 무엇을 보고 따르겠습니까. '누린내를 따르는 자는 예로부터 바닷가에 한 사람뿐이다.'고 했으니, 이런 사람이 어찌 많을 수 있겠습니까.

맹자(孟子)가 "도(道)는 자득(自得)해야 한다."고 말했는데, 그 자득이란 의(義)에 정밀하고 인(仁)에 익숙하여 본원(本原)을 환히 보아서 행실로 드러나는 것마다 선하지 않음이 없는 것입니다. 이것이 곧 참으로 알고 실지로 이행하여 의리(義理)가 자기 마음을 기쁘게 하는 것이 마치 추환(芻豢)이 자기 입을 기쁘게 하는 것과 같아서 그만두고자 해도 그만둘 수가 없는 것입니다. 소자유(蘇子由)의 「고사서(古史序)」에,

"성인이 선(善)에 있어서는 마치 불이 반드시 뜨겁고 물이 반드시 차가운 것처럼 꼭 하고, 불선(不善)에 있어서는 마치 추우(騶虞)가 살생을 하지 않고 절지(竊脂)가 곡식을 먹지 않는 것처럼 반드시

하지 않는다."

고 하였으니, 역시 이러한 뜻입니다.

독서하고 체험할 때 언행에 매우 긴절한 대목에서 인내하여 공부해 가면 공부를 오래 쌓고 익혀가는 중에 아마도 자득하는 오묘함이 있을 것입니다. 오늘날 이른바 자득은 이와 달라서 반드시 글자 하나 글귀 하나에 힘을 다해 파고들어 하나의 이치라도 보면 곧 자득이라 하고, 대본(大本)과 달도(達道)에는 공부가 미칠 겨를이 없습니다. 이것이 오늘날 세상의 학문에 뜻을 둔 사람들의 공통된 병통이니, 전현(前賢)들이 후인에게 바란 바는 실로 여기에 있지 않습니다. 종전에 한둘 지인(知人)들에게 맞지 않은 말을 좀 했다가 그들이 믿어주지 않았은즉 입을 다물고 잠자코 있어야 하는 것이니 단지 나의 졸렬함을 가리기 위해 이렇게 하는 것은 아닙니다. 그러나 모두 연전(年前)의 일입니다. 지금은 노쇠하여 말할 만한 것이 없으며 재주도 감퇴되고 생각도 고갈되었으니, 어찌 이 일에 미칠 정력이 있겠습니까.

向書問後進輩相從之有無, 有若以此物爲有知識者然, 慊愧多矣. 先知覺後知, 先覺覺後覺[253], 此有知覺之實而後可矣. 鄙人資性庸凡, 出人下, 讀書

---

253 先知……後覺 : 맹자가 "하늘이 이 백성을 냄에 있어서 먼저 안 사람으로 하여금 늦게 아는 사람을 깨우치며, 먼저 깨달은 사람으로 하여금 뒤늦게 깨닫는 자를 깨우치게 하신 것이다. 나는 하늘이 낸 백성 중에 먼저 깨달은 사람이니, 내 장차 이 도로써 이 백성들을 깨우쳐 주어야 할 것이니, 내가 이들을 깨우치지 아니하고 그 누가 하겠는가.〔天之生此民也, 使先知覺後知,

只合依靠傳註古人說話影響, 非有新義獨見可以動人者, 則後生輩何所見而
相從乎? 逐臭者自古稱海上一人[254], 此豈可多得乎? 孟子言道欲其自得[255],
自得云者, 義精仁熟, 洞見本原, 發之於行而無不善; 此卽眞知實踐, 而義
理之悅於心, 若芻豢之悅於口[256], 欲罷而不能者也. 蘇子由「古史序」[257]云:
"聖人之爲善, 如火之必熱, 水之必寒; 不爲不善, 如騶虞之不殺[258], 竊脂之

使先覺覺後覺也. 予天民之先覺者也, 予將以斯道覺斯民也. 非予覺之, 而誰
也.〕"라고 하였다. 『孟子 萬章上』

254 逐臭者……一人 : 『呂氏春秋』「遇合」에 "몸에 몹시 악취가 나는 사람이 있었
    는데 친척, 형제, 아내, 친지들이 아무도 그와 함께 거처할 수가 없었다.
    그는 스스로 괴로워하다가 홀로 바닷가에 가서 살았는데, 그 바닷가에 사는
    한 사람이 그의 악취를 좋아하여 밤낮으로 그를 따라다녀서 그의 곁을 떠나
    지 못했다.〔人有大臭者, 其親戚兄弟妻妾知識無能與居者, 自苦而居海上. 海
    上人有說其臭者, 晝夜隨之而不能去.〕"라고 한 데서 온 말이다.

255 孟子言道欲其自得 : 孟子가 "군자가 道로써 학문에 깊이 나아가는 것은 자득
    하고자 함이니, 자득하면 거기에 처하는 것이 견고해지고, 처하는 것이 견고
    해지면 그것에 자뢰한 바가 깊어지고, 자뢰한 바가 깊어지면 몸의 좌우에서
    취함에 학문의 본원을 만날 수 있다.〔君子深造之以道, 欲其自得之也. 自得
    之則居之安, 居之安則資之深, 資之深則取之左右, 逢其原.〕"라고 한 대목을
    인용하였다. 『孟子 離婁下』

256 義理……於口 : 추환은 풀이나 곡류를 먹는 소, 양, 돼지와 같은 가축류의
    고기를 말한다. 맹자가 "의리가 우리 마음을 즐겁게 하는 것이 추환이 우리
    입을 즐겁게 하는 것과 마찬가지이다.〔義理之悅我心, 猶芻豢之悅我口.〕"라
    고 하였다. 『孟子 告子上』

257 蘇子由「古史序」 : 子由는 唐宋八大家의 한 명인 宋나라 蘇轍의 자이다. 여기
    서 인용된 「고사서」는 『朱子語類』 122권의 내용을 그대로 인용한 것이다.

258 騶虞之不殺 : 騶虞는 白虎를 닮았는데 검정 무늬가 있으며 꼬리가 몸보다
    길며, 생물을 잡아먹지 않고 생풀을 먹지 않는다 한다. 麒麟과 함께 仁獸로

不穀²⁵⁹." 亦此意也. 讀書體驗, 其於言行喫緊處, 忍耐用工, 積習之久, 庶
有自得之玅; 而今之所謂自得, 有異於是, 必致力於一字一句之間而決摘穿
鑿, 如見一義, 則謂之自得; 其於大本達道, 未暇及焉. 此爲今世有志者之
通患, 而前賢之所望於後人, 實不在於此矣. 從前畧以齟齬之言, 發之於一
二相知而不信及, 則只當含嘿, 不徒爲掩拙計也. 然此皆年前事也. 今則衰
廢無可言, 才退思竭; 有何精力可以及此耶?

알려져 있다. 『詩經集注 召南 騶虞』
259 竊脂之不穀 : 竊脂라는 새는 기름만을 훔쳐 먹고 곡식을 먹지 않은 데서 붙여
진 이름이다.

서
書

1. 권기명(權旣明)-철신(哲身)-의 별지에 답함

答權旣明-哲身-別紙 경진년(1760, 49세)

보내온 별지(別紙)를 반복해 읽어보고서 그 정밀한 의론과 초절(超絶)한 식견에 참으로 감탄하였소.

책을 읽을 때는 모름지기 의심이 있어야 하니, 의심이 있어야 학문이 진보할 수 있는 법입니다. 주자(朱子)는 "책을 읽으면서 크게 의심하면 크게 진보한다." 하셨고, 또 "처음 읽을 때는 의심이 없다가 그 다음에는 점차 의심이 생기고 중도에는 구절구절 의심이 생긴다. 이런 과정을 한 차례 거친 뒤에는 의심이 점차 풀려서 융회회통(融會會通)하는 데 이르게 되니, 이러해야 비로소 학문이라 할 수 있다." 하셨으니, 이것이 책을 읽는 방법에 대한 일대 단안(斷案)이고 다른 방법이 없습니다.

대저 성현의 말씀은 모두 평이(平易)하고 명백하니, 너무 천착해서 별다른 뜻을 찾다가 스스로 혼란 속에 얽혀 들어서는 안 됩니다. 퇴계 선생(退溪先生)은 "책을 읽을 때는 별다른 뜻을 깊이 찾을 필요가 없고, 본문에서 현재 있는 뜻을 찾아야 한다." 하셨습니다. 이 말이 적당(的當)하고 간이(簡易)하니, 한 번 생각해 보십시오.

경문에는 진실로 두 가지 뜻이 있을 수 있는데 후세 사람들은 해석할 때 반드시 자기 생각으로 헤아려 보고서 가장 근사한 것을 취합니다. 지금 그대가 책을 읽을 때 전(傳)의 뜻과 견해가 다른 것이 있거든 그 견해가 다른 곳에 나아가서 어느 쪽이 더 나은지 헤아려 보고 그 대목을 가만히 읊조리며 생각해 보면 절로 변별할 수 있는 길이 있을 것입니다.

나의 사사로운 선입견을 가슴속에 걸어두고서 도리어 선유(先儒)의 학설을 가지고서 자기 견해에 맞추려 한다면 이는 매우 옳지 못합니다. 그렇게 하려거든 자기 생각대로 글을 쓸 것이지 무엇 하러 애써 옛 성현의 책을 읽습니까.

나는 몽매하고 병든 사람이라 지식이 혼매(昏昧)하여 의문에 답하는 일은 도저히 할 수 없는 형편인데 질문하신 뜻을 저버리기 어려워 조목조목 답하니, 단지 나 자신의 역량을 헤아리지 못한 꼴이 되고 말았습니다. -당시 『아송(雅頌)』에 대해 의문처를 물어왔기 때문에 선생이 조목조목 답을 하여 이 편지를 썼다.-

惠來別紙, 三復玩賞, 精覈之論·超詣之見, 誠爲欽歎. 讀書, 須要有疑; 有疑而後, 可以進業. 朱子曰: "讀書大疑則大進." 又曰: "始讀, 未始有疑, 其次漸漸有疑, 中則節節是疑. 過了這一番後疑漸釋, 以至融貫會通, 方是學." 此爲讀書之一大斷案也, 更無別法. 而大抵聖賢言語, 皆平易明白, 不可探曲以求, 自致纏繞于疑亂之中矣. 退溪李子曰: "讀書, 不必深求異意, 當於本文上, 求見在之義." 此語的當簡易, 試入思議也. 經文固有兩般義, 後人解釋時, 必量度而取其最近者. 今君讀書, 有與傳義不同者, 試就其不同處, 劑量輕重, 諷詠詳玩, 則自有可別之道矣. 我之私意, 橫在肚裏, 却以先儒之說, 求合於己, 是甚不可. 若然則我去自做一般文, 何必苦苦讀古書乎? 蒙陋病廢中, 知識昏昧, 實無論於難疑答問之業, 而盛意難負, 逐條仰答, 只見其不自量也.-時, 有『雅頌』[260]疑問, 故先生逐條答之, 有是書.-

---

260 『雅頌』: 正祖가 朱子의 詩를 選集한 책이다.

2. 권기명의 개장에 관한 문목에 답함

答權旣明改葬問目 신사년(1761, 50세)

옛날에는 죽어 장례를 치를 때 자기 고을을 벗어나는 일이 없고, 묘역도 소목(昭穆)의 제도만 따랐고 『청오(靑烏)』·금낭(錦囊)의 풍수(風水)에 관한 설이 없었으니, 개장(改葬)은 혹 도둑이 무덤을 파헤쳤거나 혹 장마로 무덤이 무너져서 시신과 널이 노출되어 개장하지 않을 수가 없어서 그 예(禮)가 생긴 것일 뿐입니다. 『주자대전(朱子大全)』에 주자(朱子)가 정정사(程正思)에게 답한 편지에,

"이장(移葬)은 중대한 일이니 쉽게 움직여서는 안 될 것이다. 만약 그만둘 수만 있다면 그만두는 것이 낫다."

하였으니, 이는 십분 신중을 기한 뜻입니다. 지금 사람들은 허다히 길흉의 설에 의해 개장을 하는데 만약 구광(舊壙)이 탈없이 안온하면 개장하지 않고 그대로 다시 봉분을 짓는 경우가 있으니, 니산(尼山) 윤 상국(尹相國)이 자기 조부를 장사지낸 것이 바로 이러한 경우입니다. 만약 "이미 무덤을 열었으면 광(壙)이 아무리 탈없이 안온하다 하더라도 길(吉)한 기운이 이미 새어 나가 버려서 도리어 화해(禍害)를 이루니 그 형세가 개장하지 않을 수 없다."고 한다면, 효자의 마음에 과연 어떠하겠습니까? 이러한 지경에 이르러서는 풍수의 말을 결코 따라서는 안 됩니다.

『의례』「상복(喪服)」조에 "개장(改葬) 때는 시마복[緦]을 입는다."라고 했는데, 이에 대해 마씨(馬氏)의 주(註)에,

"개장하는 일이 상복을 벗고 굳이 석 달까지 기다리지 않는데, 삼년

복을 입어야 하는 이는 시마복을 입고, 기년 이하의 복에 해당하는
이는 복이 없다."

했고, 정씨(鄭氏)의 주(註)에,

"시마복을 입는 것은 신하가 임금을 위해, 아들이 아버지를 위해,
아내가 지아비를 위해서이다. 시신이 든 널을 직접 보면서 복을
안 입을 수는 없으니, 시마 석 달을 입고서 벗는다."

했고, 왕씨(王氏)의 주에,

"장례가 끝나면 벗어야 하고 석 달까지 기다려서는 안 된다."

라고 했으니, 이는 마씨(馬氏)의 설을 따른 것입니다. 이 후로 유자
(儒者)들이 마씨의 설을 따르기도 하고 정씨의 설을 따르기도 하여
의론이 분분했고, 구씨(丘氏)의 『가례의절(家禮儀節)』에도 개장 후
에는 시복(緦服)을 벗고 소복(素服)을 입는다고 했습니다.

그러나 『주자어류(朱子語類)』에는 주자가 섭하손(葉賀孫)에게 답
하기를 "예(禮)는 후한 쪽을 따라야 하니 당연히 정씨 설대로 해야
한다."고 하였으니, 이것이 정론(正論)이 되어야 할 것입니다. 또 『통
전(通典)』에서 송(宋)의 유울지(庾蔚之)는 이르기를,

"개장할 때 시마복을 입는 것은 만약 처음 사망했을 때와 같은 복을
입는다면 이는 자기 어버이를 이제 죽은 것으로 인정하는 셈이다.
그러므로 시마복을 입어서 변길(變吉)을 나타내니, 열흘이나 한
달 걸려 장사(葬事)하게 되면 당연히 정씨 말대로 시마 기한을
마쳐야 하고, 만약 석 달이 걸린다거나 석 달이 넘을 경우는 장례
가 끝난 뒤에 복을 벗어야 하니, 그 복은 장례를 위한 복이기 때문
이다."

했습니다. 또 『곡량전(穀梁傳)』 장공(莊公) 3년조에 "환왕(桓王)을

장사지냈는데 개장이었다. 개장할 때의 예는 가장 낮은 복을 쓰는데 멀기 때문이다.〔擧下緦也.〕"했는데, 이에 대해 주석가가 해석하기를,

"개장 때의 예로 시마복을 입는 것은 오복(五服) 중에서 가장 낮은 복을 쓰는 것으로 그 상(喪)이 멀어졌기 때문이다. 천자(天子)·제후(諸侯)가 장사 때 옷을 바꿔 입는 예는 신명(神明)을 상대해야 하기 때문에 순전히 흉복을 입을 수 없어 그런 것인데 더구나 아득히 먼 상이겠는가."

라고 했습니다. 이를 보면 시마복을 입는 것은 다만 가장 가벼운 복을 씀으로써 변복(變服)하는 뜻을 나타낸 것일 뿐이니, 자최삼월(齊衰三月) 같은 복과는 절로 다릅니다. 친상은 지극히 중하니 고인이 어찌 더 높은 복제를 쓰고 싶지 않았겠습니까. 따라서 자최의 제도를 써서 고례(古禮)를 가볍게 바꾸어서는 안 됩니다.

부인의 복(服)에 관해서는 예문(禮文)에 말해 놓은 데가 없고 『통전(通典)』에 왕익(王翼)이 이르기를,

"정씨(鄭氏)가 신하·아들·아내로 말한 예로 미루어 보면 여자는 부모에 대해 비록 강복(降服)을 한다고 해도 역시 자식이니, 지금 남녀가 모두 시마복을 입는 것이 의리로 보아서도 통한다."

했습니다. 이를 보면 자식의 아내는 고례(古禮)에 비록 시부모를 위해 기년복을 입었으나 송(宋) 이후로는 올려 3년복을 입었고 보면, "3년복을 입어야 할 사람은 개장 때는 시마복을 입어야 한다."고 한 예가(禮家)의 말대로 입는 것이 옳을 것입니다. 또 『개원례(開元禮)』를 보면 "분묘를 파는 날 묘소에 가서 주인(主人) 이하 여러 주인과 그의 처첩(妻妾)·여자 자식은 모두 시마복을 입고 기년복 이

하는 모두 소복을 한다."고 했으며, 구준(丘濬)의 『가례의절(家禮儀
節)』에는 "개장 때 시마복을 입을 사람은 아들과 처(妻)다."라고 했
는데, 퇴계선생은 "여기서 말한 처는 아들의 처다."라고 했고, 성호
장(星湖丈)도 "지금은 처와 지아비가 다 같이 참최(斬衰)를 입는
다."고 말했고 보면 부인도 복을 입지 않아서는 안 될 듯합니다.

복을 갖추기는 당연히 파묘(破墓)를 하고 널을 꺼내는 날 해야 합
니다. 지금 사람들은 풍수의 말에 따라 기일 전에 파묘만 하는데,
아직 일을 시작하지 않았다면 소복차림으로 일을 하고, 광을 파고
널을 꺼낼 때에 이르러 복을 갖추고 신위를 설치하는 것이 옳을 듯합
니다.

옛날에는 개장하는 예가 없었는데, 『개원례』 때부터 상정(詳定)되
었고, 『가례의절』에서 구씨는 오로지 『개원례』를 따랐으니 응당 살
펴보고 행사해야 합니다. 부모를 함께 이장할 때는 부모상을 함께 당
했을 경우의 예를 따라야 할 듯합니다. 그러나 궤연(几筵)을 설치할
때 안석은 같은 안석을 쓴다는 뜻으로 미루어 보면, 영상(靈床)에 전
(奠)을 올리고 상식(上食)하는 예절도 다 같이 해야 하는 것입니까?

사당에 고하는 절차는 김사순(金士純)이 묻기를,

"묘소가 멀리 있으면 혹자는 '떠나려 할 적에 주인이 사당에 고해야
한다.'고 하고, 혹자는 '주인은 묘소로 먼저 가고 개장하기 하루
전에 자질(子姪)들 중 집에 남아 있는 이가 대행한다.'고 하는데,
두 설 중 어느 설이 옳습니까?"

하니, 퇴계가 둘 다 옳다고 했습니다. 따라서 그 중 하나를 골라 행
하면 될 것입니다.

古者死葬無出鄉[261], 塋域只用昭穆之制, 又無青烏錦囊[262]某山某水之說, 則其改葬, 不過或因盜賊發掘, 或因水潦崩頹, 尸柩將露, 不得不改葬而有其禮矣. 『大全』朱子答程正思曰: "遷葬重事, 不宜擧動者; 若得已, 不如且已也.[263]" 此其十分愼重意也. 今世多以吉凶之說改葬, 而舊壙安穩, 則因而掩土, 更封而不遷; 若尼山尹相之葬其祖[264], 是也. 若曰: "旣已開墳, 則壙雖安穩, 吉氣已洩, 反成禍害, 其勢不可不改葬."云, 則是於孝子之心, 果何如耶? 到此, 術士之言, 決不可從. 「喪服」曰: "改葬緦", 馬註: "墓事已而除, 不必三月; 惟三年者服緦, 周以下無服." 鄭註: "服緦者, 臣爲君, 子爲父, 妻爲夫. 親見屍柩, 不可無服; 服緦三月而除之." 王註: "旣葬而除, 不得待三月之限." 蓋從馬說也. 此後諸儒從馬從鄭, 議論紛紜, 『丘氏儀節』亦云: "葬後釋緦服, 服素服." 然而『語類』朱子答葉賀孫曰: "禮宜從厚, 當如鄭氏." 此當爲正論. 『通典』宋庚蔚之曰: "改葬緦, 若用始亡之服, 則是死其親, 故制緦以示變吉; 其旬月而葬, 則當如鄭氏, 卒緦之限三月而葬, 若葬過三月

---

261 死葬無出鄉 : 『孟子』「滕文公 上」에 "죽거나 이사함에 향리를 벗어나지 않는다.〔死徙 無出鄉.〕"하였다.

262 靑烏錦囊 : 靑烏는 黃帝 때 彭祖의 제자로 風水地理에 정통했던 사람인데 여기서는 그가 지었다는 책인 『靑烏經』을 가리킨다. 『錦囊經』과 함께 대표적인 풍수지리서로 꼽힌다.

263 遷葬……已也 : 『朱子大全』50권에 보인다.

264 尼山尹相之葬其祖 : 尼山尹相은 尹拯(1629~1714)을 가리킨다. 그는 자는 子仁이고, 호는 明齋·酉峯이며, 시호는 文成이고, 본관은 坡平이다. 충청도 魯城의 尼山에 은거하면서 학문 연구와 후진 양성에 힘썼으며, 禮論에 정통하였다. 저서에 『明齋疑禮問答』·『明齋遺稿』가 있다. 윤증의 조부는 八松 尹煌이다. 묘소는 충청남도 논산시 노성면 장구리에 있다.

者, 須葬畢釋服; 服爲葬設故也.[265]"『穀梁傳』莊公三年: "葬桓王, 改葬也. 改葬之禮, 擧下, 緦也." 註家謂: "改葬之禮緦, 擧五服之最下者, 以喪緦邈遠也. 天子諸侯易服而葬之禮, 以其交神明也, 不可以純凶, 況其緦者乎!" 據此則其服緦, 但擧輕服, 以示其變服之意而已, 與齊衰三月自不同. 親喪至重, 古人豈不欲爲加隆之制乎? 不當用齊衰之制, 輕變古禮. 婦人服, 禮無所言, 而『通典』王翼曰: "以鄭氏臣子妻之例推之, 女子雖降父母, 亦子也, 今男女皆緦, 於義亦通." 據此, 則子之妻, 古禮雖服舅姑朞, 自宋以後, 升爲三年服, 則當依禮家應服三年者改葬服緦之文而服之爲當也. 又按『開元禮』: "啓日, 至墓所, 主人衆主人妻妾女子子俱緦服, 周以下皆素服."『丘儀』: "改葬緦, 子與妻也." 退溪先生曰: "所謂妻, 子之妻也." 星丈亦言: "今也妻與夫, 斬衰皆同." 則恐不可不服; 俱服, 當在破墓出柩之日. 今世用術家言, 前期破墓, 未必開役, 則須以素服行事, 至穿壙出柩之時, 具服設位, 似當. 古無改葬禮, 而自『開元禮』詳定, 『儀節』丘氏專用『開元禮』, 當考而行. 幷遷父母葬, 則其禮似當用幷有喪之例. 然而以布筵設同几之義推之, 靈床設奠上食之節, 皆做設而行之耶? 告廟一節, 金士純問: "墓所遠, 或云'主人臨行告廟', 或云'主人先去墓所, 及其葬前一日, 子侄之在家者代行', 二說如何?" 退溪曰: "兩可." 然則當擇斯二者而行之耳.

---

265 改葬緦……故也:『通典』102권에 보인다.

3. 권기명에게 답한 편지

答權旣明書 병술년(1766, 55세)

그대가 사빈(士賓)에게 보낸 편지를 보고 나도 모르게 뛸 듯이 기뻤습니다. 우리의 도(道)가 더욱 외로워져 가고 있는 이때 제군들이 과연 서로 보고 느끼고 경계하여 함께 대중지정(大中至正)한 경지에 이른다면 그 얼마나 다행스러운 일이겠습니까. 사빈이 그대에게 있어 충고하고 좋은 길로 인도한 뜻이 매우 온화하면서도 참으로 절실하니, 지금 세상에 이러한 일이 어디 있겠습니까. 그대가 그의 말을 잘 받아들이면 틀림없이 효과가 있을 것이고, 그 중에서도 말을 조심하라는 경계는 그대의 병통에 더욱 적중한 것이니, 그대도 응당 알고 있을 것으로 생각됩니다.

이에 감히 사빈의 편지 내용을 따라 말해 보겠습니다. 그대는 실로 너무 지나치게 고구(考究)하는 병폐가 있으니 독서하면서 의문을 갖는 것은 물론 좋은 일입니다. 의문이 적으면 진보도 적고, 의문이 많으면 진보도 많다는 주자의 말이 실로 바꿀 수 없는 정론이나, 계속 의심만 하고 일정한 귀결처(歸結處)가 없으면 마음이 점점 분란해져서 실효를 얻기가 어려운 법입니다. 나는 생각하기를 독서는 자득(自得)이 비록 귀중한 것이지만 자득하겠다는 뜻이 미리 가슴속에 걸려 있으면, 선유(先儒)들의 설에 대해 일부러 하자만을 찾아내려는 병폐가 있을까 염려됩니다. 따라서 우선 선유들의 설에 따라 읽어 오래도록 침잠하여 음미하고도 의문이 끝내 풀리지 않으면 또 스스로 생각하기를, "나의 일시적인 얕은 견해가 선현들보다 나을 리가 있겠는가.

이는 틀림없이 내가 잘못 본 것이다."라고 해야 합니다. 그리고 또 오래도록 읽어도 의문이 종내 풀리지 않을 경우에는 다시 이치로 질정하여 선각자에게 물어서 지극히 온당한 귀결을 찾아야 할 것입니다. 그리하여 만약 내 견해가 그다지 틀리지 않다면 나도 일설(一說)을 내놓을 수 있을 터이나 이것으로 자족하여 선현들을 경시하는 습관이 생겨서는 안 됩니다. '학(學)'이라는 글자는 『서경』「열명(說命)」에 처음으로 보이는데, 거기서 말하기를 "배움이란 뜻을 겸손히 갖는 것이니 노력하여 때로 민첩하라.〔學遜志懋時敏〕" 했거니와, 학문하는 태도는 반드시 겸허해야지만 고인의 교훈 또는 벗들의 말을 쉽게 받아들여 사사로운 견해에 막힐 염려가 없게 되는 것입니다. 이것이 바로 만세(萬世)를 두고 학자들이 맨 처음 학문할 때 받아들여야 할 지극한 가르침입니다.

가만히 보면 학자들이 수십 권의 책을 읽고 몇 가지 이치를 강구하여, 다소 얻은 것이 있으면 그만 사사건건 선현들보다 앞서려고 하고, 심지어는 자구 해석이나 문장 단락에 있어 갈기갈기 찢어 발겨서 결국 여기저기서 따오고 이리저리 얽어매고 한다는 핀잔을 면치 못하는데, 그야말로 통렬히 징계해야 할 점이라 하겠습니다. 내가 보기에는 그대가 사빈에게 보낸 편지에 불만스런 뜻이 있는 듯한데 무슨 까닭이겠습니까. 사빈의 말이 그대에게는 약석(藥石)이고 그대도 이를 받아들여 기뻐하면서 역시 약석이라 했고 보면, 그대가 사빈의 말에 대해서는 응당 스스로 병통이 생긴 원인을 기탄없이 말해서 그에게 감사의 뜻을 보이고 더욱더 깨우쳐 주기를 바라는 것이 옳았을 것입니다. 그러나 그대의 편지에 다시 사빈의 병통을 열거하여 규계(規戒)했으니, 이는 실로 고인(故人)들의 붕우 사이의 의리입니다. 그러나 겉으로 보기에는 마치 서로 헐뜯은 것처럼 보이니, 이것이 뜻을 겸손히 가진다는 이치와 서로 배치됩니다. 그대는 이 말을 졸렬한 견해로만 생각하지 말고 한번 잘 생각해 보기 바랍니다.

지난번 그대가 내 집에 들렀을 때, "왕양명(王陽明)의 치지설(致知說)이 매우 옳다."고 했는데, 내가 그때 나의 견해를 말해 주고 싶었으나 충동만 일고 결국 말해주지 못한 것이 아직도 후회가 됩니다. 왕양명이 선유들에게 죄를 얻은 까닭도 바로 처음 공부의 길을 잘못 들어섰기 때문입니다. 주자가 물(物)을 리(理)로 풀이했는데, 왕양명이 틀렸다고 하면서 말하기를,

"리(理)는 따로 물(物)에 있는 것이 아니라, 내 마음이 바로 리이다. 마음이 움직이는 것이 양지(良知)가 아님이 없으니 심(心)과 리(理)를 둘로 나누어서는 안 된다."

라고 하여, 마침내 주자의 주장은 의(義)를 마음 밖에 있는 것으로 간주한 고자(告子)의 학설과 같다고 비판하였으니, 이 어찌 터무니 없는 자가 아니겠습니까.

마음의 기능은 생각[思]이고, 생각은 지각[知]을 맡고 있으니, 주자가 치지격물(致知格物)을 해석하면서 "내 마음의 지각으로 사물의 이치를 궁구(窮究)하는 것이다."라고 했습니다. 이는 마음에는 앎의 이치가 있기 때문에 사물의 이치를 궁구할 수 있으니 그렇게 되면 내 마음이 알고 있는 이치와 각 사물에 산재해 있는 이치가 합일이 되는 것입니다. 그런데 굳이 마음[心]이 바로 이치[理]라고 곧바로 풀이할 필요가 있겠습니까. 또 마음이 아는 것이 양지(良知)라고 하는데, 사람마다 기질이 달라 성인의 마음은 그것이 다 양지의 본연(本然)에서 나오지만, 중인(衆人)들 마음은 기질에 편승되고 치우치고

막혀 있어 마음의 앎이 대개 인욕(人欲)에서 나옵니다. 양명의 이 설은 인욕을 천리(天理)로 오인하고 있으니 그 유폐는 이루 말할 수 있겠습니까!

왕양명 연보(年譜)를 보면 그가 자기 어버이 상(喪)을 당했을 때 자기 자제들에게 이르기를,

"너희들 고기 먹고 싶은 마음이 있으면 먹어라. 먹고 싶은 것을 먹지 않는 것은 마음을 속이는 일이다."

했다고 하니, 아아! 이게 무슨 말입니까! 성인이 예를 만들 때 현자 (賢者)는 너무 지나치지 못하게 하고, 불초자(不肖者)는 발돋움하 여 미칠 수 있게 하였으니, 이것이 중도(中道)가 되는 까닭입니다. 양명이 사심(私心)을 가지고 제멋대로 주장한 폐단이 이 지경에 이 르렀으니 탄식할 노릇입니다.

그는 또 격물치지를 해석하면서도 '나의 양지를 지극하게 하면 사 물들이 제각기 바르게 된다.'고 하였으니, 이는 경문(經文)을 거꾸로 해석하면서 자기 말이 모순됨을 스스로 알지 못한 것입니다. 또 그는 지행합일설(知行合一說)을 주장했는데, 경문을 가지고 말하면 지와 행이 어찌 합일한 적이 있습니까! 양명이 언변을 구사하여 이 주장을 한 것은 주자의 치지설을 깨부수고자 한 것이나, 자기 말이 지와 행을 뒤섞고 구별하지 않아 절로 석씨(釋氏)의 견해가 되고 말았다는 것을 깨닫지 못했습니다. 이 뜻을 그대도 아시는지요?

見君與士賓書, 不覺欣聳. 當此吾道益孤之日, 諸君果能與之觀感箴警, 以 至於大中至正之域, 則何幸何幸! 士賓之於君, 忠告善道[266]之意, 藹然眞切, 今世何嘗有此等事耶? 君能聽受, 則必當有效, 而其中樞機[267]之戒, 尤合於君之病痛. 明者亦應知之, 玆敢因賓書而論之. 君固有考究過中之弊, 讀書有疑, 固是美事, 小疑則小進, 大疑則大進, 實是不易之定訓. 然而惟疑之務而靡所底定, 則心緖漸紛而實効難得. 愚則以爲讀書雖以自得爲貴, 先以自得之意橫在肚間, 則其弊恐於先儒之訓, 有洗垢索瘢之嫌. 故當依其成訓, 讀來讀去, 沉潛玩味之久, 而疑終未已, 則又自以爲我一時粗淺之見, 豈有過於前輩者? 是必吾見妄也. 又讀之之久而疑終未解, 則質之以義理, 講之於先覺, 以求其至當之歸. 若使吾見不至甚妄, 則亦可備一說; 不可以此自足, 有輕視前輩之習. 學之一字, 始見于『書』之「說命」, 其言曰: "惟學遜志, 懋時敏." 學必遜志, 然後於古訓與朋友之言, 易於虛受, 無扞格之患. 此萬世學者最初爲學承受之至訓也. 竊觀學者若讀數十卷書, 稍能講究數件義理而有得焉, 則遂欲事事求過于前輩, 至若訓詁篇章, 斷斷分裂, 未免掊撦襤縷之譏, 此實痛徵處也. 愚觀君與賓書, 有不安之意; 何者? 賓言於君藥石, 而君亦受而喜之曰藥石云爾, 則君於此當引自己受病處, 以示其致感之意, 益求其警, 可矣. 而君之書, 更以賓友病處論列以規之, 此實古義然矣. 而自

<hr />

266 忠告善道 : 子貢이 벗을 사귀는 것에 대해 물었는데, 孔子가 "충심으로 말해 주어 잘 인도하되 안 되면 그만두어서 스스로 자신을 욕되게 하지 말아야 한다.〔忠告而善道之, 不可則止, 無自辱焉.〕라고 하였다. 『論語 顔淵』

267 樞機 : 지도리와 고동으로 사물의 작동을 일으키는 기관인데, 말을 뜻한다. 『周易』「繫辭 上」에 "언행은 군자의 추기이니, 추기의 발동에 영욕이 결정된다.〔言行, 君子之樞機. 樞機之發, 榮辱之主也.〕"라 하여 말과 행실을 가리켰는데, 北宋의 학자 伊川 程頤의 「四勿箴」 중 「言箴」에서 "더구나 이것은 추기라. 전쟁을 일으키고 우호를 내니, 길흉과 영욕을 모두 이것이 부른다.〔矧是樞機, 興戎出好, 吉凶榮辱, 惟其所召.〕"라 한 뒤로 주로 말을 뜻하는 말로 쓰인다.

其皮膜觀之, 則有若互譏者然; 此於遜志之義, 有相背矣. 君幸勿以此爲拘拙之見而試入思議也. 向日君過時, 深以陽明致知之說爲當. 其時雖欲以拙見相告, 而氣動未果, 殆猶爲恨. 陽明所以得罪先儒者, 以其入頭工夫錯誤故也. 朱子以物訓理, 而陽明非之曰: "理不可別在物上, 吾心卽理也. 心之所動, 莫非良知也, 不可分心與理爲二." 遂譏朱子以告子義外之學; 此豈非太郞當者乎? 心之官則思, 思主知. 朱子釋致知格物, 以心之知, 格物之理. 盖心有知之理, 故能窮物理, 則吾心所知之理, 與散在物上之理, 合而爲一. 何必直訓心爲理? 又以心之所知爲良知, 夫人之氣質不同, 聖人之心則固皆出於良知之本然, 而衆人之心則爲氣所乘, 流於偏塞, 其心之知, 多出於人欲. 陽明此說, 認人欲爲天理; 其流之弊, 可勝言哉! 陽明年譜, 嘗遭其親喪, 敎其子弟曰: "汝輩心欲食肉則當食肉. 欲食而不食, 是欺其心也." 噫嘻! 此何語也? 聖人制禮, 欲使賢者不得過焉, 不肖者企而及之, 此所以爲中也. 陽明私心自用之弊, 至於是, 可歎! 又其釋格物致知, 謂: "致吾之良知, 則物各得其正." 此亦倒釋經文, 自不覺其說之矛盾也. 又倡知行合一之說; 以經訓言之, 知行何嘗合一? 而陽明之騁辯爲此者, 欲破朱子致知之說, 而亦不覺其說之混淪無辨, 自歸於釋氏之見. 此義公亦見知否?

4. 권기명의 별지에 답함

答權旣明別紙 무자년(1768, 57세)

문(問)

근간에 이웃집 상사(喪事)로 인하여 초상 때 변제(變除)에 관한 예
문의 절목을 상고해 보았더니 의문점이 많아 이렇게 여쭙는 것입니
다. 예문(禮文)에 "효자(孝子)가 반함(飯含) 때 처음으로 단(袒)을
했다가 반함이 끝나면 다시 습(襲)을 하고, 소렴(小斂)을 하고 시신
에 기대어 통곡한 후 비로소 단하고 괄발(括髮)하며, 내빈들에게 절
한 후 도로 습을 하며, 자최(齊衰) 기년 이하 복이 있는 자들은 그
때서야 비로소 관을 벗고 단문(袒免)한다."라고 되어 있습니다. 지
금 풍속은 효자가 초상 때부터 소렴 때까지 줄곧 단을 하고 도로 섶
을 하는 절차는 없으며, 기년복 이하도 모두 관을 벗고 상투를 노출
시키고 있으니 온당치 못한 듯합니다.

問: 近因鄰有喪, 取考禮喪變除之節, 多疑, 玆以奉稟. 按禮孝子飯含[268]始
袒[269], 含畢還襲[270], 至小斂憑尸後, 始袒括髮[271], 拜賓後還襲. 凡齊衰期以

---

268 飯含 : 斂襲할 때 죽은 사람의 입에 구슬이나 쌀을 물리는 것이다.

269 袒 : 喪禮에 상복을 입지 않고 윗옷의 왼쪽 소매를 벗는 것이다.

270 襲 : 상례에 시신을 목욕시킨 뒤에 옷 세 벌을 입히는 것이다. 예컨대 士의
경우는 이튿날 小斂에 19벌을 입히고, 다시 이튿날 大斂에 30벌을 입힌다.
『儀禮 士喪禮 疏』

서 303

下諸有服者, 至是始去冠袒免²⁷². 而今俗孝子自初喪至小斂皆袒, 無還襲之節, 朞服以下, 皆去冠露髻, 恐未安.

답(答)

초상 때 변제의 절차는 「상복도(喪服圖)」와 『가례(家禮)』 「역복(易服)」조에 자세히 나와 있으니 예를 좋아하는 사람이 거기에 있는 예대로 행하면 되는 것입니다. 『가례』에는 "초상(初喪) 때는 효자가 단(袒)을 하지 않고 반함 때 와서야 비로소 단했다가 반함을 마치면 습(襲)을 하고 소렴 후에는 성복(成服) 전까지 단을 한다."고 되어 있고, 도로 습을 한다는 대목은 없으니, 이는 아마 간편하게 한다는 뜻일 듯합니다. 이러한 절목은 고례(古禮) 역시 그다지 번다하지 않으니 그대로 따르는 것이 좋습니다. 기년복을 입을 이가 관을 벗는 것은 예문에는 기록이 없으니, 이는 모두 소략한 속례(俗禮)인데 어찌 따를 수 있겠습니까.

答: 始喪變服之節, 詳于「喪服圖」及『家禮』「易服」條, 好禮之家, 自當依禮行之. 『家禮』初喪, 孝子無袒, 至含始袒, 含畢襲, 小斂後袒, 至成服前, 無更襲之文; 此似是從簡之意. 而此等節目, 古禮亦不甚煩, 從之爲宜. 朞服之去冠, 禮所未聞; 此皆俗禮之沽畧者, 何可從也?

---

271 括髮 : 머리를 풀어서 묶어 슬픔을 나타내는 喪禮이다.

272 袒免 : 상복을 입지 않고 윗옷의 왼쪽 소매를 벗고 팔을 드러내며 冠을 벗고 머리털을 좁은 삼베로 묶기만 하는 喪禮이다. 『禮記 大傳』

문(問)

살펴보면 예(禮)에 효자가 단(袒)하는 일이 국군(國君)·대부(大夫)가 와서 조상하는 경우가 아니면 세 차례를 넘지 않으니, 반함(飯含) 때·소렴(小斂)한 뒤·대렴(大斂)할 때입니다. 그렇다면 일이 있을 때는 단을 하고 일이 없으면 도로 습(襲)을 하는 것일 터인데, 『예기』「단궁(檀弓)」에는 "단괄(袒括)은 치장을 몹시 없앤 것이고, 단을 하고 습을 하는 것은 슬픔을 절제하는 것이다."라고 했습니다. 그리고 소렴 때에 단을 염을 할 때 하지 않고 시신에 기대어 곡한 후에 하는 것은 무슨 이치입니까?

問: 按禮孝子袒, 非國君大夫來弔, 不過三次, 飯含時, 小斂後, 大斂時. 然則有事則袒, 無事則襲, 而「檀弓」曰: "袒括, 去飾之甚也; 有袒有襲, 哀之節也." 且小斂袒, 不在當斂時, 而在憑尸後, 何義歟?

답(答)

초상 때 단하는 것은 일이 있어 하는 경우가 있고, 치장을 없애는 일로 단하는 경우도 있으니, 『의례(儀禮)』를 세밀히 살펴보면 알 수 있을 것입니다. 소렴 때 단을 시신에 기대 곡한 후 하는 것이 이른바 일이 있어 하는 단입니다. 염습(斂襲)하는 것은 유사(有司)의 일이기 때문에 효자가 단을 하지 않는 것이고, 반함하고 시신을 받들고 하는 일은 상주가 직접 하는 일이기 때문에 단하는 것입니다.

答: 喪禮袒, 有有事而袒者, 有爲去飾而袒者; 細考『儀禮』, 可知矣. 小斂袒在憑尸後者, 所謂有事之袒. 襲斂有司事, 故孝子不袒, 飯含奉尸, 主人事故袒.

문(問)

효자가 반함을 괄발 이전에 했고 보면 반함을 고인은 비녀[筓]를 지르고 머리싸개[纚]를 한 채 반함했던 것인데 지금 사람들은 머리를 풀어 헤친 채 합니다. 반함은 중한 예이니, 관을 쓰지 않고 행하는 것은 온당치 못할 듯합니다. 예소(禮疏)를 보면 "세 겹의 옷으로 습을 하고 상주가 흰색 위모(委貌)를 쓰고 환질(環絰)을 더한다."고 했는데, 그렇다면 환질을 더한 후에 반함을 하는 것입니까?

問: 孝子飯含, 在括髮之前, 則古人筓纚[273]而行之, 今人被髮而行之. 飯含禮重, 不冠而行之, 似未安. 按禮疏曰: "旣襲三稱, 主人服素委貌[274], 加環絰[275]." 然則飯含或在瓊絰後耶?

....

273 筓纚 : 筓[계]는 비녀이고, 纚[사]는 머리카락을 묶는 비단으로 된 띠이다. 사의 길이는 6척 가량 된다. 『禮記』「問喪」에 "어버이가 돌아가신 처음에는 관을 벗고 비녀와 머리 싸개만 남기며, 신발을 벗는다.〔親始喪 筓纚徒跣.〕" 하였다.

274 委貌 : 緇布冠의 이칭이다. 『禮記』「郊特牲」에 "위모는 주나라의 제도이며, 장보는 은나라의 제도이며, 무퇴는 하후씨의 제도이다.〔委貌周道也, 章甫殷道也, 毋追夏后氏之道也.〕"라고 하였다.

275 環絰 : 小斂 때 상제가 쓰는 四角巾에 덧씌워 쓰는 삼으로 꼰 둥근 머리띠를 말한다.

답(答)

『예기(禮記)』「문상(問喪)」주(註)에 "처음 죽었을 때 관을 벗고 비녀와 머리싸개만 두었다가 이틀 지나서야 그것마저 벗는다."고 했습니다. 황면재(黃勉齋)가 이 대목을 「상복도(喪服圖)」에 인용했는데, 거기서 이틀이라 했고 보면, 소렴 전까지입니다. 그렇다면 반함 때는 비녀를 지르고 머리싸개만 하고 있는 셈이니, 고례(古禮)에 비녀를 지르고 머리싸개를 하고 있던 때가 『가례(家禮)』에서는 바로 머리를 풀고 있는 때가 됩니다. 예가 이미 이와 같다면 관을 쓰지 않고 반함한다 하여 어찌 온당치 못할 것이 있겠습니까. 그대가 인용한 예소(禮疏)라는 것은 어느 곳에서 나온 것인가 다시 가르쳐주기 바랍니다.

答:「問喪」註:"始死去冠, 惟留笄纚, 二日乃去之." 勉齋[276]引用于「喪服圖」, 其云二日, 則至于小斂前也; 然則含時笄纚而已. 古禮笄纚之時, 卽『家禮』被髮之時. 禮旣如是, 不冠而行含禮, 何未安之有? 所引禮疏, 未知出於何處耶? 更示爲望.

문(問)

『예기』「상복소기(喪服小記)」에 "참최(斬衰)에는 삼으로 괄발(括

---

276 勉齋: 宋나라 黃榦(1152~1221)의 호이다. 그는 자는 直卿이고 시호는 文肅이며 閩縣 사람이다. 朱子와 劉淸之에게 수학하였다. 주자가 그의 능력을 인정하여 학문을 전수하고 사위로 삼았다. 白鹿洞書院에서 강학하였으며, 저서에『六經講義』,『禮記集注』등이 있다.

髮)하고, 모친상에는 삼으로 괄발하되 베로 만든 통건〔免〕을 쓴다."
고 했습니다. 그렇다면 참최에는 예로 보아 통건을 쓸 때는 없는 것
입니까? 예문에는 "관(冠)은 복장 중에서 가장 존귀한 것이니, 맨살
을 드러내어 단(袒)을 한 상태에서 써서는 안 된다. 그러므로 통건
으로 대신한다."라고 했습니다. 그렇다면 참최복에 단을 할 때에는
왜 유독 통건을 쓰면 안 되는 것입니까? 만약 반함 때의 단은 환질
(環絰)을 하기 전에 한다면 이는 머리싸개를 한 채 단을 하는 것이
지만, 소렴 때의 단은 환질을 한 후에 하는 것이고 보면 단할 때에
도 흰색 위모·환질은 그대로 두는 것입니까? 이미 맨살을 드러내
어 단을 한 몸에는 맞지 않고 보면 다 벗고 단만 하는 것입니까?
상주가 빈객에게 절할 때는 서동(序東)에서 질(絰)을 덧입는데, 질
을 덧입을 때에도 흰색 위모를 착용하고 질을 덧입는 것입니까, 아
니면 단지 괄발한 위에 질을 덧입는 것입니까? 또 대렴에 단할 때
에는 수질(首絰)과 흰색 위모는 그대로 착용하는 것입니까? 모친상
에 질을 덧입을 때는 통건을 벗었다가 대렴에 단을 할 때 다시 통건
을 쓰는 것입니까? 교대(絞帶)는 어느 때 받는 것입니까?

問:「小記」曰: "斬衰括髮以麻, 爲母括髮以麻, 免以布." 然則斬衰禮無服免
之時耶? 禮曰: "冠者至尊之服, 不當加肉袒之上, 故以免代之." 然則斬衰袒
時, 獨不可着免耶? 飯含袒, 若在環絰之前, 則是鷄纚而袒矣; 小斂袒, 在環
絰之後, 則袒時素委貌瓖絰自在耶? 旣不居肉袒之體, 則去之而袒耶? 主人
拜賓, 襲絰于序東[277], 襲絰之時, 更着素委貌而襲絰耶? 抑直加於括髮之上
耶? 大斂袒時, 首絰及素委貌不變耶? 母喪則襲絰時脫免, 而大斂袒時, 更
着免耶? 絞帶之受, 在何時耶?

답(答)

통건은 쓰는 곳이 많아 참최복에도 역시 통건을 쓸 때가 있으니, 가령 초빈을 열고 나서 쓰는 경우가 그 한 예(例)입니다. 그렇다면 참최에도 통건을 쓰는 때가 있을 것입니다. 『예기』「상복소기(喪服小記)」 주(註)에 "참최에는 괄발만 하고, 모친상에는 괄발하고 통건을 쓴다." 하였으니, 그 뜻을 알 수 없습니다. 아마도 통건은 관 대신 쓰는 것이어서 조금은 치장이 있는 것이기 때문에 지중한 참최복에는 단지 괄발만 하고 치장은 없는 것이 아니겠습니까? 「상복도」에 소렴 변복(變服) 때는 환질과 흰색 위모가 다 있다가 시신에 기대어 곡하는 의식이 끝난 후 단·괄발을 하고 통건을 쓰고 수질과 띠를 띠는 것으로 되어 있습니다. 그렇다면 수질을 한 후에는 환질은 벗어야 할 것이고 흰색 위모는 그대로 착용해야 할 듯합니다. 그런데 후세에 와서 구씨(丘氏)의 『가례의절(家禮儀節)』에는 "당시 풍속이 흰색 위모 대신 효건(孝巾)을 쓰고 효건 위에다 수질을 쓰라."고 되어 있으니, 고금에 예(禮)가 다르지 않을 듯합니다. 교대(絞帶)는 「사상기(士喪記)」에 "소렴(小斂)과 빙시(憑尸)를 마친 뒤 주인이 교대한다."고 되어 있고 보면 어느 때 쓰는 것인지 알 수 있습니다. 모친상에 질을 덧입을 때 그리고 대렴 때 통건을 쓰는지의 여부는 아직 상고해 보지 못했습니다.

---

277 襲絰于序東 : 『儀禮』「士喪禮」에, "적침(適寢)에서 죽는다. 주인이 내려와서 序東에서 絰을 덧입는다.〔死于適寢 主人降 襲絰于序東.〕"하였는데, 이에 대한 注에 "序東은 동쪽 夾室의 앞쪽이다."하였다.

答: 免之用尤廣, 雖斬衰, 亦有免時; 如啓殯後, 雖斬衰亦免, 是也. 然則斬
衰亦有免矣.「小記」註: "斬衰只括髮, 母喪則括髮而免." 其義不可知. 豈非
免是代冠之物, 則稍有容餘矣, 斬衰至重, 故只括髮而無容餘耶?「喪服圖」
小斂變服, 有環絰素委貌, 旣憑尸[278]後, 袒括髮免絰帶. 然則首絰後環絰當
去矣, 素委貌則似當仍之. 後來『丘氏儀節』, 以俗用孝巾代素委貌, 而加首
絰於其上; 古今似不異矣. 絞帶則「士喪記」: "小斂憑尸後, 主人絞帶"云, 則
其受用之時, 可知矣. 母喪襲絰時及大斂時着免與否, 未考.

문(問)

「잡기(雜記)」에는 "소렴 때 환질을 쓰는 것은 임금이나 사대부나 일
반이다."라 했고,「상대기(喪大記)」에는 "임금이 대렴을 하려고 하
면 아들이 변질(弁絰)을 하고 동서 벽 끝에서 즉위(卽位)한다."라
했는데, 그 주(註)에 "변질은 흰색 변(弁) 위에다 환질을 덧씌운 것
이다."라 했습니다. 그렇다면 소렴 때 환질을 이미 괄발할 때 벗었
고, 벽 동쪽에서 또 질을 덧입고 보면 환질은 대렴까지도 그대로 착
용하는 것이니, 의심스럽습니다. 아니면 일단 벗었다가 대렴 때에

---

278 憑尸 : 시신을 어루만지거나 붙잡고 슬퍼하는 喪禮의 절차이다.『禮記』「喪
大記」에, "임금은 신하에 대해 가슴 부위를 어루만지고, 부모는 자식에 대해
옷을 부여잡고, 자식은 부모에 대해 끌어안고, 며느리는 시부모에 대해 옷을
받들어 잡고, 시부모는 며느리에 대해 어루만지고, 아내는 남편에 대해 옷을
끌어당기고, 남편은 아내와 형제에 대해 옷을 부여잡는다.〔君於臣撫之, 父
母於子執之, 子於父母馮之, 婦於舅姑奉之, 舅姑於婦撫之, 妻於夫拘之, 夫於
妻於昆弟執之.〕"라고 하였다.

이르러 초빈 때처럼 다시 착용하는 것입니까?

問: 「雜記」曰: "小斂環絰, 君士大夫一也." 「喪大記」曰: "君將大斂, 子弁絰, 卽位于序端." 註: "弁絰, 素弁上加環絰." 小斂環絰, 旣去於括髮之時, 而又襲絰于序東, 則環絰之尙在於大斂, 可疑. 抑去之而至大斂, 更服如啓殯時耶?

답(答)

『의례』와 『예기』는 서로 맞지 않은 곳이 많습니다. 『의례』는 일관성 있게 정해져 있는 예이고, 『예기』는 고금(古今) 전후(前後)의 같지 않은 예들을 모아서 총괄하여 말한 것이기 때문에 혹시 손익(損益)의 차이가 있어 그런 것입니까? 아마도 『의례』를 바르다고 보아야 하지만 감히 억설을 모아서 말할 수는 없습니다.

答: 『儀禮』與 『禮記』, 固多有不合處. 『儀禮』是一定之禮, 而禮記則合於古今前後不同之禮而總以言之, 故或有損益之不同而然耶? 恐當以 『儀禮』爲正, 不敢湊合臆說.

문(問)

「사상례(士喪禮)」에 "시신을 당(堂)에 모신 후 상주는 발쪽으로 나와 서계(西階)로 내려오고, 다른 여러 상주들은 동쪽 자리로 나가며, 부인(婦人)은 조계(阼階) 위에서 서쪽을 향한다. 상주가 빈객에게 절하고 자리에 나아가 곡용(哭踊)한 후 벽 동쪽에서 질(絰)을 덧입고 자기 자리로 돌아온다." 했습니다. 빈객에게 절하는 것은 자리에 나아가기 전이고 보면, 주인이 빈객에게 절할 때에는 응당 서계 아래에 있을 터인데, 다른 여러 상주들이 이미 동쪽 자리로 나아간 것은 무슨 이치입니까? 혹시 상주로서는 차마 주인의 자리에 서서 예를 행할 마음이 없고, 다른 상주들은 이런 혐의가 없어서 그러한 것입니까, 아니면 상주만 절하고 다른 상주들은 절을 하지 않는 것입니까?

問:「士喪禮」:"俟堂後主人出于足, 降自西階, 衆主人東卽位, 婦人阼階上西面. 主人拜賓卽位踊, 襲絰于序東, 復位." 拜賓, 在卽位之前, 則主人拜賓時, 當在西階下, 而衆主人已東卽位, 何義歟? 抑主人有不忍踐位行禮之心, 而衆主人無此嫌而然耶? 抑主人獨拜而衆主人不拜耶?

답(答)

「곡례(曲禮)」에 거상(居喪)의 예(禮)는 오르고 내릴 때 조계(阼階)로 오르내리지 않는다고 되어 있습니다. 그러므로 시신을 당(堂)에 모신 후 상주가 서계(西階)로 내려오는 것은 차마 주인의 자리를 밟을 수 없기 때문입니다. 다른 상주들이 먼저 동쪽 자리로 나가는 것은 내빈에게 절하는 일이 상주가 하는 일이기 때문에 그런 것이니, 그대가 '혐의가 없기 때문'이라고 한 것이 일리가 있을 듯합니다. 그러나 상주만 내빈에게 절한다고 하고 다른 상주들은 말하지 않은 그 점에 대해서는 감히 억측하여 대답할 수 없습니다.

答:「曲禮」居喪之禮, 陞降不由阼堦, 故俟堂後主人降自西階者, 不忍踐主位也. 衆主人先東卽位者, 拜賓是主人事故爲然; 而來諭無嫌之意, 亦恐似然. 此言主人拜賓, 不言衆主人, 則不敢臆對.

문(問)

삼가 살펴보건대 예(禮)에 "어버이가 막 죽었을 때 머리싸개한 채로 맨발 벗고 손을 맞잡고 곡한다."고 했고, 「상복변제(喪服變除)」 조항에서는 "어버이가 처음 죽으면 효자가 비녀를 꽂고 머리싸개를 한 채로 맨발 벗고, 시신을 세 벌 옷으로 염습한 다음 하얀 베로 만든 심의(深衣)를 입고 흰색 장보관(章甫冠)을 쓴다."고 했습니다. 『예기』 「단궁(檀弓)」에는 "무숙(武叔)의 어머니 상에 소렴을 하고는 무숙이 관(冠)을 던져버리고 괄발하니, 자유(子游)가 '예를 안다.'했다."라 했고, 「상대기(喪大記)」에는 "임금이나 대부의 상에 아들은 변질을 쓰고, 대부는 소변(素弁)을 쓰고, 사(士)는 흰색 위모를 쓴다."했습니다. 만약 길계(吉笄)를 빼버리는 것이면 응당 비녀를 꽂고 머리싸개를 한다고 하지는 않았을 것이고, 또 만약 머리털이 흐트러져서 괄발을 한다면, 응당 관을 던져버리고 괄발했다고 하지는 않았을 것입니다. 게다가 관은 복장 중에 지극히 존귀한 것이어서 맨살을 드러내어 단을 한 몸에는 쓸 수 없어 통건으로 대신하니, 어찌 소변이나 흰색 위모를 풀어 헤친 머리 위에 쓰겠습니까? 그리고 또 모(髦)를 제거한다는 말이 「상대기(喪大記)」에 보이는데, 그것이 괄발할 때 하는 것이고 보면 괄발이라는 것이 꼭 머리털이 흐트러졌기 때문에 괄발하는 것이 아님이 매우 분명합니다. 그런데도 『가례질서(家禮疾書)』에 정론이 이와 같으니 참으로 이해할 수 없습니다. 어버이 상에 머리를 풀어 헤치는 것은 아마 영가(永嘉) 이후 오랑캐 풍속일 듯한데, 『개원례(開元禮)』에 그대로 따랐고, 『가례(家禮)』에서도 그대로 따라 지금에 와서는 대동(大同)의 풍속이 되어 버렸으니, 비록 경솔하게 말할 수는 없는 일이지만 만약에 예악(禮樂)을 다시 제작할 만한 성인이 나타난다면 틀림없이 서둘러 없앨 듯합니다. 어떻게 생각하십니까?

問: 謹按禮: "親始死, 鷄纚徒跣交手哭." 喪服變除曰: "親始死, 孝子笄纚徒跣, 旣襲三稱服, 白布深衣, 素章甫冠." 「檀弓」: "武叔之母死, 旣小斂, 武叔投冠而括髮. 子游曰知禮." 「喪大記」曰: "君大夫之喪, 子弁絰, 大夫素弁, 士素委貌." 若去吉笄[279], 不當曰笄纚; 若髮散而括髮, 不當曰投冠而括髮. 且冠者至尊之服, 不加於肉袒之體, 以免代之; 豈以素弁素委貌加之被髮之上乎? 且去髦之文, 見於「大記」, 而在括髮之時, 則不爲髮散而括髮, 明甚; 而『家禮疾書』定論如此, 誠所未曉. 盖親喪被髮, 疑永嘉[280]以後胡俗, 而『開元禮』因之, 『家禮』從之, 今成大同之俗; 雖未可輕論, 若逢制禮作樂之聖人, 亟去似無疑. 未知如何?

답(答)

머리싸개는 머리털을 싸매는 것이고 비녀는 그것을 고정시키는 것이니 그 싸개와 비녀를 제거해 버리면 머리털이 풀어져 얼굴을 덮을 것입니다. 그러나 예문(禮文)에 비녀와 머리싸개를 제거한다는

---

279 吉笄: 慶事 때 꽂은 비녀이다. 『儀禮 喪服傳』

280 永嘉(307~313): 西晉의 마지막 황제인 懷帝 司馬熾의 연호이다. 이 시기에 後趙의 왕 石虎가 중원을 침입하였고, 五胡十六國의 시대가 전개되기 시작했다.

대목이 없으니, 고대에 머리를 풀어 헤쳤는지의 여부는 상고할 길이 없습니다. 다만 『좌선(左傳)』에 "진 혜공(晉惠公)의 신하들이 반수(反首 머리를 풀어 내리는 것)하고 초막(草幕)에 기거하여 상중(喪中)으로 자처했다."는 기록이 있는데, 그렇다면 옛날에도 머리를 풀어 헤쳤던 일이 있었던 셈이니, 굳이 서원(西原)의 오랑캐 풍속을 끌어댈 필요가 있겠습니까. 비록 예가 아니지만 『가례』에서 단연코 그대로 행하여 이제 대동의 풍속이 되어 버렸으니, 다시 거론할 필요가 없을 것입니다.

근자에 자중장(子中丈)이 이 일이 잘못되었다고 말하면서, 자기 집에서는 자기 초상 때부터 그렇게 하지 않을 요량이라고 하시기에, 서로 보고 웃었으나 이는 그렇게 해서는 안 되는 일입니다. 비록 성왕(聖王)이 다시 세상에 나온다 해도 의리에 해되지 않는 것은 굳이 고치지는 않을 것입니다. 다만 지금 풍속에 분상(奔喪)하는 자가 머리를 풀어 헤치고 가는 것은 이미 예(禮)에 맞지 않습니다. 소렴 때 비로소 장식 머리를 제거한다고 하는 「상대기」의 기록을 찾아내어 머리를 풀어 헤치지 않는 증거로 제시한 것은 매우 반갑습니다.

答: 纚以韜髮, 笄以固之, 則去笄纚則髮當被面矣. 然而禮無去笄纚之文, 古時被髮有無, 不可考. 但『左傳』晉惠羣臣反首茇舍, 處之喪禮, 則古有被髮之擧, 而何必引西原蠻俗耶? 雖云非禮, 『家禮』斷然行之, 以成大同之俗, 不容更議. 近者子中丈言此事之非, 欲自自家身後行之云, 雖相視而笑, 此不可行之事也. 雖聖王有作, 無害於義者, 不必改作. 但今俗奔喪者, 被髮而行, 則已非禮意; 示喩「喪大記」小斂始脫髦, 爲不被髮之證, 考出可喜.

문(問)

『좌전』에서 말한 "반수(反首)하고 초막에 기거했다."고 하는 것은 비록 상례(喪禮)의 경우로 보더라도 반수(反首) 두 글자에는 머리를 풀어 헤친다는 뜻이 보이지 않습니다. 괄발한 모양으로 관을 벗어 버리고 맨머리를 드러낸 것을 반수라고 했는지도 알 수 없습니다. 그리고 주신 편지에 "성왕(聖王)이 다시 나타나도 이처럼 별로 해될 것이 없는 것은 굳이 고치지는 않을 것이다."라고 하셨는데, 이는 그렇지 않을 듯합니다. 머리를 풀어 헤치는 일은 아무래도 근거할 만한 선왕의 예가 없으니 그것이 서원 오랑캐의 풍속임이 틀림없으니 이는 예약을 다시 제작할 만한 성군이 다시 나타난다면 하루도 못 가서 당장 제거할 것입니다. 저는 이렇게 생각하였습니다. 어버이 상에 머리를 풀어 헤치는 일, 시아버지·시어머니 복을 3년으로 정한 일, 수숙(嫂叔) 사이에 복이 있는 일 같은 것은 모두 선왕의 예제(禮制)를 어기고 제멋대로 예법(禮法)을 만든 것이니, 『개원례(開元禮)』와 위인포(魏仁浦) 등은 예법의 죄인이 됨을 면치 못할 것입니다. 어떻게 생각하시는지요?

問: 左傳反首苫舍, 雖以喪禮處之, 反首二字, 未見其被髮之義. 去冠而露髮, 如括髮樣, 而亦謂之反首, 未可知也. 來教以爲"聖王有作, 如此無害者, 不必改." 此恐未然. 被髮終無先王之禮可據, 則其爲西原蠻俗無疑; 此制禮作樂之君, 不待終日而去者也. 愚嘗謂親喪被髮, 舅姑三年, 嫂叔有服之類, 皆違先王之制, 自我作法; 『開元禮』與魏仁浦諸人, 未免爲禮法之罪人. 未知如何?

답(答)

『좌전』에 "이천(伊川)에서 머리를 풀어 헤치고 있는 사람을 보았다."고 한 말이 있는데, 반수가 만약 머리를 풀어 헤친다는 뜻이라면 어찌 굳이 글을 바꾸어 그렇게 썼겠습니까. 나도 일찍이 반수 두 글자에 의문을 갖고 있었습니다. 이러한 대목들은 그대가 늘 자기 주장이 많고 어법(語法)도 온당하지 못한 점이 있으니, 다시 더 생각해 보기 바랍니다. 그리고 장천(長川)에게 다시 질문하여 서로 편지를 주고받은 다음 그 결과를 내게도 보여 주면 매우 고맙겠습니다.

答:『左傳』有伊川被髮[281]之語, 反首若是被髮之義, 則何必變文言之耶? 愚亦嘗以反首字爲疑矣. 此等條, 每多自主張, 語法欠穩, 幸更留意焉. 且更質問於長川[282]往復後, 亦爲示及, 幸甚.

문(問)

사상례(士喪禮)의 부인 상제가 북상투[髽]를 한다는 대목의 주(註)

---

281 伊川被髮 : 周나라 平王이 東遷할 때 주나라 大夫 辛有가 伊川에 갔다가 머리를 풀어헤치고 들에서 제사 지내는 자를 보고 "100년이 되지 않아 이곳은 오랑캐의 땅이 될 것이다. 그 禮가 먼저 망했구나!"라고 하였다. 그 해 가을에 秦나라와 晉나라가 陸渾의 戎族을 이천으로 옮기니 과연 그의 말대로 오랑캐의 땅이 되었다고 한다.〔初平王之東遷也, 辛有適伊川, 見被髮而祭於野者曰: "不及百年, 此其戎乎! 其禮先亡矣." 秋, 秦晉遷陸渾之戎于伊川.〕『春秋左氏傳 僖公 22年』

282 長川 : 성호 이익의 조카인 貞山 李秉休(1711~1777)를 가리킨다. 그가 충청도 德山의 長川里에 살았으므로 이렇게 부르는 것이다.

에,

　“처음 죽었을 때 참최복을 입을 부인은 비녀를 빼고 머리싸개를 하
　　고, 자최복을 입을 부인은 뼈로 된 비녀를 쓰고 머리싸개를 한다.”

했으니, 이는 머리를 풀어 헤치는 것과는 관계가 없습니다. 비녀는
머리를 고정시키는 물건이고, 싸개 역시 고정시키는 물건인데, 만
약 머리를 풀어야 한다면 곧바로 풀 것이지 어찌 꼭 비녀는 빼고 싸
개만 두어 저절로 풀리도록 할 리가 있겠습니까. 가사 머리싸개가
저절로 풀린다면 머리싸개를 그대로 두지 않았을 것입니다. 하물며
자최복을 입을 부인은 뼈로 된 비녀를 쓰고 머리싸개를 한다고 했
으니 그러면 참최복만 머리를 풀고 자최복은 머리를 풀지 않는 것
입니까? 이는 머리를 풀지 않는다는 반증이 될 것입니다.

問:「士喪禮」髦註:“始死, 斬衰婦人去笄而纚, 齊衰婦人骨笄而
纚.” 此無與於被髮之義也. 笄是安固之物, 而纚亦安固之物, 若被髮則直爲被髮, 何必
去笄留纚, 以爲自解之理耶? 若使纚自解, 則不當留之, 況齊衰婦人骨笄而
纚, 則斬衰被髮, 齊衰不被髮耶? 此反爲不被髮之證矣.

답(答)

'자최복을 입을 부인은 뼈로 된 비녀에다 머리싸개를 한다.'는 대목
은 평소에 의문을 품어 왔었는데, 공이 그것을 머리 풀지 않는 증거
로 인용한 점은 좋습니다. 공이 전번 편지에 인용했던, 장식 머리를
제거한다는 말도 옳습니다. 머리싸개〔纚〕는 머리털을 싸는 물건이
지 고정시킨다는 뜻은 없으니 혹 잘못 살펴보셨을 듯합니다.

答: 齊衰婦人骨笄而纚, 平日所疑, 而公引爲不被髮之證亦好. 公前書所引
脫毛之語亦然矣. 纚是韜髮之物, 無安固之意, 恐欠考.

문(問)

정수리 위에 상투를 트는 것은 우리나라와 중국이 고금을 통해 다름이 없으니, 「사관례(士冠禮)」를 보면 알 수 있습니다. 추계(推髻)는 아마 지금의 북상투 같은 것일 듯하니, 오랑캐들은 관을 쓰지 않기 때문에 이것을 착용하는 것입니까? 초상(初喪) 때 비녀 꽂고 머리싸개를 했다가 소렴 때 와서 시신에 기대어 곡한 뒤에 비로소 비녀와 싸개를 제거하는데 그렇게 되면 머리가 저절로 풀어지기 때문에 괄발하지 않을 수 없습니다. 그렇다면 남자의 괄발과 부인들 북상투가 다 비녀와 싸개를 제거한 이후의 일인데, 그 괄발의 모양은 아마 요즘 사람들의 맨상투[露髻]와 같고 삼으로 싸서 단단히 묶는 것일 듯합니다.

問: 頂上安髻, 我國與中原, 古今無異, 據「士冠禮」可見. 推髻, 恐如今人之
北髻[283], 蠻人不冠故用此耶? 初喪笄纚, 至小斂憑尸後, 始去笄纚, 則髮自
被, 故不得不括髮. 男子之括髮・婦人之髻, 皆去笄纚以後事, 而括髮之狀,
恐如今人露髻而以麻包而固之矣.

---

283 北髻 : 여자들의 쪽진 머리이다. 『東京志』에 "신라 때 國都의 북방이 비어서 허전하다 하여 여자들이 머리 뒤에 結髻를 하였다. 이로 말미암아 그 이름을 北髻라 하였는데, 지금까지도 그러하다." 하였다. 『林下筆記 12권 文獻指掌 編 北髻』

답(答)

추계(推髻)에 관하여는 감히 억측하여 대답하지 못하겠고 그 나머지 문제들은 고견이 옳은 듯합니다. 『한서(漢書)』를 보면 위만(衛滿)과 위타(尉侘)가 다 추계를 했으니, 이는 오랑캐 풍속입니다. 아마 지금 우리나라 사람이 정수리 위에 상투를 틀고 머리털을 휘휘 감아서 맺는 것과 같은 모양일 것입니다. 또 『가례』「관례(冠禮)」조에는 "상투를 합치고 빗질을 한다."고 했는데 중국 동자들은 정수리 위에다 쌍상투를 트니, 『시경』「제풍(齊風)」에 이른바 '엮은 뿔이 둘로 튀어나왔다.〔總角卯兮〕'한 것이 이것입니다. 그렇다면 정수리에다 상투를 트는 것은 우리나라 사람과 다를 바 없을 것입니다. 다시 상고해 보시기 바랍니다.

答: 推髻, 不敢臆對, 其餘高見似然. 『漢書』, 衛滿‧尉侘[284]皆推髻, 此夷俗也. 似今我人頂上作髻環結之狀. 且『家禮』冠禮"合髻施掠", 盖中國童子頂上作雙紒. 齊詩所謂總角卯兮, 是也. 然則頂髻與我人無異矣. 更攷之.

문(問)

「기석례(旣夕禮)」에 "장부도 좌(髽)한다."고 했는데, 남자에게 좌를 말한 것이 참으로 의심스럽습니다. 그러나 「상복소기」에는 "남자는 문(免)을 하고 여자는 좌한다."고 하였으니, 그 뜻이 남자의 상에는 문을 하고, 부인의 상에는 좌한다는 것입니다. 그렇다면 좌와 문은

----

284 尉侘 : 漢나라 때 南越의 왕이다.

같은 뜻으로서 혹 남자에게도 다 쓸 수 있는 것입니까? 또 부인이 비녀를 하는데 남자도 비녀를 한다고 했으니, 그렇다면 비녀와 머리싸개는 같은 호칭이 아니겠습니까. 어떻게 생각하십니까?

問:「旣夕禮」丈夫髽, 男子亦稱髽, 誠可疑. 然「小記」曰:"男子免而婦人髽." 其義爲男子則免, 爲婦人則髽. 然則髽免同義, 或可幷稱於男子耶? 且婦人笄而男子亦稱笄, 斯則笄纚之稱, 亦同矣. 未知如何?

답(答)

옛날에 남자와 부인의 사(纚)니 총(總)이니 하는 등의 머리 장식은 「내측(內則)」을 보면 남녀가 조금도 다름이 없으니, 매우 의심스러운 일입니다. 좌(髽)자도 역시 마찬가지입니다.

答: 古者丈夫婦人纚總等首飾, 以「內則」觀之, 小無異同, 甚可疑也. 髽字亦然.

문(問)

물음이 누락되었음.

問闕.

답(答)

미성년으로 죽은 자의 입후(立後) 문제는 평소 매우 의문을 가져 왔습니다. 『예기』「증자문(曾子問)」에 공자(孔子)께서 "종자(宗子)가 미성년으로 죽으면 서자(庶子)들이 그의 후계자가 될 수 없다."고 하신 것을 보면, 입후하지 않는 것이 분명한데, 「상복소기」에는 "미성년으로 죽은 자를 위해 입후하고 그에 해당한 복을 입는다."고 했는데, 진씨(陳氏)의 주(註)에 그것을 부자(父子)의 복으로 해석하여 증자문과 다른 것은 무슨 까닭입니까? 만약 국가의 예(禮)라면 아무리 미성년으로 죽었더라도 후사가 되는 임금은 군신 부자의 의리가 당연히 있는 것이지만 사가(私家)로 말할 경우에는 종자가 비록 군도(君道)가 있지만 어찌 국가의 예(禮)와 견주어 같게 할 수 있겠습니까.

미성년으로 죽은 자는 남의 아버지가 될 수 없으므로 입후하지 않는 것이 분명합니다. 장부가 관례를 올렸으면 상(殤)이라고 하지 않고, 부인이 계례(笄禮)를 치렀으면 상이라고 하지 않는다는 것은, 관례 · 계례를 이미 치렀으면 성인으로 봐야 하기 때문에 죽으면 그 복을 당연히 성인의 복으로 입는다는 것이지 그는 성인이기 때문에 당연히 입후해야 한다는 뜻은 아닙니다. 그렇다면 「상복소기」와 「증자문」에 있는 두 후(後)가 글자 뜻이 서로 다르니, 당연히 소(疏)의 설을 따라야 할 것이 틀림없습니다.

다시 살펴보건대 진씨(陳氏)의 주석은 아무래도 딱 맞지는 않습니다. 장부가 관례를 올렸으면 '상(殤)'이라고 하지 않는다면 어찌 그 아래에 다시 '상(殤)' 자를 쓸 필요가 있겠습니까. 이는 아마도 위의 상과 아래의 상이 글자 뜻이 틀릴 듯한데 진씨가 합쳐서 말한 것은 무슨 까닭입니까? 장부가 관례를 올리면 상이라고 하지 않고 보면 그를 위해 입후하는 것은 그래도 혹 가능할 듯하니, 부인이 계례를 올려 상이라고 할 수 없는 경우에도 입후해야 하는 것입니까? 따라서

이 절(節)은 복제(服制)를 가지고 말한 것이지 입후 여부와는 아무런 관계가 없다는 것을 알 수 있습니다.

이 절은 응당 "관례·계례를 이미 치루었으면 성인으로 볼 수 있으니 상(殤)이라고 해서는 안 된다. 그렇다면 그 복도 당연히 성인의 복으로 입어야만 한다."라고 해석해야 할 것입니다. 그리고 그 아래 한 구절에 대해서는 소(疏)에, 미성년자로 죽은 자를 위해서 응당 형제의 복을 입어야 할 것인데, 본복(本服)으로 입는 것은 상(喪)이 입후하기 이전에 있어 굳이 추복(追服)하여 남에게 때가 아닌 복을 입도록 요구할 필요가 없다."는 것입니다.

이 뜻이 진씨의 주와 비교해서 본문의 구절과 위 아래로 어긋날 염려가 없고 또 「증자문」에 있는, '미성년으로 죽은 자는 입후하지 않는다.'는 뜻과도 맞습니다.

答: 殤立後一節, 平日甚疑之. 「曾子問」孔子曰: "宗子殤而死, 庶子不爲後也."云, 則其不立後明矣. 「小記」: "爲殤後, 以其服服之." 陳註以父子之服釋之, 與「曾子問」不同, 何也? 若如國家之禮, 則雖殤而嗣君, 固有君臣父子之義; 如以私家言之, 則宗子雖有君道, 豈得與國家之禮比而同之乎? 殤無爲人父之道而不立後, 明矣. 其云'丈夫冠而不爲殤, 婦人笄而不爲殤'者, 言旣冠旣笄, 則固有成人之道, 故其服亦當以成人之服服之, 非謂以此有成人之道, 當爲之立後也. 然則「小記」「曾問」二後字不同, 當從疏說, 無疑. ○ 更攷陳註, 終不襯切. 丈夫冠而不爲殤, 則下文何必更言殤字乎? 此上下殤字似不同, 而陳氏合而言之, 何也? 丈夫冠而不爲殤, 則爲之立後, 猶或可也; 婦人笄而不爲殤者, 亦當立後乎? 故知此節以服制言之, 無關於立後與否也. 此當釋之曰: "旣冠旣笄, 則有成人之道, 不可謂之殤矣. 然則其服當以成人之服服之矣."下一句, 疏謂: "旣爲殤者, 應服以兄弟之服, 而以本服服之者, 喪在未立後之前, 不須追服不責人以非時之恩." 此意較陳註, 其[285]於本節, 無上下橫戾之患, 而其與「曾子問」殤不立後之意同矣.

---

285 其 : 원문에 본래 甚 자로 되어 있는데, 문리로 보아 其 자가 맞을 듯하여 고쳤음.

5. 권기명에게 답한 편지

答權旣明書

혼례(昏禮)에 남자 쪽에서는 사당에 고한다는 확실한 기록이 없기 때문에 『백호통(白虎通)』에 이르기를, "장가들면서 사당에 먼저 고하지 않는 것은 굳이 조상을 안정시킬 필요가 없음을 보인 것이다."라고 했습니다. 『좌전(左傳)』에 정 공자 홀(鄭公子忽)이 "먼저 배필이 되고 조묘(祖廟)에는 뒤에 고하였다."라고 한 기록을 주자가 『통해(通解)』에 싣고 이어 주석하기를, "이는 『의례(儀禮)』나 『백호통(白虎通)』과는 다르니, 좌씨(左氏)는 믿을 것이 못 될 것 같다."라고 했습니다.

그러나 「곡례(曲禮)」에는 "재계(齋戒)하고 귀신에게 고한다."라고 했고, 「사혼례(士昏禮)」에는 "무릇 행사는 반드시 날이 저물 때와 동이 틀 무렵에 하며 아버지 사당에서 받는다."라고 했는데, 이에 대한 정씨(鄭氏)의 주(註)에는 "동이 틀 무렵에 하는 것은 사자(使者)이고, 날이 저물 때에 하는 것은 사위이다."라고 했으며, 소(疏)에는 "동이 틀 무렵에 하는 것은 사자라는 것은 남자 쪽의 사자가 여자 쪽으로 가는 것을 말한다. 납채(納采)·문명(問名)·납길(納吉)·납징(納徵)·청기(請期) 다섯 가지는 모두 동이 틀 무렵에 하고, 날이 저물 때는 친영(親迎)할 때이다."라고 했습니다. 이를 보면, 남자 쪽에서 사당에 고하는 예(禮)는 비록 정경(正經)인 『의례(儀禮)』에는 나와 있지 않지만 이미 말할 만한 고례(古禮)는 있습니다. 그러므로 두씨(杜氏)는 "혼례를 먼저 하고 사당에는 뒤에 고한다."라고 한 말에 대해 주석하기를 "예문(禮文)에 신부를 맞이할 때는 반드시 먼저 조묘(祖廟)에 고하고 나서 맞이하게 되어 있다."고 하면서, 초 공자 위(楚公子圍)의 사실을 인용했는데, 거기서 인용한 예(禮)가 바로 위에서 말한 「곡례(曲禮)」·「사혼례(士昏禮)」 등과 같은 것이었습니까? 지금은 『가례』가 그 후 예가(禮家)들의 표준이 되고 있으니, 그대로 따라야 합니다.

昏禮無男家告廟之明文, 故『白虎通』²⁸⁶曰: "娶妻, 不先告廟者, 示不必安也." 『左傳』鄭忽有先配後祖²⁸⁷之文, 朱子載于『通解』²⁸⁸而註之曰: "此與『儀禮』·『白虎通』不同, 疑左氏不足信." 然而「曲禮」曰: "齋戒以告鬼神." 「士

---

286 『白虎通』: 漢나라 때 班固가 편찬한 것으로, 白虎觀에서 학자들이 五經에 관해 토론한 것을 기록한 책이다.

287 鄭忽有先配後祖: 『左傳』隱公 8년에 "鄭나라 公子 忽이 陳나라로 가서 婦人 嬀氏를 맞이하였다. 신해일에 규씨를 데리고 와서 갑인일에 정나라로 들어왔다. 陳나라 鍼子가 新婦를 호송해 정나라까지 왔는데, 公子 忽이 嬀氏와 먼저 同寢한 뒤에 祖廟에 告하였다. 이에 鍼子가 "이는 부부라고 할 수 없다. 그 조상을 속였으니 禮가 아니다. 이들이 어찌 자손을 生育할 수 있겠는가?" 하였다.〔四月甲辰鄭公子忽如陳逆婦嬀. 辛亥以嬀氏歸, 甲寅入于鄭. 陳鍼子送女, 先配而後祖. 鍼子曰: "是不爲夫婦, 誣其祖矣, 非禮也. 何以能育?"〕" 하였다.

288 『通解』: 『儀禮經傳通解』를 가리킨다. 송나라 朱熹가 『儀禮』를 중심에 두고 『禮記』 및 經史에 있는 禮說과 先儒들의 학설을 모아 편찬한 책으로 원집 37권과 속집 29권으로 되어 있다. 원집의 내용은 「家禮」, 「鄕禮」, 「學禮」, 「邦國禮」 등이고, 續集은 제자인 黃幹이 편찬한 「喪禮」 15권과 楊復이 편찬한 「儀禮喪服圖式」 2권과 「祭禮」 13권으로 되어 있다.

昏記」:"凡行事必用昏昕, 受諸禰廟." 鄭註: "用昕使者, 用昏壻也." 疏曰:
"用昕使者, 謂男氏使向女家; 納采・問名・納吉・納徵・請期五者皆用昕,
昏親迎時也." 據此則男家告廟, 雖不出於『儀禮』正經, 而已有古禮之可言
矣. 是以, 杜氏先配後廟註云: "禮, 迎婦, 必先告祖廟而後行." 遂因公子圍
事[289], 其所引禮, 卽上「曲禮」・「士昏禮」等屬耶? 今則『家禮』爲後來禮家

---

289 公子圍事 : 『春秋左傳』昭公 원년 조에 "元年 봄에 楚나라 公子 圍가 鄭나라
를 聘問하고, 또 公孫 段氏의 딸을 아내로 맞이하였는데, 이때 伍擧가 介使였
다. 이들이 鄭나라 客館으로 들어가려 하자, 鄭나라 사람들이 이를 싫어하여
行人 子羽를 圍에게 보내어 잘 말하여 城外에 머물게 하였다. 聘問의 禮를
마친 뒤에 圍가 많은 군대를 거느리고 城 안에 들어가서 新婦를 맞이하겠다
고 請하자, 子産이 걱정하여, 子羽를 보내어 "敝邑은 狹小하여 당신의 從者
들을 受容할 수 없으니, 野外에 墠을 만들고서 혼례를 거행하자는 命을 따르
겠습니다."라는 말로 거절하게 하였다. 그러자 令尹이 太宰 伯州犂에게 命하
여 "鄭君께서 우리 大夫에게 恩惠를 내리시어 圍에게 '豐氏의 딸을 너의 아내
로 삼게〔撫有〕하려 한다.'고 하였으므로 圍는 几筵을 設置하고서 莊王과
共王의 廟에 告하고서 鄭나라로 왔습니다. 그런데 만약 성 밖 野外에서 新婦
를 下賜하신다면 이는 임금님의 恩賜를 풀밭에 버리는 셈이니, 이는 우리
大夫로 하여금 卿의 列에 낄 수 없게 하는 것입니다. 게다가 圍로 하여금 그 先君을
속여 장차 우리 임금님의 卿〔老〕이 될 수 없게 하는 것이니, 돌아가 復命할
수가 없습니다. 그러니 大夫는 잘 헤아리기 바랍니다."고 대답하게 하였다.
그러자 子羽가 말하기를 "小國은 罪가 없습니다. 大國을 믿고서 防備를 設置
하지 않은 것이 실로 罪입니다. 장차 大國이 우리를 安定시켜줄 것으로 믿었
는데, 군대를 거느리고 入城하려는 것은 남을 해치려는 마음을 품고서 우리
나라를 圖謀하려는 것이 아닙니까? 小國이 믿을 곳을 잃는다면 諸侯는 이를
懲戒로 삼아 楚나라에 怨恨을 품지 않는 자가 없게 될 터이니, 모든 諸侯가
楚君의 命을 거부하고 違背하여 大國의 命이 막혀 行해지지 않을까 두렵습니
다. 그렇지 않다면 우리나라의 모든 家屋은 楚나라의 館人에게 所屬된 楚나

三尺[290], 必從無疑也.

·····································

라의 客舍와 같아 어느 곳에나 머물 수 있으니, 어찌 감히 豐氏의 祖廟를
아끼겠습니까?"라고 하였다. 伍擧는 鄭나라에 防備가 있음을 알고서 활이
들어 있지 않은 빈 활집만을 메고 들어가기를 청하니, 子産이 허락하였다.
〔元年春, 楚公子圍聘于鄭, 且娶於公孫段氏, 伍擧爲介. 將入館, 鄭人惡之, 使
行人子羽與之言, 乃館於外. 旣聘, 將以衆逆, 子産患之, 使子羽辭曰: "以敝邑
褊小, 不足以容從者, 請以墠聽命." 令尹命大宰伯州犁對曰: "君辱貺寡大夫
圍, 謂圍將使豐氏撫有而室. 圍布几筵, 告於莊共之廟而來. 若野賜之, 是委君
貺於草莽也, 是寡大夫不得列於諸卿也. 不寧唯是, 又使圍蒙其先君, 將不得
爲寡君老, 其蔑以復矣. 唯大夫圖之." 子羽曰: "小國無罪, 恃實其罪. 將恃大
國之安靖己, 而無乃包藏禍心以圖之? 小國失恃, 而懲諸侯, 使莫不憾者. 距
違君命, 而有所壅塞不行是懼. 不然, 敝邑, 館人之屬也, 其敢愛豐氏之祧?"
伍擧知其有備也, 請垂櫜而入, 許之.〕"하였다.

290 三尺 : 주 45) '三尺' 참조.

6. 권기명에게 답한 편지

答權旣明書 무자년(1768, 57세)

보내온 편지를 자세히 보니 내 뜻을 잘 이해하지 못하고 있는 점이
있기에 대략 다시 말하겠습니다. 공의 편지에 "만약 내면으로 돌이
켜 성찰하기만 하고 강론을 소홀히 하면 한 쪽으로 치우친 강서학
파(江西學派)의 폐단이 되고 말 것이다."라 하고, 또 "한번 질의(質
疑)하려고 했다가 도리어 죄인이 되어 버리고 말았다."라 했고, 또
"의리의 두뇌(頭腦)에 해당하는 중요한 곳을 어찌 침묵하고 말하지
않을 수 있겠느냐."라고 하여, 말투에 억양이 너무 드러나 어딘가
불평스러워하는 기상이 있습니다. 전일 보낸 편지는 붓 가는 대로
써서 답한 뒤 까마득히 잊고 있었습니다. 알지 못하겠습니다만, 그
때 공을 두고 강서학파라고 한 무슨 어구(語句)가 있었으며, 또 의
리 두뇌에 해당하는 문제에 대해 공으로 하여금 침묵하고 말하지
못하게 한 적이 있었습니까?

일찍이 듣건대 주자(朱子)는 문인에게 독서하는 법을 말하기를,
"글은 차라리 얕게 볼지언정 너무 깊게 보아서는 안 되고, 차라리
낮게 볼지언정 너무 높게 보아서는 안 된다."
하였고, 또 이르기를,
"공은 글을 볼 때 주장을 세우기를 좋아하니, 이는 미리 자기 생각
으로 글을 보고 도리어 성현의 언어를 가지고서 자기 가슴속을 적
시지 않는 것이다. 이후로는 오직 있는 그대로 백직(白直)하게 보
는 것이 좋다."

라고 하였습니다.

내가 공의 독서를 보면 언제나 자기주장을 내세우면서 꼭 깊고 높게만 보려고 합니다. 그래서 한 권의 책을 읽고 하나의 이치를 터득할 때에도 미처 침착하고 진밀(縝密)한 공부를 하기도 전에 지레 자기 견해를 주장하여 반드시 자기 뜻에 맞추려고 합니다. 만약 여기에서 속히 머리를 돌리고 빨리 발꿈치를 돌리지 않으면, 막히고 굳어진 상태가 오래 가면서 자기 생각을 주장하는 마음은 우세해지고 손순(遜順)하게 마음을 비워 받아들이는 자세는 적어질 터이니, 심술(心術)에 해독이 될 뿐만 아니라 진덕수업(進德修業)의 큰 공부에 방해가 되지 않는다는 보장이 없을 것입니다.

지금 세상이 쇠퇴하고 바른 학문이 끊어져 인심이 이욕(利慾)에 함몰되어 버린 때에 그대들 몇 사람이 적막한 초야에서 서로 어울려 상전벽해(桑田碧海)의 세상 밖에서 스스로 경서를 읽는 냉담(冷淡)한 생활을 하면서 선왕들이 남긴 은택을 읊조리고 육경(六經)의 뜻을 강론하고 있으니, 이 얼마나 기쁘고 좋은 소식입니까. 이러한 까닭에 구구한 이 사람이 그대들을 지극히 아끼는 마음에서 나 자신의 실상은 헤아려 보지도 않고 상대를 옥성(玉成)하여 한 점의 흠도 없게 해야겠다고 생각했습니다. 그래서 그동안 질문하는 편지가 오면 당장 수긍하고 듣기 좋게 허여하는 말을 하지 않았으니, 이것이 바로 이 우매한 나의 소견이 번번이 고명한 공에게 거부 당하게 된 까닭입니다.

옛날 백낙천(白樂天)은 시 한 편을 지으면 반드시 이웃 노파에게 가 물어서 그 노파가 알겠다고 하면 기록해 두고, 모르겠다고 하면 버렸다고 합니다. 내가 공들에게 버림을 받지 않는다면 백낙천의 이웃 노파가 되고자 합니다. 공은 기꺼이 허락하시겠습니까?

공은 늘 "『대학(大學)』은 고본(古本)이 좋으니 굳이 개정할 필요가 없다."하고, 또 "「격치장(格致章)」은 본래 있으니, 굳이 「보망장(補亡章)」을 넣을 필요가 없다."하고, 또 "「청송장(聽訟章)」은 전후 맥락에서 꼭 맞지 않는 듯하다."고 했는데, 이러한 주장들은 공이 스스로 터득한 것이 아니라 선유(先儒)들이 이미 익히 말한 것입니다. 나는 늘 "장구(章句)를 난숙(爛熟)하게 읽어 주자(朱子)의 본의(本意)에 있어 한 글자 한 구절도 모두 딱 들어맞는 뜻을 안 뒤에야 비로소 다른 학설들을 보아 그들의 의론을 보아야 한다."고 생각했습니다.

지금 오래 쌓고 정밀하게 연구한 공부가 없이 무슨 단상이나 새로운 뜻이 가슴속에 떠오르면 대뜸 이것은 옳고 저것은 그르다고 하니, 학문을 향상하는 공부에 무슨 도움이 되겠습니까? 공이 말한 의리의 두뇌라는 것이 이러한 곳에 있지 않을 듯합니다.

나도 젊을 때에는 「격치장(格致章)」을 굳이 보망(補亡)할 필요가 없다고 주장하면서,

"경문(經文)의 '물유본말(物有本末)'의 '물(物)'자가 이미 격물(格物)의 '물(物)'자이고, '지소선후(知所先後)'의 '지(知)'자가 이미 치지(致知)의 '지(知)'자로서 위 절(節) '지지(知止)'의 '지(知)'자와 접속되고, 아래 절(節) 마지막 구절에 '치지재격물(致知在格物)'이 또 위의 절(節)을 접응하고 있다. 그 문세(文勢)를 보면 조금도 하자가 없으니, 이것이 격물치지의 글이 될 수 있으니, 굳이 다시 「보망장(補亡章)」을 쓸 필요가 없다."

라고 했으니, 이는 선유(先儒)의 말이 아니라 이른바 자득(自得)한 것이었습니다. 그러나 그 후에 이렇게 독서해서 무슨 이익이 있겠

는가라는 생각이 들었습니다. 그래서 마치 어린애가 스승에게서 가르침을 받듯이 단지 선유들이 이미 내린 정론(定論)에 머리를 숙이고서 그저 받아들이고자 했을 뿐입니다. 이는 과연 나처럼 재주가 없고 노둔한 자가 선학(先學)을 의지해서 졸렬한 자기 실상을 숨겨보려는 계책이지만 후학의 도리도 오직 이와 같아야 할 뿐입니다.

그러나 천하의 이치는 무궁하고 옛날 학자들이 서두만 말해놓고 확실히 밝혀놓지 않은 것도 많으니, 학문을 깊이 강마(講磨)하고 연구해 가다가 만약 십분 자득(自得)하여 귀신에게 질정(質正)해도 의심이 없을 만한 것이 있으면, 혹 언어로 나타내고 글로 드러냄이 마땅할 것입니다. 어찌하여 굳이 위축될 것이 있겠습니까. 그러나 이것이 어찌 쉬운 일이겠습니까.

『대학』을 경(經)과 전(傳)으로 분류한 것은 주자로부터 시작하였는데 반드시 전으로 경을 풀이했습니다. 그리하여 전의 수장(首章)으로부터 3장까지는 경의 첫머리 두 절(節)을 풀이하였고, 「청송장(聽訟章)」은 '물유본말(物有本末)' 절(節)을 풀이하였고, 그 이하 전들은 경의 팔조목(八條目)을 풀이한 것으로 보았으니, 그 뜻이 분명하여 볼 만합니다. 그런데 율곡(栗谷)도 「청송장」을 온당하지 못하다고 했으니, 이는 아마도 주자의 경을 풀이한 예(例)를 이해하지 못했던 듯합니다.

공은 또 '신유(身有)'의 '신(身)' 자는 글자 그대로 읽어야지 '심(心)' 자로 고쳐서는 안 된다고 하면서 힘써 강조해 마지 않았습니다. 가령 공이 말한 대로 본다면, 문세(文勢)와 문의(文義)에 무슨 십분 명백하여 의심할 나위 없는 것이 있겠습니까? 혹자는 "『중용(中庸)』에는 고요할 때는 존양(存養)하고 움직일 때는 성찰(省察)하는 공부가 있는데, 『대학』에는 움직일 때 성찰하는 공부만 있고 고요할 때 존양하는 공부는 없다."고 하는데, 이는 그렇지 않습니다. 『대학』은 심(心)을 논한 책입니다. '성의(誠意)' 이상은 모두 움직일 때 성찰하는 공부이니, 마음이 조급하고 요란(擾亂)하여 안정되지 못하게 될까 염려했기 때문에 「정심장(正心章)」에서 마음이 바르지 못하게 되는 네 가지 원인〔四有所〕을 들어 말했던 것입니다. 마음에 이 네 가지가 있으면 마음이 늘 움직이는 상태에 있어, 거울이 텅 비고 저울대가 평평한 것처럼 맑은 마음의 본체(本體)가 바르지 못하고 어지러워지게 됨을 말한 것입니다. 따라서 반드시 이 네 가지 마음을 제거하고자 해야 마음이 본원(本原)으로 돌아가 바르게 될 수 있습니다. 그런데 마음이 바르게 되면 주정(主靜)의 뜻이 우세하여 혼망(昏忘)으로 흘러가기 쉽기 때문에 또 이어서 '보아도 보이지 않고, 들어도 들리지 않는다.'고 하여 무심(無心)의 폐단을 경계하였습니다.

이 두 절(節)은 바로 『맹자(孟子)』의 물망(勿忘)·물조(勿助)의 뜻과 같으니, 만약 이렇게 할 수 있다면 이른바 수신(修身)의 길은 이 방법 말고 달리 없을 것입니다. 『대학혹문(大學或問)』에서는 이 장(章) 끝에 또 '잡으면 있고 놓으면 없다.〔操存舍亡.〕'고 한 공자의 말과 '달아난 마음을 찾아들이라.〔求放心.〕'고 한 맹자의 말을 인용하여 끝을 맺었으니, 그 뜻을 또한 알 수 있을 것입니다. 그런데 공은 꼭 '신(身)'자로 읽어야 옳다고 생각한다면 한 통의 글을 지어 보내 나의 미혹을 깨우쳐 줌이 어떻겠습니까?

細觀來諭, 有未悉愚意者, 請畧布之. 公書云:"若一意反觀內省而脫畧於講討, 則未免江西一偏[291]之歸." 又云:"一欲質疑, 反陷罪過." 又云:"義理頭腦處, 寧容噤嘿不言乎?"辭氣之間, 太涉發露, 有不平底氣像. 前日愚書, 信筆書報後, 茫然忘失. 未知有何語句, 教公以江西之學, 亦何嘗於義理頭腦處, 教公以噤嘿不言乎? 嘗聞朱子語其門人以讀書之法曰:"文字寧看得淺, 不可太深; 寧低看, 不可太高."又曰:"公看文字, 好立議論, 是先以己意看他, 却不以聖賢言語來澆灌胸中; 自後只要白看乃好."愚嘗觀公之讀書, 每欲自主議論而必求其深高, 故讀一書得一理, 未及加沉潛縝密之功, 而先自主張, 必欲求合於己意; 若或於此不能亟回頭疾旋踵, 則膠滯之久, 自用勝而欠遜志虛受之義, 未必不爲心術之害而有妨於進德修業之大功矣. 當此世衰學絶人心陷溺之餘, 公輩數人, 相携於寂寞之濱, 滄桑局外, 自做冷淡生活[292], 歌詠先王之遺澤, 講論六經之遺旨; 是何等大歡喜好消息耶? 是以, 區區相愛之至, 不量自己之有無, 必欲其玉成而無一疵焉, 前後盛問之來, 不能言下領會而爲巽與之言; 此所以愚昧之見, 每見阻於高明者也. 昔白樂天作詩一篇, 必就問于隣嫗, 嫗曰能解則錄之, 曰不能解則棄之. 愚於諸公, 若蒙不退, 思欲爲白氏之隣嫗, 公能肯許否? 公每謂:"『大學』古本自好, 不必改定."又謂:"格致章自存, 不必補亡."又謂:"聽訟章, 似無着落."此非公自得之見, 先儒已爛漫言之矣. 愚意則常謂讀章句爛熟, 其於朱子本意, 一句一字, 皆有下落, 然後始觀諸說, 觀其議論而已. 今無積累專精之工, 而客見新義橫在肚間, 率爾曰此是而彼非; 其於進學之工, 有何益?

---

291 江西一偏 : 宋나라의 象山 陸九淵 문하의 학자들을 말한다. 육구연은 江西 金谿 사람으로, 자가 子靜이고 호가 象山으로, 朱熹와 동시대 사람이다. 그의 학문은 강학보다 踐履를 중시하고 마음의 수양을 중시하였다. 그래서 주희는 그의 학문을 두고 禪學의 기미가 있다고 비판하였다.

292 冷淡生活 : 주 59) '冷淡活計' 참조.

而公所謂義理頭腦, 似不在此等處矣. 愚亦於少時, 妄論格致章之不必補曰:
"經文物有本末之物字, 已是格物之物字; 知所先後之知字, 已是致知之知
字, 而接上節知止之知字; 下節末句云致知在格物, 又接應上節. 觀其文勢,
少無罅漏. 此足爲格致之文, 不必更爲補傳." 此又非先儒之言而所謂自得者
也. 後來思之, 讀書如此, 亦何所益? 故只欲屈首於先儒已定之論, 若小兒
之受業于師, 只當聽受而已; 此果鈍滯無才者, 依靠掩拙之計, 而亦後學之
義, 惟其如是耳. 然天下之義理無窮, 而昔賢之引而不發[293]者亦多, 講磨習
熟之餘, 如有十分自得, 可以質鬼神而無疑者, 則或發之言語, 著之文字, 宜
矣, 亦何必拘拘爲也? 然此豈可易易者乎? 『大學』之分經傳, 自朱子始, 而
必以傳釋經, 自傳之首章止三章, 釋經文首兩節, 聽訟章, 釋物有本末節, 其
下諸傳, 釋經文之八條目, 其義犁然可觀. 而栗谷亦以「聽訟章」爲未穩, 此
恐未解朱子釋經之例也. 公又謂身有之身字, 當如字讀, 不當改以心字, 力
言不已; 借如公所言, 其於文勢文義, 有何十分明白不疑者乎? 或者謂: "『中
庸』有靜存動察之工, 而『大學』則只於動處用工, 無靜存之工." 此却不然矣.
盖『大學』論心之書, 誠意以上, 皆於動處用工, 恐其有躁擾不寧之患, 故正
心章, 必言四有所; 言心有此四者, 則長在動上而鑑空衡平之體, 不得其正
而汨亂之也. 故必欲去此有所之心, 然後反其本原而得其正矣. 心得其正,
主靜之意勝而易流於昏忘, 故又以視不見聽不聞繼之, 以戒其無心之患. 此

---

293 引而不發 : 맹자가 "군자는 활을 당기고 쏘지 않으나, 躍如하여 중도에 서
있으면 능한 자가 따른다.[君子引而不發, 躍如也, 中道而立, 能者從之.]"
한 데서 온 말이다. 이는 사람을 가르칠 때 학문하는 방법만 가르쳐 주고
터득하는 妙理는 가르쳐 주지 않는 것이 마치 활을 쏘는 사람이 활을 당기기
만 하고 화살을 발사하지 않는 것과 같다고 한 것이다. 『孟子集註 盡心 上』

二節, 正如孟子勿忘勿助之意; 而若能如此, 則身之所謂修者, 舍是無他矣.
『或問』此章之末, 又引孔子操存舍亡之訓及孟子求放心之語以結之; 其意亦
可見矣. 公必欲以身字讀爲可, 則願爲一通文字以示之, 破此迷昧, 如何?

7. 권기명에게 답한 편지

答權旣明書 경인년(1770, 59세)

보내온 편지의 긴 내용은 마음에 물아(物我)의 구분이 없는 공이 아니고서야 어떻게 이렇게 말할 수 있겠습니까? 위로되고 감사하기 그지없습니다.

내가 평소 이러한 문제들에 대해 좀처럼 말하지 않았던 것은 다른 뜻이 있어서가 아니라 대개 재주가 부족하여 실로 이 문제에 대해서는 벽 너머로 듣듯이 잘 알지 못했기 때문입니다. 그러나 퇴계(退溪)를 존신(尊信)하고 사문(師門)에 귀의하여 감히 다른 주장을 하지 않는 것이 평소 자처하는 바인데, 보내오신 편지에 의하면 "내가 사응(士凝)에게 보낸 편지를 사흥(士興)이 보고서 '나의 설이 두 갈래 길 속에 또 두 갈래 길이 있다.'고 하더라." 했으니, 그걸 보고서는 나도 모르게 얼굴이 붉어지고 등에 땀이 젖었습니다.

그 '또 두 갈래 길이 있다.'라고 한 것은 아마 용호(龍湖)가 공정한 희노(喜怒)는 결국 칠정(七情)과 같다고 한 설을 가리킨 듯한데, 그 속에 두 갈래 길이 또 있다고 한 것은 나의 설에서 어느 구절을 가리켜 말한 것입니까? 어쩌면 나의 문사(文辭)가 서툴러 글의 뜻이 통창(通暢)하지 못해 그런 것이 아니겠습니까? 지적한 말씀 중에서 내가 그렇게 주장한 까닭을 대략 설명해도 되겠습니까?

주자(朱子)가 이르기를,

"인심(人心)과 도심(道心)은 이미 발원처(發源處)가 형기(形氣)와 성명(性命)의 다름이 있기 때문에 그 이름이 붙여졌는데, 합해서 말하면 인심을 말할 때 도심도 그 가운데 있다.”

하였고, 퇴계 이자(李子)는 이르기를,

“정(情)에 사단(四端)·칠정(七情)의 나뉨이 있는 것이 마치 성
(性)에 본연(本然)과 기품(氣稟)의 다름이 있는 것과 같다.”

하였고, 또 이르기를,

“사단은 도심이고, 칠정은 인심이다. 그러나 만약 세분한다면 사
단·칠정이 본연·기품, 인심·도심과는 실로 같지 아니한 점이
있다.”

하였으니, 이자가 어찌 이를 몰랐겠습니까. 그 대체를 개괄적으로
말했기 때문에 이렇게 말한 것뿐입니다.

나는 퇴계의 이 말을 이어받아서,

“성(性)은 하나이나 본연과 기품의 차이가 있고, 심(心)은 하나이
나 인심과 도심의 구별이 있고, 정(情)은 하나이나 사단과 칠정의
구분이 있는 것이니, 혼륜(渾淪)해서 말할 때는 다만 성(性), 심
(心), 정(情)이라 하면 된다. 사단과 칠정이 비록 리(理)·기(氣)
의 다름이 있어 각각 대립(對立)한다. 그러나 사단과 칠정이 다
같은 정(情)이고 보면 정만을 말할 때에는 사단과 칠정 모두가 정
의 테두리 안에 있지 않겠는가. 그 발하는 바가 같지 않은 뒤에야
실로 두 길로 분개(分開)되어 상통할 수 없게 된다.”

라고 주장합니다.

그리고 ‘공정한 희노(喜怒)는 이발(理發)’이라고 한 장천(長川)의
설에서 정(情)은 『예기(禮記)』 「예운(禮運)」에 나오는 칠정과는 현
저히 다릅니다. 이 이치는 지난날에 공과 말한 적이 있는데, 공은
또 그 사실을 잊고서 이렇게 말합니까?

대저 이러한 설(說)은 가지와 마디가 생겨나기 쉽습니다. 도리(道理)는 강론을 통해서 밝아지지만 사람의 마음은 같지 않아서 주장들이 저마다 달라 사설(辭說)이 점점 많아지면 기상이 좋지 않습니다. 이 점이 내가 입을 다물고 감히 말하지 않는 까닭입니다.

사단칠정(四端七情)에 관해 물어온 별지에 대해서는, 실로 퇴도(退陶)와 우리 사문(師門 성호(星湖)를 가리킴)의 뜻을 활짝 열어 사응(士凝)의 물음에 답하고 싶었으나, 병중에 정력을 억지로 쓰기 어려워 미처 짓지 못했습니다. 이어 생각해보니 이 또한 스스로 쓸데없는 허비하는 것이라 이른바 함께 목욕하면서 상대방 벌거벗은 꼴을 핀잔주는 격이 되겠기에 감히 붓을 잡지 못하고 그만두고 말았습니다.

내가 소호(蘇湖)에게 보내는 편지에는 단락마다 찌를 붙여 지적했는데, 이는 문구(文句)의 사소한 문제점을 지적한 것일 뿐이고 서로 익히 아는 사이라 서툰 소견을 드러내도 무방할 듯했기 때문입니다. 그리고 그 끝 단락에 '지나친 기쁨, 지나친 노여움(過喜過怒)' 운운한 것은 바로 장천(長川)의 말입니다. "소종래(所從來)가 이미 이발이고 보면 말류(末流)가 혹 과중(過中)했다는 이유로 지목해 형기(形氣)라고 해서는 안 될 것이다."라고 한 뜻은 병통이 없습니다. 그 중에 기고봉(奇高峯)과 대략 같다고 한 것은 희노(喜怒)에 이발이 있다는 것을 가지고 한 말이지, 공정한 희노는 절도에 맞은 칠정과 같다고 한 것은 아닙니다. 그러므로 같다고 하지 않고 대략 같다고 한 것입니다. 그리고 같지 않은 점에 대해 공이 주석해 달라고 했는데, 공이 염려하는 바와는 같지 않기 때문에 감히 명을 따르지 않습니다. 다시 회답해 주시기 바랍니다.

示諭縷縷, 非公物我兩忘之盛心, 何以及此? 慰感難勝. 鄙所以平日罕言此
等物事者, 非有他也. 蓋其才分不及, 而實於此有隔壁之聽故也. 然而尊信
退陶, 歸宿師門, 不敢有異議者, 是素所自許. 而來書云: "士興見與士凝書,
謂鄙說於岐貳之中, 又有岐貳." 看來, 不覺駢汗浹背. 所謂岐貳者, 似指龍
湖[294]公喜怒同歸七情之說, 其所謂又有岐貳者, 指鄙說之何句而言耶? 豈非
文辭短拙, 詞意未暢而然耶? 請就砭敎中, 畧言其所以然, 可乎? 朱子曰:
"人心道心, 旣以形氣性命之發得名, 而合而言之, 則言人心而道心亦在其
中." 李子曰: "情之有四端七情之分, 猶性之有本然氣稟之異." 又曰: "四端
是道心, 七情是人心. 若其細分, 則四七之與本性氣稟人道之別, 實有不同
者." 李子豈不知此? 而槩言其大體, 故其言如是. 愚祖此而爲之說曰: "性一
也而有本性氣稟之異, 心一也而有人心道心之別, 情一也而有四端七情之
分; 渾淪[295]言時, 只當曰性曰心曰情而已. 四七之發, 雖有理氣之殊而各自

---

294 龍湖 : 조선시대 正祖 때의 학자인 邵南 尹東奎(1695～1773)를 가리킨다.
그가 한강 가 龍山에 살았으므로 이렇게 부른 것이다. 그는 자는 幼章이고,
星湖 李瀷의 문인이다. 그는 벼슬에 뜻을 버리고, 象緯·曆法·천문·지
리·의약 등 실용적 학문의 수립을 주장하여 실학파의 대가로 손꼽힌다.
저서에 『四水辨』이 있다.

295 渾淪 : 渾淪은 본래 『列子』 「天瑞」에 "太初, 氣之始也; 太始, 形之始也; 太
素, 質之始也. 氣形質具而未相離, 故曰渾淪. 渾淪者, 言萬物相渾淪而未嘗離
也." 한 데서 온 말로 둘 이상의 사물이 혼합하여 하나가 되어 분리되지 않은
상태를 말한다. 朱熹는 "이른바 理와 氣는 결단코 二物이다. 다만 사물 上에
서 보면 二物이 渾淪하여 分開할 수 없어 각 사물의 理와 氣가 한 곳에 있다.
그러나 二物이 각각 一物이 되는 데는 문제될 것이 없다.〔所謂理與氣, 此決
是二物, 但在物上看, 則二物渾淪, 不可分開, 各在一處, 然不害二物之各爲一
物也.〕라 하여 渾淪과 分開를 하나이면서 둘이고 둘이면서 하나인 理와 氣의

對立, 然均是情也, 則單言情時, 四七固皆不在於情圈中耶? 及其所發之不同然後, 實有二路之分開而不可以相通矣." 長川公喜怒理發之說, 與「禮運」七情迥然不同; 此義前日與公言之, 公其忘之而又有此云云耶? 大抵此等說話, 易生枝節, 雖云道理由講論而明, 然人心不同, 立言各異, 辭說漸繁, 氣像不好; 此愚所以緘默而不敢言者也. 四七別紙, 實欲開發退陶及師門之意, 以答士凝之問, 而病中精力難强, 未及搆出; 旋自念之, 此亦自費一說, 所謂同浴之譏裸裎, 姑止之, 不敢屬筆耳. 與蘇湖[296]書, 段段籤教, 是不過文句間疵病, 因舊露拙, 亦似無妨. 且其末段過喜過怒云云一節, 即長川語也. 所從來旣爲理發, 則不可以其末流之或過中而指爲發於形氣也; 此意無病. 其云與高峯畧同者, 謂以喜怒之有理發言也, 非謂公喜怒與中節之七情同也. 故不曰同而曰畧同, 且注其不同之意, 非有如公所慮, 故不敢聞命. 幸更回教.

관계를 설명하는 논리로 사용하였다. 『朱子大全 46권 答劉叔文』

296 蘇湖 : 조선시대 학자인 大山 李象靖(1710∼1781)을 가리킨다. 그가 살던 마을이 蘇湖里이므로 이렇게 부른다. 그는 자는 景文이고 호는 大山이며, 관향은 韓山으로, 조선 후기 퇴계학파의 대표적인 학자이다. 저서로 『大山集』, 『退溪書節要』 등이 있다.

8. 권기명에게 답한 편지

答權旣明書 임진년(1772, 61세)

보내온 편지에서 구주(九疇)는 「낙서(洛書)」를 본떴다는 설을 의심
스럽다고 하면서, 심지어 "1에서 9까지의 수는 어린애도 아는 것이
니, 어찌 하늘에서 내려준 뒤에야 알았겠느냐."라 하고, 또 "「하도
(河圖)」와 「낙서(洛書)」는 위서(緯書)에서 나온 것으로 대구이일
(戴九履一)의 수는 믿을 것이 못 된다."고 했습니다. 구양공(歐陽
公)이 「하도」・「낙서」를 괴망(怪妄)한 글이라고 했는데, 공이 또
믿지 못하겠다는 말을 할 줄은 생각지도 못했습니다. 혹시 구양공
이 한 말을 주워 모아 제유(諸儒)의 독신(篤信)한 설과 다른 주장을
하고 싶어서 그렇게 말하신 것입니까? 「하도」・「낙서」가 괴망한
책이라면 어찌하여 "하수(河水)에서 도(圖)가 나오고 낙수(洛水)에
서 서(書)가 나옴에 성인이 이를 본떴다."고 했겠습니까?

복희(伏羲)씨가 「하도」를 본떠 팔괘(八卦)를 그렸다는 것은 『역전
(易傳)』을 보면 알 수 있으니, 거기에 천일(天一)부터 지십(地十)까
지 운운한 것이 지금 전해지고 있는 「하도」와 조금도 틀림없이 딱
맞으니, 이것이 괴망하여 믿을 수 없는 것이란 말입니까? 대우(大禹)
가 「낙서」를 본떠 구주(九疇)를 만들었다는 말은 경전에는 비록 보이
지 않지만, 『대대례(大戴禮)』「명당편(明堂篇)」에 二・九・四・
七・五・三・六・一・八이라는 말이 있으며, 게다가 1로부터 10에
이른 것이 그저 범연(泛然)하게 숫자를 배열해 놓은 것이 아닙니다.
하늘은 자(子)에서 열렸고 1은 수(數)의 시작이기 때문에 1의 수를

자(子)의 방위인 북(北)에서부터 일어나며, 하늘[陽]은 3으로 하고 땅[陰]은 2로 하여 수가 이에 의지하기 때문에 1을 3으로 곱하여 3이 동쪽에 위치하고, 3을 3으로 곱하여 9가 남쪽에 위치하고, 9를 3으로 곱하여 7이 서쪽에 위치하고, 7을 3으로 곱하여 1의 수가 북쪽으로 돌아오니, 이 양(陽)의 수는 바로 셈하여 정사방(正四方)에 위치합니다. 그리고 2의 수는 서남쪽에 위치하는데, 2를 2로 곱하여 4는 동남쪽에 위치하고, 4를 2로 곱하여 8은 동북쪽에 위치하고, 8을 2로 곱하여 6은 서북쪽에 위치하고, 6을 2로 곱하여 2가 다시 서남쪽으로 가니, 이 음(陰)의 수는 거꾸로 셈하여 사우(四隅)에 위치합니다. 따라서 이를 보면 어찌 위치의 순서와 수가 일어나는 자연스런 형상이 아니겠습니까.

그리고 이일대구(履一戴九)이니 1과 9가 합하여 10이 되며, 좌삼우칠(左三右七)이니 3과 7일이 합하여 10이 되며, 2와 8, 4와 6이 모두 상대하여 10이 됩니다. 따라서 「낙서」는 그 수가 비록 9에서 끝나지만 10의 수가 그 속에 들어 있으니 역시 총수(總數)가 55가 되어서 「하도」와 합치합니다. 또 가로로 세거나 세로로 세거나 모두 15가 되는데, 이는 법상(法象)이 절로 그러한 것이니, 사람이 만든 것이라 하여 괴망하여 믿을 수 없는 책이라 할 수 있겠습니까.

복희씨가 위로 하늘의 형상을 보고 아래로 땅의 이치를 살폈으며 대우가 치수(治水)를 성공했을 때 장차 괘(卦)를 긋고 구주(九疇)를 펼쳐서 개물성무(開物成務)의 일을 하고자 하였다. 이러한 때에 「하도」와 「낙서」의 상서(祥瑞)가 나타났는데 그 위치와 수가 근거로 삼아 밝힐 만한 것이 있었던 것입니다. 그래서 그 위치와 수를 가져다 놓고 본떴던 것입니다. 이 두 성인은 측량할 수 없는 신령한 흉금과 한량이 없는 예지(睿智)를 갖추고 있었으니, 비록 「하도」와 「낙서」가 아니었더라도 어찌 팔괘와 구주를 만들지 못했겠습니까? 때마침 그러한 상서들이 나타났기 때문에 그대로 본떴을 뿐입니다. 정자(程子)는 "토끼를 보고도 역(易)을 만들 수 있다."고 했는데, 하물며 「하도」와 「낙서」의 위치와 수는 토끼에 비교할 수 없는 것임에 있어서이겠습니까.

공이 "1에서 9까지는 어린애도 다 아는 수다."라고 했는데, 이는 과연 그렇습니다. 그러나 그 위치와 수는 어찌 어린애가 알 수 있는 것이겠습니까! 공의 말대로라면 공자가 '하늘은 1 땅은 2, 하늘은 3 땅은 4'라고 한 말도 요즘 세상에서 아이들이 '별 하나 나 하나, 별 둘 나 둘'이라고 하는 속언(俗諺)과 다름이 없지 않겠습니까.

후인들은 혹 하수에서 용마가 나오고, 낙수에서 신령한 거북이 나왔다는 말은 반드시 사실은 아닐 것이라고 의심하는데, 천지간에 상서(祥瑞)와 재이(災異)가 찾아오는 일은 그 변화가 무궁합니다. 예컨대 『강목(綱目)』에 "위(魏)나라 조예(曹叡) 때 장액하(張掖河)에 거북 무늬가 일었다."고 기록된 것을 어떻게 상례(常例)로 말할 수 있겠습니까! 바라건대 공은 「하도」・「낙서」의 글에 대해 깊이 연구하고 정밀하게 살펴서 지당한 결론을 찾아야 할 것이요 대뜸 경솔하게 입에서 나오는 대로 말하여 이설(異說)을 주장하기를 좋아한다는 평판을 받지 않도록 하는 것이 어떻겠습니까.

공의 편지에서 「하도」・「낙서」는 위서(緯書)에서 나왔다고 했는데, 「계사(系辭)」 외에 또 어느 위서에 보입니까? 「하도」와 「낙서」는 수리(數理)의 조종인데 참위서(讖緯書)는 오로지 술수(術數)를 위주한 책이기 때문에 위서에서 「하도」・「낙서」를 인용한다고 해도 이상

할 것은 없습니다. 위서에서 인용했다고 해서 믿지 못하겠다고 하고
『주역』「계사」의 분명한 말을 버리는 것은 무슨 까닭입니까?

來書以九疇[297]之取法於「洛書」爲可疑, 至云: "自一至九之數, 是童幼之所
知; 何待天錫而後知之?" 又云: "「河」·「洛」出於緯書, 戴九履一[298]之數,
有不足信." 歐陽公嘗以「河」·「洛」爲怪妄之書[299], 不意公又有不信之語.

---

297 九疇 : 『書經』「洪範」의 九疇이다. 구주는 천하를 다스리는 아홉 가지 大法
이니, 五行·五事·八政·五紀·皇極·三德·稽疑·庶徵·五福이다. 禹
가 治水를 성공하니 洛水에서 신령한 거북이 나왔는데, 그 등에 무늬가 배열
되어 있었다고 한다. 이 무늬를 낙서라고 하는데, 북쪽에 1, 남쪽에 9, 동쪽
에 3, 서쪽에 7, 동북쪽에 8, 서북쪽에 6, 동남쪽에 4, 서남쪽에 2가 배열되어
있었다. 우가 이것을 본떠서 배열하여 九類를 만든 것이 洪範九疇라 한다.
『周易 繫辭傳上 孔穎達正義』『書經 洪範 孔穎達正義』

298 戴九履一 : 낙수에서 나온 거북의 머리 부분에 9라는 수가 쓰여 있고 꼬리
부분에 1이란 수가 쓰여 있었다고 한다.

299 歐陽公……之書 : 歐陽公은 北宋의 歐陽脩를 가리킨다. 구양수의 「廖氏文集
序」에 "공자가 세상을 떠난 뒤부터 周나라가 쇠퇴하여 전국시대에 이르렀고
秦나라는 마침내 焚書하였다. 六經이 이에 중도에 그 맥이 끊어졌다가 漢나
라가 일어난 지 오랜 뒤에 세상에 나왔으니, 그 전적이 散亂하고 磨滅되어
바른 전수를 잃었다. 그런 뒤에 학자들이 因하여 異說을 주장하였으니, 河
圖·洛書와 같은 것들은 怪妄함이 더욱 심한 것이다.〔自孔子沒而周衰, 接乎
戰國, 秦遂焚書. 六經於是中絶, 漢興蓋久而後出. 其散亂磨滅, 旣失其傳, 然
後諸儒因得措其異說於其間. 如河圖洛書, 怪妄之尤甚者.〕"라 하였다. 『文忠
集』 43권.

299 대해 朱熹는 "河圖와 洛書를 믿을 것이 못 된다는 것은 歐陽公 이래로 이미
이러한 주장이 있었다. 그러나 『書經』의 「顧命」과 『周易』의 「繫辭」와 『論語』
에 모두 그 사실을 증명하는 말이 있다.〔夫以河圖洛書爲不足信, 自歐陽公以

其或掇拾歐公之緖論, 欲求異於諸儒篤信之論而然耶? 若是怪妄不信之書,
則何以曰: "河出圖, 洛出書, 聖人則之"云耶? 伏羲則「河圖」而畫八卦, 『易』
傳可考, 其曰天一至地十云者, 與今所傳「河圖」, 沕合不忒; 此果爲怪妄而
不信乎? 大禹則「洛書」而布九疇, 雖不經見, 而『大戴禮』「明堂」篇, 有二九
四七五三六一八之語, 且其自一至十, 非汎然列數之也. 天開子, 而一者數
之始也, 故一數起於北, 參天兩地而倚數³⁰⁰, 故三其一而三居東, 三其三而
九居南, 三其九而七居西, 三其七而一又反于北; 此陽數順而居于四正方;
二居西南, 兩其二而四居東南, 兩其四而八居東北, 兩其八而六居西北, 兩
其六而二又反于西南, 此陰數逆而居于四隅方. 此豈非位序起數自然之象
乎? 又履一戴九, 一九合而爲十; 左三右七, 三七合而爲十; 二八四六, 皆
相對而爲十. 「洛書」雖數止於九, 而十數包在其中, 則亦爲五十五而與「河圖」
合. 且縱橫數之, 皆成十五, 是法象之自然; 其可謂以人爲之, 而指爲怪妄
不信之書乎? 伏羲仰觀俯察大禹治水成功之際, 將欲畫卦布疇, 爲開物成
務³⁰¹之業, 而「圖」‧「書」呈瑞, 其位數有可據而明之者也. 故因寓其位數而

來, 已有此說, 然終无奈「顧命」‧「繫辭」‧『論語』, 皆有是言.〕"하였다.

300 參天……倚數: 朱熹의 「明筮」에 "수를 의지하는 근원은 하늘의 수는 3이고
땅의 수는 2인 것이다.〔倚數之元, 參天兩地.〕"라 하였다. 『周易』 「說卦傳」에
"하늘의 수는 3으로 하고 땅의 수는 2로 하여 수를 의지한다.〔參天兩地而倚
數〕"라고 하였는데, 그 本義에 "하늘은 둥글고 땅은 네모지다. 둥근 것은
하나에 둘레가 삼이니, 삼은 각각 한 奇數이므로 하늘에서 셋을 취하여 3이
되고, 네모진 것은 하나에 둘레가 넷이니, 넷은 두 偶數를 합한 것이므로
땅에서 둘을 취하여 2가 되었으니, 수가 모두 이에 의하여 일어났다.〔天圓地
方, 圓者一而圍三, 三各一奇, 故參天而爲三. 方者一而圍四, 四合二偶, 故兩
地而爲二. 數皆倚此而起.〕"라 하였다

則之耳. 二聖人靈襟不測, 睿視無涯; 雖非「圖」·「書」, 豈無卦疇? 適値禎祥之出而爲之耳. 程子曰: "觀兎, 可以作易.[302]" 況「圖」·「書」之位數, 有非兎之可比者乎! 公以自一至九, 爲童幼之所知, 是果然矣. 然其位數, 豈童幼之所知乎? 如公之言, 則孔子所謂天一地二天三地四之語, 其無異於今世小兒星一我一星二我二之諺乎? 後人或疑河馬洛龜之不必然, 則天地間禎祥災異之來, 其變無窮; 若『綱目』所書曹叡時張掖龜文[303], 豈可以常例言之乎? 幸公潛心密察于「河」·「洛」之文, 以求其至當之歸趣; 勿遽爲率易快口之論而自歸好異之科, 如何? 公書「河」「洛」出於緯書, 「系辭」之外, 又見於何等緯書耶? 「河」·「洛」爲數之宗, 而讖緯之書, 專主術數, 故引而用之, 亦不異矣. 以緯書之所引, 而指以爲不信, 舍「易」傳分明之語者, 何也?

---

301 開物成務: 사람이 아직 알지 못하는 도리를 卜筮를 통하여 알게 해서 이것을 실지로 事業에 시행하여 성공하게 하는 것이다. 『周易』「繫辭 上」에 "易은 개물성무하고 천하의 일체 도리를 포괄하니, 이와 같을 따름이다.〔大易開物成務, 冒天下之道, 如斯而已者也.〕" 하였다.

302 觀兎, 可以作易: 程子가 토끼를 파는 자를 보고 말하기를 "聖人이 「하도」·「낙서」를 보고 팔괘를 그었다. 그러나 하필 「하도」·「낙서」뿐이리오. 이 토끼만 보고도 팔괘를 만들 수 있으니, 數가 곧 이 가운데에서 일어날 수 있다. 옛 성인은 다만 지극히 드러난 神物을 취하셨을 뿐이니, 다만 수목 따위에서도 수를 볼 수 있다.〔因見賣兎者, 曰: "聖人見河圖洛書而作八卦. 然何必圖書? 只看此兎, 亦可作八卦, 數便此中可起. 古聖人只取神物之至著者耳, 只如樹木, 亦可見數."〕" 하였다. 『周易傳義大全 易說綱領』

303 曹叡時張掖龜文: 曹叡는 魏 明帝의 이름이다. 魏 明帝 靑龍 3년에 "張掖의 柳谷 어귀의 물이 넘쳐 솟구치더니 신령한 거북처럼 생긴 보배로운 돌이 圖의 형상을 등에 새긴 채 시내 서쪽에 나타났다.〔口水溢涌, 寶石負圖狀, 象靈龜, 立于川西.〕"는 기록이 있다. 『資治通鑑 74권 魏紀』

9. 권기명의 별지에 답한 편지

答權旣明別紙 임인년(1782, 71세)

복(復)에는 두 가지 뜻이 있습니다. 평상(平常)하게 죽은 사람은 그의 웃옷으로 복(復)을 하는데, 넋을 불러 다시 돌아오게 하여 죽은 이가 다시 살아나기를 바란다는 뜻이 있습니다. 그리고 전쟁터에서 병기에 의해 죽은 사람은 화살로 복을 하고, 길에서 죽은 사람은 수레 손잡이 줄[綏]로 복을 하는데 넋을 인도하여 집으로 돌아가게 한다는 뜻이 있습니다. 『예기(禮記)』「단궁(檀弓)」의 주(註)에는 "병기에 의해 죽은 사람은 다시 살아날 리 없는데 복을 하는 것은 또한 속이는 일이 아니겠는가."라고 하였는데, 보내온 편지에서 이를 잘못이라고 한 것은 참으로 옳습니다. 『가례(家禮)』고씨(高氏)의 주(註)에 "회남(淮南) 풍속에 갑자기 죽은 자가 있으면 몇 사람이 지붕 위에 올라가고 길 가에도 가서 두루 이름을 부르게 하면 소생하는 경우도 있다."라고 했는데, 이 말이 과연 그렇습니다.

내가 소싯적에 남쪽 지방 산사(山寺)에 있을 때 일입니다. 그 절의 중이 벼랑 위에서 나무를 베어 아래로 굴러 내렸는데 아래에 있던 중이 미처 피하지 못하고 당황하여 엎드렸습니다. 나무가 그 중의 몸을 뛰어 넘고 지나가 다행히 뼈가 부서지는 부상을 당하지는 않았지만 그 중은 엎어진 채 일어나지 못했습니다. 중들이 가서 보니, 그 중은 이미 죽었습니다. 이때 한 노승이 중들을 시켜 온 산을 두루 다니며 부르라고 했더니, 잠시 후 그 중이 부르는 소리에 맞추어 일어났습니다. 이 일이 고씨(高氏)의 말과 다름이 없으니, 다시 살아나기를 바란다는 말이 어찌 신빙(信憑)할 만하지 않겠습니까.

선왕조(先王朝) 때 상신(相臣) 정석오(鄭錫五)가 연경(燕京)으로 사신으로 갔다가 도중에서 죽어 그 시신을 상여에 싣고 돌아올 때 산이 구비 돌거나 길이 휘돌아 상여가 보이지 않는 곳을 만나면 반드시 명정(銘旌)을 들어 초혼했다고 하였으니, 이 말을 당시 동행했던 이에게 들었습니다. 그 넋을 인도하여 돌아오게 한 뜻이 실로 예의(禮意)에 맞습니다. 『국조오례의(國朝五禮儀)』에도 이러한 의식이 있는지 모르겠습니다.

『예운(禮運)』의 주(註)에 견(見)·간(間) 두 자가 합하여 간(覸) 자가 된다고 한 것을 나는 평소에 의심하지 않았습니다. 그런데 이제 『예기』「제의(祭義)」 및 『의례』「기석례(旣夕禮)」의 "장기가현(藏器加見)"을 인용하여 그렇지 않음을 밝혀 주니, 참으로 고맙습니다.

피발(被髮)에 대해 의심스러운 점은 종전부터 수차 말했습니다. 게다가 『가례의절(家禮儀節)』에서 더없이 상세히 변설(辨說)해 놓고도 말미에서는 "감히 스스로 옳다고 여기는 것이 아니라 우선 여기에 기록해 둔다."라고 했으니, 이는 이미 세상에 통행되는 습속은 갑자기 바꿀 수가 없기 때문입니다. 그러나 『좌전(左傳)』을 보면 진(晉)나라 대부(大夫)들이 반수(反首)하고 움집에서 기거했고, 진 목희(秦穆姬)가 문복최질(免服衰絰)하였는데, 이는 나라가 망하고 임금이 사로잡혀 갔기 때문에 상례(喪禮)로 그렇게 한 것입니다. 그 주(註)에 "반수(反首)는 머리털을 풀어 헤쳐 아래로 드리운 것이다."라고 하였습니다. 예(禮)에 "어버이가 처음 죽으면 계사(鷄斯)를 한다."고 했으니, 그렇다면 길계(吉笄)는 틀림없이 뽑아 버렸을 것입니다. 따라서 비녀를 뽑아버리면 머리싸개가 풀려 머리털도 반드시 풀어졌을 것입니다. 이 말은『질서(疾書)』에 이미 수록되었으니, 참고하심이 어떻겠습니까?

내가 목천(木川) 현감으로 있을 때 들은 얘기입니다. 호남에 김씨(金氏) 성(姓)의 어느 유생이 암행어사의 안험(按驗)에 걸렸는데, 맨 먼저 친상(親喪)에 머리를 풀지 않은 죄를 묻자, 그는 "이는 고례(古禮)이니, 예(禮)를 좋아하는 집안에서 그렇게 하는 이가 많다." 하고서 당시 한두 재상가(宰相家)의 경우를 들어서 증명했다고 하였습니다. 만약 그렇다면 지금 세상에도 친상에 피발(被髮)하지 않는 이가 있을 것입니다. 그러나 군자가 예(禮)를 행할 때에는 구차하게 시속(時俗)을 고치지 않는 법이니, 성왕(聖王)이 세상에 나와서 일왕(一王)의 예제(禮制)를 다시 만들지 않으면 사가(私家)의 일개 선비가 어찌 감히 결단하여 실행할 수 있겠습니까.

목욕(沐浴)은『오례의(五禮儀)』에 "임금의 상(喪)에는 향탕(香湯)을 쓴다."라 했는데, 이는『주례(周禮)』의 "대상(大喪)에는 흔창(釁鬯)을 쓴다."고 한 뜻에서 나온 것입니다. 따라서 사(士)ㆍ서인(庶人)의 집에서 이를 쓰는 것은 참람(僭濫)하지 않겠습니까? 기장이나 조를 쓰는 것이 무슨 문제가 있겠습니까?

늑백(勒帛)은 띠〔帶〕의 일종인 것은 분명합니다.『가례』유장(劉璋)의 주(註)에 "만약 심의(深衣)와 대(帶)와 이(履)가 없으면 삼(衫)ㆍ늑백(勒帛)ㆍ혜(鞋)를 대용해도 된다." 하였으니, 이는 늑백을 대대(大帶)와 상대하여 말한 것이고 보면, 평상시 띠는 것임이 분명합니다.『동사강목(東史綱目)』에 "송제(宋帝)가 고려왕(高麗王)에게 관복(冠服)을 하사했는데 늑백 하나가 있었다."고 했으니, 둘이라고 하지 않고 하나라고 했고 보면 띠가 아니고 무엇이겠습니까.

구씨(丘氏)는 알지 못하고서 발을 싸는 물건이라고 했고, 김사계(金沙溪)도 그대로 따랐으니, 물명(物名)이 고금에 따라 달라 이러한 착오가 있었던 것입니다.

復[304]有二義, 平常死者, 復之以衣, 有招魂復魂冀其復生之義; 兵刃死者, 復之以矢, 死於道者, 復之以綏, 有引魂返歸之義. 「檀弓」註云: "兵刃死者, 無再生之理, 用不亦誣乎?" 來示謂之誤者, 誠然矣. 『家禮』高氏註曰: "淮南俗有暴死者, 使數人升屋及於道傍遍呼之, 亦有蘇活者." 此語果然矣. 僕少時在南中山寺, 寺僧伐木于砍崖之上, 轉而下之, 下有僧未及避, 心慌俯伏, 木跳過僧身, 幸免碎骨之患, 而因伏不起. 諸僧就視之, 則僧已死矣. 一老僧令群僧遍山而呼之, 須臾其僧應聲而起. 此與高氏說不異. 冀其復生之語, 豈不信哉! 先王朝鄭相錫五使燕道卒, 返靷之際, 若遇山曲路回不相通望之處, 則必舉旐而招魂云. 此語聞于其時同行者. 引魂返歸之意, 實得禮意矣. 未知『五禮儀』有此儀否也. 『禮運』註以見·間二字合爲覼字[305], 尋常不疑, 今引「祭義」及「旣夕禮」藏器加見[306]之文, 而明其不然, 誠幸誠幸. 被髮[307]

---

304 復: 사람이 막 죽었을 때 招魂하는 의식이다. 사람이 죽으면 곧바로 용마루 위에 올라가 그 사람의 옷을 공중에 휘저으면서 "아무개는 돌아오라."라고 그 사람의 이름을 세 번 부르며 돌아오라고 하는 것이다. 죽은 사람의 넋이 자기 옷에 다시 붙어 살아나기를 바라는 뜻에서 그렇게 하는 것이다.

305 『禮記大全』에 "薦黍稷, 羞肝肺首心, 見間以俠甒."의 註에 "見間二字合爲覼." 라 했다.

306 장기가현(藏器加見): 葬器는 副葬하는 기물로 明器와 같다. 장례를 앞두고 각종 장기와 葬事에 쓰는 도구를 상여 곁에 비치해 두고 棺의 장식품인 見을 관에다 씌우는 것이다. 『儀禮 旣夕』

之疑, 自前言之, 數矣. 且『丘氏儀節』辨之詳盡, 而末乃曰: "不敢自是, 姑記于此." 盖以大同之俗, 不可猝變故也. 然而『左傳』: "晉大夫反首芟舍³⁰⁸", "秦穆姬免服衰絰³⁰⁹". 盖以國破君擄故, 以喪禮處之也. 注: "反首, 亂髮下垂也." 禮親始死鷄斯³¹⁰云, 而吉笄必去之矣; 去笄則纚解而髮必被矣. 此語, 『疾書』已言之, 考之如何? 余在木邑時, 聞湖中有金姓儒士, 爲繡衣所按驗, 首問親喪不被髮之罪, 對曰: "此是古禮, 好禮家多行之." 遂擧一二時宰家而證之. 若然則今世亦有不被髮者矣. 然君子行禮, 不苟變俗. 聖王不作, 未定一王³¹¹之制, 則私家匹士, 何敢斷然行之乎? 沐浴³¹², 『五禮儀』君

---

307 被髮 : 初喪 때 머리를 풀어 헤치는 것이다.

308 晉大夫反首芟舍 : 『春秋左傳』僖公 15년에 "秦나라가 晉侯를 잡아 데리고 돌아가니, 晉나라 大夫들이 머리를 풀어 헤치고 幕舍를 지으며 따랐다.〔秦獲晉侯以歸, 晉大夫反首拔舍從之.〕"라 하였는데 杜預의 注에 "반수란 머리를 풀어 흩뜨려서 아래로 늘어뜨린 것이다.〔反首, 亂頭髮下垂也.〕" 하였다.

309 秦穆姬免服衰絰 : 『春秋左傳』僖公 15년에 "晉侯가 잡혀 온다는 말을 듣고서 穆姬가 太子 罃·弘과 딸 簡璧을 데리고 臺로 올라가 섶을 밟고서, 使者에게 免(문)하고 衰絰을 입고 가서 秦伯을 맞이하였다.〔穆姬聞晉侯將至, 以太子罃·弘與女簡璧登臺而履薪焉, 使以免服衰絰逆.〕" 하였다.

310 親始死鷄斯 : 『禮記』「問喪」에 "어버이가 막 돌아가시면 관을 벗고 비녀와 머리 싸개만 남겨두며, 맨발을 하고 옷자락을 허리에 꽂는다.〔親始死, 鷄斯徒跣, 扱上衽.〕" 하였는데, 그 注에 "鷄斯는 笄纚(계사)로 읽는데, 笄는 뼈로 만든 비녀를 말하고 纚는 『예기』「內則」에서 말한 繼이니, 상투머리를 싸매는 천이다." 하였다.

311 一王 : 『史記』「太史公自序」에 "공자의 시대에는 위로는 明君이 없어 아래로 공자를 임용하지 못하였다. 그러므로 『춘추』를 지어 그저 글만 남겨 禮義를 판단하여 일왕의 법에 갈음하였다.〔孔子之時, 上無明君, 下不得任用, 故作『春秋』, 垂空文, 以斷禮義, 當一王之法.〕" 한 데서 온 말로 천하를 통일한

喪用香湯, 盖出於『周禮』大喪釁鬯[313]之意也. 士庶家用之, 不其僭乎? 以稷
以粱, 何害之有? 勒帛之爲帶屬, 明矣. 『家禮』劉氏璋[314]曰: "若無深衣帶
履, 用衫勒帛鞋亦可." 此以勒帛對大帶而言, 則其爲常時所帶, 明矣. 『東史』
宋帝賜麗王冠服有勒帛一條, 不曰二而曰一, 則非帶而何? 丘氏[315]不知, 以
爲裹足之物, 而沙溪又從之; 盖古今物名之不同而有此誤也.

천자를 뜻한다.

312 沐浴 : 喪禮에 시신의 머리를 감기고 몸을 씻기는 것이다.

313 大喪釁鬯 : 釁鬯은 고대 常禮에 秬鬯酒로 시신의 몸을 씻기는 것이다. 『周禮』
「春官 鬯人」에 "대상에 시신을 씻길 때 구기를 두고 흔창을 공급한다.〔大喪
之大涊, 設斗, 共其釁鬯.〕" 하였다. 흔창을 시신에 발라 향기롭게 하는 것
이다.

314 劉氏璋 : 劉璋은 자는 廷信이고, 明나라 때 학자로 『家禮補註』를 지었다.

315 丘氏 : 明나라 때 학자인 丘濬을 가리킨다. 『家禮儀節』을 지었다.

10. 또 답한 편지

又答 임인년(1782, 71세)

상중(喪中)에 개장(改葬)하고 합폄(合窆)하는 일은 세상에 그렇게
하는 이들이 필시 많을 터인데, 어떻게 하는지는 모르겠습니다. 상
(喪)의 경중(輕重)으로 말한다면 아버지는 무겁고 어머니는 가벼우
며 복(服)의 경중으로 말한다면 자최(齊衰)는 무겁고 시마복(緦麻
服)은 가벼우니, 이 두 가지를 의리(義理)에 맞게 처리하기가 실로
어렵습니다.

만약 부상(父喪) 중에 모친을 이장(移葬)한다면 참최상(斬衰喪)은
장사(葬事) 전에 감히 변복(變服)할 수 없으니, 개장할 때에 오직
참최복(斬衰服)을 입고 하는 것이 옳을 듯합니다. 예문(禮文)에 "부
모의 상(喪)을 함께 당했을 경우 먼저 장사지낸 분은 우제(虞祭)·부
제(祔祭)를 하지 않고 뒤에 장사지낼 때를 기다리되 그 장사 때 참최
복을 입는다." 하였는데, 여기에서 말한, '먼저 장사지낸다.'는 것과
'그 장사'는 것은 모두 모친을 가리킨 것입니다. 이는 참최(斬衰)를
무겁게 여겨 감히 모친상(母親喪)의 복인 자최복(齊衰服)을 입고서
모친의 장사를 지내지 못하는 것이니, 낮은 이는 높은 이에 소속되는
이치가 그러한 것입니다.

묵은 분묘를 팔 때는 시마복(緦麻服)을 입으며, 하관(下棺)할 때는
가벼운 쪽을 먼저 하고 무거운 쪽을 뒤에 한다. 그렇다면 시마복을
벗고 자최복을 입어 모친의 장사를 지내며, 하관한 뒤에는 또 자최복
을 벗고 시마복을 입어 부친의 장사를 지내며, 개장하고 한번 우제를

지낸 뒤 다시 시마복을 벗고 자최복을 입고서 신주(神主)를 쓴 다음 반우(返虞)하고 제사를 지낼 때에는 모두 중복(重服)을 입고서 하는 것은 예의(禮意)와 예제(禮制)로 보아 그럴 듯합니다.

혹자가 "부친상에 모친을 이장하여 합폄(合窆)할 경우에는 시마복은 만들지 않습니까?" 하기에, "그렇지 않다. 이른바 참최(斬衰)는 합폄할 때만 입고 모친의 무덤을 팔 때나 모친을 개장(改葬)하면서 지내는 우제(虞祭) 때는 참최복을 그대로 입고 해서는 안 될 듯하다." 하였습니다.

『가례』에 "중복(重服) 중에 경상(輕喪)을 당했을 경우에는 성복(成服)한다."는 글이 있으니, 이것이 방증(旁證)이 될 것입니다. 비록 참최상(斬衰喪) 중이라도 모친을 이장하여 합폄할 때에는 시마복을 만들지 않아서는 안 됩니다. 내 견해가 이와 같으니, 다시 가부를 말해 주시기 바랍니다.

喪中改葬合窆, 世必多有行之者, 未知何以爲之? 而以喪之輕重言, 則父重而母輕, 以服之輕重言, 則齊衰重而緦服輕, 兩者處義實難. 若父喪中遷母, 則斬衰喪葬前不敢變服, 改葬時惟以斬衰行之, 恐爲當然. 禮曰:"父母之喪偕, 先葬者不虞祔, 待後事, 其葬服斬衰." 先葬其葬, 皆指母也. 此以斬衰爲重, 不敢服齊衰以臨母葬也. 卑統於尊, 其義然也. 當破舊墳時, 用緦服, 下棺, 先輕後重, 則脫緦服齊衰, 以臨母葬, 窆後又脫齊衰服緦, 以臨父葬, 因行改葬一虞後, 復脫緦服齊衰, 題神主, 返虞行祭, 皆以重服行之, 情文[316]

---

316 情文 : 내용과 형식을 뜻한다. 『荀子』「禮論」에 "지극히 갖춰진 경우에는

似然. 或曰:"父喪遷母合窆, 則緦服因不製耶?"曰:"不然. 所謂斬衰, 但用
於合窆之時, 至若破母墳時及行母改葬一虞時, 似不可因服斬衰而行之."『家
禮』有重服中遭輕喪者成服之文, 此可以旁證. 雖在斬衰中遷母合窆時, 緦服
不可不製也. 愚見如是, 更示可否.

남의 양자로 간 사람이 자기 소생(所生) 부모의 상복을 벗기 전에는
소후(所後) 집의 제사를 지낼 때에 상복 차림을 하는 것이 실로 미
안한 일입니다. 그러나 혈혈단신이라 대신 제사를 지낼 사람이 없
으면 형편상 자기가 몸소 제사를 지낼 수밖에 없습니다. 게다가 지
금 시속에서는 패랭이와 베로 만든 심의(深衣)를 상인이 사당에 제
사 지낼 때의 복장으로 삼으니, 바로 옛날에 묵최(墨衰) 차림으로
제사를 지냈던 뜻입니다.

남의 후사(後嗣)로 나간 아들은 시집간 딸과 다르지 않습니다. 옛
날에는 비록 여자가 부모의 상(喪)을 당했을 때 연제(練祭)를 지낸
뒤에 친정집에 오는 예(禮)는 있지만 지금 세상에 남의 후사로 나간
아들이 이 예(禮)대로 소생(所生) 부모의 집에 돌아온다면 소후(所
後) 집안의 일은 누구에게 맡기겠습니까? 이는 아마도 그렇게 할 수
없을 듯합니다.

情과 文이 모두 극진하고 그 다음은 정과 문이 번갈아 우세하다.〔至備, 情文
俱盡; 其次, 情文代勝.〕"하였는데, 楊倞의 注에 "情은 禮意를 말하는데 喪은
슬픔을 위주로 하니 제사에 공경을 위주로 하는 것과 같은 것이다. 文은
禮物과 威儀를 말한다."하였다.

出系子本生親喪服未盡前, 所後³¹⁷家祭祀, 以凶服將事, 實爲未安, 而若單
子無他替行者, 則勢將躬行. 且今俗平涼子³¹⁸布深衣爲喪人祭祠堂之服, 卽
古墨衰行祀³¹⁹之意也. 出後子與嫁女不異, 古雖有女子旣練而歸之禮, 今世
出後子將行此禮, 付所後家事于誰人乎? 此恐行不得.

---

317 所後 : 자기를 낳지 않은 사람에게 양자로 가서 後嗣가 되는 것을 立後라
하는데, 입후한 집을 所後家라 한다.

318 平涼子 : 賤民이 쓰는 대나무로 만든 삿갓으로 패랭이라고도 한다.

319 墨衰行祀 : 墨衰는 다듬은 베로 만든 直領을 입고 墨笠을 쓰고 墨帶를 띠는
服制로 墨衰絰이라고도 한다. 喪禮에서 부친이 생존할 때 죽은 모친의 禫祭
뒤 또는 出系한 사람이 所生 부모의 小祥 뒤에 묵최를 입는다. 『家禮』6권
「虞祭」에 "지금 사람의 居喪은 옛사람과 다르니 졸곡을 지낸 뒤면 묵최 차림
으로 가묘에 제사를 지낼 수 있다.〔今人居喪與古人異, 卒哭後, 可以墨衰常
祀家廟.〕"라 하였다. 고대에 居喪 중 집에 있을 때는 흰색 상복을 입고, 전쟁
이 일어나 出征할 때는 상복을 검은색으로 물들인 묵최를 입었다. 춘추시대
晉나라 襄公이 부왕인 文公의 喪中에 출정하면서 묵최를 입었다. 『春秋左傳
僖公 33년 夏 4월』

11. 권기명의 문목에 답함

答權旣明問目 임인년(1782, 71세)

문(問)

『가례』에서 우제(虞祭)에 아헌(亞獻), 종헌(終獻) 때 곡하는지 곡하지 않는지를 끝내 분명히 말해놓지 않았습니다. 그러므로 지금 상중(喪中)의 제사 때 아헌, 종헌에 어떤 집안에서는 곡을 하고 어떤 집안에서는 곡을 하지 않습니다. 『가례』「담제(禫祭)」 조에 "삼헌(三獻)에 곡하지 않는다." 하였고 보면, 상제(喪祭)에는 삼헌에 모두 곡한다는 것을 알 수 있습니다. 그리고 우제 때 초헌(初獻)에는 상주만 곡하고 다른 사람들은 곡하지 않는다고 했고 보면 아헌·종헌 때도 헌관만 곡하게 한다는 것을 알 수 있습니다.

그런데 오늘날 사람들은 기제(忌祭) 초헌 때의 "제주(祭主) 이하가 모두 곡한다."고 한 예문(禮文)을 인용하여, 상중(喪中)의 제사 때 초헌에 모두 곡하니, 잘못입니다.

問: 『家禮』虞祭亞終獻, 哭與不哭, 終無的論. 故喪內祭亞終獻, 今人或哭或不哭. 「禫祭」條曰: "三獻不哭." 則喪祭三獻皆哭, 可知. 且虞祭初獻, 惟主人哭, 餘不哭, 則亞終獻, 只使獻者哭, 可知. 今人引忌祭初獻"主人以下皆哭"之文, 喪內祭初獻皆哭, 誤矣.

답(答)

우제(虞祭)의 초헌 때 상주(喪主)가 곡하며 재배(再拜)하고 본래 자리로 돌아와 곡을 그치고, 아헌 때에는 초헌과 같이한다 하고, 삼헌 때에는 아헌과 같이한다고 했으니, 아헌과 종헌에 곡이 있음이 분명합니다. 위에서 '곡을 그친다.'고 했은즉 헌관만 곡하는 것입니다. 「사우례(士虞禮)」에 "시동(尸童)이 들어오면 곡을 그치고, 시동이 일어날 때 또 곡한다." 하고, 그 주(註)에, "곡을 그치는 것은 시동을 높이는 뜻이다. 따라서 중간의 허다한 절차에 모두 곡이 없는 것은 다 시동을 존경하는 뜻에서 나왔다."라고 했는데, 『가례』에서는 이에 의거하여 나머지 사람들은 곡하지 않는 예(禮)를 만든 것입니까?

초헌 때 상주만 곡한다면 그 밖의 상주와 아우, 아들들은 모두 곡하지 않는 것이니, 이것이 매우 의심스럽습니다. 기제(忌祭)의 초헌 때 상주 이하가 모두 곡하는데 우제는 상제(喪祭)의 시작이라 기제(忌祭)보다 중하고 상례(喪禮)에는 곡이 중한데, 지금은 도리어 곡하지 않는 것은 무슨 까닭입니까?

우리 집에서는 지난 날 우제를 지낼 때 축문을 읽은 뒤 유식(侑食) 때까지 상주 이하가 모두 곡했으니, 상사(喪事)에는 예(禮)는 부족하더라도 슬픔은 많아야 한다는 뜻에서 나온 것입니다.

答: 虞祭初獻, 主人哭再拜, 復位哭止, 亞獻云如初獻, 三獻云如亞獻, 則亞終獻之有哭, 明矣. 上云哭止, 則惟獻者哭耳. 「士虞禮」: "尸入哭止, 尸謖時又哭." 註: "哭止, 尊尸. 是以, 中間許多節措, 皆無哭, 出於尊尸之意也." 『家禮』依此爲餘人不哭之禮耶? 初獻惟主人哭, 則衆主人若弟若子皆不哭, 是甚可疑. 忌祭初獻, 主人以下皆哭, 虞爲喪祭之始, 而重於忌日, 喪禮哭爲重, 則今却不爲者何? 鄙家前日虞祭時, 讀祝後至侑食, 而主人以下皆哭,盖出於禮不足哀有餘³²⁰之意也.

문(問)

축문을 읽을 때, 상주 외에 다른 사람은 부복(俯伏)하라는 명문(明文)이 없는데 지금은 상주 이하가 모두 부복하는 것은 어째서입니까? 집안에서 이미 실행하고 계신 예식(禮式)을 듣고 싶습니다.

問: 讀祝時, 諸人無俯伏之文, 而今世主人以下皆伏, 何也? 願聞家間已行之式.

답(答)

옛사람은 부복을 존경하는 예절로 여겼습니다. 그래서 사서(史書)에 "신하들이 감히 우러러 보지 못했다."라고 한 곳이 많고 보면, 임금 앞에서는 평상시에 부복했던 것입니다. 『사기(史記)』「소진열전(蘇秦列傳)』에 "부복하여 모셨다."라고 했으니, 역시 존경을 다한다는 뜻입니다. 존경은 제사보다 더한 것이 없는데도 선조의 제사를 모시면서 부복하라는 명문이 없으니, 알 수 없는 일입니다. 그러나 또한 부복하지 말라는 명문도 없으니 부복하더라도 대단한 실례는 아닐 터이니, 예(禮)에 비록 명문은 없을지라도 그렇게 한들 무슨

---

320 禮不足哀有餘 : 孔子의 제자 子路가 "내가 선생님께 들으니 喪禮에는 슬픔은 부족하고 禮는 남음이 있기보다는 예는 부족하고 슬픔은 남음이 있는 편이 낫다.〔吾聞諸夫子, 喪禮與其哀不足而禮有餘, 不若禮不足而哀有餘.〕" 하였다. 『禮記 檀弓 上』

문제가 있겠습니까. 우리 집에서도 시속에 따라 그렇게 하고 있습니다. 누구의 예설(禮說)인지 기억할 수는 없으나 언젠가 보았더니 "중국 사람들은 서 있는 것이 예(禮)이고 우리나라 사람들은 부복하는 것이 예이다."라고 했으니, 부복하는 예절은 우리나라 풍속일 듯합니다.

答: 古人以俯伏爲尊敬之節, 史多言群臣莫敢仰視, 則君前平時俯伏矣.「蘇秦傳」云: "俯伏侍[321]", 則亦盡尊敬之道矣. 莫敬於祭, 而祭先之際, 無俯伏之文, 是未可知也. 亦無禁俯伏之文, 則俯伏亦不爲大段失禮矣. 禮雖無文, 行之何妨? 鄙家亦依俗行之. 嘗觀忘不記誰人禮說, 曰: "中國之人以立爲禮, 東人以俯伏爲禮"云, 俯伏之節, 東俗然也.

---

321 俯伏侍:『史記』69권「蘇秦列傳」에 蘇秦이 六國의 왕들을 合從說로 遊說하여 육국의 재상이 되어 호화로운 행차로 고향인 낙양을 지날 때를 형용하면서 "소진의 형제, 아내, 형수 등이 곁눈질을 하고 감히 우러러보지도 못한 채 부복하여 모셨다.〔蘇秦之昆弟妻嫂, 側目不敢仰視, 俯伏侍.〕" 하였다.

12. 권기명에게 답한 편지

答權旣明書 임인년(1782, 71세)

이미 물어 오신 터라 끝내 입을 다물 수만은 없어 내 견해를 대략 말하겠습니다. 예로부터 예(禮)는 시대에 따라 인혁(因革)이 있었으니, 구차히 다르게 바꾼 게 아니라 그 시대 습속의 숭상하는 유행이 점점 변하여 그렇게 된 것입니다. 그러므로 "군자가 예(禮)를 행하는 데는 굳이 시속(時俗)을 바꾸지 않는다." 한 것이니, 진실로 대체(大體)만 그대로 있으면 사소한 형식은 시속을 따라 조금 바꾸는 것은 어쩔 수 없는 형세입니다. 예컨대 은(殷)나라 사람은 연상(練祥) 후에 부묘(祔廟)했는데 주(周)나라 사람들은 어찌하여 졸곡(卒哭) 후에 부묘했으며, 질(質)을 숭상하는 쪽에서는 대사(大事)를 일중(日中)에 했는데 문(文)을 숭상하는 쪽에서는 어찌하여 아침에 했습니까? 이는 모두 대사와 무관하니, 이러한 부류들은 모두 시속(時俗)을 따라 그렇게 한 것일 듯합니다.

진(秦)의 분서(焚書) 이후로 고경(古經)이 온전히 남아 있지 않았으니, 한유(漢儒)들이 여기저기 남은 것들을 주워 모아 편집해 놓았으나 온전한 경서(經書)가 되기에는 미흡했습니다. 숙손통(叔孫洞)·조포(曹襃) 이후로 일왕(一王)의 예(禮)는 고금의 제도를 섞어 썼으되 시속(時俗)을 지나치게 따랐으니, 고례(古禮)가 없어져 세상에 전하지 않게 된 것이 바로 이 때문입니다. 이것이 식자들이 한스럽게 여기는 바입니다.

이로부터 당(唐)나라에 이르기까지 예가(禮家)들의 전소(箋疏)가 명백하지만 당시 사대부 집안에서 행한 예(禮)들은 모두 시속을 따라 제정한 것에 불과합니다. 『개원례(開元禮)』가 나온 후로 이 예(禮)가 드디어 세상의 귀천을 막론하고 통용되는 예가 되었습니다. 송(宋)의 유자들 역시 모두 이를 기준하여 약간 증손(增損)했을 뿐이니, 위공(魏公)의 『제의(祭儀)』도 칠가(七家)의 설을 다 채택했지만 역시 『개원례』의 범주를 벗어나지 못합니다. 사마온공(司馬溫公)은 이를 바탕으로 『서의(書儀)』를 편찬하였고, 주자(朱子)는 『서의』를 바탕으로 『가례(家禮)』를 편찬했는데, 그 대의는 비록 고례(古禮)를 따랐지만 그 중의 의절(儀節)은 시속을 많이 따를 수밖에 없었습니다. 이들이 어찌 모두 색다른 것을 좋아해서 그렇게 했겠습니까.

지금 공이 "『가례』에 유식(侑食)이 삼헌(三獻) 뒤에 있고, 독축(讀祝)이 초헌 때 읽게 한 것을 두고 성인의 본의와는 매우 틀리다."라고 말했는데, 나는 그렇지 않다고 생각합니다. 고례(古禮)에는 시동(尸童)이 있었기 때문에 시동을 맞기 전에 신의 자리를 만들고 제물을 차려두고 축문을 읽어 신이 흠향하도록 하였고, 그런 다음 시동을 맞은 뒤에 삼헌을 하면서 그 때마다 유식과 고포(告飽)의 절차가 있었습니다. 그렇지만 후세에는 시동이 없으니 형편상 부득이 초헌 후에 독축(讀祝)할 수밖에 없고, -『개원례(開元禮)』가 이미 그러하다.- 시동을 흠향하게 하는 절차가 없으니 형편상 삼헌 후에 유식하지 않을 수 없습니다. 그런데 공이 그것을 그르다고 했으니, 공의 생각은 독축은 강신(降神)한 뒤에 하고 삼헌(三獻) 때에 모두 유식하기를 고례(古禮)에 시동을 흠향하게 하던 때와 같이 하고자 하는 것입니까? 원컨대 듣고 싶습니다. 고례는 매우 번거로웠는데 『가례』에서는 생략하여 간편하게 했으니 이것을 굳이 그르다고 할 필요는 없을 것입니다.

강신하기 위해 술을 붓고 쑥을 사르는 의식이 참람하다는 것은 사마온공(司馬溫公)이 이미 말하여 분향하고 술 붓는 것으로 대신하였고, 주자(朱子)도 "강신주(降神酒)를 붓고 쑥불을 사르는 것은 천자와 제후의 예(禮)이다." 하였으며, 구씨(丘氏)는 "후세에 향을 피워 신을 제사하는 것은 비록 고례(古禮)는 아니지만 통용한 지가 이미 오래이니, 귀신도 편안하게 여길 것이다." 하였습니다. 그리고 『개원례』를 살펴보면 사대부 이하는 제례(祭禮)에 모두 "화로에 숯불을 피워 쑥과 기장, 쇠기름을 태운다."는 기록이 있고 보면, 당(唐)나라 때부터 이미 허락했으니 그렇게 해도 진실로 무방합니다. 게다가 향을 사르고 술을 붓는 것은 신을 음(陰)과 양(陽)에서 찾는다는 뜻으로, 그 이치가 정미하니, "귀신도 편안하게 여길 것이다."라고 한 구씨(丘氏)의 설이 옳습니다. 그런데 공은 그것이 참람(僭濫)한 점이 있다고 하여 폐지할 수 있겠습니까?

위공(魏公)의 『제의(祭義)』의 "시월 초하룻날 종이로 만든 옷을 태워 올린다."라고 한 예(禮) 같은 것으로 말하자면 필시 당시의 그릇된 예를 위공이 따라 했던 것일 터입니다. 이러한 예(禮)는 고례(古禮)에 비추어 보아 근거가 없고 후세 무당들의 습속(習俗)이 되기에 알맞으니, 주저 없이 버려야 할 것입니다. 그러나 이러한 것들 때문에 다른 것까지 모두 그르다고 물리쳐서야 되겠습니까.

고례를 좋아하는 공의 뜻은 참으로 흠탄할 만합니다. 그렇지만 당송(唐宋) 이후 정자(程子)·주자(朱子)가 행한 예까지 모두 무시해 버리고 공이 홀로 고례를 행할 수 있겠습니까? "예(禮)는 차라리 검소한 편이 낫고 상(喪)은 차라리 진심으로 슬퍼하는 편이 낫다."라고 한 성인의 말씀이 비록 중용(中庸)에 딱 맞지는 않아도 지극하고 극진

합니다. 구구한 말단의 의절(儀節)을 따르느냐 어기느냐의 문제를 어찌 굳이 일일이 고례를 따르고 지금의 예를 그르다고 할 필요가 있겠습니까. 지금 시속의 명절에 제물을 올리는 일은 옛날에는 없었는데, 공은 일체 고례로 돌아가고 이것을 행하지 않을 수 있겠습니까. 조상의 신도(神道)로 말하면 이미 시속의 명절의 제물을 흠향하는 것을 편안히 여기니, 내가 지금 고례(古禮)를 좋아한다는 의리를 가지고 시속의 예를 마음대로 바꾸어서는 안 될 것입니다. 이러한 예들은 왕자(王者)가 세상에 나타나서 일왕(一王)의 예를 제정한 뒤에야 고칠 수 있을 것입니다. 그러나 나의 생각에는 자질구레한 절목들은 굳이 따질 필요가 없다고 봅니다.

나는 본래 식견이 부족하여 무릇 논리를 펼 때 선유(先儒)의 설을 그대로 따라 자신의 서툰 견해를 가리고 그럭저럭 책임만 때우는 졸렬함을 감추는 데 불과하니, 이는 나 자신의 재주가 부족한 줄 알기 때문에 그렇게 하는 것입니다. 그러나 만약 십분 진정(眞正)한 견해가 있다면 내가 비록 비루하고 졸렬해도 어찌 감히 서로 좋아하는 사이에 이론(異論)을 세우고 어리석은 생각을 고집하면서 스스로 깨닫지 못하겠습니까.

이러한 문제들에 이미 우리의 견해가 서로 합치되지 못하고 보면, 갑을논박과 다를 바 없어 마침내 견해가 합일하기 어려울 터이니, 이후로는 우리 사이 서신에는 피차 안부나 살피고 정담이나 나누는 것이 좋을 듯합니다. 예문이나 경전 등에 관하여는 굳이 나 같은 귀머거리와 장님의 귀와 눈을 빌려 가부를 시험할 필요가 없는 것이니, 성실을 위주로 하는 군자의 도리도 또한 이와 같아야 할 것입니다.

盛問之下, 終不能緘嘿, 略陳鄙見. 自古禮有因革, 非苟爲異, 以其俗尙之漸
變而然也. 故曰: "君子行禮, 不苟變俗." 苟其大體存焉, 則儀節之稍變從
俗, 勢也. 如殷人練而後祔, 周人何爲而卒哭而祔, 質家大事用日中, 文家何
爲而用朝乎?[322] 此皆無關于大事, 而若是之類, 似皆從俗而然也. 秦火之
餘, 古經不全, 漢儒掇拾成編, 而其爲全經則未也. 自叔孫通 · 曹襃[323]以後,
一王之禮, 雜用古今, 而過於從俗; 古禮之湮而無傳, 職由於此. 此識者之
恨也. 自此以後至唐, 諸家箋疏明白, 而士大夫家所行之禮, 皆不過因俗裁
定而已. 『開元禮』出而後, 遂爲天下貴賤通用之禮. 有宋諸儒皆不過因此增
損; 魏公『祭儀』, 并採七家, 而亦不出於『開元禮』, 溫公因之而有『書儀』,
朱子因『書儀』而有『家禮』, 其大義雖從古禮, 而其間儀節則多未免從俗矣.
此豈皆好異而然哉? 今公以『家禮』之侑食在三獻之後, 讀祝在初獻大失聖人
之本意爲言, 愚以爲不然. 古禮有尸, 故未迎尸前, 設神席陳饌, 讀祝以享
神, 旣迎尸後三獻, 皆有侑食告飽之節. 後世無尸, 則其勢不得不讀祝於初
獻之後-『開元禮』已然.-, 無享尸之節, 則其勢不得不侑食於三獻之後矣. 公以
是爲非, 則公之意, 其欲讀祝於降神之後, 三獻皆侑, 如享尸之節耶? 願欲
聞之. 古禮甚繁, 「家禮』省而從簡, 不必以是爲非矣. 灌炳之僭, 溫公已言,

---

322 質家……朝乎: 質家는 質을 숭상하는 殷나라를 가리키고, 文家는 文을 숭상
하는 周나라를 가리킨다. 大事는 喪事를 가리킨다. 殷나라 사람은 백색을
숭상하고 喪事에서 日中에 斂襲을 하며, 周나라 사람은 적색을 숭상하고
상사에서 日出 때 염습을 한다고 한다. 『禮記大全 檀弓 上』

323 叔孫通 · 曹襃: 叔孫通은 秦나라 二世의 신하였다가 漢나라 高祖의 신하가
되어 漢나라의 朝儀를 제정한 사람이다. 曹襃는 後漢 때 학자로 叔孫通을
사모하였으며, 章帝의 명을 받아 冠禮 · 婚禮 등의 제도 1백 50편을 써 올리
고, 『禮記』 49편에 대한 註說을 내는 등 禮書에 관한 저술도 많이 남겼다.

而代以焚香酹酒. 朱子亦曰: "灌獻爇蕭, 乃天子諸侯禮." 丘氏曰: "後世焚香祭神, 雖非古禮, 通用已久, 鬼神亦安之矣." 按『開元禮』大夫士以下祭禮, 皆有爇爐炭蕭稷膟膋之文, 則自唐已許, 用之固無妨. 且焚香酹酒, 卽求神於陰陽之義, 其義精微, 丘氏神亦安矣之說, 是矣. 公能以其涉于僭而廢之否? 至若魏公『祭儀』, 十月朔燒獻寒服之禮, 必是當時謬禮而魏公行之. 若是之禮, 準于古而無據, 適足爲後世巫祝之俗習也, 則亟去之無疑矣. 豈可以此之類而一切麾斥而非之哉? 公之好古之意, 誠爲欽歎, 第未知其能擺脫唐宋以後程朱子所行之禮而獨行之否? 聖人寧儉寧戚[324]之訓, 雖未合于中庸, 而至矣盡矣. 區區末節之從違, 何必一一從古而非今耶? 今世俗節薦獻, 古所無, 公能一切反古而不行耶? 以祖先之神道言之, 旣安于此, 則不可以一時好古之義而有所移易也. 此等禮, 有王者作, 定爲一王之禮而後可也. 然愚之意, 則細瑣節目, 不足恤也. 本乏見識, 凡所論列, 不過依樣先儒之說, 爲掩拙因循之計, 自知其才之短拙而然也. 然若有十分眞正之論, 則愚雖鄙劣, 何敢立異於同好之間而執迷不悟耶? 此等說話, 旣未相合, 則無異於甲乙互爭, 同歸未易. 此後書疏, 只合道寒暄情素而已; 若論禮論經等語, 不當借視聽於聾瞽而試其然否也. 君子誠實之道, 亦如是耳.

---

324 寧儉寧戚: 林放이 禮의 근본을 물으니, 공자가 "훌륭한 질문이다. 예는 사치하기보다 차라리 검소한 편이 낫고, 상은 형식을 잘 갖추기보다 진정으로 슬퍼하는 편이 낫다.〔林放問禮之本. 子曰: '大哉問! 禮與其奢也, 寧儉; 喪與其易也, 寧戚.〕"이라 한 데서 온 말이다. 『論語 八佾』

13. 권기명에게 답한 편지

答權旣明書 갑진년(1784, 73세)

보내온 편지에,

"지난번 편지에서 경서(經書)와 예(禮)를 담론하시며 구름과 안개
가 걷히듯 의심을 풀어주신 가르침을 받고 저도 모르게 두려워 가
슴이 서늘했습니다. 철신(哲身)은 전일에 문의(文義)에만 얽매여
있고 실지 소득은 없어 큰 죄를 짓고 말았으니, 스스로 생각건대
조석으로 허물을 고치기에도 겨를이 없는 터에 어찌 감히 다시 논
설을 늘어놓겠습니까. 그리하여 그동안 저의 미혹한 소견을 기록
해 두었던 것을 모두 찢어버리고, 이제 죽기 전까지 오직 입을 다물
고 자신을 수양하여 큰 잘못에 빠지지 않는 것이 아마도 최상의
방법이라고 생각합니다."

하였다.

공의 편지를 받고 보니 전일의 태도와는 크게 달라 불교의 기미를
많이 띠고 있으니, 공이 어찌하여 이러한 말을 하는 것입니까? 성인
이 가신 지 오래되고 성인의 말씀도 사라져 오직 가르침만 남아 있으
니, 후학들이 이를 읽고 그 뜻을 궁구하여 실천하는 것이 바로 우리
유자(儒者)의 법문(法門)입니다. 문의(文義)에만 얽매여 실지 소득
이 없는 것은 명선(明善)·성신(誠身)의 의리(義理)에 실제 공부를
하지 않아서 그런 것일 터입니다. 그것이 병통임을 알았으면 응당
훈고(訓詁)나 살펴보고 찾던 습관을 벗어나서 사물(四勿)과 삼귀(三
貴) 같은 항목에 실제 노력하여 오래도록 공부를 쌓아야 할 것입니다.

그렇게 하면 절로 마음과 이치가 하나가 되어 마음은 굳이 잡지 않아도 보존되고 의리는 굳이 파고들지 않아도 밝아지는 데 거의 가까워질 것입니다. 어찌 이 때문에 경학(經學) 공부를 포기하고 큰 죄인으로 자처한단 말입니까!

그리고 또 죽기 전까지 오직 입을 다물고 자신을 수양하여 큰 잘못에 빠지지 않는 것이 최상의 방법이라고 했으니, 이것이 소림사(少林寺)에서 달마(達摩)가 면벽하고, 조석으로 아미타불을 외우면서 지난 허물을 참회하고 부처 앞에 간절히 빌어 천당(天堂)에 태어나고 지옥(地獄)으로 떨어지지 말게 해 달라고 하는 것과 무엇이 다르겠습니까? 나는 공이 여기에서 이런 말을 할 줄은 참으로 알지 못했습니다.

原書云: "向承談經論禮雲消霧散[325]之敎, 不覺怳然于中. 哲前日之纏繞文義, 無所實得, 得爲大罪; 自念朝夕救過不暇, 何敢更有論說耶? 以此向來迷見箚錄者, 一倂毁棄, 未死之前, 惟嘿以自修, 毋陷大惡, 恐爲究竟法耳."

承喩公書, 大異前日規模, 頗帶伊蒲塞[326]氣味, 公何爲而有此言耶? 聖遠言湮, 惟有遺訓, 後學讀此而窮其義, 爲踐行之實, 自是吾儒法門也. 纏繞文義, 無所實得, 是於明善誠身[327]之義, 不加實功而然矣. 若知其爲病, 則只

---

325 雲消霧散: 의심이 구름과 안개가 걷히듯이 환히 풀림을 비유한 말이다. 朱子의 『經筵留身面陳四事箚子』에 보인다. 『朱子大全 14권』

326 伊蒲塞: 梵語 優婆塞 Upāsaka의 異譯으로, 五戒를 받은 남자 신도를 일컫는 말인데, 불교를 가리키는 말로 쓰인다.

當灑脫於考求訓詁之間, 實然用力於四勿[328]三貴[329]之目, 而積累之久, 自當心與理一, 心不待操而存, 義不待精而明者, 庶乎其近之矣. 豈可以此而棄經學之功, 而自分爲大罪耶? 來書又云: "未死之前, 嘿以自脩, 毋陷太惡, 爲究竟法." 此何異於少林面壁, 朝夕念阿彌陀佛, 懺悔前過, 懇乞佛前, 得生天堂, 求免墮落地獄之意耶? 愚於此誠不知公之有此言也.

---

327 '不明乎善不誠其身'을 이른 말로, 『孟子』 「離婁上」과 『中庸章句』 20장에 보인다. 이는 善이 무엇인지 분명하게 알지 못하면 사물의 이치를 궁구하여 至善이 어디에 있는지 알 수 없기 때문에 善을 실천할 수 없게 된다는 뜻이다.

328 四勿 : 顔淵이 仁을 실천하는 조목을 물으니, 孔子가 "예가 아니면 보지 말며, 예가 아니면 듣지 말며, 예가 아니면 말하지 말며, 예가 아니면 움직이지 말라.〔非禮勿視, 非禮勿聽, 非禮勿言, 非禮勿動.〕"한 데서 온 말다. 『論語 顔淵』

329 三貴 : 曾子가 "군자가 도에 귀한 것이 세 가지 있으니, 용모를 움직임에 포만함을 멀리 하며 안색을 바르게 함에 믿음에 가깝게 하며 말을 냄에 비루하고 도리에 어긋남을 멀리하라.〔君子所貴乎道者三: 動容貌, 斯遠暴慢矣; 正顔色, 斯近信矣; 出辭氣, 斯遠鄙倍矣.〕"한 데서 온 말이다. 『論語 泰伯』

14. 권기명에게 답한 편지

答權旣明書 갑진년(1784, 73세)

접때 공의 편지는 예전과는 내용이 매우 달랐으니, 이것이 내가 불교의 기미가 있다고 말한 까닭입니다. 문의(文義)에 얽매이는 것은 본래 유학(儒學)에서 면할 수 없는 바이거늘, 공이 자신의 큰 죄라고 하는 것은 무슨 까닭입니까? 끝내 실제 소득이 없는 것이 자기의 잘못입니다. 그것이 병인 줄 알았으면 곧 약을 쓰는 것이 본래 우리 유가(儒家)의 법문(法門)입니다. 잘 연구하고 잘 변석(辨析)하는 공의 재주로 명선(明善)과 성신(誠身) 양쪽 모두에 힘을 쓰는 공부로 머리를 돌리지 않고, 어찌하여 입을 다물고 자신을 수양하여 큰 잘못에 빠지지 말아야겠다는 말을 하는 것입니까?

지난번 영남 유생의 말을 들으니, 또 사흥(士興)이 와서 『칠극(七克)』을 빌려 갔다고 하기에 마음속으로 의아하게 여겨 "『칠극』은 사물(四勿)에 대한 주석이니, 비록 뼈를 찌르는 듯한 절실한 내용이 더러 있기는 하지만 이 책에 무슨 취할 점이 있겠는가." 했습니다. 그 뒤에 전해 듣기로 "양학(洋學)이 크게 번지는데 아무 아무개가 주동자이고, 아무 아무개는 그 다음이고, 그 나머지 따라 동화된 사람들이 얼마나 되는지 모른다." 하기에, 너무나 놀랐습니다. 이미 남들에게 소문이 낭자하게 퍼졌고 보면, 서로 좋아하는 사이에 굳이 사실을 은폐할 필요가 없을 것입니다.

노(老)·불(佛)·양(楊)·묵(墨)은 그 길이 우리 유학과는 다르기 때문에 그 폐단이 결국 허무(虛無)·적멸(寂滅)·무부(無父)·무군(無君)으로 돌아가고 말았으니, 이것이 이단(異端)이 된 까닭입니다. 지금 이른바 '천주학(天主學)'이라는 것은 바로 불씨(佛氏)가 이름만 바꾼 것일 뿐입니다. 내가 그 대의를 대략 보았는데, 천당과 지옥이 같고, 마귀가 같고, 재소(齋素)가 같고, 군신·부자·부부의 인륜이 없는 것이 같으며, 십계(十誡)는 칠계(七戒)와 다르지 않고, 사행(四行)은 사대(四大)와 같습니다. 그 나머지는 이루 다 열거할 수 없는데, 대저 세상을 구원한다고 주장합니다.

구마라집(鳩摩羅什)과 달마존자(達摩尊者)는 모두 세상을 구원한다는 목적으로 바다를 건너 중국까지 와서 자기들의 교화를 폈는데 마테오릿치도 이와 같은 데 불과할 뿐입니다. 고인은 석씨(釋氏)는 자기 자신만을 위하는 사심으로 생사(生死)를 벗어나고자 해서 수행한다고 지적했는데, 지금 천주학을 하는 자들도 밤낮으로 기도하면서 지옥에 떨어지는 것을 면하게 해달라고 빌고 있으니, 이는 모두 불학(佛學)입니다.

제군들이 평소에 그렇게도 불교를 배척했으면서 지금 이 천주학에는 손을 묶어둔 채 좌시하고 있으니, 천주학에 틀림없이 사람을 감동시킬 만한 특별한 글이 있어 그러한 것일 터입니다. 그러므로 전번 편지에서 청했던 것은 까닭이 있었던 것입니다. 이제 듣건대 덕조(德操)가 다소의 서책을 가지고 갔다고 하니 지금쯤 이곳을 지났을 터입니다. 그런데 나를 찾아보지 않았으니, 그 까닭을 알지 못하겠습니다. 어찌 공부의 길이 달라 서로 얘기할 것이 없기 때문이 아니겠습니까. 남을 선(善)으로 인도한다는 천주의 뜻은 필시 이와 같지 않을 것입니다.

그러나 명덕(明德)을 천하에 밝히려는 성인은 그 세상을 구제하려는 뜻이 어떠하겠습니까! 어찌하여 굳이 우리 명교(名教)의 즐거운 곳을 버리고 천당에 태어나기를 바란단 말입니까? 이른바 '중국의 법도로 오랑캐를 변화시킨다는 말은 들었어도 오랑캐에 의해 변화된다는 말은 듣지 못했다.'는 것이 바로 이를 두고 한 말입니다. 내 뜻을 이해하고 다시 가르침을 주기 바랍니다.

頃者公書, 大異前日, 此僕所以有伊蒲塞[330]之語也. 繳繞文義, 自是儒學之所不免, 公引以爲大過, 何也? 終無實得, 是自己之過也. 旣知其病, 則旋下其藥, 自是吾家法門. 以公善究覈善辨析之才, 不爲回頭於明善誠身交致其工之業, 而有此默以自脩無陷大惡之語耶? 頃者聞嶺儒之言, 復見士興來借『七克』[331], 心竊疑之而謂之曰: "七克是四勿註脚, 雖或有刺骨之談, 何取於斯耶?" 其後轉聞洋學大熾, 某某爲首, 某某次之, 其餘從而化者, 不知幾何云, 不勝驚怪. 旣已浪藉於人, 則不必掩遮於相好之間矣. 老佛楊墨, 以其道之不同於吾儒, 故其弊也歸於虛無寂滅無父無君[332]之教, 此所以爲異端也.

---

330 伊蒲塞 : 梵語 優婆塞 Upāsaka의 異譯으로, 五戒를 받은 남자 신도를 일컫는 말인데, 불교를 가리키는 말로 쓰인다.

331 『七克』: 스페인 출신의 예수회 선교사 디다체 데 빤또하(Didace de Pantoja, 1571~1618)가 지은 책이다. 그의 중국 이름은 龐迪我이고 자는 順陽이다. 1600년 마테오 리치를 따라 북경에 가서 선교 활동을 하였다. 이 책은 일곱 권으로 되어 있는데 천주교의 伏傲・平妬・解貪・熄忿・塞饕・坊淫・策怠 등 7론의 설을 논하였다. 『四庫提要 子 雜家類存目』

332 無父無君 : 맹자가 "楊朱는 자기만을 위하니 이는 임금이 없는 것이요, 墨翟은 사람들을 똑같이 사랑하니 이는 아비가 없는 것이다. 아비가 없고 임금이 없으면 이는 금수이다.〔楊氏爲我, 是無君也; 墨氏兼愛, 是無父也. 無父無

今所謂天學, 是佛氏之變其名者爾. 愚亦略觀大意, 天堂地獄一也, 魔鬼一
也, 齋素一也, 無君臣父子夫婦之倫一也, 十誡與七戒[333]不異, 四行與四大
亦同, 其餘不能枚擧, 而大抵以救世爲言. 鳩摩羅什・達摩尊者, 皆以救世
涉重溟到中國, 以宣其化; 利瑪竇等亦不過如是而已. 古人謂釋氏自私欲超
脫生死而然也, 今爲天主之學者, 晝夜祈懇, 祈免墮於地獄, 是皆佛學也. 諸
君平日常斥佛而今束手於此, 則必有別般文字可以動人者而然也. 是故, 前
書之請有以也. 今聞德操抱多少書而進去, 今者過此不見, 未知其故也. 豈
以其道不同而不相謀[334]耶? 天主導人爲善之意, 必不如此也. 然聖人明明德
於天下者, 其救世之意, 爲如何哉! 何必捨名敎之樂地而求生天堂乎? 所謂
聞用夏變夷未聞變於夷[335]者此也. 幸諒更敎之也.

君, 是禽獸也.〕"하였다. 『孟子 滕文公下』

333 七戒 : 七은 五의 오자일 듯하다.

334 道不同而不相謀 : 孔子가 "도가 같지 않으면 그와 더불어 도를 도모하지 못한
다.〔道不同, 不相爲謀.〕"하였다. 『論語 衛靈公』

335 聞用夏變夷未聞變於夷 : 맹자가 "나는 중국의 법을 써서 오랑캐의 도를 변화
시켰다는 말은 들었고, 오랑캐에 의해 변화되었다는 말은 듣지 못하였다.〔吾
聞用夏變夷者, 未聞變於夷者也.〕"하였다. 『孟子 滕文公 上』

15. 권기명에게 답한 편지

與權旣明書 갑진년(1784, 73세)

요즘 어버이를 모시고 지내는 근황이 어떠한지요? 일전에 두 차례 서신에서 내 뜻을 대략 털어놓았는데 어떤 곳은 답을 하되 정작 내가 물은 실사(實事)에는 답하지 않고 어떤 곳은 아예 답을 하지 않았더이다. 아마도 일이 바쁘고 편지를 전달할 사람이 너무 바빠 서둘러 그렇게 된 것일 듯합니다. 변변찮은 생각이 있어 다시 앞의 견해를 되풀이해서 다 말하고자 하니, 이는 오로지 서로 잠계(箴戒)·규간(規諫)하는 뜻에서 나온 것입니다. 이를 늙은이 잠꼬대로 치부하여 물리치지 말고 뜻을 굽혀 들어주기 바랍니다.

붕우 사이는 서로 규간·잠계하는 것이 좋으니, 만약 서로 규간·잠계하지 않고 다만 듣기 좋은 말만 하려고 하면 이것이 과연 서로 돕는 붕우의 도리이겠습니까. 세상에서 말하는 붕우란, 이른바 얼굴만 아는 벗이지 뜻을 같이하는 벗은 아닙니다. 그러나 내가 공에게까지 어찌 차마 얼굴만 아는 벗으로 상대하여 오직 말하는 대로 따를 수 있습니까. 나는 원래 재주가 부족하고 식견도 보잘 것 없어 감히 학문을 토론하는 말석에도 끼일 수 없다는 것은 전에 이미 공에게 말했으니, 어찌 감히 다시 이렇게 떠들 수 있겠습니까. 부득이한 점이 있어 다시 말하는 것입니다.

공은 젊어서부터 학문을 하여 지금까지 이미 많은 세월이 지났으니, 그야말로 나이가 높고 덕이 높다고 할 수 있는데, 종내 우리 학문에 결정된 주견이 없어 새로운 뜻을 주장하는 데만 힘쓰고 선유(先儒)

를 믿고 따르는 뜻이 적으며, 다른 뜻만 찾으려 할 뿐 침잠하여 면밀히 연구하는 공부는 없습니다. 그리하여 함양(涵養)하는 실제 공부에는 힘을 쓰지 않아 본원(本源)인 마음이 견고하지 못하며, 이미 정해져 있는 성현의 말씀을 그대로 따르지 않고 자기 생각을 마음대로 표출합니다. 이런 까닭에 마음이 만나는 상황에 따라 변하고 사물을 보면 이끌려가, 남이 주경(主敬)공부가 옳지 않다 하면 공도 덩달아 옳지 않다 하고, 남이 미발(未發)의 해석이 옳지 않다고 하면 공도 덩달아 옳지 않다고 하며, 남이 인심(人心)·도심(道心)이라는 말은 순(舜) 임금의 말이 아니라고 하면, 공도 덩달아 그렇다고 합니다. 그리하여 색다른 것을 좋아하는 남의 말을 듣고는, 깊이 연구해 보지도 않고 덩달아 맞장구를 치니, 공의 병통이 전적으로 주경(主敬)·미발(未發)을 옳지 않다고 하면서 본원(本源)인 마음을 수양하는 공부에 힘 쓰지 않은 데 원인이 있습니다.

이제 공이 또 서양의 학문을 듣고서 경박한 젊은이들의 앞잡이가 되고 말았으니, 지금 세상에 사문(斯文)이 기대하고, 친구들이 의지하고, 세인들이 촉망하고, 젊은이들이 종주(宗主)로 떠받드는 이가 공 말고 누가 있겠습니까. 그런데 이렇게 갑자기 이단의 학문에 빠지고 말았으니, 과연 어찌해서 그러한 것입니까? 내가 보기에는 서양 사람들의 말은 비록 장황하고 박식하지만 모두 불교의 찌꺼기를 주워 모은 것으로 선가(禪家)의 정미한 이론에 반도 미치지 못합니다. 차라리 식심(識心)이니, 견성(見性)이니 하는 달마(達摩)·혜능(慧能)의 말을 따를지언정 밤낮 기도나 하는 무당과 다를 바 없는 서양 사람들의 짓거리를 어찌 따를 수 있단 말입니까. 이런 짓을 해서 과연 지옥을 면한다 해도 뜻 있는 사람이면 하지 않을 터인데, 하물며 우리 유학을 하는 사람들이야 말할 나위 있겠습니까. 이는 성문(聖門)의 도깨비요 유림(儒林)의 해충이니 속히 내쫓아야 할 것입니다.

지금 듣건대 아무 아무개가 서로 약속해서 신학(新學)을 공부하고 있다는 소문이 오가는 사람들 입에 낭자하니, 이들은 모두 공의 절친한 벗 아니면 공의 문도들입니다. 공이 만약 억제했으면 이렇게까지 날뛸 리가 있겠습니까. 공이 그들을 억제하지 못했을 뿐 아니라, 또 덩달아 파란을 더 조장하는 것은 무슨 까닭입니까? 접때 국손(菊孫)이 이곳에 들러 이러한 문제를 대략 얘기하기에, 나는 그렇지 않을 것이라 했는데도 그가 계속 강변하여 마지 않았습니다. 나는 그것이 이미 그의 집안에서 듣고서 그렇게 말하는 것임을 알고 있었습니다.

도가(道家)가 노군(老君)을 존경하는 것이나, 석씨들이 석가를 존경하는 것이나, 서양 사람들이 예수[耶蘇]를 존경하는 것이 그 이치는 같은 것입니다. 이 삼가(三家)의 학문은 모두 그 쪽 사람이 해야 할 것이지 우리 유가에서 배울 것은 아닙니다. 서양 학문이 뒤에 나왔으면서도 노씨(老氏)·석씨보다 더 높은 자리를 점거하고 싶어서 그야말로 무상의 천주(天主)를 내세워 마치 천자(天子)를 끼고 제후(諸侯)들을 호령하듯이 제가(諸家)로 하여금 반박하지 못하게 만드니, 그 계략이 또한 교묘합니다.

그러나 내가 대략 그들의 서책을 보았더니, 온갖 허점이 보였으며 그 주장이 허탄(虛誕)하여 성현을 헐뜯은 곳이 한두 군데가 아니었습니다. 그러면서 모두 참된 도가 어디에 있는지를 알지 못한다고 하니, 이는 거리낌 없이 방자한 것입니다. 우리 유자들이 이를 분명히 변석하여 여지없이 배척하지 못하고 도리어 옷깃을 여민 채 손을 묶고 앉아 있으니, 저들의 서책에 무슨 확실하고 분명한 이치를 본 것이 있기에 이러한 것입니까?

대저 서양 사람들이 실로 이류(異類)가 많아 그 총명과 재변, 기예(技藝)와 법술(法術)은 중국 사람이 미칠 수 없기 때문에 사람들이 많이 여기에 굴복되어 그들의 학문까지 믿게 되었다고 하는데 어찌 그렇겠습니까. 그들의 학문이 황당무계하고 괴상망측하기는 실로 저 노씨(老氏)와 석씨(釋氏) 이가(二家)와 다를 바가 없는데, 지금의 유자들이 저 이가는 이단으로 배척하면서 도리어 이쪽을 참된 학문이라고 하니, 사람들이 미혹에 빠지는 것이 이 정도로까지 심합니다. 이것이 바로 세도(世道)의 부침(浮沈)과 학문의 사정(邪正)이 나뉘는 큰 분기점입니다.

아! 천하가 생긴 지 오래입니다. 기화(氣化)의 운행에 따라 순수한 기운이 흐려지고 질박(質朴)한 기운이 흩어짐에 태평한 날은 적고 혼란한 날이 많으며, 군자의 도(道)는 위축되고 소인의 도는 신장되며, 정학(正學)은 사라지고 사설(邪說)이 힘을 떨쳐 시대가 내려갈수록 세도(世道)가 점점 낮아지고 있으니 어찌 근심할 일이 아니겠습니까.

서양사람 예수란 이름은 바로 세상을 구제한다는 뜻이고 그들이 높이 떠받드는 이는 천주(天主)입니다. 그리고 권선징악(勸善懲惡)하면서 천당ㆍ지옥의 설을 만들어 놓은 것은 저 노씨ㆍ석씨와 같은데, 그들이 늘 말하여 사람들을 유도하는 것은 천주이며 천당이며 지옥이니, 대의는 단지 이것일 뿐입니다.

내가 그들의 말에 따라 설명해 보겠습니다.

그들이 천주가 있다고 하고 우리도 천주가 있다고 하니, 천주는 바로 상제(上帝)입니다. 『시경(詩經)』ㆍ『서경(書經)』에서 상제를 말했고, 성인이 하늘을 말한 것은 분명한 기록이 있으니, 어찌 사실이 없는 것을 가탁하여 말했겠습니까. 그들이 천당이 있다고 하고 우리도 천당이 있다고 하니, 『시경』에 "문왕(文王)이 오르내리며 상제 곁에 계신다."라 하였고, 또 "삼후(三后)가 하늘에 계신다."라 하였으며, 『서경』에 "많은 선대 철왕(哲王)이 하늘에 계신다."라 하였으니, 이미 상제가 있는 바에야 어찌 상제가 살고 있는 곳이 없겠습니까. 저들은 지옥이 있다고 하고 우리는 지옥의 형벌을 말하는데, 저들의 지옥이라는 것은 성왕(聖王)이 형벌을 제정한 이치와 다르니 매우 의심스럽습니다. 성왕의 형벌은 미연에 방지하기 위해 만든 것이니, 얼마나 인자합니까. 지옥의 형벌은 살았을 때는 무슨 짓을 하든지 내버려 두었다가 죽은 뒤에야 그 영혼에게 죄를 소급하여 묻는 것이니, 백성을 그물질하는 데 가깝지 않겠습니까? 지금 그들의 책을 보면, 이른바 지옥의 형벌이라는 것이 거의 인간 세상의 형벌과는 비교할 수조차 없으니, 지극히 인자해야 할 상제의 마음으로 어쩌면 그렇게도 참혹하고 모질단 말입니까.

그들은 또 "사람의 영혼이 영원히 흩어지지 않고, 선악의 과보를 받는다."라고 하는데, 이러한 영혼의 이치는 아득하여 무어라 단정할 수 없습니다. "사람이 죽은 뒤 혼백이 빨리 흩어지기도 하고 늦게 흩어지기도 한다."는 선유(先儒)의 설이 옳을 듯합니다. 만약 그들의 주장대로라면 아득한 옛날 인류가 세상에 나온 이후로 그 숫자가 지극히 많으니, 지옥과 천당이 제아무리 넓다 해도 그 영혼들을 어디에다 다 수용하겠습니까? 사람의 이치로 미루어 보면, 옛날부터 지금까지 사람들이 모두 장생불사(長生不死)한다면 사람의 수가 지극히 많을 터이니, 어떻게 이 세상에 다 수용할 수 있겠습니까. 예전에 불서

(佛書)를 보았더니, "발우(鉢盂) 하나에 60만 보살(菩薩)이 들어갔다."고 하니, 이것이 과연 사실이겠습니까. 이것이 그 설의 허황한 점입니다. 그러나 우선 그 설을 따르고 배척하지 않고서 말해 본다면, "선한 자에게 상을 내리는 천당이 있으면 악한 자에게 벌을 내리는 지옥도 있다."고 하는 것은 혹 그럴 법도 합니다. 그러나 그 천당, 지옥을 누가 보았단 말입니까? 그것이 전기(傳記)에 남아 있는 것이나 민간에 전해오는 얘기로 말하자면 결국 황당무계한 말이니 제쳐두고 무시해야 옳을 것입니다.

『진서(晉書)』를 보면 왕탄지(王坦之)는 승려 축법사(竺法師)와 명리(名理)를 토론하는 벗이었는데 늘 천당과 지옥에 대한 의심이 있어 먼저 죽은 자가 와서 알려 주기로 서로 약속하였습니다. 하루는 축법사가 와서 말하기를, "내가 이미 죽었는데, 지옥이 있다는 설은 사실이 아니니, 그저 도덕을 부지런히 닦아 하늘로 올라야 할 뿐이다." 했으니, 이는 지옥이 없다는 말입니다. 그러나 이는 말할 게 못 됩니다. 지옥이 있는지 없는지는 굳이 많은 말을 할 필요가 없으니, 성인은 괴력난신(怪力亂神)을 말하지 않았습니다. 괴(怪)란 드물게 있는 것이고, 신(神)은 형체가 없는 것이니, 드물게 있고, 형체가 없는 것을 가리켜 말하여 마지 않는다면 그 폐단이 어디까지 이르겠습니까. 이런 까닭에 성인이 말씀하지 않았던 것입니다.

우리 유가(儒家)에서 상제를 섬기는 도리로 말하면 상제가 내려주신 성품, 천명(天命)의 성품은 그 모두가 다 하늘에서 받아 스스로 가지고 있는 것입니다. 『시경』에 "상제가 네 곁에 계시니 네 마음에 의심을 두지 말지어다." 하였고, "상제를 대한 듯이 하라." 하였고, "천명(天命)을 두려워하라." 하였으니,-이는 천지 형체를 말하는 하늘이 아니고 바로 천주(天主)의 하늘을 말한 것이다.- 이 모두가 우리 유자들의 계구(戒懼)·근독(謹獨)·주경(主敬)·함양(涵養)의 공부가 아 님이 없습니다. 상제를 높이 섬기는 도리가 어찌 이보다 더 나은 것이 있겠습니까. 서양 사람들의 말을 굳이 빌리지 않아도 더욱 분명합니다.

통탄할 노릇은 서양 사람들이 상제를 자기들의 사주(私主)로 생각 하고 중국 사람들은 상제를 모른다고 하는 것입니다. 그들은 꼭 하루 에 다섯 번 하늘에 예배하고 7일에 한 번 재소(齋素)하고, 밤낮으로 기도하여 지은 죄를 용서해 달라고 해야지만 비로소 하늘을 섬기는 일이 된다고 하니, 이것이 어찌 불가(佛家)의 참회와 다르겠습니까? 우리 유가의 학문은 광명정대하기가 마치 높고 넓은 천지, 밝게 비치 는 일월과 같아서 털끝만큼도 은미하고 황홀하여 알기 어려운 이치가 없거늘 어찌하여 이것을 하지 않고 도리어 저들의 가르침에 참된 도 가 있다고 한단 말입니까?

저들의 학문에 이르기를 "이 세상은 현세(現世)인데 현세의 화복 (禍福)은 잠시이니, 만세를 두고 고락(苦樂)을 받는 후세의 천당·지 옥의 화복에 비하면 아무 것도 아니다."라고 합니다. 내가 이에 다음 과 같이 말합니다.

"천주 상제가 이 세상에 상·중·하 삼계(三界)를 만들어 상계(上 界)에는 상계의 일이 있고, 중계·하계도 각각 저마다의 일이 있으 니, 상계와 하계의 일이라는 것은 인간으로서 측량해 알 수 있는 것이 아니다. 중계의 사람 일로 말하면, 사람이 되는 도리가 수기 (修己)·치인(治人)에 불과한데, 수기·치인에 관해서는 모두 책 에 갖추어져 있으니, 그대로 따라 실천하면 절로 실천할 수 있는 도리가 있다. 이른바 세상을 구제한다는 서양 학문이라도 어찌 이보다 더하겠는가. 그들이 명색은 비록 세상을 구제한다고 하지만 사실은 오로지 개인의 사욕을 위한 것으로 도교나 불교와 다를 것이 없다. 그들이 말하는 세상을 구제한다는 것은 성인의 명덕(明德)·신민(新民)의 일과는 공사(公私)·대소(大小)의 차이가 대체 어떠한가. 그 유폐는 장차 없는 것을 있다고 하고, 허황한 것을 사실이라고 하여 온 세상을 환망(幻忘)한 곳으로 몰아넣고 말 것이다. 이에 인심은 선동되어 후세에 이른바 연사(蓮社)·미륵(彌勒) 같은 무리들이 꼬리를 물고 일어나 요망한 도적의 효시가 되어 난리가 그칠 날이 없을 터이니, 그때 가면 그 못된 짓을 처음 시작한 죄를 반드시 받을 사람이 있을 것이다. 우리가 이미 이 현세에 태어났고 보면 응당 현세의 일을 하고 경전에서 가르친 대로 따라 실행하면 그만이니, 천당과 지옥이 나에게 무슨 상관이 있겠는가."

일전에 우사(于四)가 와서 유숙하면서 얘기가 천주학에 미치자 그가 말하기를,

"서양에서도 이 천주학을 금지하려고 죽인 사람이 천 명, 만 명이 넘었으나 끝내 금지하지를 못하였고, 일본에서도 이 천주학을 금하려고 수만 명을 죽였다고 하는데, 우리나라라고 그런 일이 없으리라는 보장이 어디 있겠습니까. 더구나 지금 당론이 분열되어 피차 틈만 노리면서 상대편의 좋은 점은 가리고 나쁜 점만 들추어내는 판국에 가령 누가 이를 빌미로 상대편을 일망타진하려는 계책이라도 세우는 날에는 몸을 망치고 이름을 더럽히는 욕을 당하고 말 것입니다. 이런 때에 이르러서 천주가 구제해 줄 수 있겠습니까. 천당의 즐거움을 미처 누리기도 전에 세화(世禍)가 닥칠 염려가

있으니 삼가지 않을 수 있겠으며 두려워하지 않을 수 있겠습니까."
라 하였습니다. 공들은 이미 천주학에 빠졌으니, 마음을 씻고 발길
을 돌려 그 폐습을 털어 버리지 않고 도리어 나를 지목하여, "지옥
은 바로 아무개를 위해서 만들어진 것이다."라고 한다면, 나는 이
말을 달게 받아들이고 차마 더 이상 이런 말을 하지 않겠습니다.

작일에 유옥경(柳玉卿)이 전목재(錢牧齋)가 쓴 『경교고(景敎考)』
한 대목을 적어 보냈는데, 그 중에,

"대진(大秦)은 지금 서양 오랑캐 신부로서 문자깨나 안다는 자인
데, 입술에 기름칠을 하고 혀를 놀려 함부로 말을 하니 비록 취할
만한 오묘한 견해가 있다 하더라도 그들이 행하는 교리는 서양 오
랑캐들이 하는 일에 불과하니, 분명히 불교의 한 지류 중에서도
가장 수준이 낮은 것이다."

하였는데, 그의 말이 바로 내 주장과 합치합니다. 전목재는 그 당시
사람이니 어찌 본 바가 없이 이렇게 말했겠습니까. 이로써 말하면
중국의 선비들은 필시 이 천주학을 존신(尊信)하지 않았을 깃임을
알 수 있으며, 믿고 따르는 자들은 시정(市井)과 여항의 어리석은
백성들에 불과했던 것입니다. 그런데 공들은 중국 선비들의 학문은
따르지 못하고 도리어 어리석은 백성들과 같은 짓을 하고 있으니,
어찌 부끄럽지 않겠습니까.

이 문제야말로 큰 시비(是非), 큰 이해(利害)가 걸려 있는 문제이
기 때문에 번거로움을 마다 않고 길게 말을 늘어놓아 가르쳐 주기를
바라니, 속히 지론(至論)을 내려 이 우매한 견해를 깨뜨려 주면 고맙
겠습니다.

「천학설문(天學設問)」은 베껴 보내고자 했으나 베껴 쓰기가 매우

어려워 보내지 못합니다. 우사가 베껴 갔으니, 어쩌면 볼 수도 있을 것입니다. 그러나 모두가 망발이니, 어떻게 이미 확정해 놓은 공들의 학문 견해를 움직일 수 있겠습니까.

사흥(士興)은 소식이 오래 끊겼는데 혹 안부는 듣고 있는지요? 만약 인편이 있으면 이 편지를 그에게로 보내되 보고 나서 불태워 버리라는 말도 해주기 바랍니다. 이만 줄입니다.

不審辰下侍履如何? 日前再度候書, 略攄鄙意, 或見答而不答所問之實事, 或不賜答, 似以事故之悤悤, 行人之忙遽而然也. 竊有微意, 又申前見而索言之, 直出箴規之意, 不以老耄之囈語而麾斥之, 試屈意而垂聽焉. 朋友之義, 貴在規箴, 若不規箴而徒以諛佞爲意, 則是果朋友相與之義耶? 世所稱朋友, 所謂面朋[336], 非同志爲友之友也. 僕之於公, 安忍以面朋爲期, 而惟其言之是從乎? 僕本不才, 知見鹵莽, 不敢與論於講討之末, 前已與公言之矣; 豈敢復此煩聒? 而盖有不得已而爲也. 公自少爲學, 至此已多年矣, 可謂年高德卲, 而終無定規, 務出新意而少信服先儒之意, 考究同異而無沉潛縝密之工, 不用力於涵養之實而本源不固, 不遵行於已定之訓而私意橫出. 以是之故, 隨遇而變, 見物而遷, 人曰主敬之義非也, 公亦曰非也, 人曰未發之訓非也, 公亦曰非也, 人曰人心道心之語, 非舜辭也, 公亦曰非舜辭也, 聞人好異之論, 不復深究體察而從而和之; 公之受病, 全在於以主敬未發爲非

---

336 面朋 : 漢나라 揚雄의 『法言』 「學行」에 "붕이면서 마음을 통하지 않으면 면붕이고 벗으로서 마음이 통하지 않으면 면우이다.〔朋而不心, 面朋也; 友而不心, 面友也.〕"한 데서 온 말이다.

而不能致力於本源之致也. 今又聞西士之學, 公未免爲浮躁諸少輩之所倡
導, 今世斯文之期許·知舊之倚重·世人之屬目·少輩之宗主, 捨公而誰?
而忽焉爲異學之歸, 是果何爲而然乎? 以愚觀之, 西士之言, 雖張皇辯博,
而都是釋氏之粗迹, 半不及於禪家精微之論. 寧從達摩·慧能識心見性之
言, 豈可爲西士晝夜祈懇無異巫祝之擧乎? 爲此而果免地獄, 志士必不爲
也, 況爲吾儒之學者乎? 是爲聖門之怪魅·儒林之蟊賊, 誅殛之, 可也. 今
聞某某輩, 相與結約, 攻習新學之說, 狼藉去來之口, 此皆公之切友與門徒
也. 公如有禁抑之道, 豈至此橫騖? 而不惟不能禁抑, 又從而推波助瀾, 何
哉? 向者菊孫過此, 略道此事; 余語其不然而强辨不已, 余已知其出於家庭
之論耳. 夫道家之尊老君, 釋氏之尊釋迦, 西士之尊耶蘇, 其義一也. 三家之
學, 皆當其人爲之耳, 非吾儒之所學也. 西士之學後出, 而欲高於二氏, 託言
於無上之天主, 使諸家莫敢誰何, 挾天子令諸侯之意, 其爲計亦巧矣. 余略
觀其書, 瘡疣百出, 書中言論妄誕, 詆斥聖賢之意, 不一而足, 以爲皆不識眞
道之所在何如, 是無忌憚也. 爲吾儒者, 不能明辨而痛斥之, 乃反斂衽而束
手焉, 未知有何實然的知之理而然乎? 盖其人固多異類, 聰明才辯, 技藝法
術, 非中國之所及者, 故人多屈服於此, 并與其學而信之云, 豈其然哉? 其
學之荒誕靈怪, 實與二氏無異, 今之儒者斥二氏爲異端, 而反以此爲眞學;
人心之惑溺, 一至於此. 此正世道汙隆士學邪正之一大機也. 噫! 天下之生
久矣. 氣化嬗運, 醇漓樸散, 治日少而亂日多, 君子道消, 小人道長, 正學泯
而邪說張, 世愈降而漸趨於下, 豈不可悶? 西士耶蘇之名, 卽救世之義, 而
所尊者天主, 勸善懲惡, 而有天堂地獄之說, 與二氏同, 其誦言誘導者, 天主
也天堂也地獄也, 大義只此而已. 余依其說而解之曰: "彼曰有天主, 吾亦曰
有天主, 天主卽上帝也. 『詩』·『書』之言上帝, 聖人之言天, 明有其文, 則
豈無其實而假託以言耶? 彼曰有天堂, 吾亦曰有天堂, 『詩』云: '文王陟降,

在帝左右.³³⁷' 又曰: '三后在天.³³⁸' 『書』曰: '多先哲王在天.³³⁹' 旣有上帝,
則豈無上帝所居之位乎? 彼曰有地獄, 吾乃曰地獄之刑, 異於聖王制刑之
義, 甚可疑也. 聖王之刑, 制之於未然, 何如其仁也! 地獄之刑, 生時任人爲
惡, 死後追論靈魂, 不幾於罔民³⁴⁰乎? 今見其書, 所謂地獄之刑, 殆非人世
可比, 豈以上帝至仁之心, 何如是慘毒乎? 且言人之靈魂, 終古不散, 受善
惡之報; 此理茫昧, 不能質言. 先儒散有久速之說³⁴¹, 似然矣. 若如其說, 則
寅生以後, 人類至多, 地獄天堂, 雖云開曠, 何處容其靈魂乎? 以人道推之,
則自古及今, 人皆長生不死, 則人數至繁, 其能容於此世乎? 嘗見佛書, 一
鉢上, 容六十萬菩薩, 其果如是耶? 是其說之妄也. 然姑因其說而不斥之曰:
"旣有賞善之天堂, 則亦有罰惡之地獄." 其或然矣. 然天堂地獄, 誰能見之
乎? 至若傳記之所存, 氓俗之所傳, 終歸荒誕, 闕之, 可也. 『晉書』王坦之與
僧竺法師, 爲名理³⁴²之交, 嘗疑天堂地獄之說, 約以先死者來報; 一日竺師

---

337 文王……左右:『詩經』「大雅 文王」에 보인다.

338 三后在天:『詩經』「大雅 下武」에 보인다. 三后는 周나라 太王, 王季, 文王을
가리킨다.

339 多先哲王在天:『書經』「周書 召誥」에 보인다.

340 罔民:罪網을 설치해 두고 백성이 걸려들면 처벌하는 것이다. 맹자가 梁惠王
에게 "백성이 죄에 빠지게 된 뒤에 따라서 이들에게 형벌을 가한다면, 이는
백성을 그물질하는 것입니다. 어찌 어진 이가 재위해 있으면서 백성을 그물
질하는 짓을 할 수 있겠습니까?〔及陷於罪, 然後從而刑之, 是罔民也. 焉有仁
人在位, 罔民而可爲也?〕"한 데서 온 말이다.『孟子 梁惠王上』

341 先儒……之說:선유는 朱子를 가리킨다.『朱子語類』3권「鬼神」에 "神祇의
氣는 늘 굴신하여 그치지 않지만 사람의 기는 흩어져 남음이 없지만 그 흩어
짐이 또한 늦고 빠른 차이가 있다.〔神祇之氣, 常屈伸而不已. 人鬼之氣, 則消
散而無餘矣, 其消散亦有久速之異.〕"하였다.

來見曰: "我已歸化, 地獄之說不然, 而但當勤修道德, 以躋上昇耳." 此亦以地獄爲無也. 然而此不足說也, 其有無, 不必多辨, 但聖人不語怪力亂神[343]; 怪是希有之事, 神是無形之物, 指希有無形而語之不已, 則其弊何所至底耶? 是以, 聖人不語也. 以吾儒事上帝之道言之, 上帝降衷之性[344], 天命之性[345], 皆稟於天而自有者也. 『詩』曰: "上帝臨汝, 無貳爾心.[346]" 曰: "對越上帝.[347]" 曰: "畏天命.[348]" -此非天地有形之天, 卽天主之天也.-, 無非吾儒戒懼謹獨主敬涵養之工. 尊事上帝之道, 豈過於是, 而不待西士而更明也. 所可痛者, 西士以上帝爲私主, 而謂中國人不知也. 必也一日五拜天, 七日

342 名理: 魏晉 및 그 후대 淸談家들이 事物의 명칭과 이치의 옳고 그름과 같고 다름을 辨析하는 것을 말한다. 『晉書』「范汪傳」에 "박학하고 많이 통달하여 명리를 잘 얘기하였다.〔博學多通, 善談名理.〕"라 하였다.

343 怪力亂神: 『論語』「述而」에 "공자는 괴이한 일과 勇力과 난리와 귀신을 말하지 않았다.〔子不語怪力亂神.〕"한 데서 온 말이다.

344 降衷之性: 降衷은 하늘이 中正한 성품을 사람들에게 내려 주었다는 말이다. 『書經』「湯誥」에 "위대한 상제께서 백성들에게 중정한 성품을 내려주어, 그 자연적인 성품을 따르게 하셨으니 그 길을 따르도록 안정시켜 이끄는 이는 군주이다.〔惟皇上帝, 降衷于下民, 若有恒性. 克綏厥猷, 惟后.〕"한 데서 온 말이다.

345 天命之性: 『中庸』에 "하늘이 명한 것을 성이라 한다.〔天命之謂性.〕"한 데서 온 말이다.

346 上帝……爾心: 『詩經』「大雅 大明」에 보인다.

347 對越上帝: 『詩經』「周頌 淸廟」에는 上帝가 '在天'으로 되어 있고, 주자의 『敬齋箴』에는 '對越上帝'로 되어 있다.

348 畏天命: 공자가 "군자는 세 가지 두려워함이 있으니, 천명을 두려워하며, 대인을 두려워하며, 성인의 말씀을 두려워한다.〔君子有三畏, 畏天命, 畏大人, 畏聖人之言.〕"한 데서 온 말이다. 『論語 季氏』

一齋素，晝夜祈懇，求免罪過而後，可爲事天之實事；此何異於佛家懺悔之
擧乎？吾儒之學，光明正大，如天地之高濶・日月之照耀，無一毫隱曲怳惚
難見之事；何不爲此而反以彼爲眞道之所在耶？其學曰：“此世現世也，現世
之禍福，暫耳；豈若爲後世天堂地獄之禍福，萬世之受苦樂乎？”愚於此亦有
言曰：“天主上帝之造此三界，有上中下之分，上界有上界之事，中下界各有
其事；所謂上界下界之事，非人之所可測量者也。如以中界人事言之，爲人
之道，不過修己治人而已。修己治人之事，具在方冊，若依而行之，則自有可
行之道。所謂西學救世之術，豈過於是哉？名雖救世，其實專爲一己之私，
無異道佛之敎也。其所謂救世，與聖人明德新民之功，公私大小之別，爲如
何哉！其流之弊，必將指無爲有，指虛爲實，擧一世而歸於幻妄之域，人心
煽動，後世所謂蓮社[349]彌勒之徒，必將接迹而起，爲妖賊之嚆矢而亂未有
已；作俑[350]之罪，其必有歸矣。吾人旣生此現世，則當從現世之事，求經訓
之所敎而行之而已；天堂地獄，何關於我哉？”日前于四來宿，語到此學，乃
曰：“西國嘗禁此學，誅殺不啻千萬人，而終不能禁，日本亦禁此學，誅殺亦
數萬人云，安知我國亦無此事乎？況此黨議分裂，彼此伺釁，掩善揚惡之時，
設有人爲一網打盡之計，而受敗身汚名之辱，則到此之時，天主其能救之

---

349 蓮社：東晉 때 慧遠法師가 慧永・劉遺民・雷次宗 등 18명과 廬山의 東林寺
에서 결성한 극락정토 왕생을 발원하는 신앙 단체인 白蓮社를 가리킨다.

350 作俑：俑은 葬事에 부장물로 사용하는 목각 인형이다. 그런데 이 목각 인형
을 부장하면 후세에는 사람을 부장하게 될 것이라는 뜻에서 좋지 못한 선례
를 뜻하는 말로 쓰인다. 맹자가 “仲尼가 말씀하시기를 ‘처음 용을 만든 자는
아마 후손이 없을 것이다.’ 하였으니, 이는 사람을 형상하여 장례에 사용하였
기 때문이다.〔仲尼曰：‘始作俑者，其無後乎！’爲其象人而用之也。〕”라 한 데
서 온 말이다. 『孟子 梁惠王 上』

乎? 竊恐天堂之樂未及享, 而世禍來逼矣. 可不愼哉, 可不懼哉!"公輩旣溺
于此, 則不能洗心旋踵, 以祛此習, 反謂之曰: "地獄之設, 正爲某丈.", 愚於
此甘受而不忍爲此態也. 昨日柳玉卿錄示錢牧齋[351]『景教考』一節, 其言曰:
"大秦[352], 今西洋夷僧之點通文字者, 膏唇拭舌, 妄爲之辭, 雖有妙解可取,
其所行教, 不過西夷之事, 明是竺敎之一支下乘最劣者." 其言正與鄙說合.
錢是當世人, 則豈無所見而云然耶? 以此言之, 中國儒士必不尊信此敎, 可
知; 而其所信從者, 不過市井閭巷之愚氓也. 公輩不能從中國儒士之學, 而
乃與其愚氓同歸, 豈不羞各哉! 此正大是非大利害間, 故不憚煩而求教, 幸
夫賜至論, 以破愚迷之見, 至可至可. 『天學設問』, 欲爲錄送, 而書出甚難,
不得送呈. 于四謄去, 則似有可見之路. 然皆妄說, 何能動公輩已定之成學
耶? 士興之聞問久阻, 或有安信之可聞耶? 如有便, 此書胎送, 見後焚裂之
意, 亦告之, 如何? 不宣.

---

351 錢牧齋 : 明末·淸初의 文人 학자인 전겸익의 호가 牧齋이다. 『明史』편찬에
　　　참여하였으며, 『初學集』·『有學集』등의 저서가 있다. 『淸史 483卷 錢謙益傳』
352 大秦 : 중국 漢나라 때 로마제국을 일컫던 말이다.

16. 권성오(權省吾)-일신(日身)-에게 보낸 편지

與權省吾-日身-書 임인년(1782, 71세)

지난번 고문상서(古文尙書) 문제는 영백(令伯)이 말하면서, 이는 황보밀(皇甫謐)이 지은 위서(僞書)라고 매우 주장하고 예로부터 유자(儒者)들이 모두 황보밀에게 속았다고 하기에, 그때 대략 논변(論辨)한 적이 있었습니다. 그런데 지금 보내온 서신을 보니 지면에 수록된 내용이 바로 영백이 쓴 것이었습니다. 그런데 영백은 끝까지 지난날의 견해를 고집하고 있으니, 사람들 견해가 이렇게 서로 다른데 어떻게 억지로 같게 할 수 있겠습니까? 『서경(書經)』의 원위(源委)에 대해서는 내가 매우 자세히 알고 있습니다. 『삼분(三墳)』・『오전(五典)』은 상고(上古)때 책이라 고증할 수 없고, 공자가 『서경』을 산정(刪定)하면서 서술 시기를 위로 당(唐)・우(虞) 때부터 시작하여 주(周)에 이르기까지 모두 100편이 됩니다. 그런데 진(秦)나라에 이르러 불타 없어지고, 한 문제(漢文帝) 때 복승(伏勝)이 주(周)나라 말엽의 유민(遺民)으로서 그나마 구문(舊文)을 말하고 조조(鼂錯)에게 이를 받아 적게 하여 28편을 얻게 되었으니, 이것이 바로 금문(今文)입니다. 그 후 위작인 「태서(泰誓)」가 나와 도합 29편이 되었는데 태사공(太史公) 사마천이 인용한 것이 모두 이 「태서」입니다.

무제(武帝) 때에 노 공왕(魯恭王)이 공자의 옛집을 허물다가 이중벽 속에서, 고문(古文)으로 된 『서경』 및 『예기(禮記)』・『논어(論語)』・『효경(孝經)』 등을 발견했는데, 공안국(孔安國)의 교정을 거

쳐 『서경』으로는 25편이 나왔습니다. 거기에 또 「순전(舜典)」-금문
(今文)에서는 「요전(堯典)」에 합쳐져 있다.-「익직(益稷)」-금문에서는 「고
요모(皋陶謨)」에 합쳐져 있다.-「반경(盤庚)」-금문에서는 3편을 합해 1편
으로 되어 있다.-「강왕지고(康王之誥)」-금문에서는 「고명(顧命)」에 합쳐
져 있다.-가 별도로 나와 도합 29편이 되고 거기에다 금문을 합쳐 58편
이 되었으니, 지금 전해지는 『서경』이 이것입니다.

고문은 바로 공자 고택의 벽에서 나온 것으로 사마천(司馬遷)이
이에 대해 공안국에게 물었습니다. 그 사실이 『한서(漢書)』에 나오니
살펴보면 알 수 있을 것입니다. 그 후 무고(巫蠱) 사건으로 이 『고문
상서(古文尙書)』가 세상에 전해질 겨를이 없었습니다. 그리하여 이
후로 한(漢)나라의 유자들은 『상서』 58편이 있다는 말만 들었지 공자
고택의 벽에서 나온 책은 미처 보지 못했습니다. 그때 장패(張霸)라
는 자가 『서경』 위서 24편을 만들고 이를 『고문상서(古文尙書)』라고
했으니, 양한(兩漢) 시절 유자들이 본 것은 다 장패의 위서 『서경』이
었습니다. 두예(杜預)의 『좌씨(左氏)』 주(註)와 위소(韋昭)의 『국어
(國語)』 주와 조기(趙岐)의 『맹자(孟子)』 주에 인용한 『서경』은 모
두 공자 고택의 벽에서 나온 고문들인데 장패의 위서 『서경』도 남아
있지 않습니다. 그래서 모두 '일서(逸書)'라고 했으나 사실은 일실(逸
失)한 적이 없었습니다.

그 후에 유흠(劉歆)이 태상박사(太常博士)에게 서신을 보내어 고
문을 세우지 않는다고 꾸짖었지만 유흠이 본 것 역시 장패의 위서
『서경』이었습니다. 그래서 가규(賈逵)·마융(馬融)·정현(鄭玄)·
복건(服虔) 등도 다 고문은 보지 못했으니, 영백이 "정현(鄭玄)은 애
초에 고문을 보지 못했다." 한 것이 이를 두고 한 말입니다. 다만

나에게『십삼경주소(十三經註疏)』가 없어 확실하게 밝힐 수 없으니, 이것이 아쉽습니다.

동진(東晉) 때 매색(梅賾)이『고문상서』를 상주(上奏)하여 바치면서 고문이 세상에 행해지기 시작했고, 제(齊)나라 명제(明帝) 건무(建武) 4년에는 요방흥(姚方興)이 대항두(大航頭)에서 고문으로 된「순전(舜典)」을 얻었으며, 수(隋)나라 문제(文帝)가 개황(開皇) 3년에 유실된 서책들을 찾으니, 이에 고문 경서가 크게 갖추어졌습니다. 당(唐)나라 천보(天寶) 연간에 위형(衛衡)에게 조서를 내려 고문 경서를 간행하게 하여 고문 경서가 드디어 세상에 크게 유통되었으니 지금 전해지는 책들이 모두 천보 연간에 간행된 것입니다. 그리고 채옹(蔡邕)의 석경(石經)은 모두 복생(伏生)의 금문입니다.

정사(正史)에 나와 있는『서경』의 연원은 이러한데, 그 후 중국 사람이 정사 이외에 어떠한 별다른 글을 찾아냈는지는 모르지만 아마도 망녕된 사람의 허황한 말에 지나지 않을 것입니다. 명(明)나라 사람들이 송대(宋代)의 유자들을 헐뜯기를 좋아하는데, 그 헐뜯는 자들은 모두가 경박한 문인(文人)들로서 상전을 꾸짖는 종들이나 다를 바 없습니다. 그 중에는 취할 만한 말도 전혀 없는 것은 아니지만 그렇다고 해서 어찌 존신할 수 있겠습니까.

『진서(晉書)』「황보밀전(皇甫謐傳)」은 나도 소싯적에 보았지만 그 저술한 글만 기억날 뿐이고 그가 위작한『고문상서』라고 하는 것은 기억하지 못하겠습니다. 다시 한 번 보고 사실 여부를 결정하지 못하는 것이 한스럽습니다.

그리고 정현이 주석한『서경』이 고문이 아니라는 것은 영백이 말한 대로 사실이나 지금 채씨(蔡氏)의 전에 나와 있는 공씨(孔氏)의 소

(疏)를 보면,「채중지명(蔡仲之命)」·「이훈(伊訓)」·「태갑(太甲)」·「군진(君陳)」 등등 편에 나와 있는 곳이 한둘이 아니라 많으니, 공씨는 고문을 보고 소를 쓴 것이 사실일 것입니다. 그런데 그가 끝내 황보밀의 『서경』이 위작이라고 배척하지 않은 것은 어째서입니까? 공자께서 인용하신 「군진(君陳)」 및 『좌전(左傳)』·『국어(國語)』·『맹자』·『예기』 등에 인용된 허다한 글들로 말하자면 모두 고문이 아니고 무엇이겠습니까? 가사 황보밀이 이러한 글들을 표절해서 만들었다고 하더라도 세상에 전해지는 황보밀의 글들이 많으니, 그 글에서 이치를 논설한 것이나 문장의 필법으로 보면 황보밀이 위작했다고 하는 고문은 어찌 황보밀이 비슷하게인들 지을 수 있는 것이겠습니까. 그런데 지금 사실을 전하는 옛날 유현(儒賢)들의 글은 믿지 않고, 느닷없이 신학(新學) 후배들의 망녕된 소견을 사실이라고 믿어 오히려 파란을 조장하면서, 옛날부터 모든 유자들이 다 황보밀에게 속았다고 하고 있으니, 옛날의 유자들은 얼마나 뛰어난 식견을 가졌으며, 얼마나 많은 서적들을 보았겠습니까. 그런데도 거의 수천 년 동안 몽매하게 속기만 하고 사실을 알아차리지 못했단 말입니까.

그렇지만 이 우매한 사람은 그저 옛 성현의 뜻을 돈독히 믿는 마음만 있을 뿐이니 이른바 몸에 밴 습관은 잊기가 어렵고, 옛 걸음걸이는 고치기가 어렵다는 경우입니다. 그런데 옛것을 다 버리고 새것을 따른다는 것은 큰 용기가 있는 자가 아니고 할 수 있겠습니까. 아무래도 그대의 주장에 동의할 수 없으니, 어찌하겠습니까, 어찌하겠습니까!

옛날 호읍(湖邑)에 있을 때에 어떤 한 선비가 와서 아무개 어른에게 묻기를 "인심(人心)·도심(道心)의 설은 성인의 말씀이 아니고, 함양(涵養)은 후세 유자(儒者)들의 망녕된 주장이지 성학(聖學)에는

함양 공부가 없는 것이라고 한다.″하기에, 듣고 너무 놀라 그냥 모른
다고만 대답한 일이 있었는데 지금 이러한 말들이 바로 이와 다를
바가 없습니다. 가만히 보면 요즘 제군들의 경학(經學)이 새로운 뜻
을 발견한 것도 있고, 전인(前人)들이 발명하지 못한 것을 발명한
경우도 있습니다. 그러나 만약 여기에만 주력하다 보면 결과적으로
앵무새처럼 말만 잘한다는 기롱을 면할 수 없고, 이후로 경천동지(驚
天動地)할 말이 더욱 쏟아져 나와 급기야는 육경(六經)에 온전한 글
이 없게 될 터이니, 이 어찌 말이 되겠습니까? 군자의 학문은 비록
경전의 뜻을 밝히는 데 목적이 있지만, 자기 마음만 믿고 마음대로
한다면 경전이 무슨 소용이 있겠습니까?

알기 쉽게 비유를 들어 말해 보겠습니다. 집안에 어진 부형(父兄)
이 있어 한 마디 말과 하나의 행실이 모두 다 자손의 본보기가 되고
있지만 한두 번의 잘못은 없지 않다면 그 한두 번의 잘못 때문에 전체
를 부정해서야 되겠습니까. 정주(程朱)로 말하면 후세의 아성(亞聖)
이자 사문(斯文)의 부형 격인데, 사람이 자기 어진 부형을 헐뜯는다
면 과연 선량한 자제이겠습니까? 나의 소견은 이와 같을 뿐입니다.

向者古文尙書一節, 令伯有言, 深以皇甫謐[353]僞撰爲言, 而從古儒者皆爲謐
所欺云, 其時畧有所辨. 而今見來書, 紙頭所錄, 是令伯筆也. 終守舊見, 人

---

353 皇甫謐 : 晉나라 때 학자로 호는 玄晏선생이다. 평생 동안 저술에만 힘써서
『帝王世紀』・『列女傳』・『高士傳』・『甲乙經』 등을 지었다. 만년에는 풍병
을 앓아 수족이 마비되었는데도 손에서 책을 놓지 않았다 한다. 『晉書 51권
皇甫謐傳』

見之不相合如此, 豈可强以同之乎? 大抵『書經』源委, 吾頗詳知之矣. 三墳
五典[354], 尙矣無徵; 孔子刪之, 斷自唐虞, 以訖于周, 凡百篇; 遭秦火燼滅,
漢文時, 伏勝[355]以周末遺民, 猶說舊文, 使鼂錯[356]受之, 得二十八篇, 是曰
今文. 其後僞「泰誓」出, 合爲二十九篇; 太史公所引, 皆是僞「泰誓」也. 武
帝時, 魯恭王毀孔子故宅, 於複壁中得古文『書』及『禮記』・『論語』・『孝經』
等文; 孔安國校正, 於『書』得二十五篇, 又別出「舜典」-今文合於「堯典」-,
「益稷」-今文合於「皐陶謨」-, 「盤庚」-今文合三篇爲一-, 「康王之誥」-今文合於「顧
命」-, 共爲二十九篇, 合今文爲五十八篇, 今所傳是也. 古文卽孔壁所傳[357],
而司馬遷問於安國. 此出於『漢書』, 可攷而知也. 後以巫蠱[358]事, 未遑傳焉.

---

354 三墳五典 : 孔安國의 「尙書序」에 나오는 책으로, 고대 서책의 이름이다. 삼
분은 伏羲・神農・黃帝의 서책이고, 오전은 少昊・顓頊・高辛・堯・舜의
서책이라 한다.

355 伏勝 : 伏生이라고도 부른다. 그는 秦始皇이 焚書할 때 100편으로 된『尙書』
를 벽 속에 감춰 두었다가 漢나라가 일어난 뒤에 찾아보니, 다 없어지고
29편만 남았다고 한다. 漢文帝 때『尙書』를 전공한 학자를 찾다가 복생을
얻었으니 나이가 이미 90여 세나 되어 출입을 할 수 없어 사람을 시켜 그에게
찾아가서 구두로 전수받았다고 한다.『漢書 88권』

356 鼂錯(조조) : 漢文帝 때 名臣으로 伏生에게서『尙書』를 배웠으며, 국가에
유익한 계책을 많이 건의하여 당시에 智囊이라 불리기도 했다.

357 古文卽孔壁所傳 : 孔安國은 漢나라 때 학자로 孔子의 12세손이고 자는 子國
이다. 그는 申公培에게『詩經』을 배우고 伏生에게『書經』을 배웠다. 漢武帝
때 魯恭王이 집을 修築하려고 공자의 고택을 허물다가 벽 속에서 고문으로
된『尙書』・『논어』・『효경』을 얻었는데, 蝌蚪文字로 된 것이라 읽을 수 있
는 사람이 없었다. 공안국이 이를 今文으로 읽고 조칙을 받아서 고문『서경』
의 傳을 지어 58편을 전하였다고 한다.『漢書 88권 儒林傳』

358 巫蠱 : 漢武帝 征和 원년(B.C.92)에 일어난 옥사이다. 무고는 무당이 呪術로

自此以後, 漢儒但聞『尙書』有五十八篇, 而孔壁所傳, 未及見矣. 其時有張
覇者, 造『僞書』二十四篇, 稱爲古文尙書, 兩漢儒者所傳, 皆覇僞文也. 杜
預[359]『左氏』註・韋昭[360]『國語』註・趙岐[361]『孟子』註所引『書』, 皆出於孔
壁古文, 而覇『書』亦不存, 故皆指爲逸書, 其實未嘗逸也. 後來劉歆[362]移書,
讓太常博士不立古文, 然歆所見, 亦覇僞文也. 是以, 賈・馬・鄭・服[363]之
輩, 皆不見古文; 令伯所云鄭玄初不見古文云者是矣. 但此無十三經註疏,
無以覈破, 是可恨也. 東晉時梅賾[364]奏上, 古文始行于世, 而齊明帝建武四

사람을 음해하는 것이다. 武帝가 方士들을 좋아하여 많은 무당들이 궁중에
왕래하였는데, 무제가 위독하자 江充이 "이것은 바로 주술 때문이다." 하였
다. 강충은 戾太子 據와 사이가 나빴는데 "태자의 궁궐에서 나무로 만든 인형
이 많이 나왔는데, 이것은 무제를 저주한 것이다."라고 모함하여 큰 옥사를
일으켰다. 孔安國이 詔命을 받들어 『古文尙書傳』을 지었는데, 마침 巫蠱의
옥사 사건이 발생하여 바치지 못하고 있다가 망실하였다. 그러다가 東晉
때 梅賾이 이 공안국의 『고문상서전』을 발견하여 바쳤다고 한다. 『漢書 66권
田千秋傳』

359 杜預 : 晉나라 때 학자로 자는 元凱이고 박학하였으며 특히 『春秋左氏傳』을
매우 좋아하여 注를 달았고 스스로 左傳癖이 있다고 하였다. 『晉書 34권
杜預傳』

360 韋昭 : 중국의 삼국시대 吳나라 雲陽 사람으로 자는 弘嗣이다. 『孝經』, 『論語』,
『國語』에 注를 달았다. 『三國志 65권』

361 趙岐 : 東漢 때 사람으로 자는 邠卿이고 經學에 밝았다. 저서로 『孟子章句』,
『三輔決錄』이 있다. 『孟子』에 처음 注를 달았다. 그래서 그의 注를 古注라
한다. 『後漢書 64권 趙岐傳』

362 劉歆 : 前漢 때의 학자로 자는 子駿인데 뒤에 이름을 秀, 자를 穎叔으로 고쳤
다. 經籍目錄學의 창시자로 불릴 만큼 경학에 밝았다. 『前漢書 36권』

363 賈・馬・鄭・服 : 漢나라 때 학자인 賈逵・馬融・鄭玄・服虔의 병칭이다.

年, 姚方興於大航頭, 得古文舜典, 至隋文帝開皇三年, 求遺書; 於是而古文大備. 唐天寶間, 詔衛衡刊行古文, 遂大行于世; 今所傳, 皆天寶本也. 蔡邕石經[365], 皆伏生今文也. 『書經』源委之見于正史者如此, 未知後來中國人於正史之外, 求得何許別般文字, 而要不出妄人之誑說也. 明人好詆宋儒, 而其所詆者, 皆是文人之輕薄者也; 無異於廊奚之罵主. 其中雖不無可取之言, 而豈可以此而尊信之乎? 『晉書』「皇甫謐傳」, 少時亦見之, 但記其所著文字, 而所謂僞撰古文尚書, 則未之記焉; 恨不能更見定其然否也. 且鄭註之非古文, 則信如令伯之言, 而孔疏之見于今蔡傳, 若「蔡仲之命」·「伊訓」·「太甲」·「君陳」等篇, 不一而足, 則孔疏之見古文, 信矣; 而終不斥謐『書』之僞者, 何也? 至於孔子所引「君陳」及『左傳』·『國語』·『孟子』·『禮記』所引許多文字, 皆非古文而何? 假使謐剽竊此等文字而爲之, 謐之文, 傳于世, 多矣; 其論說義理·文章筆法, 豈謐所能窺其彷彿者乎? 今不信前古儒賢傳信文字, 而突然聽信新學後生輩之妄見, 指以爲信, 而推波助瀾曰: "從古諸儒, 皆爲謐所欺"云; 從古諸儒, 有何等見識, 何等博覽, 而幾數千年, 昧昧見欺而莫之察乎? 顧此愚昧惟有篤信古賢之意, 所謂'宿習難忘, 舊步難改', 而革舊從新, 非大勇而能之乎? 終不能爛漫同歸, 奈何奈何? 昔在

---

364 梅賾 : 東晉 때 학자로 자는 仲眞이고 벼슬은 豫章太守에 이르렀다. 仁宗 때 『古文尙書』를 올렸는데 惠棟의 「古文尙書考」와 閻若璩의 「古文尙書疏證」에서 매색의 위작임을 밝혔다.

365 蔡邕石經 : 石刻한 經文이다. 漢나라 平帝 元始 元年에 王莽이 진풍(甄豐)에게 명하여 『易經』·『書經』·『詩經』·『左傳』을 돌에 새기게 했었는데, 그 후 靈帝 熹平 4년 3월에 五經의 誤脫을 교정하여, 석비(石碑)에 새겨 『太學』의 문 밖에 세웠다. 隸書로 쓴 것인데 蔡邕이 쓴 것이라 전한다.

湖邑, 有一士人來問某丈以"人心道心之說, 非聖人之語, 聖學無涵養工夫, 涵養之說, 是後儒妄論也." 聞之不勝驚駭, 以不知答之. 今者若此等論, 無異於是. 竊觀近來諸君經學, 實有透得新義, 發前未發者, 而若徒致力於此, 未免能言[366]之歸, 而向後驚天動地之論, 愈出愈奇, 而六經無全文, 此豈成說乎? 君子之學, 雖在明經, 而師心自用, 則經亦何用哉? 以近而易知者言之, 家有賢父兄, 其言行可爲子孫之法則, 而不無一二之錯誤, 則以其一二之錯誤, 掩其大體, 可乎? 程朱是後世之亞聖, 而斯文之父兄也. 人若詆訿其賢父兄, 則是果爲良子弟乎? 愚見如是而已.

---

366 能言 : 北宋 때 程子의 제자인 上蔡 謝良佐가 "名利의 관문을 뚫고 지나가야 비로소 조금 쉴 수가 있다. 오늘날의 학자는 말해 무엇하리요. 한갓 말만 잘하는 것이 앵무새와 같다."한 데서 인용하였다. 『心經 4卷』

17. 정군현-혁동-에게 보낸 편지

與鄭君顯-赫東-書

오래도록 소식이 끊겨 매우 궁금합니다. 정성(定省)의 여가에 『시경』을 읽는 맛이 어떠하며 새로운 뜻이라도 발견했는지요? 『시경』을 읽는 데는 별다른 뜻이 없다는 것은 고인이 이미 말했거니와 성정(性情)의 바름을 찾는 것뿐입니다. 공부자(孔夫子)가 『시경』에 대하여 말씀하신 몇 마디가 더할 나위가 없으니, 그 뜻을 체득하여 읽어야 합니다. 사서(四書)나 성리서(性理書)는 글자 하나, 구절 하나를 일일이 따져야 하지만, 『시경』은 그렇지가 않아 우선 그 대의(大意) 및 비(比)·흥(興)의 뜻을 통괄하여 보고, 그 다음으로 각 장(章)의 입언(立言)의 심천(深淺)을 보고, 그 다음으로 각 구절마다 지향하는 바가 무엇인가를 보면, 시를 지은 사람의 심정을 세밀히 살펴 남김없이 알 수 있을 것입니다.

그러나 시는 입으로 가락을 붙여 읊조리면서 그 뜻을 찾는 것이 중요하니, 만약 갑작스럽고 급박하게 읽으면 그 진미를 알 수 없을 것입니다. 옛날에는 사신을 갈 때 시재(詩才)가 없으면 전대(專對)하지 못했으니, 『좌전(左傳)』을 보면 알 수 있습니다. 인정(人情)을 참작하고, 풍토(風土)를 살피고, 정사(政事)를 논하고, 물리(物理)를 관찰하는 데 시보다 더 좋은 것이 없습니다. 그런 까닭에 시에서 노래한 것은 비록 어느 사물에 비기고 어느 사물을 끌어대기도 하여 얼핏 보기에는 별로 긴절하지 않은 것 같지만, 그것을 실제 사람의 일에 끌어와서 관찰해 보면 그 말뜻 밖에 절로 깨닫는 것이 있을 것입니다. 이른바 풍간시(諷諫詩)라는 것이 그러한 것입니다. 말한 이에게도 죄가 없고, 듣는 자도 노하지 않습니다. 이 뜻이 도리어 좋으니, 알지 않아서는 안 됩니다.

『시경』「동산(東山)」편의 2장(章)은 그 내용이 대개 남편은 싸움터에 나가고 여인 혼자 살고 있는 터라 황폐해진 집을 수리할 수가 없다는 것입니다. 그래서 그렇게 말한 것입니다. 집에 비록 아낙네가 있다 해도 어떻게 남편이 있을 때 같이 매사를 다 잘 꾸려갈 수 있겠습니까. 아낙네는 오직 음식을 맡을 뿐이니, 우물과 부엌의 일은 혹할 수 있을 지라도 그 나머지는 할 수 있는 것이 아닙니다. 게다가 남자가 집에 없으면 왕래하는 사람도 없어 처마를 소제하지 않고 집안도 청소하지 않을 것이니 하눌타리 덩굴이 뻗고 쥐며느리가 있는 것은 모두 어쩔 수 없는 일입니다.

옛날에 상농부(上農夫)는 식구 8명을 거느리고 그 아래로 내려오면 한 남편과 한 아내 부부만 살기도 하니, 남편이 전쟁터로 가면 집안에는 오직 아내 한 사람만 있게 됩니다. 가령 여정(餘丁)이 있다고 해도 큰 군대를 동원할 경우에는 갈작(竭作)하기 마련이니, 갈작은 장정들을 남김없이 동원하여 전쟁터로 가는 것을 말합니다. 그렇다면 집안에 남정네가 없는 곳이 많을 것입니다. 대저 이 시는 윗자리에 있는 이가 지은 것으로, 집이 황폐하고 아낙네는 남편을 그리워하는 정상을 대신 말하여 감정을 곡진히 나타낸 것일 뿐이니, 꼭 이런 사실이 있어서 이런 말을 했다고 할 수 있겠습니까. 맹자가 "그 말을 가지고 뜻을 해쳐서는 안 된다."고 한 것이 이를 두고 한 말입니다.

가령 『시경』「운한(雲漢)」의 "주(周)나라 말엽에 백성들이 남은 종자가 없다."라는 대목을 보더라도 사람이 많이 죽어 호구(戶口)가

부쩍 줄었음을 말한 것으로 보는 것은 괜찮겠지만 실제로 백성이 한 사람도 남지 않았다고 말한 것으로 볼 수야 있겠습니까. 그러므로 시를 읽는 대체(大體)는 우선 그 시인의 성정(性情)을 찾아 그것이 무엇을 의미하고 있는가를 궁구해 보고, 다음으로 읊조려서 비(比)와 흥(興)의 체단을 살펴보고, 그 다음으로 이름과 명물(名物)을 살펴 사물의 이치가 그렇다는 것을 알아야 합니다. 사서(四書)나 성리서(性理書)처럼 한 글자 한 구절마다 마음을 다해 파고든다면 대단히 옳지 않습니다.

久阻良覿. 定省之暇, 讀『詩』有味, 能有新意否? 讀『詩』無別意, 古人已言之矣; 不過曰求其性情之正而已. 夫子論詩, 數語盡之, 當體其意而讀之耳. 『四書』性理之書, 則有可以字字句句求之者矣; 『詩』則不如是, 統看大意及比興之義, 次看分章立言之淺深, 次看每句志向之所存, 則其人情密察, 庶可無所逃矣. 然而『詩』貴諷詠上下而求之, 若卒乍急迫而讀之, 則亦不得其眞味矣. 古者專對, 無詩才則不能, 看於『左傳』可知. 盖酌人情審風土, 論政事察物理, 無過於『詩』, 故其所詠之事, 雖引物比興, 似爲不緊, 而若引歸於實地人事而觀之, 則言意之外, 自可有覺得者矣. 所謂諷諫詩, 是也. 言者無罪, 聽者不怒; 此意思却好, 亦不可不知也. 「東山」二章[367], 槩言丈夫出征,

367 「東山」二章 :『詩經』「豳風 東山」 2장에 "내가 동산에 가서 오래 돌아오지 못했노라. 내 동쪽에서 돌아올 제 비 부슬부슬 내리더라. 하눌타리의 덩굴은 집에 뻗어 있으며, 쥐며느리가 방에 있고 납거미가 문에 있으며, 집 곁의 빈 땅은 사슴 마당이 되었으며, 반짝거리는 반딧불이 있네. 두려워할 게 아니라 그리워라.〔我徂東山, 慆慆不歸. 我來自東, 零雨其濛. 果蠃之實, 亦

家人獨居, 室宇荒廢, 不能脩理, 故其言如此也. 家中雖有婦女, 安能事事不愆, 如男子時耶? 婦人惟能主饋, 井竈之任, 容或爲之, 其他非所能也. 且男子不在家, 則無人往來, 簷宇不除, 室堂不掃; 果嬴之施·伊威之在, 皆所不免也. 古者上農夫八人, 其下則至于一夫一婦, 而一夫出征, 則家中惟有一婦在矣. 假使有餘丁, 凡師旅之大者, 則必竭作; 竭作, 盡赴征役之謂也. 然則家無男丁者亦多矣. 大抵此詩, 在上者爲之, 代言其室家荒廢家人思念之狀, 以盡其情而已; 安可必謂之有是事然後爲是言耶? 孟子所謂不以辭害意, 是也. "周餘黎民, 靡有孑遺", 若言人民多死, 戶口耗縮則可, 謂之靡有孑遺, 可乎? 讀『詩』大體, 求詩人性情所發而究其旨意之所存, 次之諷詠, 以審其比興之體, 次之名物, 以覈其物理之然, 可也. 若致意於字句, 如四書性理之說, 則大段不可.

施于宇. 伊威在室, 蠨蛸在戶. 町畽鹿場, 熠燿宵行. 不可畏也, 伊可懷也.）"
하였다.

18. 정군현에게 보낸 편지

與鄭君顯書 경신년(1740, 29세)

옛날 어떤 지사(志士)가 늘 비추(悲秋)라는 말을 하곤 했는데, 그 뜻을 가만히 생각해 보면 참으로 슬퍼할 만한 점이 있습니다. 광음이 빠른 것이 슬프고, 기후가 쓸쓸한 것이 슬프고, 뜻을 두고도 이루지 못한 것이 슬픕니다. 이제 마침 중양절(重陽節)이 가까우니 지금 사람도 옛 사람과 다를 바가 없다는 것을 생각하게 됩니다. 족하(足下)는 나이 젊고 앞길이 창창하여 나 같이 서산에 지는 해와 같고 고치기 어려운 질병이 있는 자와는 같지 않습니다. 그러나 세월은 나를 위해 머물지는 않아 젊은이도 쉬 늙고 건장한 자도 병들기 쉬운 법이니, 뜻이 없다면 그만이지만 뜻이 있다면 젊고 건장할 때 노력하여, 비록 늙고 병든 뒤에 이르더라도 나처럼 천정을 우러러 탄식하는 일은 없도록 해야 하지 않겠습니까.

연전(年前)에 그대와 상종할 때는 선(善)을 좋아하는 뜻이 많고, 향학(向學)하는 마음이 간절하기에 마음속으로 기뻐하였습니다. 요즘 혹 나를 찾아왔을 때 보면 지난날과는 조금 달라 용모 기색과 말하는 중에 점점 뜻이 안착하지 못해 유랑(流浪)하는 점이 혹 있는 듯하고, 또한 독실하고 긴절한 뜻이 없는 것 같기에 마음속으로 슬퍼 매우 염려하였습니다. 바쁜 와중에 잠깐 만난 탓에 내가 미처 알지 못하여 그런 것은 아닌지요? 만약 내가 한 말이 망녕된 것이라면 망녕된 것은 나에게 있으니 참으로 기쁜 일이겠지만 혹시 털끝만큼이라도 내 말이 망녕되지 않다면, 더욱 유의(留意)해줄 수 있겠습니까?

마음속에 생각하는 것을 서로 아끼는 사이에 감춰둘 수 없어 말한 것이니, 병중에 헛소리하는 말로 치부하지 않아주면, 얼마나 감사하겠습니까!

古昔有志士每云悲秋[368], 嘿思其意, 則信有可悲者存焉. 光陰迅速, 爲可悲也; 氣候蕭條, 爲可悲也; 有志未就, 爲可悲也. 今適節近重陽, 亦念今人與古無異矣. 足下年富, 前塗儵遠, 非如鄙物到下春之勢而有難瘳之疾者矣. 然而風光不貸, 少者易老, 健者易病; 無志則已, 苟有志焉, 盍於少而健時用力, 雖至老病, 不使有仰屋之歎, 如鄙物爲也. 年前與君相從, 樂善意多而向學心切, 私心喜仰. 近來或相見過, 似與前日少異, 氣貌言辭之間, 或未免有流浪之漸, 亦似無慥慥喫緊之意, 私心悵然, 不任區區; 豈非恩恩相見, 有未及知而然耶? 若使吾言妄也, 妄在我, 誠爲可喜; 若有一毫不妄, 其能加意否? 心有所存, 不敢藏於相愛之間, 無以病裏囈言觀, 則何感?

---

368 古昔……悲秋 : 전국시대 楚辭의 대가로 일컬어지는 宋玉의 「九辯」 중 悲秋에 "슬프도다! 가을 기운이여.〔悲哉 秋之爲氣也〕"라 하였고, 그 후로 唐나라 杜甫의 「九日」 시 중 登高에 "만 리 밖 슬픈 가을에 늘 나그네 신세로니, 일생 동안 병은 많고 홀로 누대에 오른다.〔萬里悲秋常作客 百年多病獨登樓〕"라고 하는 등 悲秋를 읊은 시들이 많다.

19. 정군현에게 답한 편지

答鄭君顯書

송(宋)나라가 남도(南渡)한 이후로 주자(朱子)의 학문이 천하에 널리 퍼졌지만 우리 동방은 원(元)나라를 섬긴 뒤로 염락(濂洛)의 저술이 있음을 대략 알게 되었습니다. 그리하여 목은(牧隱)·포은(圃隱) 등 여러 선비들이 처음으로 성리설(性理說)을 창도(唱導)하였고 퇴계선생에 이르러 집대성되었습니다. 퇴계선생은 평생의 학문이 걸음마다 주자(朱子)요, 마음마다 주자라 역시 동방의 또 한 분 주자였습니다.

그리고『주서절요(朱書節要)』한 책은 퇴계선생이 정력을 다한 저술이니, 참으로 학자들로서는 가장 우선으로 공부해야 할 것이며 또 일생을 두고 수용(受用)해야 할 것입니다. 그런데 요즘 사람들은 이 책을 읽지 않는 이가 많습니다. 이런 까닭에 실학(實學)은 점점 빛을 잃고 속학(俗學)이 점점 기세를 부리고 있는 실정입니다.

지금 이 책을 읽고 있다니 얼마나 기쁜지 모르겠습니다. 사람들을 만날 때마다 이 책을 읽도록 권하고 내 집 아이들에게도 권해 보지만 잘 따르지 않습니다. 그런데 그대가 이 책을 공부한다니 얼마나 다행이겠습니까. 바라건대 노력하여 이 책에서 문장을 배우는 데 주력하지 말고 마음공부의 근원을 궁구해 보는 것이 어떻겠습니까?

南渡以後, 朱子之學, 行天下, 我東則事元以來, 畧知有濂洛文字; 而牧圃
諸儒, 始倡性理之說, 至退陶子, 集其大成; 而其平生爲學也, 步步朱子, 心

心朱子, 亦東方之一朱子, 而『節要』一書, 盡其精力, 則誠學者之最初用工, 終身受用者也. 然而近世人多不讀之. 是以, 實學漸晦而俗學漸勝也. 今聞讀此書, 不覺喜悅. 每見人勸讀此書, 亦以勸兒曹而未見其從, 何幸吾人之有是工也! 願勞力, 無致意於文字之可法, 而究其心術用功之源, 如何如何?

20. 정군현에게 보낸 편지

與鄭君顯書

구양수(歐陽修)의 시에 "천하의 지극히 즐거운 일은 온종일 책상 앞에 있는 것이다.〔天下至樂事 終日在几間〕"라 했는데 후인이 그 당(堂)을 '지락(至樂)'으로 명명했고, 주자(朱子)는 「지락당명(至樂堂銘)」을 지었으니, 성현이 어찌 나를 속이겠습니까. 이 말을 언제나 내가 아끼는 사람에게 하고 싶었으니, 군현 말고 그 누구에게 하겠습니까? 부디 학업에 열중하고 마음을 넓게 열 것이며 또 겸손하게 처신해야 할 것이니, 겉으로만 공손할 것이 아니라 속마음도 똑같이 그렇게 되게 하면 그 진전을 어찌 한량할 수 있겠습니까.

歐公詩云: "天下至樂事, 終日在几間", 後人以至樂名其堂, 而朱子記之. 周公豈欺我哉?[369] 每以此欲告相愛之間, 舍君顯而誰哉? 幸須勤苦其業, 恢拓其心, 且謙謙自持, 不徒外爲恭遜而已, 內亦與之俱化, 則其進豈可量也?

---

369 周公豈欺我哉 : 『孟子』「滕文公 上」에 보인다.

21. 정군현에게 보낸 편지
與鄭君顯書

요즘 늘 보면 그대의 신기(神氣)가 평온하지 못한 것이 무슨 남모르는 깊은 근심이라도 있는 것처럼 보이는데, 무슨 마음에 걸리는 일이 있기에 그렇게 겉으로 나타나는 것입니까?

고인(古人)이 비록 "마음은 작고자 해야 한다."고 했지만, 장자(張子)는 "마음은 크고 호방해야 한다."고 했습니다. 마음이 크고 호방하면 마음의 영역이 확 트여 다소간 사물의 누(累)는 내 마음을 동요시키지 못할 것이니, 『중용(中庸)』에서 "현재 위치에서 자기가 마땅히 해야 할 일을 한다."고 한 효험도 이 가운데서 나오는 것입니다.

나는 감히 이러한 경지에 이르렀다고 자처할 수는 없지만 곤궁한 처지에서도 일을 만나면 그대로 받아들이고 거기에 얽매인 적이 없었습니다. 그래서 오랜 질병이 몸에 있어도 지금까지 버티어 온 것이 그 효험이 아니라고 할 수는 없을 것입니다. 대장부의 칠척(七尺)의 몸이 사소한 사물(事物)의 누에 끌려 나의 화평한 기운을 잃게 된다면 어찌 애석한 일이 아니겠습니까.

近來常竊觀左右神氣未叙, 有若隱憂深慮者然, 未知有何關心而見於外耶? 古人雖曰: "心欲小", 張子亦曰: "心要弘放". 盖弘放則心界恢拓, 多少物累, 不能以撓之; 『中庸』素位[370]之效, 亦自此中出來. 鄙物雖不敢以是自許, 而居窮處困, 隨事應之而已, 未嘗係累, 故積病在身而撑度至今, 未必非其效也. 大丈夫七尺之身, 爲瑣瑣物累所牽, 致失我和平之氣, 豈不可惜者乎?

370 素位 :『中庸章句』14장에 "군자는 현재의 위치에 따라 마땅히 해야 할 일을
하고, 그 밖의 것을 원하지 않는다.〔君子素其位而行, 不願乎其外.〕"한 데서
온 말이다.

22. 정군현에게 보낸 편지
與鄭君顯書

기억하건대 옛날에 현자(賢者)가 임금에게 고한 말에 "임금이 어진
사대부를 대하는 시간은 적고, 환관이나 궁첩(宮妾)을 대하는 시간
은 많다."고 했으니, 근습(近習)의 해(害)는 임금만 그러할 뿐 아니
라 필부도 마찬가지입니다. 비록 학문에 뜻을 두고 싶어도 곁에서
뭇사람이 떠들어대면 그쪽으로 마음이 끌려 동요할 수밖에 없는 법
입니다. 또래끼리 손을 잡고 팔목을 잡고 해학과 우스갯짓을 하는
것이 모두 나의 덕성(德性)을 해치니, 이를 극복하기가 매우 어렵습
니다. 잘 알기 바랍니다.

嘗記古賢告君之語曰: "人君接賢士大夫之時少, 接宦官宮妾之時多." 近習
之害, 不惟人君爲然也, 匹夫亦然. 雖欲有意于此事, 衆楚之咻, 未免牽己而
動心焉. 凡儕流之握手把臂, 謔浪笑傲, 莫非害吾之德性處, 此甚難矣. 幸諒
之焉.

23. 정군현에게 써서 줌

書贈鄭君顯

고인은 언제나 닭이 울면 일어났으니, 『시경』에 "일찍 일어나고 늦게 잠들어 너의 부모를 욕되게 하지 말라." 한 대목과, 주공(周公)도 세 분 성왕(聖王)이 하신 일을 혼자 다하고자 생각하고 앉아서 아침이 되기를 기다렸다고 한 데서 알 수 있습니다. 두보(杜甫)시에도 "집에 있을 땐 언제나 일찍 일어난다."고 했으니, 집안을 다스리면서 일찍 일어나지 않으면 사무가 번잡하고 많아지게 마련입니다.

그런데 마음을 다스린다고 하면서 몸을 나태하게 굴어 이른 아침 청명(淸明)한 기운이 수마(睡魔)에 시달리게 하는 것은 무슨 까닭입니까?

古人常鷄鳴而起, 『詩』云: "夙興夜寐, 無忝爾所生." 周公思兼三王, 坐而待朝³⁷¹, 可見矣. 杜詩: "居家常早.", 治家不早起, 事務叢脞, 治心而怠惰其身, 使曉朝淸明之氣, 爲睡魔所困, 何哉?

---

371 周公……待朝 : 맹자가 "주공은 세 왕을 겸하여 네 가지 일을 시행할 것을 생각하되, 부합하지 않는 것이 있으면, 우러러 생각하여 밤으로써 날을 이어 다행히 터득하시면 그대로 앉아 날이 새기를 기다리셨다.〔周公思兼三王, 以施四事, 其有不合者, 仰而思之, 夜以繼日, 幸而得之, 坐以待旦.〕『孟子 離婁 下』

내 몸은 어버이가 남겨주신 것이니, 터럭 하나, 머리카락 하나라도 내 마음대로 할 수 있는 것이 아닙니다. 이 뜻을 안다면 어버이 섬기는 도리도 알 것입니다.

순(舜)은 성인이고 고수(瞽瞍)는 악인이었지만 순이 고수를 섬기면서 어찌 자기가 성인이라고 생각이나 했겠습니까. 그저 자식으로서의 직분을 다하니, 결국 고수도 그의 뜻을 따랐던 것입니다. 후세의 아버지 중에 고수 같은 자가 어찌 또 있겠습니까. 그런데 자식으로서 자기 직분을 다하지 못하고 몸이 불효에 빠지고 마니, 그 화(禍)가 부모의 사랑을 믿는 데서 시작되어 중간에는 불순(不順)으로 변하고, 결국에는 자기 마음대로 하고 만 것입니다. 크게 탄식할 일이 아니겠습니까.

밤에는 잠자리를 정돈해 드리고, 새벽이면 안부를 살피며, 겨울에는 따뜻하게 하고 여름에는 시원하게 해 드리며, 살아 계실 때에는 봉양하고 병들어 계실 때에는 근심하며, 초상·장례·제사를 예(禮)에 따라서 오직 어김이 없어야 합니다.

身者親之遺也, 一毛一髮, 非我所私. 苟知此意, 當識事親之道. 舜聖而瞽瞍惡, 舜事瞽瞍, 曷嘗知己之爲聖哉? 恭爲子職, 瞽亦允若. 後世人父, 豈更有瞽瞍? 而人子不能盡其職, 陷身不孝, 其禍始於恃恩, 中於不順, 終於自私, 可勝歎哉! 昏定而晨省, 冬溫而夏凊, 生養病憂, 喪哀葬祭以禮, 惟無違而已.

"신령한 내 마음에 모든 선(善)이 갖추어져 있다."는 말은 곰곰히 생각해보면 명의(名義)를 세운 것일 뿐입니다. 그러나 공사(公私)와 의리(義利)의 사이에 천리(天理)와 인욕(人欲)이 소장(消長)을 거듭하니, 성현이 말씀한 이치로 내 마음의 근원을 적셔 주지 않으면 신령한 마음의 본체가 때로는 고갈될 것입니다. 그러므로 반드시 독서하여 이치가 어디에 있는지 찾아 몸소 실행해야 합니다.

吾心之靈, 萬善備具, 諦思則立名而止. 然而公私義利之間, 天理人欲, 與爲消長, 非以聖賢義理之說澆灌心源, 則靈明之體, 有時枯滯矣. 故必讀書, 以求義理之所在而體行之.

마음은 내 몸의 군주로서 몸이 잘되는 것도 항상 이 마음에 달려 있고, 몸을 망치는 것도 항상 이 마음에 달려 있으니, 주공(周公)·소공(召公)이 성왕(成王)을 보필한 것처럼 마음을 경건히 지켜야 할 것입니까? 비렴(蜚廉)과 악래(惡來)가 수(受)와 신(辛)을 도왔던 것처럼 마음을 태만하게 놀려서 잃을 것입니까?

心, 身之君也. 興身恒於斯, 敗身恒於斯; 敬謹以守之, 猶周召之輔成王乎? 怠荒以失之, 猶蜚惡之助受辛[372]乎?

사람이 이 세상에 나면 많은 사람들과 어울려 살기 마련인데 어디

---

372 蜚惡之助受辛: 飛廉은 顓頊氏의 후손으로 선조로서 아들인 惡來와 함께 은나라의 紂王을 섬겨 함께 악행을 한 사람이다. 受辛은 은나라 마지막 폭군인 주왕을 가킨다. 辛은 주왕의 이름이고 受는 紂와 독음이 비슷하여 혼용한 것이다. 紂는 受가 천자가 된 뒤의 호칭이다. 『史記 5권 秦本紀』

에서 어진 스승과 좋은 벗을 많이 얻어 함께 지내겠습니까? 선한 이를 가상히 여기고 무능한 이를 불쌍히 여기면 선한 사람과 무능한 사람이 모두 나의 스승이 될 것이니, 친소(親疏)·귀천(貴賤)·현우(賢愚)를 따지지 말고 누구이건 겸허하고 공순한 마음으로 대해야 합니다.

『시경』에 "온화하고 공손한 사람은 덕(德)의 기본이다."라고 했고, 『주역』에 "겸손한 군자는 자신을 낮춘다."라고 했습니다. 만약 겉으로만 온화하고 겸허하고 마음은 온화하고 겸허하지 못하다면 이는 거짓이지 진실이 아니니, 덕을 해치는 것입니다. 이를 늘 마음으로 징험하여 잠시도 잊어서는 안 됩니다.

人生斯世, 與衆人共處, 何處多得賢師畏友以處乎? 嘉善而矜不能, 皆爲我師, 無論親疎貴賤賢愚, 皆當謙恭而待之. 『詩』云:"溫溫恭人, 惟德之基.[373]" 『易』曰:"謙謙君子, 卑以自牧.[374]" 若貌溫謙而心不溫謙, 是僞也非眞也, 德之賊也. 此當驗之於心, 不可須臾忘.

손님들이 떠나고 일이 끝나면 마음과 몸이 모두 한가하여 주위가 온통 고요할 터이니, 바로 이러한 때에 사욕이 움직이기 쉽습니다. 정신을 가다듬고 눈을 부릅뜨고 마음을 살펴, 경외(敬畏)함으로써 마음의 허명(虛明)한 본체를 지켜야 할 것입니다. 만약 마음에 주재

---

373 溫溫……之基 : 『詩經』 「大雅 抑」에 보인다.

374 謙謙……自牧 : 『주역』 「謙卦」에 보인다.

(主宰)가 없으면 들뜬 생각이 문득 일어날 것이니, 들뜬 생각이 계속 일어나 마음이 번잡하게 되어 아무리 물리치려 해도 안 되고 점점 악한 쪽으로 흘러 가 걷잡을 수가 없게 됩니다. 무릇 모든 일이 어지러워지기 이전에 다스려야 잘 다스려지듯이, 마음 다스림도 사물을 접하지 않았을 때 다스려야 합니다.

客散事歇, 心身俱閒, 萬境皆寂; 此時私欲易乘, 當振拔精明, 瞋目猛省, 克敬克畏, 以保虛明之體. 若心無主宰, 浮念乍生; 乍生不已, 至于煩擾, 攘却不去, 漸流于惡, 不能禁止. 凡制治者治于未亂之前, 治心者治于未接物之時.

마음에 욕구가 일어나거든 그것이 천리(天理)인가 인욕(人欲)인가를 생각해 보아, 천리면 확충하고 인욕이면 막아서 미리 살피고 막아야 합니다.

心有所欲, 當思之曰: "是天理乎? 人欲乎?" 天理則擴充之, 人欲則遏絶之, 預察而審防之.

학문이 진보하지 못하는 것은 고식(姑息)·우유(優游)·유희(遊戲)에 연유합니다. 이 세 가지가 바로 사람을 빠뜨리는 함정이니, 한 번 그 함정에 빠지면 죽을 때까지 빠져 나올 수가 없습니다. 학문이 진보하지 못하는 것은 스스로 한계를 긋는 것과 스스로 만족하는 것에 연유합니다.

이 두 가지는 귀문관(鬼門關)이니 이 관문만 통과하면 무한한 좋은 광경들이 펼쳐질 것입니다.

學之不進, 由於姑息也優游也遊戲也. 三者爲陷人坑, 一墮其坑, 終身不能自拔. 學之不進, 由於自畫也自足也. 二者爲鬼門關[375], 過此則有無限好光景.

용감한 장수가 군사를 쓸 때에는 이기지 못하면 물러나지 않고, 가혹한 관리가 옥사를 처리할 때에는 결정하지 않고는 그만두지 않으니 학문도 이와 같습니다.

猛將用兵, 不勝不退, 酷吏斷獄, 不決不止; 學猶是也.

-숙흥야매잠(夙興夜寐箴)·경재잠(敬齋箴)을- 날마다 외우고, -『소학(小學)』과 『가례(家禮)』를- 날마다 보게.

日誦-「夙興夜寐箴」·「敬齋箴」-, 日玩-「小學」·「家禮」-.

독서하는 순서(讀書次第)

『대학(大學)』·『논어(論語)』·『맹자(孟子)』·『중용(中庸)』·『심경(心經)』·『근사록(近思錄)』, 성리(性理)에 관한 책들-이러한 책들

---

375 鬼門關: 저승인 陰界와 이승인 陽界가 서로 만나는 관문으로 善과 惡이 나뉘는 곳을 뜻한다. 중국 廣西省에 있는 변방 요새로 산세가 험준한 데다 나쁜 풍토 기운이 많아서 이곳에 가면 살아 돌아오는 이가 드문 곳을 귀문관이라 불렀다. 그래서 "귀문관을 가면 열에 아홉은 못 돌아오네.〔鬼門關, 十人九不還.〕"라는 俗謠가 있었다. 『舊唐書 地理志4』

은 함께 읽을 것- 이어 『시경(詩經)』・『서경(書經)』・『춘추(春秋)』・

『강목(綱目)』-그리고 그 밖의 여러 역사서 및 경륜(經綸)에 관한 글들을

함께 읽을 것- 『주역』과 『예기(禮記)』-이 두 책은 따로 공부해야 한다.-

『大學』, 『論語』, 『孟子』, 『中庸』, 『心經』, 『近思錄』性理諸書,-兼致其功-.
『詩』・『書』・『春秋』・『綱目』-諸史及經綸諸說兼用功.- 『易』・『禮』, 右二書,
自爲別般工夫.

24. 정용경-현동-에게 답한 편지

答鄭龍卿-顯東-書 경자년(1780, 69세)

수서(手書)를 영윤(令胤) 편에 보내주셨으니, 이는 보통의 정분(情分)이 아닙니다.

편지에 말씀하신 태복(稅服) 문제는 『단궁(檀弓)』에서 증자(曾子)가 이르기를,

"소공(小功)은 태복하지 않으면-'稅'는 독음이 퇴(堆)이니 뒤미쳐 한다는 뜻이다.- 이는 촌수가 먼 형제는 끝내 복(服)이 없는 것이니, 옳겠는가."

라고 하였으니, 그렇다면 소공에 해당하는 친족이 뒤늦게 부음을 들었으면 부음 들은 그날부터 월수(月數)를 따져 복을 입어야지 남은 달만 복을 입어서는 안 될 듯합니다. 예(禮)로 말하자면 소공은 태복이 없는데 증자가 이렇게 말한 것은 인정으로 보아서 더 후하게 한 것입니다. 시마〔緦〕는 가벼운 복이니, 도리어 태복하지 않습니다. 이 복의 경우에는 소공복을 입는 예(例)와 같이 입어야 할 것입니다.

인가(人家)에 일이 있으면 반드시 사당에 고하는 법인데, 상(喪)은 얼마나 중대한 일입니까. 그런데 고금의 예(禮)에 모두 언급한 곳이 없습니다. 아마 종자(宗子)의 입장에서는 가슴을 치며 울부짖느라고할 겨를이 없을 것이고, 그렇다고 다른 사람이 대신 고할 수도 없기 때문일 것입니다. 예문(禮文)에 없는 예(禮)를 스스로 만드는 것은 후인이 할 수 있는 일이 아닙니다. 이는 군자가 예에 신중한 일례(一

例)이니, 어떻게 생각하십니까? 가묘(家廟)에 이미 고했으면 이미 지나간 일이니 굳이 말할 것 없겠지만, 아직 고하지 않은 종가(宗家)의 신위(神位)에는 다시 고할 필요가 없을 듯합니다.

令胤傳致手疏, 此非等閑情分. 示諭稅服[376]一節, 『檀弓』曾子曰: "小功不稅 -晉堆追也.-, 則是遠兄弟終無服也而可乎?" 然則小功聞訃後時, 可以聞訃日 計月爲服, 只服殘月, 似不可矣. 以禮言之, 則小功不稅, 而曾子言如此, 以 情而加厚之也. 況緦是服之輕者, 却不稅矣. 如此服則只當如服小功之例耳. 人家有事, 則必告于祠堂, 喪是何等重大? 而古今禮, 皆無所言. 盖以宗子 言之, 攀擗叫遑, 無暇於告, 他人攝告, 亦不可故也. 自創無於禮之禮, 非後 人之所能. 此亦君子謹禮之一端, 哀意如何? 旣告于家廟, 則事在旣往, 不 必言; 若宗家未告之位, 似不必更告矣.

---

376 稅服: 사망한 날짜가 지난 뒤에 사망했다는 소식을 듣고 뒤늦게 상복을 입는 것이다.

25. 정용경에게 보낸 편지

與鄭龍卿書

보름날의 모임은 즐거웠으나 예절이 소략한 것이 흠이었고 또한 너무 시끄러웠으니 차라리 조용한 곳에서 차분히 만나는 것만 못했습니다. 나는 하나도 해놓은 일이 없이 노쇠하고 질병에 걸렸으니, 어찌하겠습니까!

성인께서도 늘그막에 『주역』을 읽으셔서 가죽끈이 세 번이나 끊어졌으며, 또 이르기를 "발분하여 밥을 먹는 것도 잊고 즐거워서 걱정도 잊은 채 늙음이 다가오고 있는 것조차 모른다."고도 하셨는데, 후인(後人)이 어떻게 감히 늙고 병들었다 하여 스스로 학문을 그만둘 수 있겠습니까. 이러한 구절을 되풀이하여 읊고 또 읊조리다 보면 나도 모르게 두려워 땀이 등을 적십니다. 공도 몹시 곤궁하고 군색하니, 역시 이러한 뜻으로 자신의 진정한 즐거움을 배양해 보는 것이 어떻겠습니까?

望日之會可樂, 而禮節草草可欠, 亦涉擾擾, 實不如靜地穩晤也. 僕一無猷爲, 衰病作祟, 奈何! 聖人晩來讀『易』, 韋編三絶,[377] 且曰: "發憤忘食, 樂以忘憂, 不知老之將至.[378]" 後人其敢以衰病自廢耶? 三復諷吟, 不覺汗背.

---

377 韋編三絶 : 孔子가 만년에 『주역』을 좋아하여 많이 읽다 보니 책을 묶은 가죽끈이 세 번이나 끊어졌다고 한다. 『史記 47권 孔子世家』

公之窮窘甚矣, 亦以此意培埴自有之樂, 如何?

서
書

1. 안정진(安正進)-경점(景漸)-의 문목(問目)에 답함

答安正進-景漸-問目 신묘년(1771, 60세)

'종이(宗彝)'의 이(彝) 자는 이준(彝尊)의 이(彝) 자인데 종이라고
한 것은 종묘(宗廟)의 이(彝)라는 말과 같습니다. 채침(蔡沈)의 주
(註)에는 "종이는 유호(蜼虎)이다."고 하였고, 『운서(韻書)』에 "유
(蜼)는 원숭이의 일종이다."고 하였으니, 원숭이와 범을 말한 것입
니다. 세상 사람들이 종이를 범이라고 말한 것은 잘못입니다. 첫째
권의 「종이도(宗彝圖)」에 이(彝)를 그리고, 이(彝)에 원숭이와 범
두 짐승을 그려놓았으니, 아마도 이(彝)라는 기물에 그려져 있는
것인 듯합니다. 『주례(周禮)』「춘관(春官)」 사준이(司尊彝)에 "사
철의 간사(間祀), 추향(追享), 조향(朝享) 때 강신(降神)주를 따르
는 술잔으로 호이(虎彝)와 유이(蜼彝)를 사용한다."고 하였으니, 이
로 본다면 종이가 술그릇이라는 것이 분명합니다. 채침의 주에 또
"그것의 효성을 취한 것이다."고 하였는데, 조상에게 제사를 지내기
때문에 그렇게 말한 것일 터입니다.

　『주역』「건괘(乾卦)」 단사(彖辭)의 본의(本義)에, "본주(本註)의
건(乾) 자는 삼획괘(三畫卦)의 이름인데, 아래 있는 것은 내괘(內卦)
이고 위에 있는 것은 외괘(外卦)이다. 경문(經文)의 건(乾) 자는 육
획괘(六畫卦)의 이름이다." 하였습니다. 본주(本註)라고 말한 것은,
괘획(卦畫)의 밑에 써 있는 '건상건하(乾上乾下)' 네 글자를 가리켜
말한 것입니다. 주(註)라고 말한 것은, 작은 글자로 두 줄로 썼기
때문입니다. 경문(經文)이라고 한 것은, '건원형이정(乾元亨利貞)'이

라는 대목의 건(乾) 자를 가리켜 말한 것인데, 이는 본문(本文)이기 때문에 경(經)이라고 한 것입니다. 「곤괘(坤卦)」 단사(彖辭)의 본의(本義)에도 "주(註)에서 곤(坤) 자는 삼획(三畫)괘의 이름이고, 경(經)에서 곤(坤) 자는 육획(六畫)괘의 이름이다."고 하였는데, 여기서 '주에서', '경에서'라고 한 것은 건괘의 경우와 다름이 없습니다.

형이상하(形而上下)의 형(形) 자는 상하의 경계가 되는 곳이니, 형(形)은 도(道)와 기(器)의 사이에 위치하였습니다. 이로 말미암아 올라가면 무형(無形)의 도(道)가 되고, 이로 말미암아 내려가면 유형(有形)의 기(器)가 됩니다. 그러므로 형(形), 도(道), 기(器) 세 가지는 서로가 분리되지 않아 도(道)도 기(器)이고 기(器)도 도(道)인 것입니다. 만약 상하만 가지고 도(道)·기(器)라고만 한다면, 이는 도(道)와 기(器)를 쪼개어 두 조각을 만드는 것이니 일사(一事)와 일물(一物)이 모두 도(道)와 기(器)를 갖추고 있다는 뜻을 보지 못한 것입니다. 그러므로 형(形) 자를 넣어 말해야만 비로소 상하가 합하여 하나의 사물이 된다는 것을 알 수 있습니다.

역(易)을 예로 들어 말하자면 역서(易書)는 형(形)이고 역서가 된 소이는 도(道)이고 역서가 만들어져 괘(卦)를 긋고 손가락 사이에 시초(蓍草)를 끼우는 이치가 드러나는 것은 기(器)입니다. 사람을 예로 들어 말하자면 몸은 형(形)이고 말하고 움직이는 것은 기(器)이고 말하고 움직이는 소이는 도(道)입니다. 인사(人事)를 예로 들어 말하면 아버지와 자식, 임금과 신하는 형(形)이며, 아버지와 자식 사이에는 인(仁)을 위주로 하고 임금과 신하 사이에는 의(義)를 위주로 하는 것은 도(道)이고, 인(仁)에서 나와서 효도가 되고 의(義)에서 나와서 충성이 되는 것은 기(器)입니다. 이 세 글자로 미루어 보면 만사(萬事)와 만물(萬物)이 그렇지 않은 것이 없습니다.

宗彝[379]之彝, 卽彝尊之彝; 其云宗彝者, 猶云宗廟之彝也. 蔡註[380] : "宗彝,
蜼虎也." 韻書 : "蜼, 猴屬." 謂蜼及虎也. 俗以宗彝爲虎者非也. 首卷宗彝圖
畫彝, 彝中畫蜼及虎二獸, 盖彝中所畫也. 周禮春官司尊彝曰 : "四時之間祀
追享朝享, 祼用虎彝蜼彝." 據此則宗彝之爲酒器, 明矣. 蔡註又言取其孝也,
以其享先而言之歟! 乾象本義曰 : "本註乾字, 三畫卦之名也, 下者內卦也,
上者外卦也. 經文乾字, 六畫卦之名也." 本註云者, 指卦畫下乾上乾下四字
而言也. 謂之註者, 以其細書而雙行故也. 經文云者, 指乾元亨利貞之乾字
而言; 此爲正文, 故曰經也. 坤象本義亦曰 : "註中者三畫卦之名也, 經中者
六畫卦之名也." 其云註中經中者, 卽與乾卦無異矣. 形而上下之形字, 是上
下界至處, 形居道器之間; 由是而上, 爲無形之道, 由是而下, 爲有形之器.
形道器三者不相離, 而道亦器, 器亦道矣. 若但以上下謂之道器, 則是作兩
截而成二片, 不見一事一物莫不各具道器之意. 須着形字說, 然後方見得上

---

379 宗彝 : 舜임금이 일찍이 禹에게 "내가 해와 달과 별과 산과 용과 꿩으로 무늬
를 만들고, 宗彝와 물풀과 불과 흰쌀과 黼와 黻을 수놓아서 다섯 가지 채색을
다섯 가지 빛깔로 물들여 옷을 만들고자 하면 그대는 그것을 밝게 만들라.〔日
月星辰山龍華蟲, 作會, 宗彝藻火粉米黼黻 絺繡, 以五采彰施于五色, 作服,
汝明.〕"하였다. 『書經 益稷』

380 蔡註 : 蔡沈이 지은 『書集傳』이다. 채침은 宋나라 때 사람으로, 자는 仲默이
며, 蔡元定의 아들이다. 젊을 때 朱子의 문하에서 수학하였고, 性理學을 깊
이 연구하였다. 九峯에 은거했다고 하여 학자들이 그를 九峯先生이라 일컫
었다. 『서집전』은 古文尙書와 今文尙書를 모두 실었고 아버지와 스승 주자
의 설을 많이 인용하였다. 『宋史 434권 蔡元定傳』

下合爲一箇物事矣. 如以易言之, 易書卽形也, 所以爲易書卽道也, 易書作而畫卦揲蓍之義著焉者卽器也. 以人言之, 人身形也, 言語動作器也, 所以爲言語動作者道也. 以人事言之, 父子君臣形也, 主仁主義道也, 發於仁而爲孝, 發於義而爲忠器也. 以此三字推之, 萬事萬物, 莫不然矣.

2. 안정진의 문목에 답함

答安正進問目 계사년(1773, 62세)

문(問)

나의 당질(堂姪) 낙중(樂重)이 중부(仲父)인 동지중추부사(同知中樞府事)가 살아 계실 때 죽었으니, 신주(神主)를 쓸 때에 망손(亡孫)이라고 써야 합니까, 그의 아들 효맹(孝孟)의 이름을 써야 합니까? 어떤 사람은 "종손(宗孫)은 사당에 들어가야 하니, 하나의 사당(祀堂)에 현고(顯考)로 쓴 신주가 둘이면 실로 온당하지 않다."라 하고, 혹자는 "신주마다 각각 방주(傍註)가 있으니 별로 혐의스러울 게 없다."고 하니, 두 설(說) 중에 어느 것이 옳은지 알지 못하겠습니다. 의논이 분분하여 결국에는 효맹의 이름을 썼습니다. 만약 의리에 문제가 있다고 한다면 중부의 삼년상을 마친 뒤에 신주를 고쳐 쓰려고 하는데, 그에 대한 가부(可否)를 회답해 주는 것이 어떻겠습니까?

안산(安山) 이만경(李萬頃)의 상(喪)은 성장(星丈)이 상주(喪主)가 되었습니까, 원양(元陽)이 상주가 되었습니까?

問: 堂姪樂重之亡, 在於同知仲父在世之日, 則題主時以亡孫書之耶? 以其子孝孟名書之耶? 或云: "宗孫當入廟; 一廟中二顯考之題, 實爲未穩." 或云: "各有傍題[381], 別無所嫌."云, 未知二說孰是也. 議論紛紜, 畢竟以孝孟名題之. 若云有害於義, 則仲父闋制後, 欲爲改題; 回示可否, 如何? 安山李萬頃之喪, 星丈[382]主之耶? 元陽[383]主之耶?

답(答)

『예기(禮記)』「상제(喪祭)」에 "아버지가 살아 있을 경우 아버지가 상주가 된다. 따로 사는 서자(庶子)들만은 그들의 아내나 아들이 죽었을 경우 자신들이 상주가 된다."고 하였습니다. 지금 붕지(朋之)는 함께 사는 장손(長孫)이니, 마땅히 동지중추공(同知中樞公)이 상주가 되고, 신주에는 망손(亡孫)이라고 써야 옳을 것입니다. 순수(醇叟)의 상은 성장이 상주가 되었습니다.

答:『禮』「喪祭」:"父在, 父爲主, 而惟庶子之異居者, 各主其妻子之喪." 今朋之爲同居之長孫, 則同知公當主之, 而題主以亡孫書之宜矣. 醇叟[384]之喪, 星丈主之耳.

문(問)

아버지가 살아 있고 아내의 상을 당하였을 경우 신주에 망부(亡婦)라고 써야 합니까, 망실(亡室)이라고 써야 합니까? 차자(次子)들은 별도로 사당을 세워야 하니 신주에 망실이라고 써야 옳지만, 종자

---

381 傍題:神主의 아래 왼쪽에 제사를 받드는 사람의 세대와 이름을 쓰는 것이다.

382 星丈:星湖 李瀷을 가리킨다.

383 元陽:성호 李瀷의 손자이고 李孟休의 아들인 李九煥의 자이다. 『星湖全集』附錄에 실려 있는 星湖의 조카 李秉休의 아들인 李森煥이 쓴 제문의 注에 보인다.

384 醇叟:李孟休(1713~1750)의 자이다. 그는 본관은 驪州이고 성호 이익의 아들이다. 벼슬이 禮曹正郎에 이르렀고, 『春官志』를 편찬하였다.

(宗子)는 지자(支子)와 다르니 어떻게 해야 합니까? 그리고 아버지가 먼저 상처(喪妻)하여 어머니의 신주가 사당에 들어가 있을 경우, 하나의 사당에 두 망실의 호칭이 과연 혐의가 없겠습니까? 노수(魯叟)가 상처하였을 때 필시 먼저 실행한 예가 있을 것이니, 회답해 주심이 어떻겠습니까?

이러한 몇 가지 일들은 각 가문(家門)에 많이 있을 터인데 의논이 하나뿐만이 아니어서 어느 것을 따라야 할지 모르겠으니, 삼가 바라건대 예설(禮說)을 자세히 상고하여 훗날 그대로 실행할 수 있는 예로 삼는 것이 어떻겠습니까.

問: 父在妻喪, 以亡婦書之耶? 以亡室書之耶? 支子當別立廟, 書以亡室, 可也. 而宗子與支子有異, 何以爲之也? 且其父已先喪妻入廟, 則一廟二亡室之稱, 果無嫌耶? 魯叟喪配時, 必有先行之禮, 回示如何? 此等數事, 人家多有之, 而議論不一, 莫的所從; 伏乞詳考禮說, 以爲後來遵行之禮, 如何?

답(答)

아버지가 살아 있고 아내의 상을 당하였을 때, 함께 사는 아들일 경우에는 아버지가 상주가 되고 따로 사는 아들일 경우에는 남편인 아들이 상주가 되는 것이 예(禮)입니다. 우리 집에서는 전일 며느리 상을 당하였을 때 신주에 망부(亡婦)라고 썼었습니다.

答: 父在妻喪, 同居之子則父主之, 異居, 其夫主之, 禮也. 鄙家前日婦喪, 以亡婦書之.

문(問)

사람들의 가문에 더러 친진(親盡)한 신주가 있어, 서얼(庶孼)이 장방(長房)으로서 제사를 모실 경우 서얼의 이름을 써 넣습니까, 종손의 이름을 써 넣습니까? 만약 서얼의 이름을 써넣는다면 제사를 주관하는 사람이 마땅히 윗자리에 서야 하는데, 서얼로서 적손(嫡孫)이나 종손의 위에 서는 것이 불가하지 않겠습니까? 지금은 조정에서 이미 서얼도 높은 벼슬을 할 수 있도록 허용하여 나이순으로 하게끔 하였으니, 앞으로 그렇게 해도 과연 지장이 없겠습니까? 아울러 회답해 주기 바랍니다.

問: 人家或有親盡³⁸⁵之主, 而庶孼以長房³⁸⁶奉祀, 則以庶孼名書墳耶? 以宗孫書之耶? 若以庶孼, 則主祀者當立上位, 以庶孼而居嫡宗孫之上, 無乃不可乎? 今則朝家已許通淸序齒; 自此以後, 果無害耶? 並乞回示.

답(答)

장방(長房)의 법은 고례(古禮)가 아닌데 송(宋)나라 선비들이 의리로 헤아려 그 예(禮)를 만들었고, 『가례(家禮)』에 이를 따랐으므로

---

385 親盡 : 제사를 지내는 代數가 다한 것이다. 대개 임금은 5대, 백성은 4대 조상까지 제사를 지낸다.

386 長房 : 最長房의 준말로 4代 이내의 자손 중에 항렬과 나이가 가장 높은 사람을 가리키는 말이다. 최장방이 奉祀孫에게 代數가 다한 신주를 모셔다가 제사를 받든다. 이 최장방이 죽으면 다음 최장방이 모셔 가는데, 자손 중에 4대손이 다 죽은 뒤에는 그 신주를 땅에 묻는다.

후세에 정해진 제도가 되었습니다. 그러나 주자(朱子) 만년(晚年)의 정론(定論)을 보면 타당하다고 하지 않았으니, 주자가 이요경(李堯卿), 호백량(胡伯量)에게 답한 글과 『어류(語類)』에 심한(沈僩)의 물음에 답한 것을 보면 알 수 있습니다.

장방의 예(禮)는 이미 시행되고 있으니, 비록 서얼의 자손이라도 제사를 모시지 못할 이치가 없을 것 같기 때문에 세속에서 흔히 그렇게 하고 있습니다. 이미 제사를 모신다면 축문(祝文)에 응당 제사를 주관하는 서손(庶孫)의 이름을 쓰는 것은 의심할 나위가 없습니다. 이미 제사를 모시고 축문이 있고 보면, 서손이 응당 초헌관(初獻官)을 맡아야 할 듯합니다. 그러나 적손(嫡孫)이 제사에 참여할 경우에는 서손이 조금 뒷줄로 물러섬으로써 서손이 감히 적손과 대등하게 굴 수 없다는 뜻을 밝히는 것이 옳을 것 같습니다. 지금 조정에 비록 서얼이 벼슬하는 것을 허통(許通)하는 법이 있기는 하나, 조정에서 사람을 등용하는 규례와 가문에서의 적손과 서손의 분별은 본디 상관 없는 것입니다.

答: 長房之法, 非古禮, 而自宋儒義起[387], 『家禮』從之, 遂爲後世定制. 然以朱子晚來定論觀之, 不以爲然; 據答李堯卿・胡伯量書及『語類』答沈僩問, 可知矣. 長房之禮旣行, 則雖庶孽子孫, 似無不奉之理, 故世多行之. 旣

---

387 義起 : 『禮記』「禮運」에 "禮란 것은 義의 실질이니, 義에 맞추어서 맞으면 禮는 비록 先王 때에 없는 것일지라도 義로써 새로 만들 수 있다.〔禮也者, 義之實也; 協諸義而協, 則禮雖先王未之有, 可以義起.〕"라 한 데서 온 말로 禮文에 없더라도 이치를 참작하여 새로운 禮를 만드는 것이다.

奉其祀, 祝辭當用主祭之庶孫名, 無疑矣. 旣奉祀而有祝, 則庶孫似當初獻,
而嫡孫參祀, 則庶孫稍退後列, 以明不敢抗嫡之意, 似可. 今朝家雖有許通
庶孼之法, 朝廷用人之規 · 人家嫡庶之分, 自不相干矣.

문(問)

우리 선조 옥천공(玉川公)의 최장방(最長房) 장현손(長玄孫)이 몇
년 전에 세상을 떠났으니, 그의 상(喪)을 마친 뒤에 예(禮)로 보아
옥천공의 신주를 땅에 묻어야 할 것입니다. 그런데 어떤 사람은 말
하기를, "옥천공은 이미 사림(士林)들의 존숭을 받고 있는데 대뜸
신주를 땅에 묻는다는 것은 예의 뜻에 매우 맞지 않다."고 하기에
나는 "백세(百世)토록 불천(不遷)하는 것은 왕비(王妃)의 아버지나
공로가 있어 관작(官爵)을 봉해 받은 사람뿐입니다. 그런데 우리 선
조는 향리(鄕里)에서 행실이 근칙(謹飭)한 선비로서 제사(祭社)의
반열에 들어 있을 뿐이고 보면, 대대로 불천하는 것은 너무 분수에
지나치지 않겠습니까?"라고 하였습니다. 그 사람이 또 말하기를,
"옥천공은 예학(禮學)에 정통하여 향리의 존경을 받았으니, 안씨(安
氏) 가문에서 공로가 있는 조상이다. 어찌 반드시 백성에게 은택이
미치고 사직에 공로가 있어야만 불천할 수 있겠는가?"라 하고, 또
사천목씨(泗川睦氏)가 현헌(玄軒)을 제사지낸 일을 인용하여 증거
를 대었습니다.

알지 못하겠습니다. 이 사람의 말이 사리에 타당합니까? 우리 집안
의 처사가 과연 예(禮)에 맞지 않는 것입니까? 근래에 영외(嶺外)에
선 관작이 매우 귀하여 사람들의 가문에 5, 6대조 이상이 숭품(崇品)
에 올라갔거나 청현직(淸顯職)에 벼슬하였을 경우는 모두 별도로 사

당을 세워 제사를 지내면서 "자손에게 공이 있으니 신주를 조천(祧遷)해서는 안 된다."고 합니다. 유식(有識)한 가문에서도 많이 이렇게 하고 있는데, 과연 예(禮)에 맞습니까? 인정은 한계가 없지만 분수에는 한계를 두는 것이 본래 선왕(先王)이 제정한 예(禮)이니, 이 일은 근래에 형식에 치우친 말폐입니다. 그에 대한 가부를 회답해 주어 저의 의혹을 깨뜨려 주기를 삼가 바랍니다.

問: 吾先祖玉川公[388]最長玄孫, 數年前作故, 喪畢後禮當祧埋. 而或者以爲玉川公, 旣爲士林之所尊尙, 則遽爾埋主, 大不合禮意. 愚以爲"百世不遷, 惟王妃之父及有功封勳者而已; 吾先祖以鄕閭謹飭之士, 只在祭社之列, 則傳世不遷, 不已僭乎?" 或又以爲"玉川公精於禮學, 爲鄕人之所矜式, 則於安氏, 爲有功之祖; 何必澤及生民, 功存社稷, 然後方可以不遷乎?" 又引泗川睦氏祭玄軒[389]事以證之. 未知或者之言爲得, 吾家果爲失禮耶? 近來嶺外, 官爵至貴, 人家有五六代以上, 或躋崇品[390], 或仕淸顯者, 皆別立廟奉祀, 而以爲有功於子孫, 不可祧毁; 有識之家, 亦多行之. 未知於禮合否? 情雖無窮, 分則有限, 自是先王制禮, 則此乃近來文勝之末弊也. 回示可否, 以破愚惑, 伏望.

---

388 玉川公 : 安餘慶(1538~1592)을 가리킨다. 그는 자는 善繼이고 호가 玉川이며 본관은 廣州이다. 玉川山에 은거하야 스스로 玉川主人이라 일컬었다. 저서로『玉川遺稿』가 남아 있다. 창녕의 冠山書院 別祠에 제향되었다.

389 玄軒 : 己卯名賢 중 한 사람인 睦世秤의 호이다.

390 崇品 : 從1품 이상을 가리킨다. 品階 명칭에 '崇' 자가 있기 때문에 이렇게 부르는 것이다.

답(答)

예(禮)에 "서성(庶姓)으로서 그 나라에서 출세하여 경대부(卿大夫)가 된 사람이 있을 경우 그 신주는 백세토록 불천(不遷)하는 중시조(中始祖)가 된다."고 하였으니, 우리 조정에 공로가 있는 신하의 신주를 불천하는 것은 이 예를 따른 것입니다. 이는 공로와 훈업(勳業)으로 말한 것입니다. 만약 공로와 훈업이 없는데 자손이 조상의 덕행(德行)이 일컬을 만하다고 하여 사사로이 신주를 조천하지 않고자 하는 것은 왕실(王室) 종묘(宗廟)의 예법을 쓴다는 혐의가 있으니, 참람한 일이라 해서는 안 됩니다. 그대가 말한 "향리(鄕里)에서 행실이 근칙(謹飭)한 선비로서 제사(祭祀)의 반열에 들어 있을 뿐이고 보면, 대대로 불천하는 것은 너무 분수에 지나치지 않겠습니까."라고 한 말은 참으로 이른바 예를 지키는 군자(君子)의 말이니, 얼마나 경탄(敬歎)했는지 모릅니다.

구경산(丘瓊山)이 말하기를, "요즈음 사람들의 가문에 처음으로 관작을 받은 조상이 있으면 비록 관작의 높고 낮음은 있더라도 모두 사당을 세워 그를 시조로 삼는다." 하였습니다. 그리고 중국의 문집(文集)을 보면 종종 사당기(祠堂記)가 있는데, 대개 서성(庶姓)으로 출세하여 자손들에게 음덕(蔭德)을 남긴 사람이 백세(百世)토록 불천하는 중시조가 되는 것입니다. 이는 비록 우리나라 국법에 허용하지는 않지만, 사사로이 하더라도 예(禮)의 뜻에는 어긋나지 않습니다.

그런데 옥천공은 말할 만한 봉작(封爵)이 없고 또 우뚝 일어나 시조가 된 사람에게 비길 바가 아니니, 실로 조천하지 않을 의리가 없습니다. 그러나 역시 근거로 삼을 만한 것이 있으니, 사천목씨가 현헌

(玄軒)을 사당에 모셔 백세토록 불천하는 것뿐만이 아닙니다. 옛날 박취금(朴醉琴)의 5대손이 박취금의 신주를 조천하겠다는 뜻으로 한 강(寒岡)에게 묻자, 한강이 대답하기를 "사대부(士大夫) 가문에 공로로 관작을 봉해 받은 사람은 그의 신주를 조천하지 않는 법이 있다. 취금선생의 업적이 어찌 군(君)에 봉해진 사람에 비길 수 있을 뿐이겠는가? 마땅히 영세토록 조천하지 않아야 할 것이다." 하였습니다.

삼가 보건대, 옥천공은 돈독한 예(禮)와 신중한 행실로 후손에게 덕을 끼쳤으니, 자손에게는 큰 공로가 있는 조상입니다. 대수(代數)가 다 된 뒤에 그대로 사당에 모시어 조천하지 않는 신주로 삼지는 못하더라도 『가례(家禮)』에 따라 묘소 아래에 신주를 묻고 해마다 한 번씩 제사지내는 예(禮)를 갖추어 영세토록 조천하지 않는 것이 어떻겠습니까? 대개 후세에 와서 예절이 매우 번다해져 제한이 없어서 더러 지나친 폐단이 생겨 현직(顯職)에 벼슬한 조상이 있으면 흔히 조천하지 않으니, 이는 참으로 그대가 말한 형식에만 치우친 말폐(末弊)입니다. 이와 같이 하면 조상을 높인다는 것이 도리어 비난을 끼치기에 알맞습니다. 그리고 신도(神道)는 총명(聰明)하고 정직(正直)한데, 어찌 분수에 지나친 제사를 흠향하겠습니까.

答: 禮庶姓之起於是邦, 爲卿大夫者, 爲百世不遷之宗.; 我朝勳臣不遷, 遵此禮也. 是以功業言也. 若無功業, 而子孫徒以祖先德行之可稱, 私自不祧, 有王家世室之嫌, 僭不可爲也. 盛諭所謂玉川公不過爲鄕閭謹飭之士, 只在祭社之列, 傳世不遷, 不已僭云者, 眞所謂守禮君子之言, 何等欽歎! 丘瓊山[391]曰: "今人家初有封爵者, 雖爵有尊卑, 皆得以立廟爲始祖." 又見中國文集, 往往有祠堂記, 率是庶姓之崛起垂蔭者, 爲百世不遷之宗. 此等雖非

國典所許, 私自爲之, 亦不悖於禮意也. 玉川公旣無封爵之可言, 又非崛起
爲始祖之比, 實無不祧之義. 然而亦有可據者, 不獨睦氏之於玄軒也. 昔朴
醉琴³⁹²五代孫, 以遷主之意, 稟于寒岡³⁹³; 以爲"凡士大夫家, 有勳封不遷
之法; 醉琴先生事業, 豈特封君比哉? 宜永世不祧." 竊觀玉川公, 敦禮勅行,
垂裕後昆, 其爲子孫有功之祖, 大矣. 代盡後, 雖不能因奉祠宇, 爲不遷之
主, 依『家禮』藏主墓下, 爲歲一祭之禮, 永世不遷, 如何? 盖後世禮節繁縟,
無所防限, 或有濫溢之弊, 祖先之有顯職者, 多在不祧之列; 誠如盛諭文勝
之末弊也. 如此者, 其所以尊之, 適所以貽譏. 且神道聰明正直, 豈享濫溢之
祀哉?

······································

391 丘瓊山 : 明나라 때 학자인 丘濬을 가리킨다. 그의 호가 瓊山이다.

392 朴醉琴 : 조선시대 死六臣의 한 사람인 朴彭年의 호가 醉琴이다.

393 寒岡 : 조선시대 학자로 퇴계 이황의 제자인 鄭逑의 호이다.

3. 좌랑(佐郞) 안정진의 문목에 답함

答安佐郞正進問目 임인년(1782, 71세)

문(問)

『가례(家禮)』에 "적손(嫡孫)의 아버지가 죽고 조부가 살아 있는데 조모의 상(喪)을 당하였을 경우 상장(喪杖)을 짚고 기년상을 마친다."고만 하였고 "심상(心喪)을 한다."는 대목은 없으며, 『경국대전(經國大典)』에도 그러하였습니다. 그런데 유독 『상례비요(喪禮備要)』에만 "아버지가 죽고 조부가 살아 있는데 조모의 상을 당하였을 경우 상장을 짚고 기년상(朞年喪)을 마친 뒤에 이어 3년간 심상을 한다."고 하였습니다.

우리 향리 사람이 이러한 예(禮)를 당하여 "『가례』와 시왕(時王)의 제도가 그러한데, 사계(沙溪)의 예설(禮說)만 따른다는 것은 온당치 못한 바가 있다."고 말하면서, 반드시 상장을 짚고 기년상을 마쳐야 한다고 단정하고 심상을 입지 않습니다. 그래서 원근(遠近)의 친구들이 모두 '예(禮)는 마땅히 후한 쪽을 따라야 한다.'는 설로 반복해서 설득하였으나, 끝내 의혹을 되돌리지 못하였습니다. 그 가문에서 이 문제를 소호(蘇湖)에게 묻고 또 집사께 여쭈어 달라고 요청하기에 이처럼 번거롭게 여쭈니, 가르쳐주시기 바랍니다.

問: 『家禮』: "嫡孫父卒祖在, 爲祖母杖朞.", 而無心喪之文, 『經國大典』亦然; 獨『喪禮備要』: "父歿祖在, 爲祖母杖朞, 仍心喪三年." 鄕鄰中遭此禮, 以爲 『家禮』及時王之制如彼, 獨從沙溪之禮, 有所未安.", 必以杖朞爲斷,而不服心喪. 遠近親舊皆以禮宜厚之說, 反覆開諭, 而終不回惑. 彼家方問于蘇湖[394], 且請問于執事, 故若是煩溷. 幸乞指教.

답(答)

아버지가 살아 있고 어머니 상(喪)을 당하였을 경우 상장을 짚고 기년상을 하며 심상을 한다는 것은 고례(古禮)이고, 『가례』에 아버지가 살아 있고 어머니 상을 당하였을 경우 본복(本服)인 자최삼년복(齊衰三年服)을 입는 것은 시왕(時王)의 제도를 따른 것이니 감히 어길 수 없습니다.

고례에 "조부와 조모의 상에는 기년복을 입는다."고만 하였을 뿐, 아버지가 죽고 조부가 살아 있는데 조모의 상을 당하였을 경우 어떻게 복을 입는다는 것은 말하지 않았습니다. 그런데 『가례』에 아버지가 죽고 조부가 살아 계신 상태에서 조모의 상을 당하였을 경우 입는 복을 높여서 상장을 짚는 기년복으로 삼았으니, 고례에 '아버지가 살아 있고 어머니 상을 당하여 입는 복'과 같습니다. 손자가 이미 승중(承重)하였을 경우에는 그 상제가 아버지와 다름없고 보면, 조부가 살아 있고 조모 상을 당하였을 경우에 어찌 단지 상장을 짚는 기년복만 입고 말 수 있겠습니까. 『가례』에서 상제를 올려 상장을 짚는 기년복으로 삼은 것이 이미 아버지가 살아 있고 어머니 상을 당하여 복을 입는 예(例)와 다름없으니, 비록 심상 3년을 한다고 말하지는 않았으나, 심상의 의미가 그 가운데에 들어 있습니다."

---

394 蘇湖 : 조선시대 학자인 大山 李象靖(1710~1781)을 가리킨다.

答：父在爲母杖朞申心喪古禮，而『家禮』父在爲母，服本服齊衰三年，此從時王之制而不敢違也。古禮但言祖父母朞，不言父卒祖在爲祖母之服；而『家禮』陞父卒祖在爲祖母之服爲杖朞，如古禮父在爲母之服。孫旣承重，其喪制與父無異，則祖在爲祖母，豈可只服杖朞而已乎？『家禮』之陞爲杖朞，已與父在爲母之例無異；雖不言申心喪三字，而心喪之意，在其中矣。

문(問)

『가례』「관례(冠禮)」에 "관례를 사흘 앞두고 주인(主人)이 사당에 고한다."고 한 주(註)에 "여기서 주인은 관례를 치르는 자의 조부(祖父)이다."하였습니다. 그런데 "관례를 치른 뒤에 관례를 치른 자가 어른을 뵌다."한 주에는 "부모는 당(堂)에서 남쪽을 향하여 앉는다."고만 말하고 조부모(祖父母)는 말하지 않은 것은 무엇 때문입니까?

소호(蘇湖)는 "관례에, 사당에 고할 때 관례를 치르는 자의 조부가 주관하는 것은 관례를 치르는 자의 아버지가 자신의 아버지를 뛰어넘어서 스스로 고할 수 없기 때문이다. 그러나 관례를 치르는 자가 어른을 뵐 때는 부모가 남쪽으로 향하여 앉아서 절을 받음으로써 그의 아들이 사적인 공경을 펴도록 한 다음에 아들을 데리고 조부모가 계신 방에 가 뵙는 것이다. 이는 신부(新婦)가 시조부와 시조모를 뵙기 전에 시아버지와 시어머니를 뵙는 것과 똑같은 이치이다. 그렇지 않다면 사당에 고할 때에 조부가 이미 주관하였는데, 여기에서는 바로 부모가 남쪽으로 향하여 앉아서 절을 받는다고 말하고 조부모는 말하지 않은 것은 무엇 때문이겠는가? 예(禮)의 뜻은 정미(精微)하니 허술하게 보아넘겨서 안 될 것이다."하였습니다. 가르쳐 주시기 바랍니다.

問:「冠禮」:"前期三日, 主人告于祠堂."註: "主人謂冠者之祖父.""冠畢, 冠者見于尊長."註: "父母堂中南面坐."云, 而不及祖父母, 何也? 蘇湖曰:"冠禮告廟則冠者之祖父主之, 其父不得越父而自告也. 冠者見於尊長, 則父母南面受拜, 而使其子伸其私敬, 然後以其子見於祖父母之室. 此與新婦見舅姑, 同是一義. 不然, 告廟時, 祖旣主之矣, 於此, 直言父母南面, 而不言祖父母, 何也? 禮意精微, 恐不可草草看也云云." 幸乞指敎.

답(答)

관례를 치르는 자의 조부라는 것은 조부와 아버지를 말한 것입니다. 조부가 있으면 조부가 주관하고, 조부가 죽고 아버지가 있으면 아버지가 주관합니다.

"어른을 뵌다."는 조목의 주(註)에 "부모가 당(堂)에서 남쪽을 향하여 앉는다."는 것은 아버지만 있는 사람을 두고 말한 것입니다. 만약 조부가 있다면 조부가 부모의 자리에 앉고 부모는 마땅히 동쪽과 서쪽의 자리에 나누어 앉아야 할 것입니다. 이른바 함께 사는 어른이라는 것은 백부(伯父) 이상을 말한 것입니다. 숙부(叔父)들과 형, 숙모(叔母)들과 고모들은 모두 관례를 치르는 자의 아버지의 아우나 누이동생이니 모두 동쪽과 서쪽의 자리에 나아가 앉고, 백부 이상은 그 자리의 순서에 혐의가 있기 때문에 자리에 나아가 앉지 않고 각자 자신들의 방에 있는 것입니다. 본문(本文)을 자세히 보면 그 이치를 알 수 있습니다.

그리고 관례에는 조부가 있을 경우 조부가 주관하므로 마땅히 남쪽으로 향하여 앉지만, 혼례(婚禮)에는 대수(代數) 차례를 따라야 하는 의리가 있으니 응당 시아버지와 시어머니를 주관으로 삼아야 합니다.

그러므로 시아버지와 시어머니가 신부의 인사를 받은 다음 신부를 데리고 시조부모에게 가 뵙게 하는 것입니다. 이 점이 관례와 다릅니다. 그런데 소호는 나란히 두어 같다고 하니, 아마도 그렇지 않을 듯합니다. 그대는 조부(祖父) 두 글자를 연달아 읽어 오직 조부 한 사람으로만 생각하였기 때문에 소호의 답에도 이러한 착오가 있게 된 것입니다. 다시 상고해 보는 것이 어떻겠습니까?

答: 冠者之祖父, 謂祖若父也. 有祖者祖主之, 祖歿而有父則父主之. 見于尊長條註: "父母堂中南面." 云者, 只據有父者言也. 若有祖則祖居是位, 而父母當分居東西之位矣. 所謂同居尊長者, 謂伯父以上也. 諸叔父兄諸叔母姑, 皆冠者父之弟妹也, 皆出坐東西之位; 伯父以上, 則以其位次之有嫌, 故不出坐而各處其室也. 細觀本文, 其義可知矣. 且冠禮有祖則祖爲主, 當坐南面之位, 婚禮則有代序之義, 當以舅姑爲主. 故舅姑受禮畢, 以新婦見于祖舅姑; 此與冠禮不同矣. 蘇湖比而同之, 恐不然. 盛諭以祖父二字連讀, 惟以祖一人當之, 故蘇湖之答, 亦有此誤. 更考如何?

문(問)

이곳에 어떤 사람이 상중(喪中)에 며느리를 맞이하게 되었는데, 혹자는 "대문에 들어서는 날에 사적인 예로 시아버지와 시어머니를 뵙고 3일 후 사당에 참배하는 의절(儀節)처럼 빈소(殯所)에 곡하고 절해야 한다." 하고, 혹자는 "빈소에 곡하고 절한 다음 시아버지와 시어머니를 뵈어야 한다."고 하고, 혹자는 "새로 시집온 사람이 곡읍(哭泣)해서는 안 되니 배례(拜禮)만 해야 한다." 하였습니다. 이 문제를 소호장(蘇湖丈)께 물었더니, "『예기』「증자문(曾子問)」에 '신

랑이 신부를 친영하여 문에 들어갔는데 자최복(齊衰服)이나 대공복
(大功服)의 상(喪)이 있으면 남자는 집 안으로 들어가지 않은 채 밖
에서 상복으로 갈아입고 여자는 집 안으로 들어가 안에서 상복으로
갈아입고서 자리에 나아가 곡하고 혼례는 치르지 않는다.……'고
하였다. 그런데 우리나라의 풍속이 옛날과 다르니 비록 시집에 오
지는 않았으나 며느리가 된 지 이미 오래인 경우와, 시집에 왔으나
아직 혼례를 치르지 않은 경우가 다르고 게다가 조부모의 상은 다
른 친족의 대공상(大功喪)과는 다르니, 시아버지와 시어머니가 빈
소에서 곡하면 신부는 자리에 나아가 곡하고 두 번 절한 다음 시아
버지, 시어머니와 마주 보며 곡하고, 밖으로 나가 뵐 적에는 사적으
로 뵙는 예(禮)에 따르는 것이 아마도 옳을 듯하다."고 하였습니다.
이러한 예는 사람들 집안에 흔히 있는데, 어떻게 하면 옳겠습니까?

問: 此有一人喪中迎婦. 或曰: "入門之日, 以私禮見舅姑, 三日後哭拜殯宮,
如廟見儀, 可也." 或曰: "哭拜殯宮, 次見舅姑, 可也." 或曰: "新歸之人, 不
可哭泣, 只行拜禮, 可也." 問于蘇湖丈, 則曰: "「曾子問」: '親迎入門, 而有
齊衰大功之喪, 則男不入而改服於外次, 女入而改服於內次, 卽位而哭, 不
復昏禮云云.' 東俗與古不同, 雖未歸而修行婦道已久, 與及門而未行昏禮者
異, 祖父母之喪, 又與諸親之大功不同; 竊意舅姑哭於殯宮, 新婦卽位而哭,
再拜訖, 與舅姑相向而哭, 出而見於外次, 則只用私見之禮, 恐或得宜." 此
禮, 人家多有, 何以得當耶?

답(答)
소호의 설이 참으로 인정과 예문에 맞으니 매우 경복(敬服)할 만합

니다.

答: 蘇湖說儘合情文, 殊可敬也.

4. 좌랑 안정진의 문목에 답함

答安佐郎-正進-問目 계묘년(1783, 72세)

초상이 난 지 11개월이 되어 연제(練祭)를 지내는 것은 아들을 위하여 제사지내는 것이지 지아비를 위하여 제사지내는 것이 아니고 보면 아내의 상(喪)을 당한 사람에게 아들이 없을 경우에는 11개월이 되어 제사를 지내서는 안 됩니다. 『예기(禮記)』에 아내의 상에 대해 '기년복(朞年服)을 입되, 담제(禫祭)까지 상장을 짚는다.'고만 말하고 연제란 명칭은 없으니, 지아비의 상엔 연제를 지내서는 안 됩니다. 성호(星湖)가 말한 "아내의 상에는 연제를 지내지 않는다."는 설이 매우 명백하기에 베껴서 올리고 싶었으나 인편이 급하여 못하였습니다.

아내의 상은 15개월이 되어 담제(禫祭)를 지내고 복(服)을 벗는 것이 예(禮)인데 『기언(記言)』에 '이십칠월처상담제축(二十七月妻喪禫祭祝)'이 있으니, 알 수 없습니다. 이미 명백한 예문(禮文)이 있고 보면 따르느냐 따르지 않느냐는 논할 필요가 없습니다.

소상(小祥) 뒤에 상식(上食)할 때에는 곡하지 않는다는 주장은 그 전부터 의심해 왔었습니다. 『가례』의 "아침저녁으로 곡하고 전(奠)을 드린다."는 조목을 살펴보니, 식사할 때 상식하는 것은 아침저녁으로 전(奠)을 드리는 의절과 같고, '초우(初虞) 뒤에 아침저녁의 전을 그만둔다.'는 말은 있으나, 아침저녁으로 곡하는 것과 아침저녁으로 상식하는 것을 그만둔다는 대목은 없으니, 이 두 가지는 본래 그대로 하는 것입니다. 소상에 아침저녁의 곡을 그친다는 말만 있고 상식을 그친다는 대목은 없으니, 상식도 본래 그대로 하는 것입니다. 상례(喪禮)에 "일이 있으면 곡한다."고 하였는데, 애당초 상식할 때부터 모두 곡하였으니, 하필이면 소상 뒤에 상식할 때는 곡하지 않겠습니까. 『가례』의 본문이 명백하여 이처럼 알기 쉬운데 선유(先儒)들의 논설이 분분하니, 나는 참으로 알지 못하겠습니다.

대상(大祥) 뒤에 상식을 그만 둔다는 대목이 없는 것은, 그때에 이르면 상례(喪禮)가 이미 끝나 신주가 이미 사당으로 들어갔으니 다시 말할 필요가 없기 때문입니다. 『가례』에 "소상 뒤부터는 오직 초하루와 보름에만 복을 벗지 않은 사람이 모여서 곡한다."고 하였습니다. 그것은, 『예기』 「상대기(喪大記)」에 "대부(大夫)는 부모의 상(喪)에 연제를 지내고 집으로 돌아왔다가 초하루, 보름, 기일(忌日)에는 종가(宗家)로 가서 곡한다."고 하였는데, 해석하는 사람이 이를 인용하여 복을 벗지 않은 사람만 모여서 곡한다는 증거로 삼았습니다. 이는 물론 옳으나 따로 사는 아들들이 모여서 곡한다고 말하지 않고 범연히 복을 벗지 않은 사람이 모여서 곡한다고 말한 것은, 복을 벗었거나 남의 양자(養子)로 가 심상(心喪)을 하는 사람이 그 중에 포함되기 때문일 듯합니다.

『예기』 「단궁(檀弓)」에 "저녁의 전(奠)은 해가 있을 때 드린다."고 하였으니, 이는 해가 아직 지지 않았을 때를 말합니다. 어떤 사람은 이 대목으로 말미암아 먼저 전을 드린 뒤 상식하는데, 이는 잘못된 것입니다. 고인(古人)은 저녁 식사를 반드시 포시(晡時 오후 3시~5시)에 하기 때문에 저녁의 전은 해가 지기 전에 드리게 됩니다.

9월에 아버지 사당에 제사지내는 것은 9월에는 만물이 결실을 맺기 시작하므로 정자(程子)가 의리로 헤아려 제도를 만들어 제사지낸 것입니다. 주자(朱子)의 생일이 마침 9월이기 때문에 그의 생일에 제사 지낸 것이지 생일날 아버지 사당에 제사지낸 것이 아닙니다. 어떤 사람의 생일이 12월에 있다고 하여 12월에 아버지 사당에 제사지낸다면 정자의 뜻에 크게 어긋나니, 아마도 옳지 않을 듯합니다.

『예기』「상복소기(喪服小記)」에 "어머니가 살아 있으면 종자(宗子)가 아내의 상을 당하여 담제(禫祭)를 지낸다."고 하였는데, 그 주(註)에 "아버지가 살아 있을 때 적자(嫡子)가 아내의 상을 당하였을 경우에는 상장(喪杖)도 짚지 않고 담제도 지내지 않지만, 아버지가 죽고 어머니가 살아 있으면 상장도 짚고 담제도 지낸다. 종자가 아닐 경우 어머니가 살아 있으면 담제를 지내지 않는다." 하였습니다. 또 "아버지와 함께 사는 서자(庶子)가 어머니의 상을 당하였을 경우 담제를 지내지 않는다. 이는 아버지로 말미암아 어머니의 예(禮)가 감등(減等)되기 때문이다."고 하였습니다. 예(禮)에 아버지와 어머니로 인해 예가 감등된다는 대목은 있으나, 형으로 인해 예가 감등된다는 말은 없습니다. 또 형제는 제각기 자신들의 처상(妻喪)을 주관한다고 하였으니, 종자(宗子)의 아우가 비록 형과 같이 살더라도 형으로 말미암아 처상(妻喪)에 담제를 못 지낼 의리는 없습니다. 이는 선유(先儒)의 정론(定論)이 없고 나의 억측에서 나온 말이니, 다시 예(禮)를 아는 사람에게 물어 보기 바랍니다.

十一月之練, 爲子而祭, 非爲夫也, 則喪妻者無子, 不當行十一月之祭. 禮妻喪, 只言期伸其禫杖, 而無練祭之名, 則夫服不當練矣. 星湖爲妻不練說, 甚明白, 此欲謄呈而便急未果耳. 妻喪十五月禫而除之, 禮也. 『記言』[395]有二十七月妻喪禫祝[396], 未可知也. 既有明白禮文, 則從不從, 不必論. 小祥後

上食無哭之議, 從來疑之. 考『家禮』朝夕哭奠條, 食時上食, 如朝夕奠儀, 初

虞[397]後有罷朝夕奠之語, 而無罷朝夕哭朝夕上食之文, 則二者固自如矣. 小

祥有止朝夕哭之語, 而無止上食之文, 則上食亦固自如矣. 喪禮有事則有哭,

自初上食皆有哭, 則何必小祥後上食而無哭耶?『家禮』本文之明白, 如此易

知, 而先儒論說紛紜, 愚昧誠未敢知也. 大祥後無罷上食之文者, 至此喪事

已畢, 主旣入廟, 無復可言矣.『家禮』: "小祥後惟朔望, 未除服者會哭."者,

「喪大記」云: "大夫, 父母之喪, 旣練而歸, 朔望忌日則歸哭于宗室." 釋者引

此爲未除服者會哭之證, 此固然矣, 不曰諸子異宮, 而泛云未除服, 恐有稅

服及出后心喪者在其中也. 「檀弓」: "夕奠逮日.", 日未落也. 或者之因此文

而先奠後上食則非也. 古人夕食必於日晡時, 故夕奠猶在於日未落也. 九月

禰祭, 以季秋成物之始, 而程子義起而爲之祭也. 朱子生日適在九月, 故用

---

395 『記言』: 조선 중기의 문신 학자인 許穆(1595~1682)의 저술이다. 허목은
자는 文父(문보) 또는 和甫이고 호는 眉叟이며, 관향은 陽川이고 시호는
文正이다. 經史와 禮學에 밝았고 篆書와 文章에도 뛰어났다.

396 二十七月妻喪禫祝:『記言』42권 「諸兒心喪三年後至禫月告享文」을 가리킨
다. 그 내용은 "모년 모월 모일에 장자 아무개는 감히 顯妣이신 某人 某郡
某氏께 밝게 고합니다. 禮에 제한이 있어 정을 다 펴지 못하니, 삼가 心制를
지켜 加隆의 보답을 마치고자 합니다. 27개월이 다하였으나 사모하는 마음
은 하늘이 다하도록 영원할 것입니다.〔維年月日, 長子某敢昭告于顯妣某人
某郡某氏. 禮有所屈, 情則未伸. 謹守心制, 以畢加隆之報. 二十七月盡矣, 永
慕終天.〕" 하였다.

397 初虞: 虞는 安 자 뜻이니, 虞祭는 혼령을 위안하는 安神祭이다. 장례를 마치
고 神主를 모시고 돌아와서 그날에 지내는 안신제를 初虞라 한다. 다시 柔日
인 乙日・丁日・巳日・辛日・癸日에 再虞를 지내고, 다시 强日인 甲日・丙日・戊
日・庚日・壬日에 三虞를 지낸다.

其生日祭之, 非以生日爲禰祭也. 或人之生日在十二月, 而行禰祭於十二月,
則大違程子之旨, 恐不是. 「喪服小記」: "宗子母在爲妻禪." 註: "父在時, 嫡
子爲妻不杖不禪; 父沒母存, 則杖且禪矣. 非宗子而母在者亦不禪." 又曰:
"庶子在父之室, 則爲其母不禪, 厭於父." 禮有厭父厭母之文而無厭兄之語,
又兄弟各主其妻之喪, 則宗子之弟, 雖與兄同居, 恐無厭兄不禪之義. 此無
先儒定論, 出於臆說, 幸更問于知禮者.

5. 정랑(正郞) 안정진의 『가례부췌(家禮附贅)』 문목에 답함

答安正郞正進『家禮附贅』問目 을사년(1785, 74세)

문(問)

'동항(童行)'은 일찍이 『가례(家禮)』의 주(註)를 보니 풀이하기를, "'行'은 또래를 말한 것이니, 거성(去聲)이다. 동항은 어린아이 연배라는 말과 같다."고 하였습니다. 『교증(校證)』에는 "사미(沙彌)이다."고 하였는데, 출처가 있습니까? 묘소 옆 암자에서 거상(居喪)하였기 때문에 그러한 뜻을 부여한 것입니까? 가르쳐 주기 바랍니다.

問: 童行, 嘗觀『家禮』註, 釋曰: "行輩, 行也, 去聲. 童行, 猶言童稚之輩也." 『校證』³⁹⁸云沙彌, 抑有出處耶? 以居喪墳庵故意之耶? 伏望下示.

답(答)

유공(劉珙)의 시(詩)에 "머리를 깎아 불문(佛門)에 들어가, 가사를 걸치고 동항이 되었다.〔削髮入空門 被緇爲童行〕"하였으니, 동항은 사미에 대한 호칭입니다. 다른 서적에도 이런 예가 많은데 번다하여 다 열거하지 않습니다. 보내온 편지에서는 본래 『속강목(續綱目)』의 주에서 나온다고 했는데, 잘못 본 듯합니다.

---

398 『校證』: 安玖의 『家禮附贅』를 순암이 校證한 『校證家禮附贅』를 가리킨다.

答: 劉珙³⁹⁹詩曰: "削髮入空門, 被緇爲童行." 卽沙彌之稱. 他書多然, 煩不盡. 示諭本出『續綱目』註, 恐誤.

문(問)

제전(祭田)을 두되 신주를 조천한 뒤에 장방(長房)이 맡다가 장방의 대수(代數)가 다하면 종자(宗子)가 맡는 것이 실로 『가례』의 본의(本意)입니다. 그런데 우리나라 제도에는 신주를 조천해도 제전은 다른 사람에게 옮겨가지 않는 것은 깊은 뜻이 있습니다. 백여 년 동안이나 종가(宗家)에서 소유한 물건을 하루아침에 내주라고 하면 반드시 좋아하지 않을 것이고, 또 5대까지 제전을 지키는 사람도 드물 것입니다. 그리고 만일 제전을 내주지 않으면 반드시 관청에 고소하여 송사를 벌이는 폐단이 있을 것입니다. 이는 후래에 분란을 일으키는 단서를 여는 것이니, 그 대목을 삭제하는 것이 어떻겠습니까?

問: 置祭田, 遷主後長房主之, 房盡後宗子主之者, 實『家禮』之本意, 而國制遷主不遷田者, 其意深矣. 百餘年宗家執持之物, 一朝出給, 彼必不肯矣, 且能守祭田至於五代者亦鮮矣. 若不出給, 則必有呈官相訟之弊. 此啓後來鬧端也; 拔去, 未知如何?

---

399 劉珙(1122~1178): 자는 共甫이고 劉子羽의 맏아들이다. 朱熹는 부친 朱松의 친구인 유자우에게 의탁하여 살면서 師事한 인연으로 주희와 유공은 절친한 사이였다.

답(答)

말한 바가 참으로 옳습니다. 삭제해야 한다는 것은 의심할 나위 없습니다. 이 때문에 고인들이 강학(講學)을 중요하게 여겼던 것입니다.

答: 所示誠然. 拔去, 無疑. 此古人所以貴講學也.

문(問)

혼례의 제주(祭酒)를 세상 사람들은 모두 '좨쥬'라고 하는데 옳습니까?『강목(綱目)』의 주(註)에 "제사를 지낼 때는 오직 존장이 강신주(降神注)를 붓기 때문에 제주라는 벼슬이 있게 된 것이니, 존장에 대한 호칭이다." 하였습니다. 내 생각에는 마땅히 '졔쥬'라고 불러야 한다고 여기지만 세상에 와전된 지 오래니 어찌하겠습니까. 바라건대 그 발음을 바로잡아 회답해 주심이 어떻겠습니까?

問: 婚禮祭酒, 世俗皆云좨쥬, 然否?『綱目』註: "祭時, 惟尊長酌酒, 故有祭酒之官, 尊稱之號也." 愚意當云졔쥬, 而俗訛已久, 奈何! 伏乞正其音讀, 回示如何?

답(答)

제주(祭酒)의 제(祭) 자는 글자의 본음대로 읽어야 할 것입니다.『춘추좌씨전(春秋左氏傳)』의 제백 제중(祭伯祭仲)의 제(祭) 자는 나라의 이름이므로 자서(字書)에 채(蔡) 자의 음과 같다고 하였습니다.

答: 祭酒之祭, 當如字讀. 若左傳祭伯祭仲之祭國名, 字書與蔡同音.

문(問)

폐백의 기러기를 들 때 기러기의 머리가 왼쪽을 향하게 드는 것은 무엇 때문입니까? 어떤 사람은 "주인이 왼쪽에 있기 때문에 기러기를 옆으로 들어서 머리를 주인에게 주기 때문이다."고 하는데, 그러합니까?

問: 贄鴈左首者何也? 或云: "主人在左, 故橫奉以首授主人." 然否?

답(答)

「곡례(曲禮)」에 "폐백으로 새를 들 때는 새의 머리가 왼쪽을 향하게 든다." 하였습니다. 대체로 새를 받을 때에는 오른손으로 새의 머리를 잡기 때문에 새를 주는 사람이 새의 머리를 왼쪽으로 가게 하는 것은 받는 사람에게 편하게 하기 위해서입니다.

答: 「曲禮」: "執禽者左首.", 盖受禽, 當以右手執其首, 故授禽者左其首, 爲其便於受也.

문(問)

'섭성(攝盛)'의 섭(攝)은, 어떤 사람은 가(假) 자의 뜻이라고 하는데, 그러합니까? 왕망(王莽)을 섭황제(攝皇帝)니 가황제(假皇帝)니 하는 뜻으로 미루어 보건대, 섭(攝) 자와 가(假) 자는 또한 구별이 있어야 할 것입니다.

問: 攝盛^{400}攝, 或云假也, 然否? 以王莽攝皇帝·假皇帝之義推之, 攝與假, 亦當有別.

답(答)

섭(攝) 자는 섭정(攝政), 섭위(攝位), 섭사(攝祀)의 섭(攝) 자와 같으니, 가(假) 자와는 조금 다릅니다. 섭(攝)을 가(假)라고 한 훈(訓)은 자서(字書)에 나옵니다.

答: 攝猶攝政攝位攝祀之攝, 與假字稍別. 假也之訓, 出於字書.

문(問)

"감실(龕室) 네 개를 만든다."는 대목에서 양씨(楊氏)의 주(註)의 '고금제례(古今祭禮)'까지에 대해 어떤 사람은 "주자(朱子)가 편찬한 것이다."라고 하는데, 이는 출처가 있습니까?

問: 爲四龕 止 楊氏註古今祭禮, 或云朱子所撰, 此有出處歟?

답(答)

'고금제례'는 고금 사람들이 말한 제사를 범연히 말한 것이지 주자가 편찬한 서명(書名)이 아닙니다.

---

400 攝盛 : 본래 신분보다 한 등급이 높은 제도를 임시로 사용하는 것이다. 예컨대 婚禮에서 신랑과 신부가 타는 수레와 입는 복식을 일반적인 제도보다 한 등급 올려서 함으로써 성대한 예식임을 보이던 것이다. 이를테면 평민인 신랑이 관복을 입는 것과 같은 경우이다.

答: 古今祭禮, 泛言古今人所言之祭, 非朱子所撰書名.

문(問)

관례(冠禮)에 관(冠)을 세 번 씌울 때 '이세지정(以歲之正)'이라 할
때의 정(正) 자는 정월(正月)을 말한 것입니까? 또 다른 뜻이 있습
니까? 어떤 사람은 "정(正)은 좋다는 뜻이다."고 하는데 과연 그러
합니까?

問: 三加以歲之正正, 謂正月耶? 亦有他義耶? 或云正善也, 果然否?

답(答)

『의례(儀禮)』정현(鄭玄)의 주(註)에 "정(正)은 좋다는 뜻이다."고
하였습니다.

答: 『儀禮』鄭註: "正, 善也."

문(問)

『교증(校證)』에 "복의(復衣)는 시속(時俗)에 따라 혼상(魂箱)에 넣
어 두어야지 혼백(魂帛)과 같이 묻어서는 안 된다."고 하였습니다.
복의를 묻지 않아야 한다면 어느 곳에 두어야 합니까?

問: 『校證』云: "復衣[401], 從俗置魂箱[402], 不可并魂帛[403]埋之." 旣不埋, 則
置之於何處耶?

답(答)

복의는 이미 중주(重主)를 세웠고 보면 다른 의복과 다름이 없습니다. 지금 사람은 중주 대신 혼백(魂帛)을 만들어 쓰고 있고 보면 복의로 불러들인 혼은 혼백으로 옮아 와 있습니다. 따라서 복의는 소용이 없어 망자(亡者)의 다른 의복과 똑같으니 묻을 필요가 없습니다. 예(禮)에 "죽은 사람의 의복은 제청(祭廳)에 둔다."고 하였으니, 장사를 치른 뒤에는 자연히 다른 의복과 같이 사용합니다.

答: 復衣, 旣立重404, 與遺衣服無異矣. 今人代重爲魂帛, 則復衣所招之魂, 移寓於魂帛, 復衣無可用, 而一體與遺衣同, 不必埋也. 禮遺衣服置於祭廳, 葬後自當與遺衣同用.

----

401 復衣 : 사람이 숨을 거두면 곧바로 죽은 사람의 옷을 가지고 지붕 용마루 위에 올라가 죽은 사람의 이름을 부르며 "아무개는 돌아오라.〔皐某復.〕"라고 외친다. 그 옷을 復衣라 한다. 『禮記 禮運』

402 魂箱 : 魂帛을 모시는 箱子이다. 대개 두꺼운 종이로 정사각형 상자를 만드는데 밑의 상자는 혼백이 들어갈 만큼 크기로 만들고 위의 상자는 들어서 열 수 있을 정도 크기로 만들며, 위의 상자 위 중앙에 손잡이를 붙인다.

403 魂帛 : 고인의 혼령이 깃들어 있는 명주라는 말이다. 대개 명주나 모시 또는 베로 접는데, 入棺한 후 널 뚜껑을 덮기 전에 시신의 우측 아래에서 접는다. 神主를 만들기 전에 사용하는 임시 神位로 초상 동안에만 쓴다.

404 立重 : 重은 重主이니, 중주를 세우는 것이다. 중주는 나무로 만든 것이다. 사람이 죽어 아직 신주를 만들기 전에 중주를 만들어 신이 의지하게 한다. 虞祭를 지낸 뒤에 중주를 땅에 묻고 신주를 만든다. 『禮記 檀弓下 註』

문(問)

가녕격(假寧格)의 뜻을 모르겠습니다.

問: 假寧格之義, 未詳.

답(答)

송(宋)나라 때 가(假)를 주어 부모님께 문안하는 격(格)이 있었는데, 가(假)는 휴가이고 격(格)은 격식입니다.

答: 宋時給假歸寧之格; 假暇也, 格式也.

문(問)

"새로운 물건이 있으면 사당에 올린다."라 한 주에 "새로운 물건이란 금은전식(金銀錢飾)의 부류이다." 하였는데, 김하서(金河西)는 "전(錢) 자는 루(鏤) 자가 되어야 할 듯하다."고 하였습니다. 이 설이 어떠합니까?

問: "有新物則薦." 註: "金銀錢飾." 金河西[405]曰: "錢疑作鏤." 此說何如?

---

405 金河西: 조선중기의 학자요 문신인 金麟厚(1510~1560)를 가리킨다. 그는 자는 厚之, 호는 河西 또는 湛齋이고 시호는 文正이다. 1531년(중종26)에 성균관에 입학한 뒤 퇴계 이황과 교우가 두터웠다. 高峯 奇大升과 가까운 지역에 살았다. 저서에 『河西集』, 『周易觀象篇』, 『西銘事天圖』, 『百聯抄解』 등이 있다.

답(答)

김하서의 말이 옳은 것 같습니다.

答: 河西說, 似然.

문(問)

'후토(后土)'의 후(后) 자의 뜻을 들을 수 있겠습니까?

問: 后土后字之義, 可得聞歟?

답(答)

『설문해자(說文解字)』에 "땅을 후토라고 하는 것은 만물을 두텁게
실었다는 뜻을 취한 것입니다. 고문(古文)에 후(后) 자는 후(厚) 자
와 통용하였는데, 후인들은 더러 후(垕) 자로 쓰기도 한다."고 하였
고, 또 『예기』「월령(月令)」의 주(註)에 "후(后)는 임금이다. 토
(土)는 사방의 가운데에 위치하여 오행(五行)을 통솔하기 때문에
임금이라고 일컬은 것이다."고 하였습니다. 어느 설이 옳은지 모르
겠으나, 『설문해자』의 말이 더 나은 듯합니다.

答: 『說文』: "地爲后土, 取厚載之意. 古文后厚通用, 後人或作垕字." 又「月
令」註: "后, 君也. 土居中統五行, 故稱君." 未知孰是, 而『說文』似優.

문(問)

"광부(狂夫)를 시켜 하게 했다."는 것을 혹자는 "광질(狂疾)은 양

(陽)이 남아돌아 족히 음사(陰邪)를 이길 수 있기 때문에 광부로 하여금 하도록 한 것이다."고 하는데, 그러합니까?

問: "狂夫爲之.", 或云: "狂疾以陽有餘, 足以勝陰慝, 故使狂夫爲之." 然否?

답(答)

『주례(周禮)』에 "방상씨(方相氏)는 광부(狂夫) 네 명이다."라고 했는데, 그 주(註)에 비록 해석은 없으나, 이는 정신이 미친 사람을 뜻하는 광(狂) 자가 아니고『시경(詩經)』의 '광동(狂童)'의 광(狂)자와 같습니다. 이는 예법(禮法)을 따르지 않고 행실이 거칠고 신체가 건장하여 기운이 왕성하여 거리낌이 없이 행동하는 부류를 모두 광부라고 일컬을 수 있으니, 대체로 미천하고 사나운 사람에 대한 호칭입니다. 지금 풍속에서는 방상씨는 반드시 소 잡는 백정에게 시키는데, 이 또한 광부의 부류입니다.

答: 『周禮』"方相氏[406]狂夫四人." 註雖無釋, 而此非癲狂之狂, 若詩狂童[407]

----

406 方相氏 : 고대에 疫疾과 惡鬼를 몰아내는 神像이다.『周禮』「夏官方相氏」에 "방상씨는 황금의 눈이 네 개인데, 손에는 곰가죽을 끼고 검정 저고리와 붉은 바지 차림으로 창과 방패를 들고 군사를 데리고 방으로 들어가 역질을 몰아내며, 사람이 죽어 장사를 치를 적에 먼저 壙中에 들어가 창으로 사방을 쳐서 方良을 몰아낸다."라고 하였다. 후세에 민간에서 그 모형을 만들어 상여를 호송하는 것을 方相이라 한다.

之狂; 謂其不循禮法, 行己猖狂, 體壯多氣, 無所顧忌之類, 皆可以稱狂矣.
盖賤惡之稱. 今俗必以屠牛漢爲之, 是亦狂類也.

문(問)

"현훈(玄纁)은 받들어 널의 곁에 둔다."고 하였으니, "동쪽의 관(棺)과 곽(槨) 사이에 넣어 둔다."고 한 사계(沙溪)의 말이 옳습니다. 어떻게 생각합니까?

問: "玄纁[408]奉置柩旁."云, 則納于東邊棺槨間者, 沙溪之說, 得矣. 未知如何?

답(答)

사계의 말이 옳은 것 같지만, 그렇지 않은 점이 있습니다. 옛날에는 광중(壙中)이 매우 넓어서 광중의 동쪽 가까이에 편방(便房)을 만들어 휘장을 치고 영상(靈床)을 놓았습니다. 『개원례(開元禮)』에

---

407 狂童: 미친 짓을 하는 아이라는 말인데, 경망하고 교만한 사람을 뜻한다. 『詩經』「鄭風 褰裳」에, "그대가 진정 나를 그리워할진댄, 치마를 걷어 올리고 溱水를 건너가겠지만, 그대가 나를 그리워하지 않을진댄, 어찌 다른 남자가 없을소냐, 미친 아이가 미쳤구나.〔子惠思我 褰裳涉溱 子不我思 豈無他人 狂童之狂也且〕"라 하였다.

408 玄纁: 무덤을 쓸 때 壙中에 넣어 주는 여러 개 비단을 묶은 것으로, 玄은 검은 비단 묶음이고 纁은 붉은 비단 묶음이다. 원래 신하의 영구가 도성문에 이르면 임금이 장례에 사용할 물품으로 하사해 주었던 것이다. 임금의 하사품이기 때문에 관 옆에 함께 묻는다.

"주인이 현훈을 축관(祝官)에게 주면 축관이 받들어 영좌(靈座)에 드린다."고 하였지만 『가례(家禮)』에는 관을 넣을 정도만 광중을 파라고 되어 있으니, 널의 곁에 현훈을 둘 곳이 없습니다.

후세에 와서는 일정하지 않습니다. 퇴계(退溪)는 "현훈을 널의 왼쪽과 오른쪽에 펴 놓는다."고 하였으니, 필시 왼쪽에는 현(玄)을, 오른쪽에는 훈(纁)을 두었을 것입니다. 세상 사람들은 흔히 현훈을 널의 위에 펴 놓는데, 이는 이치에 맞지 않습니다. "동쪽의 관(棺)과 곽(槨) 사이에 둔다."고 한 사계(沙溪)의 설이 조금 나은 것 같습니다.

내 생각에는 관의 동쪽에 펴 놓되, 위에는 현을 아래에는 훈을 펴 놓는 것이 더 좋을 것 같은데, 어떨지 모르겠습니다.

答: 沙溪說似然而有不然者. 古者壙中甚廣, 近東爲便房, 設下帳置靈床. 『開元禮』, 主人以玄纁授祝, 祝奉奠於靈座, 而『家禮』則壙取容棺, 柩旁無可置處. 後世行之不一. 退溪謂布在棺上左右云, 則必左玄而右纁也, 世人多布在棺上則無義也. 沙溪東邊棺槨間之說, 稍勝. 而愚意則似不若布在棺上東邊而上玄下纁, 未知果何如也.

문(問)
진석(鎭石)은 무슨 물건입니까?

問: 鎭石, 何物歟?

답(答)
『북사(北史)』에 수(隋)나라 진왕 준(秦王俊)이 죽자 관료들이 비석

(碑石)을 세울 것을 요청하니, 제(帝)가 말하기를 "어찌 비석을 세울 필요가 있겠는가? 자손들이 보존하지 못할 터이니, 가문의 친척과 다른 사람들로 진석을 삼을 뿐이다." 하였습니다. 지금 무당들이 여전히 사람들 가문의 묘소 비석을 간방(艮方 동북쪽)에 묻고 있는데, 간방은 귀문(鬼門)이기 때문입니다. 또 가옥의 사방 기둥 밑에 묻으면 집안이 편안하다고 하는데, 이는 압승(厭勝)의 방술입니다. 퇴계도 말하기를 "진석은 지금 동토(動土)의 재앙을 예방할 적에 묘석(墓石)을 사용하여 귀신을 막는 것 따위가 이것이다."라 하였습니다.

答: 『北史』隋秦王俊死, 僚佐請立碑, 帝曰: "何用碑爲? 子孫不能保, 家徒與人, 作鎭石耳." 今巫術家, 猶以人家墓石, 埋於艮方, 艮爲鬼門⁴⁰⁹故也. 又壓於家四面柱下, 則可以安定, 此厭勝⁴¹⁰之術也. 退溪亦曰: "鎭石, 如今動土防灾, 用墓石禦鬼神, 是也."

---

409 鬼門 : 귀신이 출몰하는 문이다. 陰陽家는 西北間인 乾方을 天門이라 하고 東南間인 巽方을 地門이라 하고 西南間인 坤方을 人門이라 하고 東北間인 艮方을 鬼門이라 한다. 鬼門은 음기가 모여 온갖 귀신이 머무는 곳이다. 『山海經』에 "滄海 가운데 度朔山이 있고, 그 위에는 3000리나 되는 구불구불한 큰 복숭아나무가 있다. 그 나뭇가지의 東北 사이를 鬼門이라 하는데, 온갖 귀신이 출입하는 곳이다."라고 하였다.

410 厭勝(압승) : 주술로 재액을 눌러 제압하는 방술이다. 唐나라 杜甫의 「石犀行」에 "예로부터 비록 압승법이 있으나 하늘이 강수를 내어 동쪽으로 흐르게 했네.〔自古雖有厭勝法 天生江水向東流〕" 하였다.

문(問)

'정저(正筯)'는 『가례』의 본문으로 보건대 필시 가지런하지 않은 젓
가락을 소반 가운데 가지런히 정렬해 두는 것일 터입니다. 그런데
지금 사람들은 젓가락 하나는 떡 위에 놓고 또 하나는 적(炙) 위에
놓고 있으니, 이는 예의 뜻에 맞지 않은 것 같습니다. 집사의 가문
에서는 어떻게 하고 있습니까? 퇴계가 "젓가락을 국에 놓는다."고
한 것은 바로 국그릇 앞에 젓가락을 놓는다는 의미입니까?

問: 正筯, 以『家禮』本文觀之, 必是筯之不正者, 正之於筯楪之中. 而今人
以筯一置於餠上, 一置於炙上, 似不合於禮意矣. 未知執事家行之何如? 退
溪曰置筯于羹者, 卽置前之意耶?

답(答)

이에 대해서는 예가(禮家)의 정문(定文)이 없습니다. 우리 집에서
는 숟가락을 밥에 꽂은 뒤 시접(匙楪)에 놓인 젓가락을 나란히 정렬
할 뿐입니다. 다만 국그릇 위에 둔다면 국은 젓가락을 사용하는 음
식이 아닙니다. 기타 젓가락을 사용하는 음식은 음식마다 젓가락을
놓아야 한단 말입니까? 다시 소반에 젓가락을 나란히 정렬하여 놓
고 신(神)이 하는 대로 두어야 할 듯합니다.

答: 此無禮家定文. 鄙家所行, 則扱匙後, 正筯於匙楪之上而已. 但置在羹
上, 則羹非用筯之食. 其他用筯之食, 皆逐物而置筯乎? 似當更爲正之于楪
上以聽神耳.

문(問)

'녜(禰)' 자의 독음은 『교증(校證)』에 "내(乃) 자와 예(禮) 자의 반
절음이다."고 하였습니다. 그렇다면 독음이 '녜'인데, 지금 사람들이
'몌'라고 하는 것은 무엇 때문입니까?

問: 禰, 『校證』云: "乃禮切.", 然則녜音也, 今人謂之몌, 何也?

답(答)

자서(字書)의 독음을 따라야 할 것 같습니다. 속음(俗音)은 으레 틀
린 것이 많습니다.

答: 似當從字書之音, 俗音例多訛誤.

문(問)

우제(虞祭)는 상례(喪禮)인데도 강신(降神)과 분향(焚香)할 때 각
각 두 번씩 절하고, 시제(時祭)는 길례(吉禮)인데도 강신과 분향할
때 도합 두 번만 절을 하는 것은 무엇 때문입니까?

問: 虞祭喪禮, 而降神焚香, 各再拜; 時祭吉禮, 而降神焚香, 合再拜, 何
也?

답(答)

우제는 상제(喪祭)이므로 참신(參神)의 절차가 없습니다. 향을 피
워 백(魄)에게 알린 뒤에 절을 하고, 또 술을 붓고 강신한 뒤에 절

을 합니다. 시제 등의 길례는 향을 피워 백(魄)에게 알리고 참신(參神)하는 절이 있기 때문에 강신과 분향할 때 절을 하지 않는 것은 당연합니다.

答: 虞祭喪祭也, 無參神之節. 焚香報魄而後拜, 又酹酒降神而後拜. 時祭等吉禮, 有焚香報魄, 而有參神之拜, 故及降神焚香無拜, 固其宜也.

문(問)

탕(湯)을 올린 뒤 숟가락을 탕그릇 위로 옮기는 것은 이치로 헤아려 한 것입니까? 한강(寒岡)의 집안에서는 탕을 올린 뒤에 그냥 숟가락을 꽂아 놓았다가 상(床)을 물릴 때에 빼 놓는데, 『가례』의 본문으로 본다면 이것이 옳을 것 같습니다. 어떻게 생각하십니까?

問: 進湯後, 移匙湯器上, 出於義起[411]歟? 寒岡家則進湯後因存扱匙, 撤床時乃拔去; 以『家禮』本文觀之, 似爲得之矣. 未知如何?

답(答)

탕을 올린 뒤에 숟가락을 탕그릇 위로 옮기는 것은 시속(時俗)에서

----

411 義起: 義는 본문에는 意 자로 되어 있는데 오자로 판단하여 고쳤다. 『禮記』「禮運」에 "禮란 것은 義의 실질이니, 義에 맞추어서 맞으면 禮는 비록 先王 때에 없는 것일지라도 義로써 새로 만들 수 있다.〔禮也者, 義之實也; 恊諸義而恊, 則禮雖先王未之有, 可以義起.〕"라 한 데서 온 말로 禮文에 없더라도 이치를 참작하여 새로운 禮를 만드는 것이다.

의리로 헤아려 하는 예(禮)이니, 따라야 할 것입니다. 한강 집안의
예도 좋으니, 그 또한 신(神)의 분부대로 두는 것입니다. 시속의 예
는 반드시 밥을 조금 떠내어 탕에다 마는데, 이는 밥의 많고 적음이
사람의 뜻에 있지 신의 뜻에 있지 않으니, 매우 옳지 않습니다. 그
러므로 우리 집에서는 다만 탕을 올린 뒤에 숟가락을 탕그릇 위에
옮겨놓고 신이 하는 대로 둘 뿐입니다. 예(禮)에 어떠한지 모르겠
습니다.

答: 進湯後, 移匙湯器之上, 出於俗禮之義[412]起, 從之可也. 寒岡禮亦好, 盖
聽神之命也. 俗禮必抄飯少許, 澆於湯中, 是多少在人而不在神也, 是甚不
可. 故鄙家進湯後, 但移匙于湯器上而聽神之爲而已. 未知於禮如何?

문(問)
제사에 잘 마쳤다고 고할 때 주인은 서쪽을 향하여 서고 축관은 동
쪽을 향하여 고하는데, 이는 주인에게 고하는 것이지 신에게 고하
는 것이 아닙니다. 지금 시속에 축관이 제사를 잘 마쳤다고 고하면
주인이 읍(揖)으로 답하기도 하는 것은 과연 예(禮)에 맞습니까?

問: 告利成, 主人西向立, 祝東向告, 則是告利成於主人也, 非告於神也. 今
俗祝告利成, 則主人或有答揖者, 果合於禮耶?

---

412 義 : 본문에는 意 자로 되어 있는데 오자로 판단하여 고쳤다.

답(答)

제사를 잘 마쳤다는 말은 전적으로 시동(尸童)에게 고하기 위하여
만든 것입니다. 후세에 와서는 제사에 시동이 없으니, 이 예는 없애
야 할 것입니다. 고례(古禮)에 술잔을 세 번 올리는 것은 모두 시동
을 위하여 만든 것인데, 후세에 와서는 시동이 없기 때문에 『가례』
에 이 말을 향신(享神)하는 일로 옮겼으니, 그 뜻이 매우 좋습니다.
이로써 미루어 보면 제사를 잘 마쳤다는 말은 비록 시동에게 고하
기 위하여 만든 것이지만 신에게 고하는 말로 옮겨도 무방할 것입
니다. 주인이 읍으로 답하는 것은 옳지 않은 듯합니다.

答: 利成字, 卽專爲尸而作也. 後世無尸, 則此禮當闕. 而古禮三獻之節, 皆
爲尸而設, 後世無尸, 故『家禮』移于享神之事, 其意甚好. 以此推之, 則利成
雖爲告尸而言, 移爲告神, 無妨. 主人之答揖, 似不可.

문(問)

제사할 때 사신(辭神)하고 신주를 독(櫝)에 넣어 받들고 사당으로
돌아간 뒤에 제상(祭床)을 거둡니다. 그런데 지금 사람들은 차와 술
을 거두고 나서 신주를 받들고 사당으로 돌아가기도 하고, 제물들
을 다 거두고 나서 신주를 받들고 사당으로 돌아가기도 하는데, 어
떻게 생각하십니까?

問: 辭神納主奉歸後撤物, 而今人或撤茶退酒而奉主, 或盡撤諸物而奉主,
未知何如?

답(答)

우리 집에서는 사신할 때에 삼헌(三獻)의 술잔만 거두고 사신한 다음 신주를 받들고 사당으로 돌아가 모셔 놓고 문을 닫았다가 잠시 뒤에 제상을 치우는데, 소략(疎略)하지 않습니까?

答 : 鄙家禮當辭神之際, 只撤三獻之爵, 遂辭神奉主還安, 闔門少頃後撤床, 其不沽畧否?

문(問)

『가례』「관례(冠禮)」에 "관(冠)을 처음으로 씌운다."고 한 대목의 주(註)에 "방에서 나와 처족(妻族)들을 뵙는데 폐백을 사용하지 않는다."고 하였는데, 『교증(校證)』에 "방에서 나온다는 출방(出房) 두 글자와 폐백을 사용하지 않는다는 불용폐(不用幣) 세 글자는 아마도 연문(衍文)인 듯하다."고 하였습니다. 한 선비가 이를 보고 말하기를 "이는 중복해서 말한 것에 지나지 않은데, 지금 주자의 정문(正文)을 연문으로 보는 것은 온당하지 않은 것 같다. 이는 의절(儀節)에 큰 문제될 게 없으니, 주석을 삭제하는 것이 옳다."고 하였습니다. 그러나 감히 제 마음대로 글자를 뺄 수 없으니, 가르쳐 주기 바랍니다.

問 : 「冠禮」"初加." 註 : "出房立, 見婦黨, 不用幣." 『校證』以爲"出房二字, 不用幣三字, 恐爲衍文." 有一士人見之曰 : "此不過申申重複言之, 而今以朱子正文爲衍者, 似爲未安. 此非大害儀節者, 則刪去註脚爲宜."云, 而不敢自拔, 下示伏望.

답(答)

이 다섯 글자는 문세(文勢)로 보건대 분명히 중복된 것이기 때문에 불필요한 글자일 듯합니다. 그래서 아마도 연문(衍文)으로 생각했던 터이지만 신중해야 한다는 그 선비의 생각도 옳습니다. 그러나 "아마도 연문일 듯하다.〔恐衍文.〕"라고 한다면 공(恐)이라는 글자에 마음대로 결정하지 않는다는 뜻이 있게 됩니다. 어떻게 생각합니까?

答: 此五字以文勢言之, 決是重複, 故疑其爲衍文, 而愼重之意, 或說亦可. 然而若言恐衍文云, 則一恐字, 無自專之意, 如何?

6.   안정진의 가례(家禮) 문목에 답함
答安正進家禮問目 병오년(1786, 75세)

문(問)

『통례(通禮)』의 첫 장에 "궤(櫃) 두 개를 세워 놓는다."고 하였습니다. 궤는 세워놓는 물건이 아니니, 입(立) 자는 연문(衍文)일 듯합니다.

問: 『通禮』首章"置立兩櫃.", 櫃非立置之物, 立字恐衍.

답(答)

그럴 것 같습니다. 그러나 입(立) 자도 치(置) 자의 뜻이 있으니, 통용해 보아도 무방할 듯합니다.

答: 似然. 然立亦置字之意, 通看無妨.

문(問)

'제위답(祭位畓)' 조(條)에 "묘소의 아래에 자손의 전답을 모은다." 하였는데, 자손이 반드시 묘소의 아래에 살지 않습니다. 묘소의 아래에 사는 자손이 없을 경우에는 어떻게 합니까?

問: 置祭田條: "合墓下子孫之田", 子孫未必居墓下, 墓下若無子孫所居則奈何?

답(答)

옛날에는 죽거나 이사할 때에 그 고을을 벗어나지 않았기 때문에 자손들이 대부분 묘소의 아래에 살았습니다. 지금은 그렇게 할 수 없으니, 비록 묘소의 아래에 전답이 없더라도 어찌 제사를 지낼 방도가 없겠습니까?

答: 古者死徙無出鄉[413], 故子孫多在墓下. 今不能然, 則雖無墓下所在之田, 豈無可爲之道乎?

문(問)

조삼(皁衫)·양삼(涼衫)·관자(冠子)는 지금의 무슨 의상입니까?

問: 皁衫·涼衫·冠子, 今之何服耶?

답(答)

조삼은 구씨(丘氏)가 "상고할 수 없다."고 말하였으니, 지금은 알 수 없습니다. 『어류(語類)』에 "선배 사대부(士大夫)들이 평상복으로 사모(紗帽)와 조삼을 입었다." 하고, 또 "조삼은 비용이 많이 드니, 필시 없어지게 되지 않을까 생각했는데 과연 지금 사람들이 드물게 사용하고 있다."고 하였습니다. 이는 대체로 검정 비단 종류로 만든 것으로 지금의 흑단령(黑團領)과 같은 것인데, 공복(公服)이 아니

---

413 古者死徙無出鄉 : 『맹자』 「滕文公 上」에 보인다.

고 평상시 윗옷일 것입니다.

　양삼은 송(宋)나라 고승(高承)이 편찬한 『사물기원(事物紀原)』에 "근세에 선비들이 조복(朝服) 차림으로 말을 타고 참의(黲衣)를 걸치는데, 그것을 양삼이라 한다."고 하였습니다. 이 또한 조삼의 일종인데 양(涼) 자를 써 양삼이라고 하였으니, 겹옷이 아니고 홑옷입니다. 이는 대개 송(宋)나라 제도인데, 『가례』의 '진습(陳襲)' 조(條)에 유씨(劉氏)가 "심의(深衣), 띠, 신이 없으면 삼륵(衫勒), 백혜(帛鞋)만 사용한다."고 하였으니, 지금의 도포(道袍)나 직령(直領) 같은 것입니다.

　관자는 『사물기원』에 "한(漢)나라 때 황제에게 은총을 받은 비빈(妃嬪)은 벽비부용관자(碧緋芙蓉冠子)를 하사하였으니, 그 물건이 한나라 때부터 비롯되었다."고 하였으며, 『고금주(古今註)』에 "위 문제(魏文帝) 때 만들어졌다."고 하였습니다. 그 제도를 지금 알 수 없으나 대체로 지금의 화관(花冠)과 같은 것일 터입니다.

答: 皁衫, 丘氏云不可考, 則今不可知矣. 『語類』云: "前輩士大夫家居, 常服紗帽皁衫." 又云: "皁衫費重, 疑其必廢, 今人果罕用也." 盖皁色而錦段之屬爲之, 如今之黑團領, 非公服而爲常居之上服也. 涼衫, 宋高承『事物紀原』曰: "近世士人朝服乘馬, 以黲衣蒙之, 謂之涼衫." 此亦皁衫之類, 而謂之涼衫, 則非袷而單也. 此盖宋制, 而『家禮』"陳襲."條, 劉氏曰: "無深衣帶履, 則止用衫勒帛鞋." 似今道袍直領之類. 冠子, 『紀原』曰: "漢宮掖承恩者, 賜碧緋芙蓉冠子; 其物自漢始." 『古今註』[414]云: "魏文帝時起." 其制今無考, 而盖如今之花冠也.

문(問)

"일이 있으면 사당에 고한다."라 한 대목의 주(註)에 "수미(首尾)가 모두 앞과 같다."고 하였는데, 축사(祝辭)의 수미를 말한 것입니까?

問: "有事則告." 註: "首尾皆如前." 謂祝辭之首尾耶?

답(答)

이는 축사의 수미를 말한 것입니다.

答: 是言祝辭首尾.

문(問)

'진습의(陳襲衣)' 소주(小註)에 "안에 있는 것으로 하여금 살에 닿게 한다."고 하였습니다. 이에 대한 우복(愚伏)과 사계(沙溪)가 쟁변(爭辨)한 것은 어느 쪽이 옳습니까?

問: "陳襲衣." 小註: "令裏親膚.", 愚伏[415]·沙溪[416]爭辨之說, 何者爲是?

---

414 『古今註』: 晉나라 崔豹가 3권으로 편찬한 일종의 考證書이다. 五代 때의 馬縞가 지은 『中華古今注』 3권이 부록으로 붙어 있다.

415 愚伏: 조선시대 학자 鄭經世(1563~1633)의 호이다. 그는 자는 景任이고, 본관은 晉州이다. 柳成龍의 문인으로 禮學에 밝았다.

416 沙溪: 조선후기 기호학과 禮學을 대표하는 학자인 金長生(1548~1631)의 호이다. 그는 자는 希元이고 宋翼弼과 李珥의 문하에서 수학하였다. 栗谷

답(答)

유씨(劉氏)의 이 조(條) '악수(握手)' 이하의 글은 「사상기(士喪記)」
소(疏)의 "현훈(玄纁)을 사용하되, 현은 겉쪽에, 훈은 안쪽에 쓴다."
는 말을 인용한 것인데, 이 주(註)의 훈(纁) 자 밑에 리(裏) 자를
빠뜨린 것입니다. 사계는 '싸매게 한다.〔令裏.〕'고 하였는데, 주자
(朱子)가 말한 '손을 싸맨다.〔裏手.〕'는 말을 따라 그렇게 말한 것입
니다. 문세(文勢)로 보건대 우복(愚伏)의 설이 옳으니, 안쪽에 있는
훈으로 하여금 살에 닿게 한다는 것입니다. "수내(手內)에 둔다."에
서 수내는 손바닥입니다.

答: 劉氏此條握手以下, 用「士喪記」疏: "用玄纁, 玄表纁裏.", 此註纁下落
裏字. 沙溪作令裏, 盖從朱子裏手之語而有此言. 以文勢觀之, 鄭說爲是, 令
纁之在裏者親膚. "置之手內.", 手內, 掌也.

문(問)

"자리를 만들어 놓고 곡(哭)한다."고 한 상례(喪禮)의 조항에 "부인
(婦人)은 휘장 밖에 앉는다."고 하였는데, 어떤 사람은 "밖은 안이
되어야 한다."고 합니다. 옳습니까?

問: 喪禮"爲位而哭."條: "婦人坐於帷外.", 或曰: "外當作內.", 是乎?

李珥의 학통을 이어받았다.

답(答)

구씨(丘氏)는 "『서의(書儀)』에는 외(外) 자가 내(內) 자로 되어 있다."고 하였습니다.

答: 丘氏曰: "『書儀』, 外作內."

문(問)

'진소렴(陳小斂)' 소주(小註)에서 '속련긴급(束練緊急)'의 연(練) 자의 뜻을 모르겠습니다. 그 밑에 '영가교(令可絞)'의 교(絞) 자는 퇴계는 "결(結) 자가 되어야 한다."고 하였는데, 어떻게 생각합니까?

問: "陳小斂." 小註"束練緊急."之練字, 未詳. 其下"令可絞."之絞字, 退溪曰: "作結." 如何?

답(答)

예전에 다른 본(本)을 보니 '속렴긴속(束斂緊束)'으로 되어 있었습니다. 련(練)과 렴(斂)은 독음이 비슷하여 착오가 생긴 것 같습니다. 교(絞) 자는 다른 본에 또한 결(結) 자로 되어 있으니, 이는 대개 모두 전해 오면서 글자를 잘못 판각해 생긴 착오일 것입니다.

答: 嘗觀別本, 作束斂緊束. 練斂, 恐是音似而訛. 絞字, 別本亦作結字, 盖皆傳刻之誤也.

문(問)

"상복(喪服)의 아랫도리는 앞이 세 폭이고 뒤가 네 폭이다."라는 대목을 혹자는 "앞은 양(陽)이고 뒤는 음(陰)이니, 그 이치를 상징한 것이다."고 하는데, 그렇습니까?

問: "喪服裳前三幅後四幅.", 或云: "前爲陽, 後爲陰, 象其義也." 然否?

답(答)

이 설은 이미 『의례(儀禮)』「상복(喪服)」의 소(疏)에 나와 있습니다.

答: 此說已出於「喪服」疏.

문(問)

'부장기(不杖朞)' 조(條)에 '의복계모가모(義服繼母嫁母)'의 모(母) 자를 혹자는 이(而) 자라고 하는데, 어떻게 생각합니까?

問: 不杖朞條: "義服繼母嫁母.", 母字, 或云而字, 如何?

답(答)

사계가 이(而) 자로 보았는데, 성호(星湖)가 따랐습니다.

答: 沙溪作而字, 星湖從之.

문(問)

‘작회격(作灰隔)’ 소주(小註)의 ‘유입(乳入)’은 그 뜻을 모르겠습니다. 생체(生體)는 퇴계가 “생체(牲體)이다.”고 하였는데, 어떻게 생각합니까? ‘유자의자(猶自蟻子)’의 자(自) 자를 어떤 사람은 유(有)자라고 하는데, 그렇습니까?

問: “作灰隔.” 小註: “乳入.”, 未詳. 生體, 退溪云牲體, 如何? “猶自蟻子.”之自, 或云有字, 然否?

답(答)

유(乳) 자는 빨아들인다는 뜻이 있습니다. 회(灰)의 성질은 모래를 빨아들이고 모래의 성질은 회를 빨아들이므로 저절로 서로 빨아들여 굳게 합해집니다. 생(生) 자를 생(牲) 자로 본 것은 퇴계의 설이 참으로 옳습니다. 옛날에는 견전(遣奠)에 쓴 희생의 고기를 싸서 송장(送葬)하였습니다. 자(自) 자를 유(有) 자로 보는 것은 별본(別本)에 이미 그렇게 되어 있습니다.

答: 乳有吮字意. 灰性吮沙, 沙性吮灰, 自相吮而堅合也. 生作牲, 溪訓信然. 古者取遣奠[417]牲體, 包以送葬. 自之作有, 別本已然.

---

417 遣奠 : 發靷할 때 대문 밖에서 지내는 제사로 路祭라고도 한다.

문(問)

신주를 밤나무로 만드는 것에 대해 퇴계는 "재질이 단단한 점을 취한 것이지 별다른 뜻은 없다."고 하였으나 그렇지 않을 듯합니다. 재질이 단단한 나무가 어찌 밤나무뿐이겠습니까? 이는 주(周)나라 사람이 밤나무를 사용한 뜻을 취한 것이 아닌가 합니다.

問: 作主用栗, 退溪曰: "取其堅實, 別無他義." 此恐不然. 堅實之木, 豈但栗哉? 疑取周人用栗[418]之義.

답(答)

문목의 말이 옳습니다. 정자(程子)는 "주나라에서 밤나무를 사용한 것은 그 지방에서 생산되는 나무 중에 단단한 것을 취한 것이니, 지금 밤나무를 사용하는 것은 주나라의 제도를 따른 것이다. 만약 사방에 밤나무가 없으면 다만 단단한 나무를 쓰면 될 것이다."고 하였는데, 『가례』의 이 조항은 전적으로 정자(程子)의 설을 따른 것입니다. 중국은 지역이 넓어 토산물이 많이 다르므로 더러 밤나무가

---

418 周人用栗 : 哀公이 宰我에게 토지신을 모신 사당에 심는 나무인 社木에 대해 물었는데 宰我가 대답하기를 "하나라 사람은 소나무를 사용하였고, 은나라 사람들은 잣나무를 사용하였고, 주나라 사람들은 밤나무를 사용하였으니, 밤나무를 사용한 이유는 백성들로 하여금 전율하게 하고자 해서였습니다.〔夏后氏以松, 殷人以柏, 周人以栗, 曰使民戰栗.〕" 하였는데, 공자가 틀린 대답이었다고 탄식하였다. 이에 대해 朱子는 각각 그 토지에 맞는 나무를 썼을 뿐이라고 하였다. 『論語集注 八佾』

없는 고장이 있기 때문에 단단한 나무를 사용하도록 허용한 것이지 다른 뜻은 없습니다. 그런데 후세에는 대개 주나라의 예(禮)를 따랐기 때문에 그러했던 것입니다. 하(夏)나라는 소나무를 사용하고 은(殷)나라는 잣나무를 사용하였던 것도 그 지방에 있는 것을 따라 사용했던 것입니다.

答: 來說是. 程子曰: "周用栗者, 土所産之木, 取其堅, 今用栗, 從周制也. 若四方無栗, 但取木堅者可也."『家禮』此條, 專用程說. 中國土地廣遠, 物産多異, 或有無栗之鄕, 故許以堅木, 無他義也. 後世率從『周禮』, 故如是耳. 夏松殷柏, 亦從此土之所有而爲之也.

문(問)
'군망(郡望)'의 망(望) 자는 지금의 성씨 관향(貫鄕)입니까?

問: 郡望之望, 今之姓貫耶?

답(答)
그런 것 같습니다.

答: 似然.

문(問)
만두(饅頭)는 지금의 연포(軟泡)입니까? 고(糕)는 지금의 무슨 음식입니까?

問: 饅頭, 今軟泡耶? 糕, 今之何食耶?

답(答)

'삭전(朔奠)' 조(條)의 '면미식(麵米食)'은 면식(麵食)과 미식(米食)을 말한 것입니다. 이는 『서의(書儀)』에 나오는데, 그 주에 "면식은 병만두(餠饅頭)를 일컫는 말이고 미식은 쌀떡의 일종이다."라고 하였습니다. '시제(時祭)' 조의 '만두고(饅頭糕)'는 만두와 떡을 말한 것이니, 삭전의 글과 다름이 없습니다.

제상에 음식을 올릴 때 면(麵) 종류를 먼저 올리고 쌀 종류를 뒤에 올리기 때문에 면은 서쪽에 놓고 떡은 동쪽에 놓는 것입니다. 지금 풍속은 설면(屑麵)을 발효(醱酵)시키는 데 떡소를 넣기도 하고 떡소를 넣지 않기도 합니다.-함(餡)은 떡소이다.-

찐 음식을 만두라고 합니다. 병(餠)은 면에 물을 적셔서 합친 것입니다. 일찍이 『역어유해(譯語類解)』를 보니, "만두는 우리나라 풍속의 상화병(霜花餠)이다."라고 하였습니다.

고(糕)는 『본초강목(本草綱目)』에 "잡쌀을 멥쌀가루와 섞어 쪄서 만든 것인데, 그 모양이 응고된 기름과 같다."고 하였습니다. 찹쌀가루로만 만든 것을 자(粢)라 하고, 멥쌀가루에 콩가루와 엿물을 섞어 쪄서 만든 것을 이(餌)라 합니다. 이 세 가지는 조금 다르지만 대체로 우리나라 풍속의 인절미의 일종인데 모두 합쳐 병(餠)이라 합니다.

答: 朔奠[419]條: "麵米食.", 謂麵食及米食也. 此出『書儀』, 註云: "麵食, 餠饅頭之稱; 米食, 粢糕之類." 時祭條之饅頭糕, 謂饅頭及糕也, 與朔奠文無異. 凡進饌, 先麵而後米, 故麵西而餠東也. 今俗屑麵發酵, 或有餡或無餡-

餡찍소.- 蒸食者, 謂之饅頭. 餠者, 溲麪使合幷也. 嘗見『譯語類解』[420], 饅頭卽東俗之霜花餠, 是也. 糕, 『本草綱目』, 以黍糯合粳米粉蒸成, 狀如凝膏也. 單糯粉作者曰粢, 米粉合豆末糖蜜蒸成者曰餌, 此三者微有分別; 而盖皆東俗 인절미 之類, 而總名爲餠也.

문(問)

「시제(時祭)」 '강신(降神)'의 소주(小註)에 양씨(楊氏)는 "고조모의 술잔을 취한다.……"라고만 하고 고조부는 말하지 않은 것은 무엇 때문입니까?

問: 時祭降神小註, 楊氏曰: "取高祖妣盞云云.", 不言考, 何也?

답(答)

『가례』의 별본(別本)에 이미 고(考) 자가 있습니다.

答: 『家禮』別本, 已有考字.

문(問)

「설찬도(設饌圖)」에는 채소 세 가지, 포와 육장이 세 가지로 도합

---

419 朔奠 : 居喪 中에 매월 음력 초하룻날 아침에 올리는 祭奠이다.

420 『譯語類解』 : 중국에서 상용되는 문장이나 말 중에서 간단한 단어만 뽑아 우리말로 풀이한 사전으로 조선 肅宗 때 金敬俊, 愼以行 등이 편찬하였다.

여섯 그릇인데, 『교증(校證)』에는 채소 및 포와 육장이 각각 세 가지씩으로 되어 있습니다. 그렇다면 모두 아홉 그릇인데, 이것이 과연 어떠한 것입니까?

問: 「設饌圖」, 蔬菜三品, 脯醢三品共六器; 而『校證』以蔬菜及脯與醢各三品. 然則爲九器, 此果何如耶?

답(答)

이 「설찬도」는 분명히 알 수 없습니다. 포는 마르고 육장은 습하여 성질이 맞지 않으니, 한 그릇에 담을 수 없을 것 같습니다. 그래서 내가 주제넘게 구별했던 것입니다. 알지 못하겠습니다만 어떻게 생각하는지요?

答: 此圖未瑩. 脯乾而醢濕, 性味不及, 似無合盛一楪之理, 故僭爲之分別, 未知如何?

문(問)

기제(忌祭)에 지자(支子)가 가져와 차리는 제물(祭物)은 제상(祭床)의 아래 차려 놓고 이를 '가공(加供)'이라고 합니다. 그런데 『교증(校證)』에서는 '가공(家供)'이라고 하였으니, 무엇 때문입니까?

問: 忌祭, 支子具饌, 設於卓下, 謂之加供; 而『校證』云家供, 何耶?

답(答)

'가(家)'는 '가(加)'의 오자입니다.

答: 家是加字之誤也.

7. 안정진의 문목에 답함
答安正進問目

‘참장(參章)’ 소주(小註)에서 ‘장향(裝香)’의 장(裝) 자는 구(具) 자
와 같은 뜻입니다. 다른 뜻은 없을 듯합니다.

"參章."小註"裝香."之裝字義, 猶具也. 似無別義.

『가례』「설찬도」에는 변(邊)이 여섯 개이고 두(豆)가 여섯 개인데,
『상례비요(喪禮備要)』에 각각 하나씩 줄인 것은 혹 당시 시속(時
俗)을 따른 것입니까? 알 수 없습니다.

「家禮圖」六邊六豆, 而『備要』之各減一器者, 或從時俗耶?
未可知.

『가례』「우제(虞祭)」에 ‘밥그릇에 숟가락을 꽂고 젓가락을 나란히
정렬한다.’고 하지 않은 것은, 주인이 슬픔으로 정신이 흐려 자세히
살필 겨를이 없다는 뜻입니다. 그러나 아마도 진헌(進獻)하기 전의
일일 듯합니다.

「虞祭」不言扱匙正筯, 主人悲迷不遑致詳之義. 然似當在進獻之前.

밥과 국을 좌우 어느 쪽에 차려 놓느냐는 그 설이 매우 많습니다.

『예기』「곡례(曲禮)」에는 "밥을 올릴 때에 밥은 사람의 왼쪽에 놓고 국은 사람의 오른쪽에 놓는다."고 하였고, 『예기』「교특생(郊特牲)」의 '궤사례(饋食禮)'에는 "국은 서쪽에 놓고 밥은 동쪽에 놓는다." 하였고, 『가례』의 '시제(時祭)' 조에는 "국은 동쪽에 놓고 밥은 서쪽에 놓는다." 하였으니, 무슨 뜻인지 모르겠습니다. 주자(朱子)가 미처 살피지 못한 것이 아니라면 아마 주자 당시 세상 사람들의 예(禮)가 그러했을 듯합니다. 그러나 숟가락을 꽂는 것에 대해서는 "숟가락 자루가 서쪽으로 가게 꽂는다."고 하여, 오른쪽을 위로 삼은 것은 무엇 때문입니까? 만약 신도(神道)는 오른쪽을 위로 삼는다고 한다면 「교특생」의 예는 바로 시제(時祭)인데, 국을 서쪽에 놓고 밥을 동쪽에 놓는 것은 또한 무엇 때문입니까? 『상례비요(喪禮備要)』「우제도(虞祭圖)」에는 밥은 오른쪽에 놓고 국은 왼쪽에 놓았으니, 이는 『가례』의 시제(時祭)를 따른 것인데 무슨 까닭이겠습니까? 별다른 뜻은 없는 것 같습니다. 『의례(儀禮)』의 「사제례(士祭禮)」 설찬(設饌)에도 그러합니다. 지금 혹자는 그렇게 차려 놓는다고 하였는데 이는 세속의 의논에서 나온 것이지 예(禮)에는 근거가 없습니다. 감히 억지로 변론하지 않겠습니다.

飯羹左右設之義, 其說至多.「曲禮」曰: "凡進食, 食居人左, 羹居人右."「特牲」饋食禮, 羹西飯東, 而「家禮」時祭條, 羹東飯西; 未知何義? 若非不及照管, 則恐俗禮然也. 而至於扱匙云西柄, 以右爲尙者, 何也? 若以神道尙右, 則特牲之禮, 卽時祭, 而羹西飯東者, 亦何也? 『備要』「虞祭圖」, 飯右羹左, 是從「家禮」時祭, 何也? 似別無他義. 『儀禮』「士祭禮」設饌亦然. 今云或設, 是出於世俗之論, 而於禮無據. 不敢强辨.

신주(神主)를 쓸 때에 서쪽으로 향하여 서는 것은 대저 중국은 선 것을 공경으로 여기고 우리나라의 풍속은 엎드린 것을 공경으로 여기니, 그 의절은 다르지만 공경하는 것은 똑같으니, 구애될 게 없을 듯합니다.

題主西向立, 大抵中國以立爲敬, 東俗以俯伏爲敬; 其儀雖異, 其致敬則一也. 恐無所拘.

염습(斂襲)의 전(奠)에 절을 하지 않는 것은 과연 슬픔으로 경황이 없다는 뜻입니다. 「사상례(士喪禮)」에 장사를 치르기 전에는 절하는 절차가 전혀 없으니, 이것이 그 증거입니다.

襲奠無拜, 果是悲遑不暇之意. 「士喪禮」葬前都無拜, 是其證也.

반함(飯含) 할 때에 "주인이 시신의 발쪽에서 서쪽으로 가 상(床)에 앉는다."고 한 것은, 상 하나를 별도로 설치한 것이 아닙니다. 옛날에는 상이 넓었습니다. 이는 시신을 올려놓는 상입니다.

飯含由足而西床上坐者, 非別設一床也. 古者床制廣, 是尸床也.

"우제(虞祭)의 제물은 조전(朝奠)처럼 갖춘다."고 한 것은 김하서(金河西)는 "조(朝) 자는 삭(朔) 자가 되어야 할 듯하다."고 하였으니, 이 말이 옳은 듯합니다. 찬(饌)은 물고기, 육고기, 쌀, 면, 국, 밥에 대한 호칭이니, 만약 채소, 포, 육장뿐이라면 찬이라고 말할 리가 없습니다. 게다가 축문(祝文)에 '메기장[粢盛]'이라고 하는 것은 무엇을 가리킨 것이겠습니까?

虞祭具饌如朝奠云者, 金河西曰: "朝, 恐作朔字." 此言似然. 饌是魚肉米麵食羹飯之稱, 若止於蔬菜脯醢, 則不可以言饌. 且祝辭粢盛, 指何物耶?

묘문(墓門)의 제도는 중국에 별도로 그 의절(儀節)이 있는 것 같습니다. 옛날에는 분묘에 나무를 심어 표시를 하였으니, 분묘로 오고가는 길에 필시 이른바 형문(衡門)과 같은 문이 있었을 것입니다. 정자(程子)가 "광(壙)의 입구를 설치한다."고 한 말이 그럴듯합니다. 그러나 『개원례(開元禮)』 '영석(塋夕)' 조에 "하루 전날 저녁에 일을 맡은 사람이 먼저 묘문의 안길 서쪽에 장막을 치고 영좌(靈座)를 설치한다."고 하였으니, 이는 광구에 설치할 수 없는 것입니다. 묘소 근처에 사람들이 드나드는 문을 가리킨 것 같습니다. 「진풍(陳風)」의 묘문은 혹 수목으로 표지해 놓은 가운데로 길을 만들고 묘문이라고 일컬은 것이 아니겠습니까?

墓門之制, 恐中國別有其儀也. 古者墳墓, 樹木以標識, 則其去來之路, 必有門, 如所謂衡門[421]者矣. 程子壙口之設云者似然, 而『開元禮』塋夕條: "前一

---

421 衡門 : 나무를 가로 걸쳐 놓아 문으로 삼은 것으로 작고 소박한 집을 뜻한다. 『詩經』「陳風 衡門」에 "형문의 아래여! 쉬고 놀만 하도다.〔衡門之下 可以棲遲〕"라고 한 데서 온 말이다.

日夕，掌事者先於墓門內道西張帷幕設靈座."云，則此不可施於壙口者也,
似指墓近處爲人所出入之門也.「陳風」墓門[422]，或於樹木標識之中作路稱墓
門耶?

대렴(大斂)한 뒤에 염발(斂髮)이란 절목이 없는 것은 매우 의심스
럽습니다. 소렴(小斂)의 괄발이 염발과 다름이 없을 듯합니다. 『개
원례(開元禮)』에 "소렴에 염(斂)을 마치고 물러나와 남자는 염발하
여 내파두(內帕頭)를 쓰고 여자는 괄발한다."고 하였으니, 이것이
하나의 증거입니다.

시조(始祖)에게 제사지낼 때 신위(神位)에 부들자리를 깔고 그 위
에 띠자리를 펴기만 하고 의지할 탁자가 없는 것은 옛날에 땅을 쓸고
제사지낸 뜻을 숭상한 것입니다.

자욕(紫褥)은 예에 상고할 수 없으니 송(宋)나라 때의 풍속이 아닌
가 합니다.

병풍을 사용하는 것은, 한 신위(神位)만 제사를 지내기 때문에 자
리를 세워 삼면(三面)을 가리는 것이지 여러 신위에 제사를 지내는
시제처럼 넓게 치는 경우와 다릅니다.

大斂後無斂髮一節, 是甚可疑. 小斂括髮, 似與斂髮無異.『開元禮』云: "小
斂卒斂訖退, 男子斂髮裏內帕頭, 女子斂髮." 此亦一證也. 始祖祭, 神位用

---

422 「陳風」墓門:『시경』「陳風 墓門」에 "묘문에 가시나무가 있거늘 도끼로 쪼개
도다.〔墓門有棘 斧以斯之〕" 하였다.

蒲薦, 加草席, 而無倚卓者, 尙古掃地而祭之義. 紫褥, 於禮無考, 疑宋時俗尙
也. 其用屛風者, 祭止一位, 故只用圍席三面之制, 非如列位時祭之廣張也.

『가례』의 제례(祭禮)에 촛불을 밝히는 절목이 없는 것은 살펴보건
대 시제(時制)를 질명(質明)에 지내는 것은 『주례(周禮)』를 따른
것입니다. 『예기』 주(註)에 "질명(質明)은 아침 해가 밝을 때이다."
고 하였으니, 주(周)나라 사람은 대사(大事)를 아침에 치르기 때문
에 촛불을 사용하는 절목이 없어서 그러한 것이 아니겠습니까?
　구씨(丘氏)의 『의절(儀節)』에는 변통한 것이 많은데, 탁상에 촛불
하나를 밝히는 것은 제물을 차려 놓으려면 반드시 새벽에 미리 장만
하여야 하기 때문에 제물을 비추기 위하여 설치한 것입니다. 후세에
와서는 모두 새벽에 제사지내고 있으니, 비록 『가례』에 촛불을 밝힌
다는 말은 없지만 어찌 촛불을 사용하지 않을 수 있겠습니까.

『家禮』「祭禮」無明燭之節. 按時祭質明行事, 此用『周禮』也. 禮註: "質明,
朝日正明也." 盖周人大事用朝, 故無用燭之節而然耶? 丘氏儀節多所變通,
而卓上一燭者, 凡陳饌必預具者, 在昧爽時, 故爲照饌而設也. 後世祭禮, 皆
以侵晨而行, 則雖無『家禮』所言, 豈不可用乎?

독(櫝)의 제도는 나도 자세히 알 수 없지만 「가례도(家禮圖)」를 보
면 상상해 알 수 있습니다. 요즘 세상 사람들 가문의 쌍독(雙櫝)이
나 합독(合櫝)의 제도도 모두 괜찮으니, 이 또한 시속의 예를 따른
것입니다. 다만 그대가 말한 "일변(一邊) 사람들은 신주만 꺼내 놓
고 제사를 지낸다."는 것은 예(禮)에 맞는지 모르겠습니다.

櫝制, 此亦未詳. 看「家禮圖」, 則可以想知矣. 今世人家櫝制, 雙櫝合櫝皆可, 是亦隨俗之禮, 但所示"一邊人[423]之單出主身以祭."者, 未知果合禮也.

참최(斬衰)는 정복(正服)을 말한 것입니다. 중의(中衣)는 곧 베로 지은 심의(深衣)로 시속에서 말하는 중단의(中單衣)인데, 비록 참최의 중의도 베로 가선을 둘렀습니다. 그렇다면 가선을 기운 것이 분명하니 이동황(李東槐) 군의 말이 옳습니다. 그러나 지금 시속에서는 베로 지은 심의를 출입하는 옷으로 삼고 있으니, 그 또한 가선을 깁지 않음으로써 참최와 다름을 분명히 드러낸다면 혹 무방할 듯합니다.

斬衰, 以正服言也. 中衣, 卽布深衣, 俗稱中單衣; 雖斬衰中衣, 以布緣邊, 則其齊縫, 明矣. 李君東槐之言, 然矣. 然今俗以布深衣爲出入服, 亦不緝邊, 以明斬衰之別, 似或無害矣.

시조에게 제사지낼 때에 자리 하나만 차려놓고 제사지내는 것은, 시조는 한 사람뿐이므로 그 고(考)·비(妣)의 제사를 동시에 지내는 것이니, 이는 '제사를 지낼 때 자리를 깔고 고(考)·비(妣) 부부가 함께 사용할 탁자 하나를 놓는' 이치입니다.

선조의 제사에 고와 비의 두 자리를 나누어 설치하는 것은, 선조의 제사는 시조 이하 고조 이상이므로 한 신위뿐만이 아니니, 한 자리에

423 一邊人 : 상대편 쪽 사람을 가리키는 말로 여기서는 老論 쪽을 가리킨다.

다 설치할 경우 시아버지와 며느리가 한 자리에 앉는 혐의가 있기 때문에 동쪽과 서쪽, 두 자리로 나누는 것입니다.

始祖祭, 設一位而祭者, 始祖只是一人, 故考妣合祭, 是舖筵設同几[424]之義也. 先祖祭, 考妣兩位分設者, 先祖祭是始祖以下高祖以上, 非一位, 若同設一位, 則嫌於舅婦同席, 故分東西二位也.

묘제(墓祭) 때 3월 상순에 벌초(伐草)하는 것은 당(唐)나라 『개원례』에서 비롯되었습니다. 한식(寒食)에 묘소에 참배하고 추석에 벌초하는 것은 예(禮)에 찾아볼 수 없습니다. 추석에 묘소에 참배하는 것은 수로왕(首露王) 때에 비롯되었고 신라, 고려로부터 지금까지 모두 그렇게 하니, 대개 동방의 풍속입니다.

墓祭, 三月上旬伐草, 始於唐『開元禮』. 寒食上墓禮, 秋夕伐草, 於禮無見. 秋夕上墓之禮, 始於首露王, 羅麗至今皆然; 盖東俗也.

공부(工夫)의 뜻은, 우리 명종(明宗)께서 경연(經筵)에서 이 뜻을 묻자 참찬(參贊) 조원수(趙元秀)가 대답하기를 "공(工) 자는 여공(女工)의 공(工) 자와 같고, 부(夫) 자는 농부(農夫)의 부(夫) 자와

---

424 舖筵設同几 : 『禮記』「祭統」에 "제사를 지낼 때 자리를 깔고 考·妣 부부가 함께 사용할 탁자 하나를 놓는 것은 귀신이 여기에 의지하게 하기 위해서다. 〔舖筵設同几, 爲依神也.〕"하였다.

같습니다. 이는 사람이 학문하기를 여공이 부지런히 길쌈을 하고 농부가 농사에 힘쓰는 것처럼 해야 함을 말한 것입니다."하였는데, 그 당시에 좋은 대답이라고들 하였습니다. 그의 말이 옳을 듯하나 달리 본 바가 없으니 감히 억지로 대답하지 못하겠습니다.

工夫之義, 我明宗朝臨筵問此義, 參贊趙元秀對曰:"工是女工之工, 夫是農夫之夫. 言人之爲學, 當如女工之勤織作, 農夫之力稼穡." 當時以爲善對. 其說似然, 他無所見, 不敢强對.

상장(上將)은 고려 때 서반(西班)의 이군육위(二軍六衛)에 모두 상장군(上將軍)을 둔 것이 바로 이것입니다. 검교(檢校)는 실제 벼슬이 아닙니다. 고려 말엽에 재상이 너무나 많아 관작이 범람한 바람에 성부(省府)와 재추(宰樞)에 모두 검교나 상의(商議) 등의 호칭을 더해 주어 그 명칭만 화려하게 꾸몄던 것이니, 실제로 책임지는 직사(職事)는 없었습니다.

上將, 高麗西班二軍六衛, 皆置上將軍, 是也. 檢校, 非實官也. 麗末宰相太多, 名器冗濫, 省府宰樞, 皆加檢校或商議等號, 以侈其名, 非有職事可責.

8. 이자목(李子木)-삼환(森煥)-에게 보낸 편지

與李子木-森煥-[425]書 병오년(1786, 75세)

지금 선생의 신주를 땅에 묻는 일을 물었는데 이미 선생의 유언(遺言)에 따라 시행했으니, 내가 감히 함부로 말할 수 없습니다. 그러나 공이 지금 이를 물은 것은 선생의 문하생 중 나만 남아 있다고 여기어 물은 것이니, 정중한 성의에 감탄해 마지않습니다. 선생의 이 논의는 내가 선생이 역책(易簀)하신 뒤에 보고서 마음속으로 의심스러워 여쭈어보고 싶어도 그렇게 할 수가 없었고, 다시 선부군(先府君)께 여쭈어 보고 싶었으나 그럭저럭 시일만 보내고 하지 못하였으니, 지금까지 한이 됩니다.

대개 "대부(大夫)는 3대(代)를 제사한다."는 대목은 『예기』「왕제(王制)」와 「제법(祭法)」에 나오는데, 「왕제」에는 조부, 아버지, 태조(太祖)가 3대이고 「제법」에는 아버지, 조부, 증조부가 3대이니, 이 점이 다릅니다. 대부가 모두 태조에게 제사지낸다면 태조의 제사를 어떻게 사람마다 지낼 수 있겠습니까. 본디 대종자(大宗子)가 아니면 단지 조부와 아버지만 제사할 수 있으니, 대부는 3대의 제사를 지낸다는 이치가 어디에 있겠습니까. 그러므로 「제법」의 황조(皇祖)와 왕제

---

425 李子木 -森煥- : 이삼환은 호는 木齋이고 李秉休의 아들, 星湖 李瀷의 제자. 부친의 학문을 계승하여 경학 연구에 전념하였다. 『少盾山房藏』 8권, 『목재음어』 1권 등의 저서가 있다.

의 태조(太祖)는 다르지 않을 듯하니, 증조부까지만 제사를 지내야
할 것입니다.

우리나라의 제도에 증조부까지 제사하는 예(禮)는 「제법」에서 나
온 것인데, 인정(人情)에 비추어 보아도 반드시 그래야 하고 고례에
찾아보아도 어긋나지 않으니, 내 생각에는 증조부는 제사하지 않을
수 없다고 여깁니다. 선생의 생각은 기실 후세에 제례(祭禮)가 문란
해져 통일성이 없을까 염려한 것이고 또한 지나치게 겸손하여 반드시
서사(庶士)로 자처(自處)하고 싶으셨던 것입니다. 그러나 우리나라
는 지역이 한 쪽에 치우쳐 있어 스스로 임금의 교화를 펴서 사대부의
이름이 중국과 달라 이미 대동(大同)인 풍속이 되었으니, 갑작스레
변경할 수 없을 듯합니다.

그리고 군자(君子)가 예(禮)를 실행할 때 본디 남과 나의 구별이
없는 법인데, 이 예(禮)를 과연 사람마다 두루 시행할 수 있겠습니
까? 이는 실로 의심을 품고 해결하지 못한 것이니 다시 회답해 주시면
고맙겠습니다.

다시 공에게 질의(質疑)할 것이 있습니다. 삼묘(三廟)·이묘(二
廟)·일묘(一廟)·제침(祭寢)은 그 등급이 같지 않습니다. 제가 이
해하지 못하는 것은 만약 처음에 서사(庶士)였다가 뒤에 대부가 되었
다면 이미 묻어버린 조부, 증조부의 신주를 사당에 모셔야 합니까?
그리고 신주를 이미 사당에 모시고 나서 자신이 죽고 아들이 사서인
(士庶人)이 되어 또 다시 신주를 묻는다면 신주를 땅에 묻기도 하고
사당에 모시기도 하는 것이 일정하지 않아 신(神)을 존중하는 도리가
아닐 것입니다. 그리고 옛날의 사당은 규모가 매우 크니 분분하게
사당을 세우거나 철거하는 것이 번거로운 일이 아니겠습니까. 이는

사세(事勢)에 구애되는 점이 많으니, 다시 지도해 주시면 고맙겠습니다.

今以先生主位祧埋事有問, 而旣已遵成命而行之, 則僕不敢妄論. 然而今此之問, 公意以先生門下, 惟僕獨在, 故以是有問; 盛意鄭重, 感歎無已. 先生此論, 僕得見於易簀之後, 心有所疑, 雖欲稟問而不可得, 更欲質于先府君而因循未果, 至今爲恨耳. 盖大夫祭三代之文, 出於「王制」及「祭法」,「王制」祖禰及太祖爲三, 「祭法」至於曾祖爲三, 此其所以異也. 爲大夫皆祭太祖, 則太祖之祭, 豈可人人爲之乎? 自非大宗子之外, 只祭祖禰, 何有於大夫祭三代之義耶? 「祭法」之皇祖・王制之太祖, 似無所異, 只當及於曾祖也. 國制祭及曾祖之禮, 出於「祭法」, 求之人情而必然, 求之古禮而不悖; 愚意則曾祖不可不祭也. 先生之意, 實出於後世祭禮之繁亂無統, 亦出於過於謙抑, 必欲以庶士自處. 然我國地偏一隅, 自爲聲敎, 士大夫之名, 與中國不同, 已成大同之俗; 似不可以卒變. 且君子行禮, 本無人己之別, 此禮其果通行於人人乎? 此實懷疑而未決者也. 幸更回示. 更有就質於公者, 三廟・二廟・一廟・祭寢, 其等不同. 此有未解者, 若初爲庶士, 後爲大夫, 則其將還立已祧之祖曾廟乎? 且旣立而身死, 子爲士庶, 則又復毁之, 毁立無常, 非尊神之道. 且古廟制浩大, 剏廢紛紛, 不其煩乎? 此於事勢多碍, 幸復明敎.

9. 남희안(南希顏)-필복(必復)-에게 답한 편지

答南希顏-必復-書 을사년(1785, 74세)

맏아드님을 장사지낸 지 몇 달이 되었으니, 음성과 용모가 영영 땅속에 묻혀 아득히 멀어졌습니다. 그 사람을 상상함에 마음속이 몹시 애통하실 것입니다. 지금 공의 서신을 보니 글자마다 슬프고 구절마다 애달파서 읽으면서 목이 메어 거의 말소리가 나오지 않았습니다. 하늘이 준 부자(父子)의 정이 어찌 그렇지 않을 수 있겠습니까. 비록 겉으로는 너그럽게 비유하여 마음을 달래는 듯하지만, 마음속에 맺힌 슬픔은 끝내 풀지 못하셨을 것입니다. 나도 예전에 이런 일을 겪었습니다. 어찌하겠습니까!

일찍이 생각건대 어버이의 상(喪)은 마땅히 잊지 않는 것을 위주로 삼아야 하고 손아랫사람의 상은 마땅히 잊는 것을 위주로 삼아야 하니, 원컨대 공은 잊을 망(忘) 한 자에 유념하십시오.

공도 노쇠하였습니다. 노쇠할 때는 비록 잘 봉양받고 마음이 즐겁더라도 노쇠해가는 데 도움이 되지 않는데, 하물며 하나의 방촌(方寸)이 슬픔에 들볶인다면 많지 않은 혈기(血氣)가 얼마 안 가서 꺾이고 시들어 없어지지 않겠습니까? 공이 살아 있어야만 눈앞에 있는 대사(大事)를 차례로 처리할 수 있을 것입니다.

웅(雄)·린(麟) 형제는 비록 내가 직접 보지는 못했으나 대략 듣기로는 버려서는 안 될 좋은 자질을 지녔다고 하니, 스승을 선택하여 가르쳐 그들로 하여금 가업(家業)을 잇게 하였으면 하는 것이 생존한 사람과 사망한 사람 모두의 바람일 것입니다.

부탁하신 맏아드님의 묘지(墓誌)는 어찌 헐후하게 지을 수 있겠습니까. 그 글은 많지 않으니 병이 조금 나을 때를 기다려 지어 보겠습니다.

사량(士良)의 죽음은 사람으로 하여금 매우 슬프게 하니, 지금 세상의 선인(善人)이 없어졌습니다. 근래에 천주교(天主敎)를 나라에서 금지하고 있지만 형조(刑曹)에서 선처(善處)해 주어 다른 사람까지 연루되지 않았으니, 다행입니다. 천주교를 믿는 사람이 나와 절친한 사람들 사이에서 많이 나왔기 때문에 전일에 많은 말을 하여 배척하였습니다. 이는 대개 그들을 아끼는 혈성(血誠)에서 나온 것인데, 도리어 의심하여 현저히 나를 멀리하는 조짐이 있었으니, 큰 불행입니다.

胤君葬已數月, 音容永閟, 冥冥遠矣. 存想其人, 痛切心肝. 今觀來書, 字字哀句句哀, 讀之哽咽, 殆不成聲. 天鍾之情, 安得不然? 雖外若寬譬, 而一曲之結, 終不得解. 僕所經歷者, 然將奈何! 嘗謂親喪, 當以不忘爲主, 手下之懺, 當以忘爲主, 願公着工於一忘字也. 公亦衰矣, 衰老之際, 雖有奉養之厚・心志之樂, 無補於衰; 況以一箇方寸地, 煎熬於悲哀之中, 些些血氣, 幾何而不摧殘以盡也. 公存而後, 大事之在前者, 次第可行. 雄・麟兄弟, 雖不目見, 睪聞之, 非可棄之姿, 擇師而敎之, 使堂構[426]有紹, 存亡之願也. 誌

---

426 堂構 : 『書經』「大誥」에 "만약 아버지가 집을 짓고자 하여 이미 그 규모를 정했으면 그 아들이 기꺼이 집터를 마련하지 않으면서 하물며 기꺼이 집을 지으랴.〔若考作室, 旣底法. 厥子乃弗肯堂, 矧肯構?〕"한 데서 온 말로, 자손이 선대의 유업을 잘 계승함을 뜻한다.

文之託, 豈容歇後? 其文不多, 當待病間圖之耳. 士良之喪, 令人傷痛; 今世之善人, 亡矣. 近來天學有邦禁, 而秋官善處, 不至連累, 可幸! 此學多出於切緊間, 故前日頗費辭斥之; 盖出於相愛之血忱, 而反生疑阻, 顯有踈外之漸; 其不幸, 大矣.

10. 정사중(丁思仲)-지영(志永)-에게 보낸 별지

與丁思仲-志永-別紙 경술년(1790, 79세)

천지(天地)의 큰 덕(德)은 만물을 생성(生成)하는 것입니다. 천지
는 오로지 만물을 생성하는 마음을 갖고 있으니, 이것이 이른바 인
(仁)입니다.

정자(程子)가 말하기를 "「서명(西銘)」은 인(仁)과 효(孝)의 이치
가 여기에 갖추어져 있으니, 잠시라도 이를 떠나면 인이 되지 않고
효가 되지 않는다."고 하였습니다. 대저 인은 모든 선(善)의 근본이고
효는 모든 행실의 근원이니, 이 뜻을 알아 힘써 실행한다면 하늘을
어버이처럼 섬기고 어버이를 하늘처럼 섬기게 됩니다. 따라서 하늘과
사람이 하나의 리(理)가 되어 빈틈없이 혼합(混合)되어 사욕(私慾)
이 저절로 없어질 것입니다.

이른바 리일분수(理一分殊)란 리일(理一)은 인(仁)이고 인을 적절
히 판단하는 것이 곧 의(義)니, 이것이 이른바 분수(分殊)입니다.
사람의 행실은 인(仁)과 의(義)에 지나지 않습니다. 우주 사이에 이
「서명」과 같은 글이 있을 줄 어찌 알았겠습니까. 아침과 낮으로 송습
(誦習)하여 늘 그 뜻을 눈앞에 보듯이 해서 잠시라도 떠나서는 안
될 것입니다. 그러나 다만 사람의 마음이 견고하지 못해 절실하게
공부하지 않으니, 어찌 부끄럽고 민망하지 않겠습니까.

天地之大德曰生；天地專以生物爲心, 卽所謂仁也. 程子曰："「西銘」, 仁孝
之理備乎此；須臾而不於此, 則不爲仁不爲孝矣." 盖仁爲萬善之本, 孝爲百

行之源; 苟知此義而力行, 則事天如事親, 事親如事天, 天人一理, 混合無間, 私欲自祛矣. 所謂理一分殊[427]者, 理一仁也; 仁之裁制處, 便是義, 卽所謂分殊也. 人之行, 不過仁義而已; 宇宙間, 豈知有此文字乎? 朝晝誦習, 參前倚衡[428], 不可少須臾離也. 但人心不固, 不能喫緊用工, 豈不愧悶哉?

---

427 理一分殊 : 우주의 근원인 理는 하나이지만 천지 만물에서 갖가지 다른 모습으로 나타난다는 성리학의 이론이다. 『性理大全 理氣 總論』

428 參前倚衡 : 잊지 않고 항시 생각하여 언제 어디서나 늘 눈앞에서 보는 것 같다는 뜻이다. 孔子의 제자 子張이 뜻이 행해지는 것에 대해 묻자 공자가 대답하기를, "말이 충신하고 행실이 독경하면 비록 오랑캐의 나라라 하더라도 행해질 수 있지만 말이 충신하지 못하고 행실이 독경하지 못하면 비록 자기 고장이라 하더라도 행해질 수 있겠는가. 서 있을 때는 충신 독경이 앞에 와 있음을 볼 수 있고 수레에 탔을 때는 충신 독경이 멍에에 기댐을 볼 수 있어야 하니, 이와 같은 뒤에야 행해질 수 있다.〔言忠信, 行篤敬, 雖蠻貊之邦, 行矣. 言不忠信, 行不篤敬, 雖州里, 行乎哉? 立則見其參於前也, 在輿則見其倚於衡也. 夫然後行.〕"한 데서 온 말이다. 『論語 衛靈公』

11. 조 승지(趙承旨)-숙(憲)-의 별지에 답함

答趙承旨-憲-別紙 무술년(1778, 67세)

문(問)

저의 집안에서 종형(從兄)의 삼년상(三年喪)을 마친 뒤에 예절상
바로 길사(吉祀)를 지내야 하는데 조천(祧遷)하는 신주(神主)를 봉
안(奉安)하는 문제로 의논이 분분하여 아직도 결정하지 못했습니
다. 바로 저의 고조부 문간공(文簡公)의 신위(神位)는 종가(宗家)
에 있는데 이미 대수(代數)가 다하여 장방(長房)으로 옮겨야 합니
다. 그런데 집안의 의논에 어떤 사람은 "사림(士林)도 문간공을 제
향하고 있으니, 본가(本家)에서 높이 받드는 도리로 보아 또한 불천
위(不遷位)로 만들어야 한다." 하고, 어떤 사람은 "국전(國典)에 부
원군(府院君)이나 녹훈(錄勳)된 사람만 사당에 모시고 그 이외의
사람은 신주를 조천하지 않을 수 없게 되어 있으니, 지금 마땅히 신
위를 장방으로 옮겨야 한다." 하기도 합니다.

그런데 저의 친구 집안에 더러 국전(國典)에 허용하지는 않지만
별도로 사당을 건립하여 신주를 모신 사람이 있습니다. 큰 원칙으로
말한다면 국전을 따라야 하고 사정(私情)을 참작하면 비록 풍속을
따르더라도 의리에 크게 어긋나지 않을 것 같습니다. 이에 우러러
여쭈오니, 예경(禮經)을 자세히 상고하여 말씀해 주시기 바랍니다.

만약 불천위로 정한다면 신주를 고쳐 쓰는 문제에 또 의문이 있습
니다. 종가의 조카가 몇 해 전에 요절하였는데, 아직도 후사를 세우지
않아 종가 조카의 아우가 지금 종가의 제사를 대신 지내고 있습니다.

불천위의 신주 곁에 어떻게 써야 예(禮)에 맞을 수 있겠습니까? 위에 말씀드린 것을 조목마다 답해 주시면 매우 고맙겠습니다.

問: 鄙家於宗從兄三年後, 禮當卽行吉祀, 而以祧位奉安一節, 諸議不一, 尙未完決. 卽侍生之高祖考文簡公位在宗家, 已親盡, 當移奉於長房, 而門內之議, 或以爲士林亦有俎豆之享, 則在本家崇奉之道, 亦當爲不祧之位云, 或以爲國典府院君及錄勳廟享外, 不敢不祧, 則今當爲長房位云云, 而知舊家或有雖非國典而設立別廟者. 以大經言之, 從國典可也; 參以私情, 則雖從俗, 似無大害於義理者. 玆以仰稟, 伏望詳考禮經, 仔細下示, 如何? 若定以不祧之位, 則改題一節, 又有疑端. 宗姪年前夭折, 尙未立后, 宗姪之弟, 今方攝奉宗祀矣. 不祧位傍題何如, 方可合於禮歟? 右所白, 逐件賜答, 幸甚.

답(答)

이 이치를 내가 일찍이 성호 선생(星湖先生)께 들었습니다. 그 설(說)에 "별자(別子)는 신주를 불천(不遷)하는데, 별자는 제후(諸侯)의 별자뿐만 아니다. 『예기』「상복소기(喪服小記)」의 소(疏)에 '별자는 세 가지가 있다. 하나는 공자(公子)이고, 하나는 다른 나라에서 온 이성(異姓)의 공자이고, 하나는 서성(庶姓)이 그 나라에서 출세하여 경대부(卿大夫)가 된 자이다.'라고 하였으며, 구씨(丘氏)는 '지금 사람들 집안의 예(禮)는 관작을 봉해 받은 선조가 있으면 비록 관작에 높고 낮은 차이가 있더라도 모두 사당을 세워 그분을 모시고 시조(始祖)로 삼는다.'라고 하였으니, 예(禮)의 뜻이 본래 이와 같다. 지금 비록 대대로 문벌(門閥)이 있는 가문이라도 감히 제후의 별자(別子)에게 비기지 못하여 감히 종(宗)을 세우지 못하는 것은 옳지 않다. 종을 세우는 것은 본디 국가에서 원하는 바이니, 백성이 거기에 통속(統屬)되기 때문이다. 정자(程子)도 '종을 세우는 것은 조정이 금하는 게 아니니, 다만 사람들이 스스로 실행하지 못하는 게 걱정이다.'라고 하였다. 비록 국전(國典)에 단지 공자(公子)와 훈신(勳臣)만 대대로 제사를 지내도록 허용한다고 하지만 국전에 언제 반드시 별자만 대대로 제사를 지내지 못하도록 금지하였단 말인가?" 하였습니다.-이상은 성호(星湖)의 설이다.-

이에 의거해 보면, 국전을 근거로 하는 말이 비록 바른 뜻에 가깝기는 하지만 을(乙)의 주장이 실로 고례(古禮)에 어긋나지 않고 인정에도 부합됩니다. 다만 말세의 습속은 예(禮)의 형식이 본질보다 우세하여 자손된 이들이 예(禮)에 알맞게 절제하지 못하고 예절의 한계가 없어져서 더러 지나친 폐단이 있으니, 이것이 한탄스럽습니다.

보내온 문목에서 말한 '친구의 집안'이란 목현헌(睦玄軒)을 말한 것입니까? 그 집안뿐만이 아닙니다. 옛날 취금(醉琴) 박팽년(朴彭年)의 5대손 박종우(朴宗祐)가 취금의 신주를 조천하겠다는 뜻으로 한강(寒岡)에게 물으니, 한강이 대답하기를 "취금선생의 업적이 어찌 공로로 관작을 봉해 받은 사람에게 비할 바이겠는가? 영세(永世)토록 신주를 조천하지 않아야 한다."고 하였습니다.

삼가 보건대, 문간공은 문장(文章)과 덕업(德業)이 그 당시에 으뜸이었으니, 자손이 높이 받드는 도리로 보아 특별히 받들어 불천하는 신위로 삼아야 한다는 것이 의심할 바 없을 것 같습니다. 만약 하나의 사당에 문간공을 모셔 오실(五室)이 되었다는 혐의가 있다면, 『가례』에 따라 묘소의 밑에 사당을 세우고 해마다 한 차례씩 제사하여 신주를 불천하게 하십시오. 그렇지 않으면 별도로 하나의 실(室)을 지어 모시는 것도 무방할 듯합니다.

비록 불천하는 신위로 정하였더라도 신주 곁에 주(註)를 고쳐 쓸 것이 아니라 옛날 종자(宗子)의 이름을 그대로 두고-비록 신주를 장방으로 옮겼더라도 고쳐 쓸 것은 없다. 지금 시속에서 신주에 장방으로 고쳐 쓰는 것은 비례(非禮)이다.- 제사할 때 축문에만 '섭사손(攝祀孫)'이라 쓰는 것이 어떻겠습니까? 예(禮)에 현손(玄孫) 이하는 모두 증손(曾孫)으로 일컫고 몇 대손(代孫)이라는 말은 없습니다. 또 사계(沙溪)의 『의례문해(疑禮問解)』에 "선조라고 일컬어도 되고 몇 대손이라고 일컬어도 된다."고 하였는데, 내 생각에는 예(禮)는 고금(古今)과 문질(文質)의 차이가 있으니, 사실에 의거해 바로 몇 대조(代祖), 몇 대손이라고 쓰는 것이 좋을 것 같습니다. 이는 모두 나의 억측에서 나온 것이니, 다시 널리 물어 보고 처리하시면 매우 고맙겠습니다.

答: 此義, 愚嘗聞于星湖先生矣. 其說曰: "別子不祧, 別子非但諸侯別子, 「小記」疏: '別子有三, 一是公子, 一是異姓公子來自他邦者, 一是庶姓之起於是邦爲卿大夫者.' 丘氏[429]曰: '今人家禮, 有封爵者, 雖爵有尊卑, 皆得以立廟, 爲始祖也.' 禮意固如此, 今雖世閥之家, 不敢比於諸侯別子, 而有不敢立宗者, 非是矣. 立宗, 固是國家之所願欲, 民有所統也. 程子亦曰: '立宗, 非朝廷所禁, 但患人自不能行. 雖曰國典只許公子及勳臣世祀, 而國典

---

429 丘氏 : 明나라 때 학자인 丘濬을 가리킨다. 그는 자가 仲深이고 호가 瓊山이며, 文淵閣大學士를 지냈다. 주자의 학설에 정통하여 『大學衍義補』, 『家禮儀節』, 『五倫全備』 등을 저술하였다.

則必使此等世祀, 又何嘗禁其別子耶?"-右星湖說.- 據此則以國典爲言者雖近
正, 乙者之論, 實不悖於古禮, 亦協于人情矣. 但末俗文勝, 爲子孫者, 不能
稱停, 無所防限, 或有濫溢之弊, 是可歎也. 盛諭知舊家, 指睦玄軒[430]而言
耶? 非惟此也. 昔朴醉琴彭年五代孫宗祐以遷主之意, 稟于寒岡, 則答云:
"醉琴先生事業, 豈勳封者比哉? 宜永世不祧"云. 竊覵文簡公文章德業, 冠冕
當世, 則子孫崇奉之道, 宜有別異之擧, 奉以爲不祧之位, 似無可疑. 若奉于
一廟, 有五室之嫌, 則依『家禮』, 立廟于墓下, 歲一祭之, 永世不遷; 不然則
別立一室以奉, 亦似無妨. 雖定爲不祧之位, 不必改題, 仍存舊宗子之名,-雖
遷長房, 無改題事; 今俗之改以長房, 非禮也.- 但於祭祀時祝文, 以攝祀
孫書之,
如何? 禮玄孫以下皆稱曾孫, 無幾代孫之言, 又沙溪『問解』曰: "稱先祖, 可
也; 或稱幾代孫, 亦可也." 愚意則禮有古今質文之異, 似當據實直書幾代祖
幾代孫似好. 此皆出於臆對, 更博詢而處之, 幸甚.

---

430 睦玄軒：睦世秤(1487~1593)을 가리킨다. 그는 자는 公達이고, 호가 玄軒
또는 散翁이며 본관은 泗川이다. 己卯名賢인 金湜에게 수학하였으며 己卯士
禍가 일어나자 과거를 그만두고 낙향하여 학문에 정진하였다.

12. 남유안(南幼安)-이공(履恭)-이 보낸 조애(趙哀)-태준(泰駿)-의 문목에 답함

答南幼安-履恭-所示趙哀-泰駿-問目　갑신년(1764, 53세)

예(禮)에 조부가 없으면 고조부의 사당에 부제(祔祭)하는 것은 사당에 신주를 모실 때에는 반드시 소목(昭穆)에 따라야 하기 때문에 그러한 것입니다. 이른바 '조부가 없다.'는 것은 조부가 살아 있어서 사당이 없다는 뜻입니다. 만약 조부가 이미 죽어 신주가 사당에 들어갔다면 조부를 건너뛰어 고조부의 사당에 신주를 모시고 제사지낼 수 없습니다. 계조(繼祖)의 사당이 먼 곳에 있으면 계조의 종자(宗子)가 와서 지방(紙榜)으로 제사하고, 종자가 일이 있으면 종자의 명으로 족인(族人)을 시켜 대신 제사하게 합니다. 근세에 예가(禮家)들이 대개 이렇게 한다고 합니다.

부제(祔祭)의 대의(大義)는, 손자의 신주는 반드시 조부의 사당에 합사(合祀)하여 소목을 어지럽혀서는 안 됨을 밝히는 것입니다. 그렇다면 종자(宗子)와 지자(支子)를 막론하고 반드시 이렇게 해야 하고 의심할 나위 없는 것입니다. 따로 사당을 세워 조부의 사당에 들어갈 수 없는 지자의 경우에는 더러 부제를 지내지 않는 경우가 있는데, 이는 예(禮)의 뜻이 아닙니다.

주자(朱子)가 "의의(義意)가 없는 것 같다."고 한 것은, 후세에 와서 사당의 제도가 옛날과 달라 소목의 구분이 없어져 아버지의 사당에 신주를 합사하고 조부의 사당에 신주를 합사하는 실상이 없기 때문입니다. 그러나 그 아래에 "애례존양(愛禮存羊)의 의미가 있다."고

한 말이 있으니, 이는 단연코 신주를 합사하지 않을 수 없는 이치를
말한 것입니다. 그런데 이 대목만 가지고 신주를 합사하지 않는다는
증거로 삼는 것은 잘못인 듯합니다.

정자(程子)가 "초상이 난 지 3년이 되어야 신주를 합사한다." 하였
는데, 우리나라의 『오례의(五禮儀)』에는 대상(大祥)이 지나면 신주
를 합사하도록 되어 있습니다. 이미 졸곡(卒哭)이 지난 뒤에 신주를
합사하는 예(禮)에 어긋나고 보니, 시왕(時王)의 제도에 따라 대상을
치른 뒤에 신주를 합사지내는 것이 실로 근거가 있습니다. 그 의절(儀
節)은 『오례의』의 본문에 자세히 기록되어 있습니다.

禮無祖則祔[431]於高祖者, 祔必以昭穆而然也. 所謂無祖者, 謂祖生而無廟
也. 若祖已亡而入廟, 則不可越祖而祔於高祖矣. 繼祖之廟遠在, 則繼祖之
宗子來, 以紙榜行之, 宗子有故, 則以宗子之命, 使族人代行, 近世禮家多如
此行之云. 祔之大義, 明孫必祔祖昭穆不可紊也. 然則無論宗支, 必行無疑
者也. 支子之自別爲廟, 不當入廟者, 或有不行祔祭者, 此非禮意. 朱子所謂
似無義意云者, 後世廟制非古, 無昭穆之辨, 祔禰而無祔祖之實故也. 然而
下有愛禮存羊[432]意云語, 則斷謂祔不可不行之義. 以此爲不祔之證, 恐誤.

---

431 祔 : 卒哭 이후에 亡者의 신주를 사당에 모시고 가서 祖考의 신주와 함께
　　모셔 놓고서 合祀하는 것이다. 합사한 다음 신주를 다시 모셔 내어 奉安한다.
432 愛禮存羊 : 본질을 보존하기 위하여 형식을 지킬 필요가 있음을 뜻하는 말이
　　다. 춘추시대 魯나라에서 매월 초하루에 양을 잡아 祖廟에 고하는 禮가 있었
　　는데 文公 때부터 告廟의 禮는 없이 양만 희생으로 잡았다. 그래서 공자의
　　제자 子貢이 희생으로 양을 잡는 일을 중지하고자 하니, 공자가 "그대는 그

程子曰: "喪須三年而祔云云", 而我朝『五禮儀』大祥而祔. 旣失於卒哭後祔
之禮, 則依時王之制, 大祥而祔, 實爲有據. 其儀節, 詳本文.

양을 아끼는가? 나는 그 예를 아낀다.〔爾愛其羊? 我愛其禮.〕"라 하여 그
양을 잡는 형식으로 인하여 告廟의 禮가 회복되기를 바랐던 데서 온 말이다.
『論語 八佾』

13. 정사성(鄭士成)-만기(晚器)-의 상례 문목(喪禮問目)에 답함
答鄭士成-晚器-喪禮問目 병술년(1766, 55세)

문(問)

편방(便房)은 무슨 뜻입니까? 어떤 사람은 "현훈(玄纁)을 널의 곁에 놓는데, 널의 곁이 바로 편방이다."라고 하는데, 이 말이 믿을 만합니다. 그런데 편방의 제도는 어떠합니까?

問: 便房是何義? 或云: "玄纁置柩傍, 柩傍卽便房." 是言爲信, 而便房之制, 如何?

답(答)

편방이란 명칭은 『한서(漢書)』에 보입니다. "곽광(霍光)이 죽자 편방 한 구(具)를 하사하였다."고 하였는데, 복건(服虔)의 주(註)에 "장중(藏中)이 편좌(便坐)이다."라고 하였습니다. 대저 정전(正殿)이 있으면 편전(便殿)이 있으니, 편(便) 자는 편안하다는 뜻입니다. 대저 광중(壙中)에서 널을 안치(安置)한 곳은 정방(正房)과 같고 신좌(神座)를 안치한 곳은 편방과 같습니다. 옛날에는 광중이 매우 넓어 광중에서 널의 동쪽에 하장(下帳)을 설치하고 영좌(靈座)를 안치하였으며 기물도 매우 많이 두었습니다. 『개원례(開元禮)』에 "주인이 현훈(玄纁)을 축관(祝官)에게 주면 축관이 받들고 들어가 영좌에 드린다."라고 한 것이 바로 이것입니다. 『가례(家禮)』에서는 광중은 널만 넣을 수 있도록 파고 또 영좌도 없으니, 널의 곁에 물건을 넣을 만한 곳이 없습니다. 『상례비요(喪禮備要)』에 『통전 (通典)』을 인용하여 영좌(靈座) 두 글자를 널의 동쪽이라고 고쳤는 데, 대체로 영좌는 널의 동쪽에 있기 때문입니다. 『가례』에 광중에 흙을 반이나 채운 뒤에 편방을 만든다고 하였으니, 현훈을 드린 뒤 에 잠시 광중에 넣지 않았다가 편방이 만들어지면 그 가운데에 넣 는 것이 옳을 듯합니다. 예전에 국장(國葬)을 보니, 널을 넣는 정광 (正壙) 밖에 연이어 광 하나를 파고, 이름하여 퇴광(退壙)이라 하 고, 명기(明器)와 같은 것들을 모두 그 속에 두었으니, 이것이 곧 편방의 뜻입니다.

答: 便房之名, 見于『漢書』. "霍光死, 賜便房一具", 服虔註: "藏中, 便坐 也." 蓋有正殿則有便殿, 便是安逸之義. 凡壙中安柩處如正房, 安神座處如 便房. 古者壙中甚廣, 壙內柩東, 設下帳安靈座而置器甚多. 『開元禮』: "主 人以玄纁授祝, 祝奉以入奠于靈座", 是也. 『家禮』壙取容柩, 而又除靈座, 柩傍無可置之所. 『備要』引『通典』, 而改靈座二字爲柩東; 蓋靈座在柩東故 也. 『家禮』便房在實土及半之後, 則贈後姑不納壙, 待便房成而納其中, 似 可矣. 嘗觀國葬, 正壙外連穿一壙, 名之曰退壙, 明器之屬, 皆置此中, 卽便 房之意也.

문(問)
조조(朝祖)의 축에 "지금 구거(柩車)를 받들겠습니다."고 하였는데, 지금 풍속은 대부분 혼백(魂帛)으로 대용(代用)하고 있으니, 구거 (柩車) 두 글자를 혼백으로 고치는 것이 어떻겠습니까?

問: 朝祖⁴³³祝曰: "今奉柩車." 今俗多以魂帛替行, 則改柩車二字, 爲魂帛,
如何?

답(答)

조조의 예(禮)는 혼백은 앞에서 인도하고 널은 그 뒤를 따르니, 이
는 두 가지를 병행(並行)하는 것입니다. 구씨(丘氏)의 『의절(儀節)』
에 혼백을 대용하도록 허용하였으니, 이는 하나만 실행하고 하나는
실행하지 않는 것입니다. 더구나 널은 시신이 들어 있는 곳인데 한
번 떠나면 다시는 돌아오지 않으니, 다시 집으로 돌아오는 혼백(魂
帛)과는 다릅니다. 따라서 이것으로 저것을 대신할 수 없습니다. 집
이 비록 비좁더라도 어찌 널 하나를 놓아둘 곳이 없어 경솔하게 고
례(古禮)를 고칠 수 있겠습니까.

答: 朝祖之禮, 魂帛前導而柩從之, 是二者並行也. 丘氏『儀節』許以魂帛代
行, 則是一行而一不行也. 況柩是體魄所在, 一去而不復返, 異于魂帛之復
返室堂, 不可以此代彼. 人家雖狹, 豈不容一柩而輕改古禮耶?

---

433 朝祖 : 초상 때 發靷하기 하루 전에 널을 모시고 사당으로 가서 조상을 뵙게
하는 것이다. 『家禮』 4권 「喪禮」에 "발인하기 하루 전날 아침에 사당에 奠祭
를 올리면서 널을 옮기는 것을 아뢴다. 널을 모시고 가서 조상을 뵙는다."
하였다. 이는 살아 있을 때 먼 곳에 출타하면 먼저 어른에게 인사를 하는
것과 같은 것이다. 옛날에는 집안 사람이 널을 받들고 사당에 갔는데 후세에
와서 家廟가 협소해져 혼백을 대신 썼다.

사당에 부제(祔祭)할 때 신주를 모시고 나간다고 고하는 말이 없는
것은 무슨 까닭입니까?

問: 祔祭祠堂, 無出主告辭, 何也?

답(答)

부제할 때 신주를 모시고 나간다고 사당에 고하는 말이 없는 것은
매우 의심스럽습니다. 그러나 『가례』에 "만약 상주(喪主)가 종자
(宗子)가 아니고 계조(繼祖)의 종자(宗子)와 따로 살 경우에는 종
자가 그를 위하여 조부에게 고하고 허위(虛位)를 만들어 제사한다."
고 하였으니, 이는 사당에 고한다는 증거가 될 만합니다. 선유(先
儒)가 『가례』를 완성되지 못한 책이라고 하였는데, 아마도 이러한
곳을 가리켜 말한 것일 듯합니다. 구씨(丘氏)의 『의절(儀節)』에 "꿇
어앉아 고하기를 '신주를 모시고 아무 곳으로 가겠습니다.' 하고는
신주를 모시고 간다."고 하였습니다.-『가례』에 고하는 말이 없기 때문
에 구씨가 보완한 것인데, 그 축(祝) 역시 소략하니 대체로 신중히 하는 뜻
이다. 만약 다른 고사(告辭)의 예(禮)에 따른다면 "지금 모친(某親)의 신주
를 조부 모관부군(某官府君)의 사당에 올려 모시기에 신주를 모시고 아무
곳으로 가서 행사(行事)할 것을 감히 청합니다."라고 해야 할 것 같다.-

答: 祔無出主告辭, 甚可疑. 然而『家禮』: "若喪主非宗子, 而與繼祖之宗異
居, 則宗子爲告于祖, 而設虛位以祭." 此可以爲有告之證. 先儒以『家禮』爲
未成書, 恐指此等處而言也. 丘氏『儀節』: "跪告曰請主詣某所, 乃奉主以

行."-『家禮』無告辭, 故丘氏補之, 而祝亦草略, 盖愼重之意也. 若依他告辭例, 則似
曰: "今以某親躋祔于祖考某官府君, 敢請神主出就某所行事."-

문(問)

나의 부친(父親)이 제사를 주관하여 초헌(初獻)이 되니, 아헌(亞
獻)은 시생(侍生)이 되어야 합니다. 그때의 복장은 출입할 때 착용
하는 패랭이, 베로 지은 심의(深衣), 베로 만든 망건(網巾), 베로
만든 작은 띠를 사용해야 합니까?

問: 家嚴主祭初獻, 則亞獻侍生爲之, 而服色用出入服若平涼子布深衣布網
巾小布帶耶?

답(答)

그대의 집안에서 부제(祔祭)하는 예(禮)에 그대의 아버지가 종자로
서 제사를 주관하면 그대의 아버지가 당연히 초헌이 되어야 하고,
『가례』에 "상주가 아헌이 된다."는 조문이 있으니, 그대가 아헌이
되는 것은 의심할 바가 없습니다.

복장은 『가례』에 옷을 갈아입는다는 말이 없고 게다가 부제(祔祭)
는 상제(喪祭)이고 보면, 상중(喪中)에 사당 안에서 제사하는 예(禮)
와는 다르니, 입고 있는 최질(衰絰)을 그냥 입고 하는 것이 옳을 듯합
니다. 이곳에는 예서(禮書)가 없으니, 다시 살펴보고 알려드리겠습
니다.

答: 哀家祔禮, 尊丈以宗子主祭, 則當爲初獻, 而『家禮』有喪主亞獻之文,

哀爲亞獻, 無疑. 服色則『家禮』無變服之語, 且祔是喪祭, 則異於喪中廟內
行祀之禮, 恐當因其衰絰. 此無禮書, 當更考以報.

문(問)

예(禮)에 우제(虞祭) 때는 상장(喪杖)을 실외(室外)에다 세워 놓고
부제(祔祭) 때는 상장을 계단 아래에 세워 놓고 상제(祥祭) 때는 상
장을 문 아래에 세워 놓는다고 하였으니, 장사를 치른 뒤에 조석으
로 상식(上食)할 때에는 상장을 짚지 않습니까? 상식할 때 상인(喪
人)이 상막(喪幕)에서 제사에 참여할 경우에는 혹 상장을 짚어도
됩니까? 삭전(朔奠)과 망전(望奠)에 저의 부친이 제사를 주관하면
아들은 상장을 짚지 않습니까?

問: 禮虞杖倚於室外, 祔杖倚於階下, 祥杖倚於門下云, 則葬後朝夕上食,
仍不杖耶? 上食時喪人廬次與祭, 則或可杖耶? 朔望奠, 家嚴主祭, 哀子不
杖耶?

답(答)

『예기』「문상(問喪)」에 "아버지가 살아 있으면 감히 상장을 짚지 않
으니, 이는 어른이 계시기 때문이다." 하였습니다. 이 말을 살펴보
건대, 비록 상장이 있더라도 감히 아버지의 앞에서 상장을 짚지 않
는 것입니다. 또 "당상(堂上)에서는 상장을 짚지 않으니, 이는 어른
이 계신 곳을 피한 것이다." 하였습니다. 이 말을 살펴보건대, 당하
(堂下)에 있을 때 어른이 보지 않는 곳에서는 상장을 짚는다는 것입
니다. 이를 근거로 하면 어떻게 해야 할지 알 수 있을 것입니다.

상식(上食)할 때에는 상장을 짚지 않는다는 예문(禮文)이 없으니 상장을 짚어도 될 것입니다. 실외(室外), 계단 아래, 문 아래에 상장을 세워 놓는다고 한 것은 경우에 따라 예(禮)를 변쇄(變殺)하는 뜻을 보인 것입니다. 만약 이것으로 상장을 짚지 않는 근거로 삼는다면 3년 안에 상장은 무용지물(無用之物)이 될 것입니다. 만약 무용지물이 된다면 어찌하여 대상(大祥) 때 상(喪)을 끝마치고 "상장을 끊어서 버린다."고 했겠습니까?

答:「問喪」曰: "父在, 不敢杖矣; 尊者在故也." 按此言, 雖有杖而不敢於父前杖也. 又曰: "堂上不杖, 辟尊者之處也." 按此言, 在堂下而不爲尊者所見則杖矣. 據此則可以知所處矣. 上食無去杖之文, 可以杖矣. 倚室倚垝倚門, 所以示變殺之意. 若以此爲不杖之據, 則三年內, 杖爲無用之物; 若爲無用之物, 則斷杖棄之之文, 何以在於大祥喪畢之後乎?

문(問)

윤씨(尹氏)-명재(明齋)-의 예설(禮說)에 "지아비가 상(喪)을 주관하더라도 반함(飯含)은 아들이 해야 한다. 이는 대체로 자식으로서 차마 어머니의 입을 그냥 비어둘 수 없다는 뜻이다."고 하였습니다. 이로 미루어 보건대, 현훈(玄纁)을 주는 것도 아들이 맡아서 합니까?

問: 尹氏-明齋-禮說: "夫雖主喪, 飯含子當爲之; 盖人子不忍虛其口之意也." 以此推之, 則贈玄纁, 亦子主之耶?

답(答)

현훈을 주는 것은 반함과 다르니 감히 확정하여 말하지 못하겠습니다.-반함은 "자식으로서 차마 부모의 입을 그냥 비워두지 못하는 것이다."라는 대목이 있으니, 아들이 맡아서 한다는 증거가 될 수 있다.-

答: 贈玄纁與飯含有異, 不敢質言.-飯含有"人子不忍虛其口."之文, 可以爲子主之證-.

문(問)

명절에 차례를 지낼 때 상식을 병행합니까? 윤씨(尹氏)는 "조전(祖奠) 때 저녁의 상식(上食)까지 함께 하는 것은 옳지 않다."라고 하였으니, 명절에 차례를 지낼 때 상식을 병행하는 것은 옳지 않은 듯합니다.

問: 俗節與上食做行耶? 尹氏以"祖奠兼行夕上食爲非.", 則俗節與上食做行, 似不是.

답(答)

각각 따로 하는 것이 옳습니다.

答: 各行爲是.

문(問)

상중(喪中)에 출타(出他)하여 초하루나 보름이 되면 평일과는 다르니, 외지고 조용한 곳을 택하여 집을 바라보고 곡(哭)하여 슬픈 마음을 펴는 것이 어떻겠습니까?

問: 喪中出入, 若當朔望, 則此與常日有異, 擇靜僻處望哭, 以伸哀, 如何?

답(答)

『가례』에서 분상(奔喪)의 예(禮)를 말하면서 "곡(哭)할 때는 시끄럽고 번잡한 저잣거리를 피한다."고 하였으니, 이에 의거하면 출타하여 남의 집에 있거나 객사(客舍)에 있을 경우에는 곡하기 어렵습니다. 그렇다고 들판에 가서 곡하면 야곡(野哭)에 가깝습니다. 그러나 효자의 마음속에 지극한 슬픔이 있어 슬픈 마음을 금하지 못하여 울음소리가 입 밖으로 터져 나온다면 이는 따질 바가 아닙니다.

答: 奔喪禮云:"哭, 避市井喧繁之所." 據此則出入而或在人家, 或寓逆旅, 行哭有妨, 且欲行于原野中, 亦涉野哭[434]. 然而孝子至痛在心, 哀情不禁, 衝口而出聲, 則此非所論也.

문(問)

삼년상(三年喪) 안에 어버이의 기일(忌日)을 만나면 소찬(素饌)을

---

434 野哭: 『禮記』「檀弓 上」에 "孔子는 野哭하는 사람을 싫어한다.〔孔子惡野哭者.〕"하였다. 野外에서 곡하는 것을 野谷이라고 하였는데, 곡을 할 장소가 아니고 다른 사람을 놀라게 하기 때문이라 한다.

먹어야 하는데 그날만 먹어야 합니까? 혹 3일 동안 먹어야 합니까?

問: 三年內若當其親忌, 當用素饌, 而只用於當日耶? 或三日耶?

답(答)

3년 안에는 어버이가 살아 계실 때처럼 모신다는 뜻으로 미루어 보
건대, 어버이 기일에 소찬을 먹는 것이 마땅하지만 3일은 지나친 것
같습니다. 더구나 『가례』의 '기일(忌日)' 조(條)에 "이 날은 술을 마
시지 않고 고기를 먹지 않는다."고 하였음에 있어서겠습니까? 3일
간 소찬을 먹는 것은 우리나라의 풍속입니다.

答: 以三年內象生之義推之, 親忌用素饌, 當矣, 三日則似過矣. 況禮忌日
條云: "是日不飲酒, 不食肉."乎? 三日行素, 東俗也.

문(問)

예(禮)에 늙고 병든 사람에게는 술을 마시고 고기를 먹도록 허용하
였습니다. 지금 시속에서 비록 소찬을 먹더라도 술 마시는 것은 문
제 삼지 않는 것은 무슨 까닭입니까?

問: 禮老病者許飲酒食肉. 今俗雖或行素而飲酒不疑, 何也?

답(答)

술이란 것은 용모와 마음을 바꾸니, 상인(喪人)이 먹지 말아야 하는
것은 고기보다 더욱 중합니다. 예가(禮家)가 허용하는 것은 상인이

나이가 많아 기운이 쇠약해져서 고기를 먹지 않으면 몸을 보양하기 어려울 경우입니다. 그리고 병으로 약을 쓸 때에도 술을 곁들여야만 될 것이 있기 때문에 술 마시는 것을 허용한 것입니다. 그러나 병이 나으면 도로 처음처럼 해야 합니다. 시속의 폐단은 말할 필요가 없습니다.

答: 酒之爲物, 變貌易心, 則喪人之不可飮, 尤重於肉矣. 禮家所許, 若年老而氣竭, 非肉難補, 則許之. 病之用藥, 亦有須酒而成者, 故亦許飮酒, 然而疾止復初. 俗弊不須言也.

문(問)
상주인 나의 어머니 묘소가 집 뒤에 있기 때문에 조석으로 곡배(哭拜)의 예(禮)를 행하고 있습니다. 삭전(朔奠)이나 망전(望奠)을 올린 뒤에 상주들과 복인(服人)을 데리고 묘소로 가서 곡하고 싶은데 번독(煩瀆)하다는 혐의는 없겠습니까?

問: 罪人慈墓在家後, 故朝夕行哭拜之禮; 而朔望奠後, 欲率諸哀及服人哭墓, 其無煩瀆之嫌耶?

답(答)
궤연(几筵)과 묘소는 같지 않으니 무슨 번독하다는 혐의가 있겠습니까.

答: 几筵與墓不同, 有何煩瀆之嫌?

아버지가 살아 있고 어머니 상(喪)을 당하였을 경우 기년(期年)이
되면 당연히 예(禮)에 따라 궤연을 철거해야 할 것입니다. 그런데
심상(心喪) 기간 동안 애도할 곳이 없고, 혹시 조문하러 온 사람이
있으면 조문을 받을 곳이 없습니다. 그래서 제 생각에는 비록 궤연
은 철거하더라도 여막(廬幕) 및 탁자 등의 물건은 그냥 놔 두어 심
상 기간 동안 새벽과 저녁으로 참배하고 조문을 받는 처소로 삼았
으면 하는데, 예(禮)에 어긋나지 않겠습니까?

問: 父在母喪, 期後撤几筵, 自當依禮, 而心喪內, 都無所事, 或有弔客, 無
受弔處. 哀子之意, 雖撤几筵, 因存廬幕及倚卓等物, 以爲心喪內晨香展拜
及受弔之所, 未知不悖於禮耶?

답(答)

궤연을 철거한 뒤 심상 기간 동안 애도할 곳이 없다고 한 것은 과연
문목의 말대로입니다. 그래서 퇴계선생(退溪先生)은 "아버지가 살
아 있는데 어머니 상(喪)을 당하여 입는 복을 강등(降等)하는 경우
에는 조석으로 제사할 때에 흰 베옷을 입는다." 하였고, 한강선생
(寒岡先生)은 "비록 궤연을 철거했더라도 아들이 심상 기간 동안 다
른 곳에서 간략하게 조석으로 상식을 한다면 후한 쪽을 따르는 효
자의 마음에 혐의될 게 없을 것이다."고 하였습니다. 두 분 선생의
뜻으로 본다면 심상 기간 중엔 모두 3년간 상식하는 것을 허용하였
습니다. 그러나 이는 본디 바른 예(禮)가 아니기 때문에 그렇게 하
지 않는 사람이 많습니다.

만약 묘소의 밑에 집이 있으면 또한 상주가 슬픔을 펼 장소가 있을 것입니다. 그대가 "여막과 탁자를 그냥 놔 두어 조석으로 참배하고 조문을 받는 곳으로 삼는다."고 한 말은 참으로 좋은 생각입니다. 그러나 예(禮)에 맞는지는 모르겠으니, 감히 확정하여 말하지는 못하겠습니다.

答: 撤几筵後, 心喪內, 都無所事者, 果如來敎矣. 是以, 退溪先生曰: "父在爲母降服者, 朝夕祭時, 着白布衣." 寒岡先生曰: "子於心喪內, 几筵雖撤, 而就別處, 仍畧上朝夕之食, 庶無嫌於孝子從厚之情." 觀兩先生之意, 則心喪後皆許三年上食, 而本非禮之正, 故多有不行者. 若家在墓下, 則伸哀墓所, 亦有依泊矣. 哀所謂因存廬幕倚卓, 爲晨昏展拜及受弔之所云者誠好, 未知於禮果如何, 不敢質言.

문(問)

『예기』「상복소기(喪服小記)」에 "상례(喪禮)에 정한 기간 전에 장사를 치렀을 경우 우제(虞祭)도 따라서 빨리 지낸다. 그렇지만 졸곡(卒哭)의 제사는 석 달이 지나서 지낸다."고 하였습니다. 부장(報葬)은 지금 풍속의 순장(旬葬)과 같습니까? 졸곡의 제사를 석 달 뒤에 지낼 경우 날을 잡아서 해야 합니까?

問: 「喪服小記」: "報葬者報虞, 三月而後卒哭.[435]" 報葬猶今俗旬葬之類耶?

---

435 報葬……卒哭 : 부장은 집이 가난하거나 다른 사정으로 빨리 지내는 장사를

卒哭在三月後，則當卜日耶？

답(答)

우제는 신(神)을 편안하게 하는 제사이니 조금도 늦추어서는 안되기 때문에 장사를 지낸 뒤 곧바로 지냅니다. 그러나 졸곡의 예(禮)는 그 이치가 본래 다르기 때문에 반드시 석 달의 기간을 기다려야 합니다. 이미 우제를 앞당겨 지내서 우제 뒤 강일(剛日)의 예(禮)를 행할 수 없고 보면, 석 달이 지나 졸곡할 때 날을 가려 제사해야 할 것입니다. 정일(丁日)이나 해일(亥日)에 제사하는 것이 이미 고례(古禮)이니, 정일(丁日)이나 해일(亥日) 중 어느 것을 써도 안 될 것이 없습니다. 지금 풍속에 구일장(九日葬)과 순장(旬葬)과 같은 것이 바로 옛날의 소위 부장(報葬)이니, 바로 문목의 말대로입니다.

答：虞是安神之祭，不容小緩，故葬後卽行；卒哭之禮，其義自別，故必待三月之期．旣報虞而虞後剛日之禮[436]不可行，則三月卒哭之時，當卜日而祭；用丁亥，已是古禮，用丁用亥，無不可矣．今俗九日葬旬葬之類，卽古所謂報

말한다. 본래 士는 죽은 뒤 3개월이 지나서 매장하고, 매장한 뒤 곧바로 虞祭를 지내며, 우제를 지낸 뒤 곧바로 卒哭祭를 지내는 것이 禮인데, 다른 사정이 있을 때에는 부장으로 치른다.

436 剛日之禮 : 三虞祭를 가리킨다. 十干 중에 奇數에 해당하는 甲, 丙, 戊, 庚, 壬 5일은 陽剛에 속한다 하여 강일이라 하고, 십간 중에 偶數에 해당하는 乙, 丁, 己, 辛, 癸 5일은 陰柔에 속한다 하여 柔日이라고 하였다. 再虞祭는 유일에 지내고 삼우제는 강일에 지냈다.

葬, 正如來示.

문(問)

며느리가 시부모의 복(服)을 3년 동안 입는 것은 고례(古禮)가 아닙니다. 송(宋)나라 때에 이르러 비로소 지아비가 입는 복에 따라 입는다는 예(禮)를 정하였고 『가례』에 그대로 따랐습니다. 그러나 다른 사람의 후사(後嗣)가 된 사람의 아내로 말하자면 생가(生家) 시부모의 복을 대공복(大功服)으로 낮추어 입는데, 시부모의 복은 지아비를 따라 한 등급을 낮추어 입지 않으면서 생가의 시부모에게만 그렇게 하는 것은 너무 박(薄)하지 않겠습니까? 이미 대공복을 입는다면, 복을 다 입고 난 뒤 3년 안에는 무슨 옷을 입어야 합니까?

問: 婦人爲舅姑三年, 非古禮, 至宋朝, 始定從夫服之禮, 而『家禮』因之也. 至若爲人後者之妻, 爲本生舅姑, 降服大功, 爲舅姑則不用從夫降一等之禮, 而獨於本生舅姑行之, 不太薄耶? 旣服大功, 則服盡後三年內, 當服何服耶?

답(答)

고례(古禮)에 며느리는 시아버지와 시어머니의 복을 1년 동안 입었는데, 송(宋)나라 때에 이르러 위인포(魏仁浦)가 며느리는 오로지 한 지아비를 따라 3년 동안 자최복(齊衰服)과 참최복(斬衰服)을 입도록 할 것을 주청(奏請)하여 법식으로 정하였습니다. 그러므로 『가례』에 감히 이를 어기지 못하고 시왕(時王)의 제도를 따른 것입니다. 그러나 이를 별례(別例)로 만들 수는 없기 때문에 기년(朞年)

이하의 복은 모두 예전대로 지아비에 따라 한 등급씩 낮추어 입었습니다.

다른 사람의 후사(後嗣)가 된 사람의 아내가 생가의 시아버지와 시어머니의 복을 대공복으로 입는 것은, 그의 지아비가 생가 부모의 복을 백부모(伯父母)나 숙부모(叔父母)의 복으로 입기 때문에 그의 아내도 지아비처럼 백부모나 숙부모의 복으로 생가 시아버지와 시어머니의 복을 입는 것입니다. 이는 실로 고례(古禮)를 따른 것이니, 이것이 주자(朱子)의 은미한 뜻입니다.

퇴계선생(退溪先生)이 정여인(鄭汝仁)의 물음에 답한 데 "생가의 시아버지와 시어머니의 복을 대공복만 입는 것은 너무 인정(人情)에 가깝지 않으니, 후한 쪽을 따라 기년복을 입고 심상(心喪)을 한다."는 글이 있기 때문에 지금 사람들이 혹 따라서 하는 사람도 있으나 이미 고례에 어긋나고 게다가 주자의 뜻도 아닙니다. 비록 대공복을 입지만, 심상의 예(禮)를 갖추는 것은 지아비와 다름이 없습니다. 복색은 지금 시속에 입는 천담복(淺淡服) 같은 것이 좋습니다.

答: 古禮婦爲舅姑服朞, 至宋朝, 魏仁浦奏爲婦爲舅姑三年齊斬, 一從其夫, 定爲法式, 故『家禮』從時制而不敢違也. 然不可以起例, 故自朞以下, 皆依舊從夫降一等. 爲人後者之妻, 服本生舅姑大功者, 以夫服本生父母以伯叔父母之服, 故妻亦以夫伯叔父母之服服本生舅姑也. 實從古禮, 此朱子之微意也. 退溪先生答鄭汝仁問, 有"止服大功, 太不近情, 從厚服朞而申心喪."之文, 故今人亦或有從之者, 已違古禮, 而又非朱子之意也. 雖服大功, 而申心喪之禮, 與夫無異. 服色, 若今俗淺淡服, 可矣.

14. 이질(李侄)-우복(宇福)-의 문목에 답함

答李侄-宇福-問目 병술년(1766, 55세)

「가례도(家禮圖)」에 채소(菜蔬)와 포해(脯醢)를 각각 세 그릇씩 서로 섞어서 차려 놓고 물고기와 육고기를 각각 한 그릇씩 차려 놓은 것은 변(籩), 두(豆), 정(鼎), 조(俎)의 수가 같지 않기 때문입니다. 포(脯)와 해(醢)를 한 그릇에 합하여 차리는 것은 의심스럽기 때문에 선유(先儒)도 의심하였습니다.

내 생각에는, 포는 변에 담고 해는 두에 담는 것이니, 변에 담는 것과 두에 담는 것을 한 그릇에 합하여 차려 놓는 것은 이치에 맞지 않을 듯합니다. 선유(先儒)도 "이 「가례도」는 주문공(朱文公)이 정한 것이 아니고 후인(後人)이 만든 것이기 때문에 잘못된 곳이 많다."고 하였습니다. 그렇다면 잘못된 것임은 의심할 바가 없습니다.

『의례(儀禮)』「사관례(士冠禮)」에 포와 해가 있는데 양씨(楊氏)의 도(圖)에 포와 해를 나누어 그렸습니다. 이에 의하면 포도 한 그릇이고 해도 한 그릇이니, 포와 해를 합하여 차려서는 안 될 듯합니다. 게다가 포는 마른 것이고 해는 습한 것이니, 형세상 서로 합해서는 안 될 것입니다. 이는 내 억측(臆測)에서 나온 것이니 자세히 생각해 봐야 할 것입니다. 소와 채는 한가지일 듯하니, 두 가지로 나누어서는 안 될 듯합니다.

심의(深衣)의 제도는 알 수 없는 곳이 많다고 한 것은 참으로 그렇습니다. 구암(久菴)은 구변(鉤邊)을 지금의 단추(團錘)와 같은 것이라 했는데, 그대의 편지에는 임(衽)을 단추라고 하였습니다. 사계(沙

溪)는 "상(裳)의 곁 부분이 임(衽)인데, 구변(鉤邊)한다."고 하였는데, 그대는 또 "사계는 '임은 옷고름〔衣繫〕이다.'라고 했다."고 하니, 구암과 사계 두 분의 말씀에 다른 설이 있습니까? 혹시 그대가 살피지 못하여 그런 것입니까? 그에 대한 우열(優劣)을 논한다면 구암의 의복 제도는 지금의 쾌자(快子) 종류로서 군인(軍人)의 복장과 비슷하여 법복(法服)의 모양이 없으니 매우 의심스럽습니다. 사계의 의복 제도는 요즘 세상 사람들이 많이 따르고 있는데 아무래도 그 설을 구명(究明)하기 어렵습니다.

치포관(緇布冠)은 『주자대전(朱子大全)』에 "전후(前後)는 세 치이고 좌우(左右)는 네 치이다."고 하였습니다. 전후라는 것은 앞에서 뒤에까지, 뒤에서 앞에까지의 양쪽 가 부분이고, 좌우라는 것은 왼쪽에서 오른쪽까지, 오른쪽에서 왼쪽까지의 앞뒤 부분입니다. 종(縱)은 폭이고 횡(橫)은 길이입니다. 이렇게 만들면 비록 상투가 크더라도 치포관을 쓰는 데 방애(防碍)됨이 없을 것 같습니다.

보내온 편지에서 말한 '기제(忌祭)' 조(條)의 "슬픔이 복받치면 곡한다."는 글은 『가례』에 보이지 않으니, 그대가 잘못 본 것 같습니다. 기제는 상(喪)을 치른 뒤에 지내는 제사이니, 이미 아버지를 계승하여 종사(宗祀)를 받들었으면 비록 고조(高祖), 증조(曾祖) 이하라도 모두 곡해야 합니다. 그런데 『가례』에 "아버지와 어머니일 경우에는 주인(主人) 이하가 곡한다."고만 하였기 때문에 지금 사람들이 선조의 제사에 모두 곡하지 않는데, 이는 『가례』를 따른 것입니다.

구씨(丘氏)는 "조부와 조모가 가까운 곳에서 죽었을 경우에는 거애(擧哀)하고 먼 곳에서 죽었을 경우에는 거애하지 않으니, 이는 조부와 조모를 직접 모시고 살았는지의 여부를 가리켜 말한 것이다."고

하였는데, 이 이치는 그렇지 않은 점이 있습니다. 『가례』에 이미 "주인 이하가 곡하여 슬픔을 다한다."고 하였으니, 비록 고조, 증조 이하라도 주인 이하는 모두 곡하여 함께 애도해야 할 것입니다. 한 집안에서 곡하는 사람도 있고, 곡하지 않는 사람도 있어 애도하는 예절이 다르면 옳겠습니까. 구씨의 설은 따를 수 없을 듯합니다. 이를 보면, 그대의 의심이 풀릴 것입니다.

『가례』「기제(忌祭)」의 '변복(變服)' 조에 참(黲)이니 조(皁)니 하여 그 구분이 같지 않습니다. 참(黲)은 옅은 흑색인데, 윤명제(尹明齋)는 "옥색(玉色)이나 회색(灰色) 종류이다."고 하였습니다. 지금 글자의 뜻으로 찾아보건대, 참(黲) 자는 부수가 흑(黑) 자이니 필시 백색을 띤 흑색일 것입니다. 조(皁)는 그냥 흑색이니 지금 사람들이 명주에 검정물을 들인 것을 조색(皁色)이라고 하는 것이 이것입니다. 이를 본다면 색의 옅고 짙음에 따라 복(服)의 경중(輕重)의 구분이 있는 것입니다. 대저 중국 사람들은 항상 채색옷을 입기 때문에 백색이 흉색(凶色)이고 흑색이 그 다음 흉색으로 길복(吉服)으로 가는 색입니다.

개장(改葬)할 때 시마복(緦麻服)을 입는 것은 고례(古禮)가 그러합니다. 다만 삼년복을 입어야 할 사람이 시마복을 입습니다. 기공복(朞功服)은 중한 복이니 마땅히 개장한 그달 동안은 소복(素服)과 소대(素帶) 차림을 해야 할 것 같습니다. 왕숙(王肅)도 "베옷에 가마(加麻)한다."고 하였으니, 이를 보면 알 수 있을 것입니다.

역청(瀝靑)은 지금 사람들은 그 제도를 모르기 때문에 많이 사용하지 않고 있습니다. 『서애집(西厓集)』에 역청을 제조하는 방법이 있으니, 찾아보면 알 수 있을 것입니다.

시제(時祭) 때 조육(胙肉)을 받는 등의 의절(儀節)은 다른 집사(執

事)가 없으면 생략해야 할 듯합니다. 하사(嘏辭)에 '래여(來汝)'의 래(來) 자는 독음을 리(棶) 자로 읽어야 하니, 내려준다는 뜻입니다.

형명(刑名)의 뜻은, 형(刑)은 '형법(刑法)'의 형(刑)이니, 관중(管仲), 상앙(商鞅), 신불해(申不害), 한비자(韓非子) 등의 학문이 이것입니다. 명(名)은 '명분(名分)'의 명(名)과 같습니다. 『주례(周禮)』에 "종백(宗伯)은 구의(九儀)의 명으로 나라의 지위를 바로잡고 명물(名物)을 분변한다."고 하였으니, 바로 이것입니다.

「家禮圖」, 蔬菜脯醢各三器, 相間鋪之, 魚肉各設一器者, 籩豆鼎俎多寡之數不同故也. 脯醢合設, 可疑, 故先儒亦疑之. 愚意則脯是籩實, 醢是豆實, 則籩豆之合設一器, 似爲無義. 先儒亦云: "此圖, 非文公所定, 而出於後人, 故多差誤處." 然則其誤無疑矣. 「士冠禮」有脯醢, 楊氏圖脯與醢分圖焉. 據此則脯是一器, 醢又是一器, 似不當合設. 而且脯乾醢濕, 其勢有不可以相合者. 此出臆料, 當細思之. 蔬菜似是一物, 恐不可分二也. 深衣之制, 多不可曉者, 誠然. 久菴[437]以鉤邊爲今團錘之類, 而來書以衽爲團錘. 沙溪以裳傍爲衽, 鉤邊而縫之, 則君又云: "沙溪云衽則衣繫也." 二公之言, 別有他說

437 久菴: 韓百謙(1552~1615)의 호이다. 그는 본관은 淸州이고 자는 鳴吉이다. 閔純의 문인으로, 戶曹佐郞, 刑曹佐郞, 淸州牧使, 判決事, 戶曹參議 등을 역임했으며, 宣祖가 승하했을 때 殯殿都監堂上이 되어 喪禮를 주관하였다. 만년에 경기도 楊州 勿移村에 은거하였다. 實學의 선구자로서 실증적이며 고증학적인 방법으로 조선의 역사와 지리를 연구하고, 종래 역사가들의 학설을 비판, 수정하여 이 방면에 새로운 관심을 고양했다는 평가를 받는다. 저서로는 『東國地理志』, 『箕田考』, 『久庵集』이 있다. 原州의 七峯書院에 제향되었다.

耶? 或君未察而然耶? 論其優劣, 則久菴服制, 如今所謂快子之類, 似疑於
軍容而無法服樣子, 甚可疑也. 沙溪制度, 則今世多從之, 卒難究其說矣. 緇
布冠, 『朱子大全』: "前後三寸, 左右四寸", 前後者, 從前至後, 從後至前,
當兩傍者也. 左右者, 從左至右, 從右至左, 當前後者也. 縱者爲廣, 橫者爲
袤. 如此則雖髻大者, 恐無所碍矣. 忌祭條哀來則哭之文, 此不見於『家禮』,
來示恐誤. 忌是喪餘之祭, 旣承奉宗祀, 則雖高曾以下, 皆當哭, 而『家禮』只
云: "若考妣則主人以下哭." 故今人於先祖祭, 皆不哭, 從『家禮』也. 丘氏以
爲"祖考妣近死則擧哀[438], 遠死則否. 此指逮事與否而言也." 此義有不然者.
『家禮』旣云: "主人以下, 哭盡哀." 則雖高曾以下, 爲主人以下者, 皆當哭而
助哀. 一堂之中, 有哭有不哭, 哀節異等, 其可乎? 丘說亦似不可從矣. 據此
則君之所疑, 當釋然矣. 忌祭變服條, 曰黲曰皁, 其別不同. 黲, 淺黑色, 尹
明齋以爲玉色灰色之類. 今以字義求之, 黲字從黑, 必黑色帶白者也. 皁只
是黑色, 今人以染黑於紬絹者, 謂之皁色, 是也. 據此則隨色淺深而有輕重
之分耳. 大抵中國人常服彩, 故白爲凶色, 而黑爲次凶向吉之色. 改葬服緦,
古禮然也. 但應服三年者服緦. 朞功重服, 似當素服帶終其月. 王肅亦曰:
"布服加麻", 據此則可知矣. 瀝青, 今人不解其制, 故多不用, 而『西厓集』有
造法, 可考而知. 時祭之受胙等節, 無他執事, 似當省之. 嘏辭[439]來汝之來,
讀作釐, 賜也. 刑名之義, 刑是刑法之刑, 若管商申韓之學, 是也; 名是名分
之名, 『周禮』: "宗伯, 以九儀之命, 正邦國之位, 辨其名物." 是也.

---

438 擧哀 : 喪禮에서 초상이 났을 때 招魂한 다음 상주가 머리를 풀고 슬피 울어
　　　초상났음을 알리는 것이다.

439 嘏辭 : 제사지낼 때 祝이 제사를 받는 조상을 대신하여 주인에게 복을 주는
　　　말을 하는 것이다.

15. 윤사진(尹士眞)-신(愼)-에게 답한 편지

答尹士眞-愼-書 병오년(1786, 75세)

선생의 행장(行狀) 중에 '도서태현(圖書太玄)'조(條)는 계사년(癸巳年) 봄에 그대가 분부하기에 곧바로 서적들을 검토해 보았더니, 모두 부합(符合)하였고 후세 술가(術家)들의 갖가지 오행(五行)이 여기에서 나온 것임을 분명히 징험할 수 있었습니다. 그리고 제가 평소에 이러한 글을 섭렵하였기 때문에 그렇게 말한 것이니, 정도에 지나친 말은 아닙니다.

행장 말미에 그런 조목을 쓴 까닭은 다음과 같습니다. 사문(師門)이 사문(斯文)의 책임을 떠맡은 것과 선생이 이를 이어받아 공부한 것은 오직 중국 성현(聖賢)의 진정한 도리에 있었는데 뜻밖에 신학(新學)이 들어와 우리 도(道)를 어지럽혀, 혹자는 "우리 선생도 일찍이 신학을 하였다."고 하니, 내가 죽기 전에 어찌 이런 말이 있단 말입니까. 이 어찌 우리 도(道)를 어지럽히고 선사(先師)를 무함하고 후생을 그르치는 하나의 큰 일이 아니겠습니까. 그러므로 은미한 뜻을 담아서 공맹정주(孔孟程朱)의 정훈(正訓) 등등의 말로 결론지음으로써 이 도(道)의 근원이 바르다는 것을 보였으니, 이는 군더더기 말이 아닙니다. 이 두 절(節)의 말을 어떻게 만들어야 되겠습니까? 분명히 가르쳐 주시기 바랍니다.

先生行狀中圖書太玄條, 癸巳春, 有所示敎, 卽爲檢看諸書則皆符合, 而後來術家諸般五行, 出於此, 鑿鑿可徵. 且愚於平日, 涉獵此等文字, 故有所云云, 此非過中之語. 狀末一條, 師門之擔當斯文, 先生之承受着工, 惟在於中國聖賢眞正道理, 而意外新學, 爲此道之紫鄭, 或謂吾先生亦嘗爲之云, 我死之前, 豈有是語? 此豈非亂吾道誣先師誤後生之一大事乎? 是以, 微意有在, 以孔孟程朱正訓等語結之, 以示此道源流之正, 此非剩語. 未知此兩節, 何以措辭而後可乎? 幸乞示破.

16. 정기백(丁器伯)-재원(載遠)-의 별지에 답함

答丁器伯-載遠-別紙 무신년(1788, 77세)

문(問)

교리(校理) 홍낙정(洪樂貞)의 아내 상(喪)이 올해 정월에 있었고 2월에 홍낙정이 죽었는데, 장례는 같은 날에 치렀습니다. 그의 아들이 아직 성인(成人)은 아니지만 이미 신주(神主)에 현비(顯妣)라고 썼으니, 11개월의 연제(練祭) 때에도 아버지가 살아 있고 어머니 상(喪)을 당하였을 경우의 예(禮)를 그대로 써야 합니까? 예율(禮律)을 상고해 보니 근거할 곳이 많았고 다른 집안에서 하는 것을 참고해 보아도 그렇게 실행하는 경우가 많았습니다. 그래도 감히 대뜸 그렇게 하지 못하겠기에 이렇게 여쭈니, 자세히 가르쳐 주기 바랍니다.

만약 연제를 지낸다면 전상(前喪)과 후상(後喪)의 궤연(几筵)에 응당 고유(告由)하는 말이 있어야 할 터인데, 알지 못하겠습니다만 어떻게 생각하십니까?

問: 洪校理樂貞妻喪, 在今正月, 而二月身喪, 葬則同日. 孤子雖未成人, 旣以顯妣題主, 十一月之練, 亦當仍用父在母喪之禮耶? 考之禮律, 或有可據, 參諸他家, 亦多已行, 而猶未敢遽爾行之, 敢此仰質, 詳敎伏望. 若行練祭, 則前後喪几筵, 當有告辭, 亦未知如何?

답(答)

어머니 상(喪) 때 아버지가 이미 상복을 입었으면 아버지가 그 뒤에 곧바로 죽었더라도 신주에 현비(顯妣)라고 써야 하니, 아버지가 살아 있고 어머니 상을 당하였을 때의 예제(禮制)를 어길 수 없습니다. 예(禮)에 근거할 데가 있고 다른 사람들도 많이 그렇게 시행하고 있다면 더욱 의심할 바 없습니다. 그대가 "연제(練祭) 때 두 곳의 궤연(几筵)에 축문을 만들어 사유를 고한다."고 한 말이 옳을 듯합니다.

答: 母喪時, 父已受服, 則父雖旋沒, 題主書以顯妣; 父在母喪之制, 不可違也. 禮律旣有可據, 他人多有行之者, 則尤無所疑矣. "練祀時兩筵措辭告由."之諭, 恐當.

17. 이정조(李廷藻)-가환(家煥)-에게 보낸 편지

與李廷藻-家煥-書 을유년(1765, 54세)

편집하고 있는 책의 범례(凡例)는 이미 대략 정했을 것으로 생각되는데, 지금 어디까지 이르렀습니까? 대저 어명을 받아 편찬하는 책은 대부분 바쁜 중에 만들기 때문에 착오가 매우 많으니,『문헌비고(文獻備考)』를 보면 알 수 있습니다. 어찌 안타까운 일이 아니겠습니까. 동방의 지리지(地理誌) 서적은 실로 오류가 많으니, 이러한 곳은 다른 서적을 함께 참고해보면 오류가 절로 드러날 것입니다. 그리고 의심스러운 점이 있으면 해당 고을에 관문(關文)을 보내 물어보면 알 수 있을 것입니다. 다만 이런 일을 할 줄 아는 수령(守令)을 얻기 어려우니, 그 지방 백성에게 맡길 수밖에 없습니다. 그러나 이런 일을 할 줄 아는 백성도 얻기 어려우니, 이것이 걱정입니다.

사마광(司馬光)이『자치통감(資治通鑑)』을 편찬한 지 19년 만에 완성하여 만세토록 읽힐 수 있는 책이 되었는데도 식자(識者)들은 오히려 거칠고 엉성하다고 탄식하였습니다. 더구나 수천 년 호란(胡亂)을 겪은 지역의 지리를 어찌 한 달쯤 되는 기간에 정리할 수 있겠습니까.

지리지(地理誌)는 대개 나라를 경영하는 방책이 들어 있는 것인데,『동국여지승람(東國輿地勝覽)』같은 서적은 시문(詩文)이 반을 넘습니다. 시문이 과연 나라를 경영하는 데 무슨 도움이 있단 말입니까? 인물을 기록하는 것이 가장 어려우니, 당론(黨論)이 일어난 뒤로 의견이 같지 않으니 필시 분쟁의 단서가 많을 것입니다. 사람의 성명

아래에 자(字)와 관향(貫鄕)을 쓰고 문장을 잘 하였으면 "문장으로 이름났다."라고 쓰고 경술(經術)이 있으면 "경술로 이름났다."라고 써서, 모두 두서너 글자로만 단정해야 합니다. 비록 훌륭한 언행(言行)이 있더라도 생략해야 할 것이니, 이 또한 나라를 경영하는 방도와 무관하기 때문입니다. 이 뜻을 어떻게 생각하십니까?

이 나라 강역(疆域) 안의 지리(地理)는 응당 탐색하여 확인해야 할 것이거니와 변방의 경계에 이르러서도 반드시 상세히 기록해야 할 것입니다.

고려 때에 서희(徐熙)와 박의중(朴宜中)이 외교를 잘하지 못했으면 북쪽 땅을 모두 잃었을 것입니다. 상고(上古) 때로 말하자면 기자(箕子)의 강토는 지금 요동(遼東)의 전 지역 및 요서(遼西)의 의주(義州)·광녕(廣寧) 동쪽이 모두 조선의 강토에 속하였으니, 중국의 사서(史書)를 보면 알 수 있을 것이고, 또한 내가 편찬한『동사지리고(東史地理考)』에도 상세히 기록되어 있습니다. 해도(海島)로 말하자면 숙종(肅宗) 계유년(1693, 숙종19)에 안용복(安龍福)이 없었다면 울릉도(鬱陵島)가 필시 왜인(倭人)들에게 점거되었을 것입니다. 서해(西海)에 해랑도(海浪島)가 있다는 것은 이 또한 분명한 사실이니, 상세히 기록해야 할 것입니다. 그 밖에 큰 섬이나 무인도(無人島)도 많다고 하니, 자세히 찾아서 기록하는 것이 어떻겠습니까?

인조(仁祖) 계유년(1633, 인조11)에 통제사(統制使) 황익(黃瀷)이 조정에 올린 장계(狀啓)에 "표류한 선박이 와서 정박하였습니다. 그 사람이 스스로 말하기를 '신라 말엽에 왕자(王子)와 같이 영동(嶺東)에서 난리를 피하였는데 지역이 좁아 수십만 명을 수용할 수 없었다. 그래서 배를 타고 바다로 가서 나라를 세우고 스스로 남방국(南方國)

이라고 일컬었다.'고 하였습니다." 하였는데, 이 역시 들어보지 못한 기이한 얘기입니다. 공은 혹시 들어서 알고 계십니까? 예전부터 적(賊)들의 공초(供招)에 많이들 해상(海上)을 말했으니, 불량한 무리들이 모여 작당하는 것은 또한 이상한 일이 아닙니다. 나라를 경영하는 사람은 또한 알아 두어야 할 것입니다.

숙종 병자년(1696, 숙종22)에 동래(東萊)의 무과출신(武科出身) 이모(李某)가 표류하다가 하이국(蝦夷國)에 도착하였는데, 그 지역이 일본의 동북쪽에 있어 우리의 육진(六鎭) 및 원춘(原春) 등의 지역과 바다를 사이에 두고 있으니, 그 또한 상세히 기록해야 할 것입니다.

한스러운 것은 숙종 임진년(1712, 숙종38)에 목극등(穆克登)이 와서 두 나라의 국경선(國境線)을 정할 때 백두산(白頭山) 꼭대기에 비석을 세워 기록하되 분계강(分界江)을 한계로 삼고 분계라 이름하였으니, 이것이 두 나라의 경계가 되어 버린 것입니다. 그 강이 두만강(豆滿江)의 북쪽 3백여 리에 있는데 그 당시 일을 맡은 사람이 사려가 깊지 못하여 공공연히 그 땅을 버려서 지금 야인(野人)들이 사냥하는 곳이 되고 말았으니, 어찌 애석하지 않겠습니까? 산천(山川)으로 말하자면 반드시 지명이 생긴 전말을 상세히 기록하여 내력을 드러내야 할 것입니다. 권양촌(權陽村)의 응제시(應製詩)의 주(註)가 참고할 만합니다.

『문헌비고(文獻備考)』 중 「지리고(地理考)」는 망우(亡友) 승선(承宣) 신순민(申舜民)이 편찬한 것인데, 그는 매우 역량이 있는 사람이었으니, 상세히 살펴보고 수록하는 것이 어떻겠습니까?

우리나라 변보(邊堡)의 지명(地名) 및 각 고을 방면(坊面)의 호칭은 저속(低俗)하여 볼 것이 없으니, 모름지기 품정(稟定)하여 방언

(方言)과 비슷한 음과 뜻을 가진 아름다운 이름으로 고친다면 왕정
(王政)의 일단이 될 것입니다.

근래에 또 듣건대, 옛것을 좋아하는 어떤 선비가 말하기를 "이인역
(利仁驛)의 소속된 용전역(龍田驛)에 책암(冊巖)이라고 불리는 곳이
있는데, 예로부터 전해오기를 그곳은 백제(百濟)의 사서(史書)가 보
관되어 있었다고 한다."고 하였으니, 이 일은 박 검서(朴檢書)에게
물어 보면 알 수 있을 것입니다. 또 듣건대 철원(鐵原)의 보개산(寶翹
山) 안양사(安養寺) 앞에 입석(立石)이 있는데 큰 돌로 덮어 놓았다
고 합니다. 그 역시 전해오기를 궁예국(弓裔國)의 사서(史書)가 보관
되었던 곳이라고 하였습니다. 그 말을 믿을 수는 없으나, 고인(古人)
은 일을 생각하는 것이 매우 깊었으니 병란(兵亂) 때 깊이 감추어두었
을 수도 있었을 것입니다. 만약 발굴하여 믿을 만한 실적(實蹟)을
얻는다면 어찌 큰 다행이 아니겠습니까. 회의할 때 이 뜻을 말하여
상의하여 발굴해 확인해 보는 것이 어떻겠습니까?

청인(清人)의 『성경통지(盛京通志)』는 모두 20권인데 아마도 각중
(閣中)에 있으리라 생각됩니다. 이 책의 규모도 좋으니, 한번 열람(閱
覽)해 보시는 게 어떻겠습니까?

물산(物産)은 국토를 가진 이가 상세히 알아야 하는 것인데, 『여지
승람』에는 시속에서 부르는 이름만 기록하였으며 누락된 것도 많습
니다. 좋은 물고기로는 도미(度美)보다 더 좋은 것이 없는데-왜인(倭
人)은 도미를 조어(鯛魚)라고 이름붙였고 또 대구(大口)를 설어(鱈魚)라고
하는데, 모두 일정한 글자가 있습니다.-『여지승람』에는 기록되어 있지
않으며, 목어(目魚), 명태(明太), 멸치(蔑魚)-『성경통지』에는 해청어
(海靑魚)로 되어 있다.-의 등속도 모두 빠졌으니, 무엇 때문입니까?

『성경통지』에는 새, 짐승, 벌레, 물고기, 곡식, 재소, 꽃, 과일, 풀, 나무와 같은 것들을 모두 생김새와 나는 시절을 주(註)로 달아놓아 한번 보면 무엇인지 알 수 있게 했으니, 이 어찌 훌륭하지 않습니까.

우리나라 동쪽 삼척(三陟)의 삼촌심(三寸椹), 갑산(甲山)의 들쭉〔豆乙粥〕, 삼수(三水)의 지분자(地粉子)-바로 뱀딸기〔蛇莓〕인데 맛이 매우 좋다.- 북도(北道)의 용편(龍鞭), 남해(南海)의 황칠(黃漆)은 모두 진귀한 산물이니, 기록해도 무방하지 않겠습니까? 옛날에 있던 산물이 지금은 없고 지금 있는 산물이 옛날에는 없던 것이 많으니, 이 또한 구분해야 하고 책판(冊板)에도 누락시켜서는 안 될 것입니다. 『국조보감(國朝寶鑑)』에 성종조(成宗朝) 때 구빈국(久賓國)이 와서 조공을 바쳤다고 하였는데, 그 나라는 어느 지방에 있습니까?

이상에서 말한 것들은 모두 이 부유(腐儒)의 오활한 이야기로 잠꼬대와 다름이 없으니, 다른 사람의 눈에 띄지 않도록 해 주시기 바랍니다.

所編書凡例, 想已草定, 今至何境耶? 大抵奉教修撰之書, 多在忙裏做成, 錯誤甚多; 於『文獻備考』可鑑矣. 豈不惜哉! 東方輿地書, 實多訛誤. 此等處, 合諸書參考, 瘡疣自見, 又有所疑, 則發關本邑, 亦可以知之. 但守令解事者難得, 不過委之土民, 而土民解事者亦難得, 是可悶也. 司馬公作『通鑑』, 十九年而成, 爲萬世必可行之書, 而識者猶歎其草率; 況數千年胡亂之地域, 豈可以旬月期乎? 地誌盖有經國之謨, 而若『勝覽』等書, 詩文過半. 詩文果何益於經國乎? 人物最難, 黨論以後, 意見不同, 必多爭端矣. 至姓名下書字貫, 有文章則但曰以文章名, 有經術則但曰以經術名, 皆以二三字斷之, 雖有言行, 在所當畧, 亦無關於經國之道而然也. 此意未知如何? 域中地理,

自當探驗, 至於邊界, 必須詳錄. 麗時若無徐熙·朴宜中之善對, 則北土皆
失矣. 以古初言之, 箕子疆域, 今遼東全地及遼西義州廣寧以東, 皆係朝鮮
疆域; 驗於中國史, 可知矣. 而亦詳於鄙撰『東史地理考』中矣. 以海島言之,
肅宗癸酉, 若無安龍福, 則鬱陵島必爲倭人所占據矣. 西海中有海浪島, 此
亦的實, 當詳錄. 其外大島或無人島亦多云, 詳探記之, 如何? 仁祖癸酉, 統
制使黃漢狀啓, 有"漂船來泊, 其人自言: '羅末與王子避兵嶺東, 地狹不能容
數十萬人. 乘船到海中建國, 自稱南方國.'" 此亦異聞, 公或聞知否? 向來賊
招, 多以海上爲言. 不逞之嘯聚, 亦非異事, 謀國者亦當知之. 肅宗丙子, 東
萊武出身李某漂到蝦夷國, 其地在日本東北, 與我六鎭及原春等之間海, 亦
必詳錄, 可也. 所可恨者, 肅廟壬辰, 穆克登來定兩國地界, 立石于白頭山頂
以記之, 以分界江爲限, 名以分界[440], 則果是兩國之界也. 江在豆滿北三百
餘里, 其時當事者無遠慮, 公然棄之, 今爲野人遊獵之所, 豈不惜哉! 以山
川言之, 必詳其源委, 著其來歷. 權陽村應製詩註, 亦可參驗. 『備考』中「地
理考」, 亡友申承宣舜民所編, 大有力量, 詳細考入, 亦如何? 我國邊堡地名
及各邑坊面稱號, 鄙俚無可觀也, 亦須稟定, 以方言相近之音義, 改以美名,
亦或爲王政之一端矣. 近又聞好古一士人言: "利仁[441]屬驛龍田驛, 有名冊

---

440 穆克登……分界: 1712년(조선 숙종 38)에 淸太祖가 烏喇摠管 목극등을 보
내 백두산을 중심으로 삼아 국경을 분명히 정하자고 하니, 조선 조정에서
接伴使로 朴權을 임명하고 軍官 李義復, 통역관 金應憲으로 하여금 수행하
게 하여 그 해 5월 15일에 양국 대표가 백두산에 올라 회담하고 압록·土門
두 강의 분수령인 산꼭대기 동남방 약 4km, 해발 2,200m 지점에 경계비를
세웠다.

441 利仁: 조선시대 충청도 公州牧에 있던 驛站이다.

嚴者, 自古相傳百濟國史所藏." 此事問於朴檢書, 可知矣. 又聞鐵原寶盖山
安養寺前有立石, 覆以大石, 亦相傳云: "弓裔國史所藏", 此言雖未可信. 古
人慮事甚遠, 兵亂之際, 深藏亦或然矣. 若發而得其信蹟, 則豈不大幸? 此
意相議於會中, 掘發驗之, 如何? 清人『盛京通志』[442]凡二十卷, 想在閣中
矣. 此書規模亦好, 試閱之, 如何? 物産亦有土者之所詳知, 而『勝覽』只錄
其俗名, 而亦多遺漏. 魚之美者, 無過於度美魚.-倭人名以鯛魚, 又以大口魚爲
鱈魚, 皆有一定之字矣.- 而『勝覽』不載, 至如目魚明太魚蔑魚-『盛京志』作海靑
魚.-之屬, 皆沒之, 何也? 『盛京志』則鳥獸蟲魚穀菜花果草木之類, 莫不注
其形貌及所出時節, 一見可知其爲某物, 此豈不善哉! 我東三陟之三寸椹·
甲山之豆乙粥·三水之地粉子-卽蛇莓也, 味絶品.-·北道之龍鞭·南海之黃
漆, 亦皆珍貴之物, 錄之亦無妨否? 物産多古有而今無者, 今有而古無者;
此亦當辨, 冊板亦當不漏矣.『寶鑑』, 成宗朝, 久賓國來朝, 是何許地方耶?
右諸說無非腐儒迂濶之談, 無異夢囈, 幸勿掛他眼也.

---

442 『盛京通志』: 淸나라 董秉忠 등이 편찬한 책으로 내용은 京城·苑囿·壇
　　　廟·山陵·宮殿·風俗·人物 등을 기술한 것이다. 본래 총 32권이었던 것을
　　　淸나라 乾隆皇帝의 칙명으로 補正하여 총 1백 31권으로 편찬하였다.

18. 이 시직(李侍直)-상일(商逸)-의 별지에 답함

答李侍直-商逸-別紙 임진년(1772, 61세)

문(問)

향리에 사는 어떤 사람이 작년 4월에 부모의 상(喪)을 당했는데, 마침 무슨 일로 서울로 올라왔다가 이달 열흘쯤에 객사(客死)하였습니다. 그의 아들이 다음 달 초에 반장(返葬)하려고 하는데 승중(承重)하여 아버지 대신 상복을 입는 절차를 어떻게 해야 합니까? 예가(禮家)가 논한 바와 세속이 시행하는 바로 말하자면 반드시 아버지 대신 상복을 입어야 할 것 같습니다. 그런데 퇴계는 "삭전(朔奠), 망전(望奠), 조전(朝奠) 때 빈소(殯所)에 고하고 복을 입은 다음에 행전(行奠)한다."고 하였으니, 이 사람도 반장하고 나서 그 뒤의 삭전과 망전을 기다려서 이에 의거해 해야 할 터인데 승중한 조부모(祖父母)의 복도 일시에 입어야 합니까? '행전(行奠)'의 전(奠) 자가 삭망의 전(奠)입니까?

이 사람은 세 곳의 빈소에 사유를 고해야 할 터인데, 선후의 순서를 어떻게 해야 합니까? 한 몸이 세 분의 상을 당하였는데 한 분은 아버지의 상이고, 승중한 두 분의 상중에 하나는 조부의 상의 연복(練服)이고 하나는 조모 상의 연복을 입기 전이니, 평상시에 어떤 상복을 입어야 합니까?

다음 달은 조모의 소상(小祥)이니, 간략하게 전(奠)을 올려야 할 것 같습니다. 마땅히 아버지의 장사를 치른 뒤에 날을 가려 해야 할 터인데, 그때 축문(祝文)의 호칭은 어떻게 해야 합니까? 이러한 예절에 대해 하나하나 자세히 가르쳐 주기 바랍니다.

그 가운데 세 분의 빈소에 고하는 말은 선유(先儒)가 정한 설이 없어 임의로 지어야 하니, 이것이 가장 어렵습니다. 꼭 그 말을 지어서 보여 주는 게 어떻겠습니까? 이는 나와 절친한 사람의 집안일입니다. 방금 찾아와서 물었는데 나는 예절에 있어서는 귀머거리나 장님과 같아 답할 수 없었습니다. 객지에 계신 터라 서적이 없을 줄로 생각되지만 평소 생각한 바로 참작하여 가르쳐 주기를 간절히 바랍니다.

問: 有一居鄕人, 昨年四月, 遭內外艱, 適因事上洛, 今旬間客死. 其子將以開月初返櫬, 而承重代喪之節, 將如何? 以禮家所論·世俗所行言之, 似必代喪. 而退溪有"朔望朝奠, 告殯受服, 乃行奠"之語, 此人亦當於返櫬後, 待後朔望, 依此行之, 而承重內外艱, 當一時受服耶? 乃行奠之奠字, 卽朔望之奠耶? 此人則當告三殯所, 先後次序, 當何以爲耶? 一身三喪, 而一則父喪也, 承重兩喪中, 一則外艱練服也, 一則內艱練前也; 常居當着何服耶? 來月內艱小祥, 則似當設奠畧行. 當於父喪葬後, 擇日備行; 其時祝文稱號, 何以爲之耶? 此等禮節, 幷一一詳敎. 而其中三殯所告辭, 無先儒見定說話, 當以意撰定, 此最爲難; 必爲撰定以示, 如何? 此是親切人家事. 方此來問, 而於禮節, 便同聾瞽, 無以爲答. 旅寓想無書冊, 而第以平日所商量者, 斟酌見敎, 切仰切仰.

답(答)

대저 이 예(禮)는 몇 단락의 말이 있습니다.

하나는 상(喪)에는 상주가 없어서는 안 된다는 것입니다. 아버지가 상중(喪中)에 죽으면 아버지가 마치지 못한 복을 자식이 대신 입어야 하니, 이는 세속에서 많이 실행하고 있으나 예서(禮書)에는 근거를 찾을 수 없습니다.

하나는 『통전(通典)』에 "하순(賀循)이 말하기를 '아버지가 죽어 빈소를 차리기 전에 조부가 죽으면 조부의 복을 1년간 입는 것은 차마 자기 아버지가 죽었다고 인정할 수 없어서 그렇게 하는 것이다.' 하였다."고 하였습니다. 아버지가 먼저 죽고 조부가 나중에 죽었더라도 아버지가 죽은 지 3일 안에 빈소를 차리지 않았으면 차마 자기 아버지가 죽었다고 인정할 수 없어서 조부의 복을 1년간 입어 줍니다. 더구나 조부가 먼저 죽어 아버지가 복을 입었는데 차마 그 복을 받을 수 있겠습니까? 만약 시속의 예(禮)에 따라 복을 받고자 한다면 삭전(朔奠)이나 망전(望奠)에 복을 받는 사유를 두 분의 궤연(几筵)에 고하되 먼저 아버지의 궤연에 사유를 고하는 것이 마땅할 듯합니다.

이 사람의 집안에서 만난 상황을 가지고 말해 보겠습니다. 만약 시속에 따라 대신 상복을 입는 예(禮)를 행한다면, 조부의 복은 이미 연제(練祭)를 지났고 조모의 복은 자최복(齊衰服)이니, 최복은 참최(斬衰)가 중하므로 항상 아버지의 참최복을 입어야 할 것 같습니다. 만약 『통전』에 따라 행하고자 한다면 복을 받는 절차가 없으니, 상제(祥祭)나 담제(禫祭) 때 모두 손자로서 아버지를 대행한다는 사유를 고하는 것이 온당할 듯합니다. 굳이 아버지 대신 복을 입으려고 한다면 세 분의 빈소에 고하는 축사는 모두 목전의 사정으로 말을 만들어 고해야 하는데, 신(神)에게 고하는 말은 반드시 간결하고 타당해야 하고 일정한 규식은 없습니다.

答: 大抵此禮有數段語. 一則謂喪不可無主. 父在喪中死, 則子代受其未卒之服; 此則世俗多行之者, 而於禮無考. 一則『通典』賀循云:"父死未殯而祖死, 則服祖以周, 以其不忍死其親也." 父先死而祖後死, 若在父死三日未殯之前, 則不忍死其親而服祖以周; 况祖死父服而忍受其服乎? 若欲依俗禮受服, 則當於朔望奠, 告其受服之由於兩筵, 而先告其由於父筵, 似宜矣. 以此家所遭言之. 若從俗行代服之禮, 則祖服已經練, 祖妣服則爲齊衰, 衰以斬爲重, 似當常持父斬耳. 若欲依『通典』行之, 則無受服之節, 而祥禫等事, 皆以孫攝行之由告之, 似爲穩當耳. 必欲代服, 則三殯所告祝辭, 皆以目下所遭事情措語以告, 而告神之辭, 必欲簡當, 無定規矣.

19. 윤광(尹恮)의 물음에 답함

答尹恮問 기유년(1789, 78세)

문(問)

저의 5대조 고산공(孤山公)의 감실(龕室)을 예(禮)에 따라 매안(埋安)해야 하는데, 집안의 의논들이 많아서 갑(甲)은 조천(祧遷)해야 한다고 하고, 을(乙)은 조천하지 않아야 한다고 합니다. 주부자(朱夫子)는 "비록 3대(代)를 제사하더라도 사당이 없으면 참람하다고 말할 수 없다."고 하였습니다.

옛날에 이른바 사당은 그 제도가 매우 커서 방 한 칸으로 된 지금 사람의 사당과는 다릅니다. 미수선생(眉叟先生)이 어떤 사람의 문목(問目)에 답한 글에도 "공덕(功德)이 있는 조상의 신주는 사가(私家)의 제도에서 비록 5, 6대에 이르러도 제사를 폐지하지 않는다. 한 사당의 안에 감실을 더 설치한다고 해서 어찌 참람하다는 혐의가 있겠는가."라고 하였습니다. 그렇다면 이미 사당의 제도가 아니니, 과연 참람하다는 혐의가 없겠습니까?

問: 恮之五代祖孤山公之龕, 禮當埋安, 而諸議不一, 甲者曰當遷, 乙者曰不當遷云云. 朱夫子曰: "雖祭三代, 却無廟, 不可謂之僭." 古之所謂廟者, 體面甚大, 非如今人但以一室爲之. 眉叟先生答人問目中, 亦謂: "有功德之主, 私家之制, 雖至五代六代, 祭祀不廢. 一堂之內, 增置龕室, 豈有犯僭之嫌云云." 然則旣非廟制, 果無僭妄之嫌歟?

답(答)

신주(神主)를 조천하느냐 조천하지 않느냐는 예(禮)는 두 가지가 있으니, 별자(別子)로서 시조가 된 자와 오사(五祀)의 정례(定禮)에 따라 조천하지 않는 경우는 국가의 뜻에서 나온 것이고, 조정의 명 없이 선조의 공덕을 잊지 못하여 제사지내는 것은 자손의 마음에서 나온 것입니다. 고산 선생의 업적으로 보건대 국가적으로나 개인적으로나 수립(樹立)한 바가 위대하니 신주를 조천하지 않는 예(禮)가 있어야 하겠으나, 신주를 조천하지 않는 예는 반드시 조정의 명이 있어야만 할 수 있습니다.

만약 자손들이 선조를 존숭하는 이치로 한다면 사심(私心)을 면하지 못해 시비의 단서가 없지 않을 것입니다. 지난날 용주(龍洲)의 자손이 물은 것이 바로 그대가 물어 온 것과 같았습니다. 그 당시 내 생각으로 별도로 사당을 지어 신주를 모시라고 말해 주었는데, 이 역시 곡절이 있어서 그랬던 것이고, 지금은 선현(先賢)의 설 두 가지를 말하겠습니다.

주자(朱子)가 이요경(李堯卿)에게 답하기를 "지금 4대(代)를 제사하는 것은 이미 참람하다. 만약 처음으로 터전을 닦은 시조일 경우에는 다만 묘제만 그대로 두면 된다."고 하였습니다. 또 섭인보(葉仁父)의 편지에 답하기를 "지금 선유(先儒)의 설에 따라 고조에게 제사하는 것만도 이미 지나치다. 먼 윗대 조상의 사당은 당연히 신주를 조천하고 더 이상 제사해서는 안 된다."고 하였습니다. 또 『가례』에 "시조의 신주는 묘소로 옮겨 사당을 세우고 해마다 한 번씩 제사하고 그 나머지 신주는 모두 조천하여 매안(埋安)한다."고 하였습니다.

취금헌(醉琴軒) 박팽년(朴彭年)의 5대손 박종우(朴宗祐)가 취금의 신주를 조천해야겠다는 뜻으로 한강(寒岡)에게 물었는데, 한강은 "사대부(士大夫) 가문에 공로로 관작을 봉해 받은 사람이 있으면 시조로 삼아 신주를 조천하지 않는다. 지금 취금 선생의 업적이 어찌 군(君)에 봉해진 사람에게 비유할 수 있겠는가? 마땅히 영세토록 신주를 조천하지 않아야 한다."고 하였습니다. 기묘명현(己卯名賢) 중 현헌(玄軒) 목세칭(睦世秤)의 자손이 조정의 명 없이 별도로 사당을 세워 지금까지 제사지내고 있습니다. 이런 까닭에 영남의 선배들이 많이 별도로 사당을 세워 제사하였는데 세상에서 그르다고 하지 않은 것은 대동(大同)의 풍속이 되어서 그러한 것입니다.

신주를 조천하는 것과 조천하지 않는 것이 모두 근거가 있으니, 오직 그대가 헤아려 처리해야 할 것이고, 외인(外人)이 감히 함부로 말할 바가 아닙니다. 그러나 나의 생각에 이치를 헤아려 새로운 예(禮)를 만드는 것은 아무나 할 수 없고 또한 그 말류(末流)의 폐단이 예(禮)에 제한이 없는 데 이를까 염려스럽습니다.

주자가 "3대를 제사해도 참람하다고 할 수 없다."고 한 말은, 진문울(陳文蔚)이 사서인(士庶人)이 3대를 제사하는 것에 관해 물은 데 답한 말입니다. 사서인은 감히 3대를 제사할 수 없으나 사당이 없고 보면 인정상 차마 제사하지 않을 수 없어서 제사하는 것은 참람한 것이 아닙니다.

한 명제(漢明帝) 이후에 비로소 일실(一室)에 여러 신주를 모시고 제사를 지내되 서쪽을 윗자리로 삼았는데, 후세에서 그 제도를 따랐습니다. 지금 종묘(宗廟)의 제도도 그러하고 일반 가문도 똑같습니다. 사가(私家)에서 한 사당에 다섯 신주를 모시는 것은 실로 참상(僭上)의 혐의가 있습니다. 허미수(許眉叟) 선생이 어떤 사람에게 답한

말은 물은 말이 어떠했는지는 알 수 없으나 5, 6대라고 한 것은 공로로
관작을 봉해 받은 경우를 두고 한 말인 듯합니다. 이미 조정의 명이
있으면 비록 일실 안이라도 참람하지 않습니다.

答: 祧遷不遷之禮有兩端. 別子之爲始祖者·五祀之爲定禮不祧者, 出於公
家之意; 無朝命而以祖先功德之不可忘而祭之者, 出於子孫之情. 以孤山先
生事業觀之, 於公於私, 樹立宏大, 當有不祧之禮; 而不祧之禮, 必有朝命
然後行之. 若以孝子慈孫尊崇祖先之義爲之, 則未免私意, 而或不無是非之
端. 前日龍洲[443]子孫有所問, 而正與俯詢同. 其時妄以別廟爲言, 此亦有委
折而然也. 今以先賢說兩端仰告耳. 朱子答李堯卿曰: "如今祭四代已爲僭.
若始基之祖, 只存得墓祭." 又答葉仁父書曰: "今用先儒說, 祭高祖, 已過
矣. 其上世久遠, 自當遷毁, 不當更祭也." 又『家禮』: "惟始祖之主, 遷于墓
所, 立廟而歲一祭之; 其餘則皆祧埋." 醉琴軒朴彭年五代孫宗祐, 以遷主之
義禀于寒岡; 答曰: "士大夫家有勳受封者, 爲始祖而不遷. 今醉琴先生事
業, 豈特封君者比哉? 宜永世不祧." 又己卯名賢睦玄軒世秤子孫, 未有朝命
立別廟, 至今祭之. 是以, 嶺南前輩, 多有別廟而祭之者, 世不以爲非者, 便
爲大同之俗而然也. 其遷不遷, 皆有可據, 則惟在量處, 而非外人所敢妄議
也. 然而愚意, 則凡義起之禮, 非人人之所能定, 而亦恐其流至無防限矣. 朱

---

443 龍洲: 趙絅(1586~1669)의 호이다. 그는 자는 日章이고, 호는 용주 외에도
柱峯·鵠翁 등이 있으며, 본관은 漢陽이고, 시호는 文簡이다. 병자호란 때
척화를 주장했다가 1650년(효종1) 淸나라 査問使가 斥和臣을 처벌할 것을
요구하여 영의정 李景奭과 함께 義州 白馬城에 안치되었다가 이듬해 풀려났
다. 抱川의 龍淵書院, 興海의 曲江書院, 春川의 文巖書院에 제향되었다.

子所謂祭三代不可謂之僭者, 答陳文蔚士庶祭三代之問也. 士庶雖不敢祭三代, 旣無廟制, 則人情之所不忍而祭之, 不爲僭也. 漢明以後, 始爲一室幷享, 以西爲上之制, 後世從之. 今宗廟之制亦然, 私家亦同. 私家一廟五主, 實有僭上之嫌. 許先生答人, 未知所問之如何, 而其謂五世六世者, 似是有勳封者而言也. 旣有朝命, 則雖一室之內, 不爲僭也.

20. 권도사(權都事)-성(偌)-의 문목에 답함

答權都事-偌-問目 지금 경술년 6월이 참최(斬衰)의 대상(大祥)인데, 금년 3월에 또 내상(內喪)을 당하였기 때문에 물은 것이다.[今庚戌六月, 爲斬衰大祥, 而今三月, 又遭內艱故有問.]

복(服)은 반드시 시작과 마침이 있습니다. 그러므로 비록 초상(初喪) 중일지라도 대상(大祥) 때 복을 벗는 제도를 마땅히 관례에 따라 실행함으로써 복을 마쳤다는 뜻을 보여야 합니다. 담제(禫祭)로 말하자면 길제(吉祭)이니 상중(喪中)에는 지낼 수 없습니다. 정현(鄭玄)이 "3년 만에 장사지낸 경우에는 반드시 두 번 제사하니, 연제(練祭)와 상제(祥祭)뿐이고 담제(禫祭)는 없다."고 하였는데, 주자(朱子)가 이를 옳다고 하였습니다. 이에 의거하면 담제는 지내지 않는 것이 옳을 듯합니다.

길제(吉祭)는 소목(昭穆)을 나누고 신주를 다시 쓰는 제사이니, 상(喪)을 마친 뒤에 지내야 합니다. 상복을 입고 제사해서는 안 되고 또 남을 대행(代行)시켜도 안 됩니다.

같은 시기에 함께 상(喪)이 있을 경우에는 여막(廬幕)이 각각 따로 있어야 하니, 조문을 받을 때 참최의 조문이면 참최복을 입고 참최의 여막에서 조문을 받아야 하며, 자최의 조문이면 자최의 여막에서 조문을 받아야 할 것입니다. 전상(前喪)을 조문하러 온 사람이 있으면 자최복 차림으로 조문을 받아서는 안 될 듯합니다. 전상(前喪)의 궤연에 상식(上食)과 차례(茶禮)를 올릴 때에도 그 상복을 입고서 해야 할 것입니다. 만약 대행할 사람이 없으면 자신이 해도 예(禮)의 뜻에 문제될 것은 없을 듯합니다.

服必有始終, 故雖在初喪中, 大祥闋服之制, 當依例爲之, 以示其終之意;
至於禫則吉祭也, 喪中不可行. 鄭玄云: "三年而葬者必再祭, 只是練祥, 無
禫." 朱子以是爲然. 據此則禫祭不行, 似可矣. 吉祭是辨昭穆改題主之祭,
當於喪畢後行之, 不可以衰服將事, 又不可使人代行. 并有喪之禮, 當各有
廬次; 其於受弔之際, 弔斬衰則服斬衰而受吊於斬衰廬次, 吊齊衰則當於齊
衰廬次受吊. 有來問前喪者, 似不可以齊衰受吊. 前喪几筵上食茶禮之時,
亦當以其服行之; 若無代行之人, 自當行之, 似無害禮意矣.

21. 이천 군수(利川郡守)-이지광(李趾光)-에게 보낸 편지
與李利川-趾光-書

우리 국조(國朝)의 제도에 대부(大夫)는 3대(代)를 제사하도록 되어 있다. 그러므로 중고(中古) 이상에는 모두 이 제도를 따르다가 명종(明宗)·선조(宣朝) 이후로 선비들이 모두 고조(高祖)까지 제사하는 『가례』의 예(禮)를 따라서 적장자(嫡長子)의 집은 모두 4대(代)를 제사하였습니다. 그리고 『경국대전(經國大典)』에 "처음으로 공신(功臣)이 된 자의 신주는 조천하지 않고 별도로 일실(一室)을 세운다."고 하였습니다. 이미 별도로 일실을 세운다고 했고 보면, 네 개의 감실(龕室) 외에 또 감실 하나를 더 두는 것입니다. 이는 국조의 제도에서 5대(代)의 제사를 허용한 것이니, 진실로 혐의스러울 것이 없습니다. 미수(眉叟)의 말도 이와 같은 것입니다.

만약 2, 3대를 연이어 공신이 되었을 경우에는 실로 조정의 종묘(宗廟)와 비슷하게 될 혐의가 있기 때문에 『경국대전』에 처음으로 공신이 된 자의 신주만 조천하지 않는다고 허용했으니, 두 번째부터는 대수(代數)가 다하면 신주를 조천해야 할 것입니다. 사계(沙溪)의 말이 옳을 듯합니다.

그대의 집안으로 말하자면 양녕대군(讓寧大君)은 물론 시조로서 불천위(不遷位)가 되는 게 마땅하지만 조정에서 별도로 하나의 사당을 건립하여 지덕(至德)이라는 호칭(號稱)을 하사하였으니, 다른 별자(別子)의 예(例)와는 다릅니다. 그러므로 사친(四親)의 신주를 한 사당 안에 감히 함께 모셔서는 안 될 듯하니, 지덕사(至德祠)의 곁에 별도로 사친(四親)의 사당을 세워 제사하는 것이 옳을 듯합니다. 다시 예(禮)를 아는 사람에게 물어 보시는 게 어떻겠습니까?

접때 그대가 두 사당을 두는 것을 혐의쩍게 여기셨는데, 그때 바빠서 미처 물음에 답하지 못하였습니다. 고례(古禮)에 "대부(大夫)는 세 사당이고 관사(官士)는 두 사당이다."라는 대목이 있으니, 예(禮)에 두 사당을 둔다고 해서 혐의쩍을 것이 없는데 그대는 어찌하여 의심하십니까? 다시 가르쳐 주시기 바랍니다.

國制大夫祭三代, 故中古以上, 皆遵此制. 自明宣以後, 儒賢皆從『家禮』祭及高祖之禮, 嫡長之家, 皆奉四代. 且『大典』云: "始爲功臣者不遷, 別立一室." 旣云別立一室, 則四龕之外, 又置一龕, 是國制所許祭五代, 固不爲嫌. 眉老之言, 亦如是矣. 如有連二三代爲功臣者, 則實涉朝家世室之嫌, 故『大典』只許始爲功臣者不遷, 則第二以下, 親盡當遷. 沙溪之言, 似是. 以尊家言之, 讓寧大君固當爲始祖不遷之位, 而朝家別立一廟, 賜號至德, 則與他別子例不同. 四親之主, 似不敢同配于一廟之中, 當別立四親祠堂于至德祠之傍以享之, 似爲得宜. 幸更詢知禮者, 如何? 向者尊以二廟爲嫌, 其時恩恩, 未及奉問. 古禮有"大夫三廟官士二廟."之文, 則禮無二廟之嫌, 尊何以疑之耶? 願更示敎之也.

22. 안가중(安可中)-경시(景時)-에게 보낸 편지

與安可中-景時-書 무인년(1758, 47세)

지난해 가을에 안정진(安正進)이 찾아와서 말하기를 "그대가 서울로 갔으니 얼마 안 되어 찾아올 것이다."라고 하기에 기쁜 마음으로 여러 날을 기다렸습니다. 그런데 덕산(德山)에 사는 족조(族祖)가 갔다 오면서 그대가 남겨 놓은 편지를 가져 왔기에 읽어 보고 그대가 일이 생겨서 당초의 계획대로 하지 못하였다는 것을 대략 알았으니, 그때의 서운한 마음이 어찌 끝이 있었겠습니까. 비로소 인간 세상에서 만남은 역시 운수가 있다는 것을 알았습니다. 이제 그대의 종씨(從氏)를 통해서 편지를 받아보고서 그동안 평안히 잘 지내셨다는 것을 알았으니, 얼마나 위안이 됐는지 모릅니다.

은로(殷老)는 한 번 이름을 떨칠 것으로 예전부터 기대했는데 결국 뜻을 이루었으니, 문중(門中)의 경사와 다행을 이루 말할 수 있겠습니까. 오랫동안 만나지 못하다가 만났으니 이야깃거리가 매우 많았을 터인데, 그때 마침 좌중에 손님이 매우 많아 회포를 풀지 못했으니 탄식하고 탄식할 뿐입니다.

저는 어버이 병환과 나의 신양(身恙)이 해가 가도 차도가 없으니, 서로 의지하며 걱정하고 탄식할 뿐입니다. 게다가 머리털이 세고 이가 빠져 나도 모르는 사이에 나이 47세가 되었습니다. 그런데 지업(志業)은 날마다 퇴보하고 허물은 산처럼 쌓여 있으니, 나 자신을 되돌아보며 마음이 불안하여 어찌할 바를 모르겠습니다. 아아! 옛날 젊은 시절에는 50세 된 사람을 보면 스스로 나와는 나이 차이가 매우 많아

천양지차로 거리가 있다고 생각했는데, 어느덧 세월이 흘러 이 나이에 이르러 또 소년들이 슬퍼하는 대상이 될 줄 어찌 생각이나 하였겠습니까. 덧없는 세상의 빠른 세월이 참으로 우습고 탄식할 만합니다. 그대도 이와 같으리라 생각됩니다.

안정진의 말을 듣건대 그대의 다섯 아들이 문학과 재주를 갖추고 훌륭하게 성인(成人)이 되었고, 은로의 아들과 조카들도 사랑스러운 이들이 많다고 하니, 몹시 쇠퇴한 우리 문중이 생각건대 다시 동남쪽에서 흥성(興盛)하려는 게 아니겠습니까. 기뻐하며 축하합니다.

영남은 선배 어른들이 사시던 고장으로 그 유풍(流風)과 여운(餘韻)이 다른 곳과 다릅니다. 게다가 근래 훈수(壎叟)·지수(篪叟) 두 분께서 끊어진 도학(道學)을 창도(倡道)하여 후생(後生)들에게 좋은 영향을 많이 끼쳤습니다. 자제(子弟)들이 자신들이 지닌 재주와 뜻에 따라 한층 더 분발하도록 권면하여 과거(科擧)의 학문에만 전념하지 않게 하는 것이 어떻겠습니까? 문장을 잘 짓는 것은 혹 당시의 명성은 얻을 수 있겠지만, 필경에는 수립한 것이 과연 무엇이겠습니까? 우리 종씨가 아니면 이러한 말을 꺼내지 않았을 것입니다. 남의 비난과 비웃음을 야기(惹起)할 터이니, 혼자만 보고 한 번 웃으시는 한편 나의 정성을 헤아려 주기 바랍니다.

병든 몸으로 궁벽한 시골에 사느라 세상과 떨어져 지낸 지가 오래입니다. 때때로 지팡이를 끌고 마을을 나서면 이웃집 개들은 더러 짖어대고 마을 사람조차 나를 알아보지 못하니, 저 자신 세상에 쓸모없는 재목임을 스스로 당연하게 여기고 있습니다. 때때로 그대의 편지를 받아보면 매양 나에게 벼슬을 승진시켜 제수해야 한다고 하기에 나도 모르게 배를 잡고 웃었습니다. 생각건대 영남은 천리 밖이라 아직도 세도(世道)를 모르나 봅니다.

정장(鄭丈) 두 내외분의 상고(喪故)가 일시에 나왔으니, 슬픈 마음을 이기지 못하겠습니다. 평소에 늘 찾아가 뵙고 의심스러운 바를 여쭈어 보려고 했으나 끝내 뜻을 이루지 못했는데 이제 이 비보(悲報)를 받았으니, 마침내 천고의 한이 되고 말았습니다. 어찌하리오, 어찌하리오!

언제쯤 다시 서울에 옵니까? 간절히 기다리는 이 마음을 생각해서라도 며칠 이곳에 머물러 정담(情談)을 나누어 주실 수 있겠습니까? 나머지는 이만 줄입니다.

前秋正進歷訪, 道高駕入洛, 當不日臨枉, 欣企多日. 德山族祖之行, 得奉留書, 槩審事故相掣, 未遂初意, 其時悵懷曷已? 始知人世會遇, 亦有數存也. 玆因令從氏, 復承惠書, 謹審向來靜履起居萬重, 何慰如之? 殷老一番闡揚, 夙所期許, 而竟能成志, 其爲宗門慶幸何勝? 積阻相逢, 煞有多少言語, 而適値客座擾甚, 不得展懷, 咄歎咄歎. 族末親癠身恙, 歲閱無減, 只相依憂嘆耳. 加以鬢髮滄浪·牙齒缺踈, 不覺時年四十七. 志業日退, 悔尤山積, 撫躬踟躇, 不知所爲. 憶! 昔少時見五十歲人, 自念去此甚遠, 若隔天淵, 豈意冉冉到此, 又爲少年所悲之物乎! 浮世光景, 良可笑歎. 想高明亦如是矣. 聞正進言, 令胤五箇玉樹, 文學才華, 菀爲成人, 而殷老子姪, 亦多可愛者云; 吾宗衰替之甚, 意者其復興於東南乎! 爲之欣賀. 嶺表是先輩杖屨之鄕, 流風遺韻, 異於他處, 且近者塤篪二叟[444], 倡道絶學之餘, 其膏馥[445]之沾漑後

444　塤篪二叟：鄭萬陽(1664～1730)과 鄭葵陽(1667～1732) 형제를 가리킨다.

生者多矣. 子弟輩隨其才志之所存, 勸以一層激仰之道, 不專爲功令之學,
如何? 能文章善詞令, 雖或得當時之聲譽, 末梢果何樹立? 非吾宗侍, 不發
此言; 惹人非笑, 幸獨覽而一笑之, 且以諒此誠款也. 病伏窮巷, 與世相絶
久矣. 時時携杖出谷, 鄰犬或吠, 洞人不知, 自分樗櫟散材無補於用. 時奉尊
札, 每以陛除爲喩, 不覺捧腹. 想嶺外千里, 猶不識世道也. 鄭丈兩位喪故,
幷出一時, 不勝悼怛. 平時恒有考質之願, 終未遂誠, 今承此報, 竟作千古之
恨. 奈何奈何! 何間復有洛行? 能留款數日, 副此懸懸之情否? 餘不宣.

정만양은 자는 皆春 또는 景醇이고, 호는 壎叟이며, 본관은 烏川이다. 저서
에 『理氣輯說』, 『疑禮通攷』, 『家禮箚疑』, 『山居日記』, 『壎篪錄』 등이 있으
며, 대부분 아우 정규양과 共著이다. 경상북도 永川 大田에 살았다. 정규양은
자는 叔向이고, 호는 篪叟이다. 형과 더불어 학문으로 이름이 높았으며, 경상
북도 永川 橫溪에 살았다. 이들 형제는 葛庵 李玄逸의 제자로 학문에 조예가
깊어 宋나라 程子형제에 비겨지기도 하였다. 性理學과 禮學에 밝았다.

445 膏馥 : 殘膏賸馥의 준말이다. 남은 기름과 향기란 뜻으로 문장이 넉넉함을
비유한 말이다. 『新唐書』 「文藝傳 上」 '杜甫贊'에 "다른 사람은 부족하지만
杜甫는 넉넉하여 그 잔고잉복이 후인들에게 많은 은택을 끼쳤다." 하였다.

23. 안가중에게 보낸 편지

與安可中書 기축년(1769, 58세)

임심재(臨深齋)를 창건했다는 소식은 예전에 대략 들었는데 지금 이어서 자세한 정황을 들어보건대 여동래(呂東萊)의 종법(宗法)에 범희문(范希文)의 의장(義庄)을 더하여 그 제도와 규모가 모두 후세의 본보기가 된다고 하니, 그대의 굉대(宏大)한 역량과 재주, 식견이 이에 이를 줄 어찌 알았겠습니까.

예전에 나도 이러한 일에 뜻을 두었으나 늙도록 이루지 못하였으니, 경기지방의 풍속이 자질구레하여 뜻대로 일을 하기가 어려웠고 또한 재주가 얕고 덕이 보잘 것 없었기 때문이었습니다. 이에 이르러 참으로 멀리서 한번 절을 올리고 싶습니다. 임심재의 제도는 필시 조례(條例)가 있을 터이니, 한 번 보내 주시겠습니까?

내게도 미완의 규례 초안(草案) 한 권이 상자 속에 들어 있으니, 종이를 얻으면 베껴 보내드려 가르침을 받겠습니다.

臨深齋之刱建, 前已畧聞, 今從而進得其詳, 則以呂東萊之宗法[446], 添以范希文之義庄[447], 制置規模, 皆成後法; 豈知吾人力量之大才識之宏, 至於此

---

446 呂東萊之宗法 : 南宋의 학자 東萊 呂祖謙의 문집인 『東萊集』 별집 1권 「家範」에 宗法의 규례가 기술되어 있다. 종법은 大宗과 小宗의 禮法이다.

447 范希文之義庄 : 義庄은 친족 중에 가난한 집을 도와주기 위하여 문중에서 관리하는 토지이다. 宋나라 재상 范仲淹이 좋은 농토 수천 畝를 사들여 그

哉？ 前日嘗有意於此, 而到老無成. 盖畿俗瑣瑣, 難以如意, 亦由於才薄德

蔑之致; 到此, 誠欲遙納一拜也. 制置之制, 必有條例, 幸一傳示否？ 此亦有

一副未成之書, 草在篋中; 若得紙物, 可以謄呈受敎耳.

세금을 거두어 저축해 두었다가 족인들 중에 혼인이나 喪葬을 치르지 못하는
자에게 공급해 주었다고 한다. 『宋史 314권 范仲淹列傳』

24. 안가중에게 보낸 편지

與安可中書 신축년(1781, 70세)

지금 그대 자부(子婦)의 행실을 두서너 번 읽고서 저 자신도 모르게 마음과 뼛속이 시렸습니다. 곧바로 언문(諺文)으로 번역하여 집안에 며느리와 아이들에게 보여 우리 일가에 이러한 열부(烈婦)가 있다는 것을 알게 하였습니다. 그 굳건한 지조와 신중한 처사가 모두 타당하니, 그대가 "작은 신의를 지키느라 덧없이 죽은 사람과 아주 다르다."고 하신 말씀이 참으로 사실입니다.

정려(旌閭)를 세우는 일은 큰아드님이 백방(百方)으로 주선하여 마침내 격금(擊金)하는 지경에 이르렀으나 형조(刑曹)에서 방해하여 일이 이루어지지 못했으니, 참으로 탄식할 일입니다. 어찌하겠습니까, 어찌하겠습니까!

제가 지은 글은 비록 볼 것이 없지만 애오라지 고윤(高允)의 「유열녀시(劉烈女詩)」를 본받아 지어 드려 저의 보잘 것 없는 정성을 보이고자 합니다.

令子婦實蹟, 奉讀再三, 不覺心骨酸寒. 卽譯以諺文一件, 用示家中婦兒, 使知吾宗有此貞烈. 而其志操之堅確‧處事之詳愼, 皆得其宜; 執事所謂絶異於溝瀆[448]義理者, 信然矣. 旌閭事, 胤君百計周章, 竟至於擊金[449]之境, 而

---

448 溝瀆 : 孔子가 管仲을 두고 "어찌 일개 지아비나 지어미가 작은 믿음을 위하

爲秋曹所防, 事未得諧, 誠可歎也. 奈何奈何! 鄙撰文字, 雖無可觀, 而聊效
高允劉烈女詩⁴⁵⁰以呈, 欲敘鄙忱耳.

여 스스로 도랑에서 목을 매어 죽어 아무도 알지 못하는 것과 같겠는가.〔豈若
匹夫匹婦之諒也, 自經於溝瀆而莫之知也?〕"한 데서 온 말로 작은 신의를
지키기 위해 덧없이 죽는 것을 뜻한다. 『論語 憲問』

449 擊金 : 조선 시대에 원통한 사정이 있는 사람이 임금이 거둥하는 길에서 꽹과
리나 징을 쳐서 하문을 기다리게 하던 제도이다. 申聞鼓 제도가 폐지된 뒤에
생겼다.

450 高允劉烈女詩 : 勃海 사람 封卓의 아내는 결혼하여 하룻밤을 지나 남편 封卓
이 京師에 가서 벼슬하다가 모종의 일로 처형되었다. 劉氏는 집에서 꿈에
남편이 처형되었음을 알고 슬피 울기를 그치지 않았다. 손위 동서들이 달랬
으나 울음을 그치지 않았는데 열흘이 지나자 과연 봉탁이 죽었다는 소식이
이르렀다. 이에 유씨는 분하여 탄식하다가 죽었다. 中書令 高允이 劉氏의
절의가 높은데도 세상에 이름이 알려지지 않는 것을 안타깝게 여겨 시 8수를
지어 찬미하였다. 『魏書 92권 封卓妻劉氏傳』

25. 족숙(族叔)-덕민(德敏)-의 상례 문목에 답함

答族叔-德敏-喪禮問目 을해년(1755, 44세)

죽은 사람은 구별하지 않을 수 없습니다. 그러므로 명정(銘旌)을 세우니, 이는 표식(標識)으로 삼는 것입니다. 염습(斂襲)한 뒤에 명정을 만드는데, '모씨지구(某氏之柩)'라고 씁니다. 구(柩) 자는 시신이 관(棺) 속에 있음을 일컫는 말인데, 관에 시신을 넣지 않아도 구(柩)라고 일컫습니다.

가씨(賈氏)는 "명정은 널을 표시하는 것이지 시신을 표시하는 것이 아니기 때문에 구(柩)를 근거로 말한다."고 하였습니다. 『의례』에 "염습하기 전에 명정을 만들어 집의 서쪽 계단 위에 두었다가 염습한 뒤에 중주(重主)를 세우면 축관(祝官)이 명정을 가져다 중주에 둔다. 중주는 나무로 만드는데 신(神)이 의탁하는 물건이다. 지금의 혼백(魂帛)은 바로 옛날의 중주이다."라고 하였습니다. 이로 보건대, 명정은 혼백의 곁에 설치해야 할 것입니다. 『가례』에 "영좌(靈座)의 오른쪽에 세워 놓는다."고 한 것이 바로 이를 두고 말한 것입니다. 시신을 관에 넣고 초빈(初殯)할 때 이르면 널을 표시하는 물건이 따라가야 합니다. 그러므로 『의례(儀禮)』「사우례(士虞禮)」에 "도(塗)를 마치면 축관이 명정을 가져다 가매장(假埋葬)한 곳에 둔다."고 하였습니다. 지금 그대의 집은 산 밑에 초빈을 하여 명정을 둘 곳이 없으니, 영좌의 오른쪽에 세워 놓지 않을 수 없을 것입니다.

가난하여 예(禮)를 제대로 갖출 수 없으면 의복과 같은 것들은 제도대로 장만하기 더욱 어려울 것입니다. 부인(婦人)들이 이미 제도대로 상복을 입을 형편이 못 되고 보면, 이 지경에 이르러서는 형언하기 어렵습니다. 『가례』에 "부인은 질대(絰帶)가 없다."고 하였으니, 교대(絞帶)로 성복(成服)해야 합니까?

죽은 사람이 평소에 몸에 착용하고 다니던 물건, 예컨대 망건(網巾), 담뱃대, 초갑(草匣) 등과 같은 것들은 살았을 때처럼 영좌의 앞에 놓아두어야 하는데, 지금 풍속도 그렇게 하고 있습니다.

부인(婦人)이 참최복이나 자최복을 입을 때에는 지아비가 입는 대로 따르지만, 그 이외의 복(服)은 모두 지아비보다 한 등급씩 낮추어 입습니다. 지아비가 다른 사람의 후사(後嗣)로 갔을 경우에는 생가(生家) 부모의 상(喪)에는 복을 낮추어 상장(喪杖) 없이 기년복(期年服)만 입습니다. 그러므로 부인은 생가 시부모의 상에는 지아비보다 한 등급을 낮추어 대공복(大功服)을 입으니, 후사가 된 집 부모를 중히 여긴다는 뜻입니다. 비록 대공복으로 낮추어 입더라도 그 제복(制服)이나 거상(居喪)의 절차를 복이 가볍다고 하여 소홀히 해서는 안 됩니다.

사람이 곡(哭)하는 소리를 반드시 '애애(哀哀)'라고 한 것은 애통스럽다는 뜻입니다. 곡하는 소리도 절도가 없어서는 안 되기 때문에 반드시 이와 같이 하는 것입니다. 지금 시속에서는 자식이 부모의 상(喪)에, 아내가 지아비의 상에 역시 '애고(哀苦)'라고 하니, 이는 예문에 근거는 없으나 또한 매우 애통스럽다는 말이니, 시속을 따라 하는 것이 무방합니다. 『예기』에 "참최복(斬衰服)을 입은 사람의 곡은 기운을 다 쏟아 가서 돌아오지 않는 것과 같고, 자최복(齊衰服)을 입은 사람의 곡은 기운을 남겨두어 가서 돌아오는 것과 같고, 대공복(大功服)을 입은 사람의 곡은 세 번 소리를 낮추어 여운을 남기고,

소공복이나 시마복을 입은 사람은 얼굴에 슬픔을 띠면 된다."고 하였으니, 그 복에 따라 곡소리도 심천(深淺)이 있어야 하는 것입니다.

증신(曾申)이 증자(曾子)에게 묻기를 "부모의 상에 곡할 때 일정한 소리가 있습니까?" 하니, 증자가 대답하기를 "중도(中道)에서 어린아이가 그의 어머니를 잃었는데 무슨 일정한 소리가 있겠는가?" 하였으니, 이는 부모의 상은 슬픔이 복받쳐 올라 곧바로 입에서 터져 나와 절차를 이룰 겨를이 없다는 말입니다. 이를 보면 곡하는 소리가 심천이 있다는 것을 알 수 있을 것입니다. 그러므로 반드시 애고라고 해야만 중상(重喪)이 되는 것은 아닙니다.

남의 후사(後嗣)가 된 아들이 생가 부모의 상(喪)에 비록 복의 등급을 낮추어 상장을 짚지 않지만 거상(居喪)이나 조문을 받는 의절(儀節)은 후사가 된 집 부모의 상과 조금도 다름이 없고, 위치만 복의 경중(輕重)에 따라 선후(先後)를 정합니다. 그러므로 그대의 막내아우가 윗자리에 서고 그대는 그 다음 자리에 서야 할 것입니다.

예전에 들건대, 어떤 사람이 매우 집안이 곤궁한데 상을 당하여 제복(制服)에 따라 최상(衰裳)과 중의(中衣)를 다 갖출 수 없어서 이 문제를 송우암(宋尤菴)과 권탄옹(權炭翁)에게 물어 보았습니다. 송우암은 "최상은 갖추어야 한다."라 하였고, 권탄옹은 "최상만 갖추고 중의가 없으면 상인(喪人)이 혹 상사(喪事)로 부득이 밖으로 나갈 때 최질(衰絰)의 차림으로 다닐 수 없다. 가난하여 다 갖추지 못하면 중의도 상복이니 중의를 갖추어야 한다."라고 하였습니다. 송우암이 그 말을 듣고 옳다고 하니, 그 사람이 권탄옹의 말에 따랐다고 하였습니다. 오늘날 그대의 집안 사정이 이와 비슷하기에 언급합니다.

死者不可以無別, 故立銘旌, 所以爲表識也. 襲後爲銘, 而書以某氏之柩.
柩, 尸在棺之稱, 未入棺而稱柩. 賈氏[451]以爲“銘旌, 表柩不表尸, 故據柩而
言.”『儀禮』:“未襲之時, 爲銘而置于宇西階上, 旣襲之後而設重, 則祝取銘
置于重. 重以木爲之, 所以依神之物也. 今之魂帛, 卽古之重也.”以此觀之,
設于魂帛之傍, 可矣.『家禮』所謂依於靈座之右, 是也. 入棺而至于成殯, 則
表柩之物, 當從而隨之. 故「士虞禮」曰:“卒塗[452], 祝取銘置于肂.”今哀家則
成殯于山下, 無置銘之所, 則不得不依置于靈座之右也. 貧無以爲禮, 則衣
服等節, 尤難如制矣. 婦人旣無制服之勢, 則到此, 難以爲言.『家禮』婦人無
経帶, 只當以絞帶成服耶? 常日所用隨身物件, 若網巾烟竹草匣等屬, 宜象
生時, 置靈筵前, 今俗亦只如此矣. 婦人服斬齊從夫服, 而餘外則皆降一等.
夫出後而於所生父母, 降服不杖朞. 故婦於本生舅姑, 降於夫一等而服大功,
所以重所後之義也. 雖降服大功, 其制服居喪之節, 不可以服之輕而有忽也.
人之哭聲, 必曰哀哀, 卽哀痛之意也. 聲不可以無節, 故亦必如此. 今俗子之
於父母, 妻之於夫, 亦曰哀苦; 此於禮無考, 而亦是痛甚之辭也. 依俗爲之
無妨. 禮曰:“斬衰之哭, 若往而不反; 齊衰之哭, 若往而反; 大功之哭, 三曲
而偯; 小功緦麻, 哀容, 可也.”隨其哭聲, 亦當有淺深也. 曾申問於曾子曰:
“哭父母有常聲乎?”曰:“中路嬰兒失其母焉, 何常聲之有?”此謂父母之喪,
悲慟迫切, 哀聲衝口而直發, 無暇於成節也. 觀於此, 可以知哭聲之有淺深
也, 不必哀苦而後爲重也. 出後子於本生喪, 雖降服不杖, 而居喪受弔之節,

451 賈氏:唐나라 학자 賈公彦을 가리킨다. 그는 禮學에 특히 밝아『周禮義疏』
와『儀禮義疏』를 지었다.

452 塗:草殯할 때 관 위에 나무를 덮고 흙을 바르는 것이다.

無少異焉；但位次, 以服之輕重爲先後. 季哀當在上, 哀當次之矣. 曾聞有
人至窮而遭喪, 制服之節, 衰裳中衣, 不可以兼備, 以此問於宋尤菴・權炭
翁.[453] 尤菴以爲當具衰裳, 炭翁以爲具衰裳而無中衣, 則喪人或以喪事, 不
得已出入, 不可以衰絰而行矣. 貧不兼備, 則中衣亦是喪服, 當備中衣. 尤菴
聞而善之, 其人遂依炭翁之說. 今日哀家形勢類此, 故書及耳.

453 權炭翁：權諰(1604~1672)의 호가 탄옹이다. 그는 자는 思誠이고 본관은
安東이며, 明齋 尹拯의 장인이다.